Schriftenreihe der Juristischen Fakultät der Europa-Universität Viadrina Frankfurt (Oder)

Herausgegeben von
Professor Dr. iur. Dr. phil. Uwe Scheffler, Frankfurt (Oder)

Springer
Berlin
Heidelberg
New York
Barcelona
Hongkong
London
Mailand
Paris
Singapur
Tokio

Ralf Molzahn

Die normativen Verknüpfungen von Kapitalverkehrsfreiheit und Währungsunion im EG-Vertrag

Springer

Dr. iur. Ralf Molzahn
Ellerstraße 15
D-49088 Osnabrück

ISBN 3-540-65354-6 Springer-Verlag Berlin Heidelberg New York

Die Deutsche Bibliothek - CIP-Einheitsaufnahme
Molzahn, Ralf
Die normativen Verknüpfungen von Kapitalverkehrsfreiheit und Währungsunion im EG-Vertrag / Ralf Molzahn. - Berlin ; Heidelberg ; New York ; Barcelona ; Hongkong ; London ; Mailand ; Paris ; Singapur ; Tokio : Springer, 1999
(Schriftenreihe der Juristischen Fakultät der Europa-Universität Viadrina Frankfurt (Oder))
ISBN 3-540-65354-6

Umschlaggestaltung: Erich Kirchner, Heidelberg
SPIN 10701307 64/2202-5 4 3 2 1 0 - Gedruckt auf säurefreiem Papier

Meinen Eltern

Vorwort

Die vorliegende Arbeit ist die leicht überarbeitete Fassung meiner Dissertation, die im Sommersemester 1998 an der Europa-Universität Viadrina in Frankfurt an der Oder angenommen wurde. Die Arbeit befindet sich auf dem Stand vom August 1998.

Für die Überlassung des Themas, für wichtige Anregungen sowie Änderungsvorschläge für die Veröffentlichung danke ich Herrn Prof. Dr. Matthias Pechstein, meinem Doktorvater. Ebenfalls danke ich Herrn Prof. Dr. Ulrich Häde für die Übernahme des Zweitgutachtens.

Für einen die Drucklegung der Arbeit wesentlich fördernden Druckkostenzuschuß danke ich dem Auswärtigen Amt der Bundesrepublik Deutschland.

Osnabrück, Oktober 1998

Der Verfasser

"L´ Europe se fera par la monnaie
ou ne se fera pas."

Jacques Rueff, frz. Ökonom

Inhaltsverzeichnis

Abkürzungsverzeichnis

a.A.	anderer Ansicht
a.a.O.	am angegebenen Ort, bezieht sich jeweils nur auf die vorhergehende Fußnote
ABl.EG	Amtsblatt der Europäischen Gemeinschaften
Abs.	Absatz
a.E.	am Ende
AETR	Accord europeen sur les transports routiers
Alt.	Alternative
Anm.	Anmerkung
Anm. d. Verf	Anmerkung des Verfassers
AöR	Archiv des öffentlichen Rechts
ArchVR	Archiv des Völkerrechts
Art.	Artikel
Aufl.	Auflage
BayVBl.	Bayrische Verwaltungsblätter
BBankG	Bundesbankgesetz
Bd.	Band
Bearb.	Bearbeiter
BGBl.	Bundesgesetzblatt
BIP	Bruttoinlandsprodukt
BRD	Bundesrepublik Deutschland
BSP	Bruttosozialprodukt
BT-Drs.	Bundestag-Drucksache
Bull.BReg	Bulletin der Bundesregierung
Bull.EG	Bulletin der Europäischen Gemeinschaften
BVerfG	Bundesverfassungsgericht
BVerfGE	Entscheidungen des Bundesverfassungsgerichts
bzgl.	bezüglich
bzw.	beziehungsweise
CEPREM	Förderungs- und Forschungszentrum für die Europäische Währung, Sitz in Lyon
CMLRev.	Common Market Law Review
COREPER	Commission des representants permanents
d.	des / der
ders.	derselbe
d.h.	das heißt
dies.	dieselbe(n)
Diss.	Dissertation
DÖV	Die Öffentliche Verwaltung
Dok.	Dokument
DStR	Deutsches Steuerrecht

Dt.	Deutsche
DVBl.	Deutsches Verwaltungsblatt
DZWir	Deutsche Zeitschrift für Wirtschaftsrecht
EA	Europa-Archiv
EA (D)	Europa-Archiv (Dokumente)
ebd.	ebenda
ECU	European Currency Unit
EEA	Einheitliche Europäische Akte
EFTA	European Free Trade Association
EFTAA	Abkommen zur European Free Trade Association
EFWZ	Europäischer Fonds für währungspolitische Zusammenarbeit
EG	Europäische Gemeinschaften
EGV	Vertrag zur Gründung der Europäischen Gemeinschaften
EIB	Europäische Investitionsbank
EP	Europäisches Parlament
ESZB	Europäisches System der Zentralbanken
etc.	et cetera
EU	Europäische Union
EuGH	Europäischer Gerichtshof (Gerichtshof der Europäischen Gemeinschaften)
EuR	Europarecht (Zeitschrift)
EUV	Vertrag zur Gründung der Europäischen Union
EuZW	Europäische Zeitschrift für Wirtschaftsrecht
EWG	Europäische Wirtschaftsgemeinschaft
EWGV	Vertrag zur Gründung der Europäischen Wirtschaftsgemeinschaft
EWI	Europäisches Währungsinstitut
EWR	Europäischer Wirtschaftsraum
EWRA	Abkommen zum Europäischen Wirtschaftsraum
EWS	Europäisches Währungssystem
EWS	Europäisches Wirtschafts- und Steuerrecht (i.V.m. Literaturangabe)
EZB	Europäische Zentralbank
f.	folgende
ff.	fortfolgende
FLF	Finanzierung/Leasing/Factoring (Zeitschrift)
Fn.	Fußnote
FS	Festschrift
GA	Generalanwalt
GASP	Gemeinsame Außen- und Sicherheitspolitik
GATS	General Agreement on Trade in Services
GATT	General Agreement on Tarifs an Trade
GG	Grundgesetz der Bundesrepublik Deutschland
GO	Geschäftsordnung
GS	Gedächtnisschrift

Hdb.	Handbuch
HdbStR	Handbuch des Deutschen Staatsrechts
Hs.	Halbsatz
Hrsg.	Herausgeber
i.e.	id est
i.e.S.	im engeren Sinne
i.S.d.	im Sinne des/der
i.S.v.	im Sinne von
i.V.m.	in Verbindung mit
IWF	Internationaler Währungsfonds
IWFA	Abkommen zum Internationalen Währungsfonds
i.w.S.	im weiteren Sinne
Jura	Juristische Ausbildung
JuS	Juristische Schulung
JZ	Juristenzeitung
Kap.	Kapitel
Komm.	Kommentar
KSE	Kölner Schriften zum Europarecht
Lief.	Lieferung
lit.	litera
Ls.	Leitsatz
Mass.	Massachussets (Bundesstaat der USA)
Mio.	Millionen
Mrd.	Milliarden
m.w.N.	mit weiteren Nachweisen
N.F.	Neue Fassung
NJW	Neue Juristische Wochenschrift
Nr.	Nummer
NVwZ	Neue Zeitschrift für Verwaltungsrecht
o.ä.	oder ähnliches
OECD	Organization for Economic Co-operation and Development, Organisation für Wirtschaftliche Zusammenarbeit und Entwicklung
OECDA	Abkommen zur Organisation für Wirtschaftliche Zusammenarbeit und Entwicklung
OEEC	Organization for European Economic Co-operation, Organisation für Europäische Wirtschaftliche Zusammenarbeit
o.g.	oben genannt
Rn.	Randnummer
RIW/AWD	Recht der Internationalen Wirtschaft / Außenwirtschaftsdienst des Betriebsberaters
Rs.	echtsache
S.	Seite
S. (mit Text)	Siehe
S. (mit Norm)	Satz

s.a.	siehe auch
Slg.	Sammlung der Rechtsprechung des Europäischen Gerichtshofes
s.o.	siehe oben
STWG	Gesetz zur Förderung der Stabilität und des Wachstums der Wirtschaft
s.u.	siehe unten
SZ	Süddeutsche Zeitung
u.a.	unter anderem/und andere
UAbs.	Unterabsatz
Univ.	Universität
UNTS	United Nations Treaty Series
u.U.	unter Umständen
v.	von/vom
v.a.	vor allem
verb. Rs.	verbundene Rechtsachen
Vgl.	Vergleiche
v.H.	vom Hundert
VO	Verordnung
Vol.	Volume
VVDStRL	Veröffentlichungen der Vereinigung der Deutschen Staatsrechtslehrer
WM	Wertpapiermitteilungen (Zeitschrift)
WVK	Wiener Vertragsrechtskonvention
WTO	World Trade Organization
WWU	Wirtschafts- und Währungsunion
ZaöRV	Zeitschrift für ausländisches öffentliches Recht und Völkerrecht
z.B.	zum Beispiel
ZBB	Zeitschrift für Bankrecht und Bankwirtschaft
ZBJI	Zusammenarbeit in den Bereichen Justiz und Inneres
zit.	zitiert
ZfRV	Zeitschrift für Rechtsvergleichung, Internationales Privatrecht und Europarecht
ZfV	Zeitschrift für Verwaltung
ZKredW	Zeitschrift für das gesamte Kreditwesen
ZÖR	Zeitschrift für öffentliches Recht
ZRP	Zeitschrift für Rechtspolitik
zugl.	zugleich

Einleitung

Die seit dem 1.1.1994 primärrechtlich vollständig liberalisierte Kapitalverkehrsfreiheit des EG-Vertrages (Art. 73a ff. EGV) und die - laut EG-Vertrag - spätestens zum 1.1.1999 beginnende dritte Stufe der Wirtschafts- und Währungsunion bilden die beiden Betrachtungsgegenstände der vorliegenden Arbeit. In beiden Bereichen spielt das Geld eine herausragende Rolle, beide Bereiche haben erhebliche Auswirkungen auf die beteiligten nationalen Volkswirtschaften. Beide Bereiche haben aber auch unterschiedliche Leitungsinstitutionen. Während die Kapitalverkehrsfreiheit als Teil des Binnenmarktes der Regelungskompetenz des EG-Rates unterstellt ist und damit von den nationalen Repräsentanten in diesem Gremium auch bedingt national beherrscht wird, ist die dritte Stufe der Wirtschafts- und Währungsunion vom Grundsatz her den Nationalstaaten und jeglicher nationaler Einflußnahme entzogen, vielmehr einem gemeinschaftlichen Organ und einer gemeinschaftlichen Bank anheim gestellt, dem Rat der Europäischen Zentralbank und eben dieser Bank selbst.

Nicht übersehen werden darf, daß die Trennung von den Nationalstaaten in der dritten Stufe nur zum Teil vollzogen ist, nämlich nur für die Währungsunion, nicht jedoch für die Wirtschaftsunion. Hier ist der lösende Schritt noch nicht vollzogen. Auch in der dritten Stufe ist die Wirtschaftspolitik - und damit verbunden vor allem die Haushaltspolitik - weiterhin Sache der Mitgliedstaaten, die ihre Politiken zwar koordinieren und auf diese Weise eine möglichst umfassende wirtschaftliche Konvergenz erreichen sollen, aber die Politik ist damit nach wie vor nationalstaatlich orientiert. Selbst wenn dagegen angeführt würde, der Rat habe doch in der dritten Stufe weitreichende Sanktionsmöglichkeiten (Art. 104c Abs. 11 EGV) gegen Haushaltssünder, so darf dabei nicht vergessen werden, daß sich der Rat eben auch aus Vertretern der Nationalstaaten zusammensetzt, die möglicherweise, vielleicht sogar wahrscheinlich, eher behutsam mit Sanktionen gegen Staaten vorgehen werden, die ihren Haushalt nicht im Griff haben - ganz nach der Einsicht, es könnte ja jeden einmal treffen. Inwieweit hier der seit Ende 1995 diskutierte, im Dezember 1996 in Dublin von den Staats- und Regierungschefs im Europäischen Rat beschlossene[1] und im Juni 1997 vom EcoFin-Rat verabschiedete[2] Stabilitätspakt für Europa bessere Durchgriffsmöglichkeiten schafft, ist neben der Frage, ob ein solcher Pakt an der Seite des EG-Vertrages überhaupt zulässig ist, in der Arbeit genauer zu untersuchen. Es zeigt sich, daß ein Spannungsfeld aufgebaut worden ist, das seine Wirkungen aber erst mit Beginn der dritten Stufe der Wirtschafts- und Währungsunion entfalten wird. Dieses Spannungsverhältnis

---

1 Bull.EG 12-1996, S. 44 f.

2 Presidency Conclusions - Amsterdam 16 and 17 June 1997, S. 5. Der Europäische Rat empfiehlt dem Rat der EG, die Vorschläge, die zur Umsetzung des Stabilitäts- und Wachstumspaktes ausgearbeitet wurden, ohne Verzögerung anzunehmen. S. hierzu auch den von der Kommission vorgelegten Vorschlag für eine Verordnung des Rates bzgl. des Stabilitätspaktes, in: ABl.EG Nr. C 368 v. 6.12.1996, S. 12.

besteht zwischen nationalen Interessen und ihren Vertretern im EG-Rat auf der einen Seite, sowohl was die Kapitalverkehrsfreiheit als auch was die damit eng verbundene Wirtschafts- und vor allem Haushaltspolitik anbelangt, und der rein gemeinschaftlich am Ziel der Preisstabilität ausgerichteten Politik der Europäischen Zentralbank auf der anderen Seite.

Mit dem Ziel der Arbeit, die normativen Verknüpfungen von Kapitalverkehrsfreiheit und Währungsunion im EG-Vertrag zu untersuchen, ist notwendig eine Auseinandersetzung mit den möglichen Konfliktsituationen zwischen diesen beiden Bereichen des EG-Vertrages verbunden, wie sie sich aus dem oben genannten Spannungsverhältnis ergeben (können). Dies, obwohl die Einsicht in die Notwendigkeit der europäischen Integration bei allen beteiligten Staaten vorhanden ist und von niemandem diese Integration ernsthaft in Zweifel gezogen wird. Gleichwohl werden die Verknüpfungen überhaupt erst dann sichtbar, wenn sie den Belastungsproben standhalten müssen, die die tägliche Politik innerhalb der Europäischen Gemeinschaft selbst sowie innerhalb der Eurostaaten ihnen aufbürden wird. Denn im Gefüge des EG-Vertrages stehen die beiden hier zu untersuchenden Bereiche zwar nicht völlig losgelöst nebeneinander, jedoch sind beide in einem solchen Maße selbständige Bestandteile des EG-Vertrages, daß durch bloßen Vergleich der vorhandenen Normen oder deren einfache Auslegung hier kein verwertbares Ergebnis erlangt werden kann. Erst der Konfliktfall, quasi der Zusammenstoß von Normen mit unterschiedlichem Regelungsgehalt in einer gegebenen Situation zeigt, wie sich die beiden Bereiche in extremen Konstellationen zueinander verhalten. Dabei werden diese Konflikte immer dann auftauchen, wenn die an ökonomischen Gesichtspunkten orientierte Politik des Rates der EG (und der darin versammelten Vertreter der Mitgliedstaaten) nicht mit der an der Preisstabilität auszurichtenden Politik der EZB übereinstimmt.

Daraus folgt, daß die Arbeit unter anderem eine Aneinanderreihung von "worst-case-Szenarien" beinhaltet, deren Darstellung jedoch erforderlich ist, um die Verknüpfungen des Vertragswerkes offenzulegen und damit vielleicht einen Beitrag dazu zu leisten, daß es zu den untersuchten Konfliktfällen nicht oder nur abgeschwächt und eingeschränkt kommen wird und daß die Verknüpfungen standhalten. Soweit ersichtlich, betritt die Arbeit mit dieser Aufgabenstellung juristisches Neuland, da es zwar zu den beiden einzelnen Betrachtungsgegenständen jeweils eine Fülle von Literatur gibt, jedoch keine, die die Kapitalverkehrsfreiheit und die Wirtschafts- und Währungsunion aus diesem Blickwinkel betrachtet. Aufgabe der Bearbeitung ist es folglich, einen zumindest in der bisherigen wissenschaftlichen Auseinandersetzung mehr ökonomisch ausgerichteten Bereich des EG-Vertrages - nämlich die Kapitalverkehrsfreiheit - und mit der dritten Stufe der Wirtschafts- und Währungsunion einen Bereich der europäischen Integration, der zum bisherigen Zeitpunkt noch nicht in die Praxis umgesetzt ist und allein deswegen politischen Spekulationen ein weites Betätigungsfeld eröffnet, aus juristischem Blickwinkel zu untersuchen und in Beziehung zueinander zu setzen. Das Wesen der Materie, vor allem der Kapitalverkehrsfreiheit, aber auch das der Aufgaben der

EZB, erfordert es, auch auf wirtschaftswissenschaftliche, in erster Linie volkswirtschaftliche Literatur zurückzugreifen und - in Grundzügen - volkswirtschaftliche Überlegungen in die Arbeit mit einfließen zu lassen. Nichtsdestotrotz ist der Schwerpunkt der Arbeit juristischer Natur.

Zur Lösung der gestellten Aufgabe geht die Arbeit wie folgt vor: Sie beginnt mit einer Einführung in beide Betrachtungsgegenstände, wobei diese einzeln, nach Kapiteln getrennt, in ihren wesentlichen Bereichen dargestellt und erläutert werden. Hierin eine umfassende juristische Analyse zu liefern, ist nicht Aufgabe der Arbeit und würde ihren Rahmen in jedem Fall sprengen. Im Anschluß an die Einführungen folgt in einem dritten Kapitel die eigentliche Auseinandersetzung mit der Themenstellung, wobei zunächst die Verknüpfungen im institutionellen und daran anschließend im materiellen Bereich zur Untersuchung herangezogen werden.

In institutioneller Hinsicht gilt es zunächst die Frage nach dem Rangverhältnis zwischen dem Recht des Binnenmarktes und dem Recht der Währungsunion zu klären. Daran anschließend werden die Verknüpfungen der beiden Bereiche in verschiedener Hinsicht geprüft. In materieller Hinsicht ist vor allem die Geldpolitik der Europäischen Zentralbank von Bedeutung, einschließlich der der Bank dafür zur Verfügung stehenden geldpolitischen Instrumente. Des weiteren werden die Probleme der Kapitalflucht in den möglichen Konstellationen, d.h. in den unterschiedlichen möglichen Richtungen der Kapitalströme, untersucht. Hierbei wird es auch darum gehen, inwieweit die primärrechtlich festgelegte vollständige Liberalisierung des Kapitalverkehrs im Verhältnis zu Drittstaaten, möglicherweise auch im Verhältnis zu EG-Staaten, zur Sicherung der Funktionsfähigkeit der dritten Stufe der Wirtschafts- und Währungsunion eingeschränkt werden kann. Wohlgemerkt geht es in diesem Abschnitt immer noch um die rechtlichen Verknüpfungen der handelnden Institutionen EZB und EG-Rat bei ihren politischen Aktionen und nicht um die Reaktionen der internationalen Kapitalmärkte auf die Einführung der gemeinsamen Währung.

Im daran anschließenden Abschnitt wird die Sichtweise umgekehrt, so daß nun die internationalen Kapitalmärkte in die Rolle des aktiv Handelnden eintreten und die Möglichkeiten der EG- und EZB-Organe untersucht werden, um für die Gemeinschaft schädliche Kapitalfluktuationen zu unterbinden. Von Bedeutung sind hier in erster Linie die Konsequenzen aus Kapitalfluktuationen unmittelbar vor bzw. bei der Einführung der gemeinsamen Währung Euro. Hier ist auch der Ort, an dem die von der Europäischen Gemeinschaft primärrechtlich festgelegten Vorkehrungen gegen eine solche Kapitalflucht auf den Prüfstand kommen. In Sonderheit geht es hierbei um die Vorschriften des Art. 104c EGV, in dessen Rahmen auch der auf dem EG-Gipfeltreffen in Dublin am 13./14.12.1996 politisch verabschiedete und vom Europäischen Rat am 16./17.6.1997 in Amsterdam bestätigte[3] Stabilitätspakt näherer Untersuchung zugeführt wird. Dabei wird sich zeigen, daß

3 Presisdency Conclusions - Amsterdam 16 and 17 June 1997, S. 5.

der Pakt so, wie er von den Staats- und Regierungschefs sowie den Wirtschafts- und Finanzministern verabschiedet worden ist, mit den zur Verfügung stehenden sekundärrechtlichen Umsetzungsmöglichkeiten - im Gegensatz zu früheren Vorschlägen - gemeinschaftsrechtskonform ist. In engem Zusammenhang mit dem Stabilitätspakt und der Vorschrift des Art. 104c EGV ist der primärrechtliche Ausschluß der Solidarhaftung der Gemeinschaft und der übrigen Mitgliedstaaten gegenüber einem übermäßig hoch verschuldeten Teilnehmerstaat an der gemeinsamen Währung der Wirtschafts- und Währungsunion zu sehen (Art. 104b UAbs. 1 EGV). Hier wird zu zeigen sein, daß die sogenannte "No-bail- out-Klausel" den internationalen Kapitalmärkten keineswegs die Sicherheit in das Stabilitätsbewußtsein der Teilnehmerstaaten vermitteln kann, wie dies gern gesehen würde.

Im darauf folgenden Abschnitt sind mögliche Zahlungsbilanzungleichgewichte im Vorfeld der dritten Stufe der Wirtschafts- und Währungsunion zu untersuchen, die daher rühren, daß internationales Kapital aus solchen Staaten abgezogen wird, bei denen nicht zu erwarten ist, daß sie zur ersten Generation der Teilnehmerstaaten der gemeinsamen Währung gehören werden und daß infolgedessen die Investitions- und Anlageanreize in diesen Staaten stark zurückgehen. Möglich ist selbstverständlich auch die umgekehrte Situation, daß infolge mangelnden Vertrauens in die Stabilität des Euros aus den Staaten das Kapital abgezogen wird, denen eine frühe Teilnahme zugetraut wird. Das Mißtrauen in die Stabilität der gemeinsamen Währung wird in dieser Situation sehr stark von der Zusammensetzung der Startergruppe geprägt werden.

Nicht untersucht werden können Zahlungsbilanzschwierigkeiten in Staaten, die in der dritten Stufe der Wirtschafts- und Währungsunion bereits die gemeinsame Währung eingeführt haben, denn zum einen verlieren die Art. 109h und 109i EGV für die Staaten ihre Gültigkeit, die die gemeinsame Währung einführen (vgl. die jeweiligen Abs. 4 der Normen)[4], zum anderen setzen Zahlungsbilanzen - und folglich auch deren Ungleichgewichte - das Bestehen einer nationalen Währung voraus. Eine nationale Währung aber ist mit dem Eintritt in die dritte Stufe der Wirtschafts- und Währungsunion und der Einführung der gemeinsamen Währung abgeschafft. Für diese Staaten bliebe somit lediglich das Haushaltsüberwachungsverfahren des Art. 104c EGV sowie der - in welcher Form auch immer zur gemeinschaftsrechtlichen Anwendbarkeit gelangende - Stabilitätspakt.

Gleichwohl berücksichtigt auch der EG-Vertrag die Möglichkeit, daß Staaten, die bereits die gemeinsame Währung eingeführt haben, in finanzielle Schwierigkeiten geraten können, deren sie alleine nicht mehr Herr werden. Für diese Situation ist ein dem Beistand für von Zahlungsbilanzschwierigkeiten betroffenen Mitgliedstaaten in der zweiten Stufe sowie für die Staaten, für die in der dritten Stufe eine

---

[4] Aus Art. 109h Abs. 4 und 109i Abs. 4 i.V.m. Art. 109k Abs. 6 EGV folgt, daß auf die Staaten, die in der dritten Stufe die gemeinsame Währung noch nicht eingeführt haben, für die mithin eine Ausnahmeregelung gilt, Art. 109h und 109i EGV weiterhin Anwendung finden.

Ausnahmeregelung gilt, ganz ähnliches Verfahren hinsichtlich des finanziellen Beistands für die Staaten der dritten Stufe, die die gemeinsame Währung bereits eingeführt haben, in Art. 103a Abs. 2 EGV vorgesehen. Es wird zu untersuchen sein, wie sich dieses Verfahren mit den Ansprüchen des Stabilitätspaktes und vor allem mit denen der "No-bail-out-Klausel" des Art. 104b EGV verträgt, die ein Einstehen für Verbindlichkeiten überschuldeter Staaten durch andere Mitgliedstaaten oder die Gemeinschaft untersagt.

Die Untersuchung des gestellten Themas endet mit einem Ausblick auf die weitere Entwicklung der Wirtschafts- und Währungsunion sowie einer Zusammenfassung der gefundenen Ergebnisse.

1. Kapitel
Die Kapitalverkehrsfreiheit im Europäischen Gemeinschaftsrecht - Einführung in den ersten Betrachtungsgegenstand

I. Einleitung und historische Entwicklung

Die in Art. 73b Abs. 1 EGV niedergelegte und seit dem 1.1.1994 grundsätzlich uneingeschränkt geltende Kapitalverkehrsfreiheit führt auch die vierte Freiheit des EG-Vertrages - und mit der gleichzeitigen Regelung der Zahlungsverkehrsfreiheit in Art. 73b Abs. 2 EGV auch die fünfte[5] - auf den gleichen Integrationsstand wie zuvor schon die Warenverkehrs-, die Niederlassungs- und die Dienstleistungsfreiheit. Vordringlichstes Ziel der seit dem 1.1.1994 geltenden Art. 73a bis g (Art. 73e und h sind bereits wieder außer Kraft getreten) ist es, auch für den Kapital- und Zahlungsverkehr gemäß Art. 3 lit. c) und 7a UAbs. 2 EGV einen Raum ohne Grenzen - einen Binnenmarkt - zu schaffen, denn nur bei freier Fluktuation von Kapital und Zahlungsmitteln können die anderen Freiheiten - kann der Binnenmarkt überhaupt - funktionieren.

Dabei ist die Liberalisierung der Kapitalverkehrsfreiheit im Vergleich zu den anderen Freiheiten des Gemeinschaftsvertrages weit langsamer und schleppender vor sich gegangen und war auch von mehr Rückschlägen betroffen. Die weniger zügige Entwicklung dieser vierten Freiheit des EG-Vertrages ist im bis zum 31.10.1993 EWG-Vertrag genannten Vertragswerk bereits primärrechtlich festgeschrieben gewesen. So hieß es zwar in Art. 67 Abs. 2 E(W)GV[6], daß laufende Zahlungen im Zusammenhang mit dem Kapitalverkehr zu liberalisieren sind, jedoch beschränkte Art. 67 Abs. 1 E(W)GV den freien Kapitalverkehr auf das für das Funktionieren des gemeinsamen Marktes notwendige Maß. Es zeigte sich hier bereits das Spannungsfeld zwischen der Wertung der Kapitalverkehrsfreiheit als Grundfreiheit des EWG-Vertrages und dem Reservat nationaler Wirtschafts- und Währungspolitik, die gemäß Art. 104 ff. EWGV lediglich einer gewissen Koordination unterlagen, ansonsten aber ausschließlicher Kompetenzbereich der Mitgliedstaaten waren[7].

Diese "Ambivalenz der Verträge von Rom", wie *Gleske*[8] diese Situation des Beharrens auf nationalen Kompetenzen einerseits und des Versuchs, in einem damit

---

[5] Vgl. hierzu *Börner*, in: FS für Ophüls, S. 19 ff.

[6] Zur Verdeutlichung der Tatsache, daß die Art. 67 ff. sowohl unter dem EWG-Vertrag als auch noch in der Zeit vom 1.11.1993 bis zum 31.12.1993 unter dem in EG-Vertrag umbenannten Vertragswerk Gültigkeit hatten, wird im folgenden dann, wenn es um eben diese Vorschriften geht, die Bezeichnung E(W)GV gewählt.

[7] *Hahn/Follak*, in: Dauses, F. II, Rn. 9; *Kiemel*, in: G/T/E, Bd. I, Art. 67, Rn. 9.

[8] *Gleske*, Integration der Kapitalmärkte in der EWG, in: Deutscher und Internationaler

eng zusammenhängenden Bereich eine fortschreitende Integration zu erreichen andererseits, nennt, ist auch vom EuGH in seiner *Casati*-Entscheidung gesehen und bestätigt worden durch den Hinweis auf den engen Zusammenhang zwischen Kapitalverkehrsfreiheit und Wirtschafts- und Währungspolitik. Dabei betonte der EuGH, daß die völlige Freiheit jeder Kapitalbewegung im zum Zeitpunkt der Entscheidung gegenwärtigen Stadium zu Gefährdungen der Wirtschaftspolitiken des einen oder anderen Staates führen, oder ein Ungleichgewicht in seiner Zahlungsbilanz hervorrufen könnte, wodurch das ordnungsgemäße Funktionieren des Gemeinsamen Marktes beeinträchtigt würde[9].

Dieser Ambivalenz Rechnung tragend, wurde in Art. 71 Abs. 1 E(W)GV der erreichte Integrationsstand auch lediglich in Form einer rechtlich nicht verpflichtenden Absichtserklärung festgeschrieben, was sich aus der dortigen Formulierung "werden bestrebt sein" ergibt[10]. Gleichwohl sollte mit diesem status quo nicht das Ende der Integration erreicht sein. Art. 69 E(W)GV übertrug Rat und Kommission der EWG die Aufgabe, schrittweise die Durchführung von Art. 67 E(W)GV vorzunehmen und die dazu erforderlichen Rechtsakte zu erlassen. Der Rat nahm sich dieser ihm übertragenen Aufgabe bereits Anfang der 60er Jahre an, indem er zwei Liberalisierungsrichtlinien erließ[11]. Diese Richtlinien enthielten vier Listen, in denen Kapitalbeziehungen enthalten waren, die einen unterschiedlichen Liberalisierungsgrad aufzuweisen hatten; hierbei ergänzte und modifizierte die zweite lediglich die erste Richtlinie.

Die weltweiten Wirtschaftskrisen Ende der 60er und Anfang der 70er Jahre führten jedoch dazu, daß die Mitgliedstaaten auf primärrechtliche Schutznormen zurückgriffen. Der Rat schloß sich dieser Handlungsweise an, indem er 1972 die "Richtlinie zur Regulierung der internationalen Finanzströme und zur Neutralisierung ihrer unerwünschten Wirkung auf die binnenwirtschaftliche Liquidität" erließ[12]. Bereits der Titel dieser Richtlinie macht deutlich, welcher Regelungsgehalt in ihr enthalten war. Im Anschluß an ein 2-Phasen-Programm der Kommission vom Juni 1986[13], mit dem die Voraussetzungen für einen Ausbau des Währungssystems geschaffen werden sollten, erließ der Rat im November 1986 eine weitere Liberalisierungsrichtlinie, die auf den beiden vom Anfang der 60er Jahre aufbaute[14]. Den gemeinschaftsrechtlichen Abschluß dieser sekundärrechtlichen Liberalisierungsentwicklung bildete die Richtlinie des Rates vom 24. Juli 1988[15]. Mit ihr wurde der Liberalisierungsstand des EWG-Vertrages bis zu dessen Umbenennung in "EG-Vertrag" am 1.11.1993 erreicht, bzw. mit den Einschränkungs-

Kapitalmarkt, 1970, S. 70 (73).

9 EuGH, Rs. 203/80 - *Casati* - Slg. 1981, 2595 (2614).

10 *Kiemel*, in: G/T/E, Bd. I, Art. 71, Rn. 2.

11 ABl.EG 1960, Nr. L 43, S. 291 sowie ABl.EG 1962, Nr. L 9, S. 62.

12 ABl.EG 1972, Nr. L 91, S. 13.

13 Vgl. *Hahn/Follak*, in: Dauses, F. II, Rn. 24.

14 ABl.EG 1986, Nr. L 332, S. 22.

15 ABl.EG 1988, Nr. L 178, S. 5.

und Verlängerungsmöglichkeiten für Griechenland und Portugal bis zum 31.12. 1995 (Art. 6 Abs. 2 der Richtlinie i.V.m. Anhang III und IV).

Nach diesem kurzen entwicklungsgeschichtlichen Abriß soll nun - ebenfalls in der gebotenen Kürze - auf die wichtigsten primärrechtlichen Regelungen der Kapitalverkehrsfreiheit im EWG-Vertrag sowie auf die Fortentwicklungen durch die einzelnen Richtlinien eingegangen werden[16].

1. Das Primärrecht, Art. 67 - 73 E(W)GV

a) Regelungsgegenstand und Umfang der Freiheit

Es bedarf zunächst der Klärung, was überhaupt von den Art. 67 ff. E(W)GV geregelt wurde, da es eine vertragliche Definition des Kapitals, dessen Verkehr frei sein soll, nicht gibt. Auch die vom Rat aufgrund von Art. 69 E(W)GV erlassenen Richtlinien zur Durchführung des Art. 67 E(W)GV enthalten lediglich eine in vier Listen (A - D) gegliederte Nomenklatur von Kapitalbewegungen, die einen unterschiedlichen Grad an Liberalisierung aufweisen[17]. Man könnte diese Nomenklatur als enumerative Definition betrachten, wie *Kiemel* es vorschlägt, wobei jedoch zu beachten ist, daß diese dann nicht abschließend ist, sondern lediglich das aufweist, was mindestens liberalisiert zu sein hat. Dies ergäbe sich bereits aus Anhang I, Position XIII F der Richtlinie, wo unter der Rubrik "Verschiedenes" weitere beispielhaft aufgeführte Kapitalbewegungen genannt sind, die zu liberalisieren sind[18]. Der in diesem Anhang definierte Kapitalverkehr umfaßt daher sowohl den Verkehr von Sachkapital (i.e. Immobilien, Unternehmensbeteiligungen etc.) als auch den des Geldkapitals (i.e. Wertpapiere, Kredite, Anlagekapital etc.)[19]. Es ergibt sich daraus, daß Kapitalverkehr die einseitige Wertübertragung von Sach- oder Geldkapital aus einem Mitgliedstaat in einen anderen ist, die regelmäßig zugleich eine Vermögensanlage darstellt[20].

Unterschiede in der Betrachtung bestehen hier bzgl. der Einseitigkeit der Wertübertragung. Während der Begriff der "einseitigen Wertübertragung" von *Börner* dahingehend konkretisiert wird, daß es sich dabei um unentgeltliche Bewegungen bzw. um solche Bewegungen von Geld und Gütern handele, bei denen die Gegenleistung nicht Zug um Zug erbracht werden soll[21], bezweifelt *Seidel* dieses. Zur Verdeutlichung führt er die grenzüberschreitende Kreditgewährung an, bei der der Kapitalvergabe die Zinsleistung und spätere Rückzahlung als Gegenleistung

[16] Vgl. generell zur historischen Entwicklung der Kapitalverkehrsfreiheit *Kimms*, S. 4 ff.
[17] *Ress*, in: Grabitz/Hilf, Bd. I, Art. 67, Rn. 10.
[18] *Kiemel*, in: G/T/E, Bd. I, Art. 67, Rn. 1.
[19] *Ress*, in: Grabitz/Hilf, Bd. I, Art. 67, Rn. 10.
[20] *Ipsen*, Europ. GemR, S. 649 f; *Potacs*, Devisenbewirtschaftung, S. 487; *Harz*, Die Schutzklauseln des Kapital- und Zahlungsverkehrs im EWG-Vertrag, S. 21.
[21] *Börner*, in: FS für Ophüls, 1965, S. 19 ff.; *ders.*, EuR 1966, S. 97 ff.

gegenüberstehe. Auch den Direktinvestitionen stünde der Erwerb eines Grundstücks oder eines Anteilsscheins gegenüber, so daß auch hier Zweiseitigkeit des Rechtsgeschäfts gegeben sei[22]. Eine direkte Gegenüberstellung beider Ansichten zeigt jedoch, daß sie so unterschiedlich gar nicht sind. Auch die von *Seidel* ins Feld geführte Kreditgewährung erfolgt nicht Zug um Zug gegen Zinszahlung und Rückzahlung des Betrages. Es erscheint deutlich, daß *Seidel* hier sehr mit den Begrifflichkeiten des Zivilrechts arbeitet, während *Börner* - wie sein Beispiel "Zug um Zug" belegt - lediglich die zeitlich unmittelbare Gegenseitigkeit ausschließen wollte, nicht hingegen mögliche spätere Rückübertragungen des Kapitals, eventuell einschließlich Gewinn, in den einstmals emittierenden Mitgliedstaat. Hinsichtlich der von *Seidel* genannten Direktinvestitionen, des Grund- und Anteilserwerbs, gilt das Gleiche. Zwar erhält der Investor hier etwas für seine Kapitalanlage im Sinne eines zivilrechtlichen - hier sogar gegenseitigen - Vertrages ("do ut des"), jedoch ist für *Börners* Ansicht maßgeblich, daß der Wert an sich, d.h. das Grundstück oder das Unternehmen, an dem eine Beteiligung erworben wurde, im Kapitalempfangsland bleibt und nicht etwa zum Kapitalanleger in dessen Mitgliedstaat gelangt. Der Anleger hat lediglich Eigentum an der Sache, der Wert bleibt der alte und vor allem am alten Ort.

Der Auffassung *Börners* hat sich ersichtlich auch der EuGH angeschlossen, wenn er im Urteil "*Luisi und Carbone*" feststellt, daß es sich beim Kapitalverkehr um Finanzgeschäfte handelt, bei denen es in erster Linie um die Anlage oder Investition des betreffenden Betrages und nicht um die Vergütung einer Dienstleistung geht[23]. Dies läßt sich auch mit der Auffassung *Seidels* hinsichtlich der Kreditgewährung vereinbaren. Diese selbst ist eine auf Gewinnerzielung in einem anderen Land ausgerichtete Kapitalanlage, welche nach einer bestimmten Zeit ihren Gewinn einbringt. Die Zinszahlung - der Gewinn der Kapitalanlage - einschließlich der Rückerstattung des erhaltenen Kredits ist hingegen selbst keine Kapitalanlage, sondern ist Bezahlung einer Dienstleistung und unterfällt somit den Vorschriften über diese Freiheit i.V.m. der Freiheit des Zahlungsverkehrs.

Der Umfang der Kapitalverkehrsfreiheit mit dem so gefundenen Regelungsgegenstand bestimmte sich gemäß der primärrechtlichen Festlegung in Art. 67 Abs. 1 E(W)GV. In dieser Norm war die Beschränkung auf das für das Funktionieren des Gemeinsamen Marktes erforderliche Maß bereits vorgegeben. Eine weitgehende Aufhebung dieser Einschränkung erfuhr die Kapitalverkehrsfreiheit mit der Richtlinie vom 24.7.1988[24], die auf eine vollständige Liberalisierung abzielte. Mit dem durch die Einheitliche Europäische Akte (EEA)[25] vom 1.7.1987 an primärrechtlich verankerten Binnenmarktprogramm in Art. 8a EWGV - jetzt Art. 7a

[22] *Seidel*, in: FS für Lukes, S. 575 ff. (578); ihm folgend: *Ohler*, WM 1996, S. 1801 ff. (1805) und jetzt auch *Freitag*, EWS 1997, S. 186 ff. (187).

[23] EuGH, verb. Rs. 286/82 und 26/83 - *Luisi undCarbone/Ministero del Tesoro* - Slg. 1984, S. 377 ff. (404).

[24] ABl.EG 1988, Nr. L 178, S. 5.

[25] EuR 1986, S. 175 ff.; s. a. Beilage 2 zu Bull.EG 1986.

EGV -, das die Forderung u.a. nach dieser uneingeschränkten Kapitalverkehrsfreiheit aufstellte, war es den Gemeinschaftsorganen, den Mitgliedstaaten ohnehin, schon danach untersagt, ohne vorherige oder gleichzeitige Änderung des Vertragstextes die Liberalisierung wieder einzuschränken bzw. sie rückgängig zu machen. Dieses Binnenmarktziel, die sog. (grundsätzliche) "Versteinerungswirkung", das sowohl von den Mitgliedstaaten als auch von den Gemeinschaftsorganen zu beachten war und ist[26], entsprach neben der am effet utile ausgerichteten Auslegung gemeinschaftsrechtlicher Normen auch unmittelbar Art. 67 Abs. 1 E(W)GV selbst. Ein Rückschritt bei der Durchführung des Art. 67 E(W)GV war weder vertraglich vorgesehen, noch mit der in Art. 3 lit. c) E(W)GV vorgegebenen Beseitigung der Hindernisse für den freien Kapitalverkehr zwischen den Mitgliedstaaten vereinbar. Dies folgte argumentum e contrario auch aus Art. 70 Abs. 1 E(W)GV, der eine derartige Rückschrittsmöglichkeit lediglich für den Kapitalverkehr mit Drittstaaten vorsah[27].

b) Einschränkungsmöglichkeiten im Verhältnis zu Drittstaaten

Die Sensibilität der Kapitalverkehrsfreiheit in bezug auf die nationale Wirtschafts- und Währungspolitik zeigte sich im EWG-Vertrag u.a. auch daran, daß es den Mitgliedstaaten unter bestimmten Umständen gestattet war, vom erreichten Liberalisierungsstand dieser Freiheit abzuweichen, d.h. Rückschritte vorzunehmen. Diese Einschränkungsmöglichkeiten sollen nun kurz erläutert werden.

aa) Einschränkungen gemäß Art. 73 E(W)GV

Diese bestimmten Umstände, bei deren Vorliegen Einschränkungsmaßnahmen zulässig waren, sind Funktionsstörungen auf dem heimischen Kapitalmarkt eines Mitgliedstaates gewesen, hervorgerufen durch Aktionen auf Kapitalmärkten anderer Mitgliedstaaten. Damit unterschied sich die Kapitalverkehrsfreiheit in ihren Einschränkungsmöglichkeiten deutlich von den anderen Freiheiten des EWG-Vertrages. Vergleichbar wären diese Einschränkungsmöglichkeiten im freien Kapitalverkehr etwa mit einer Regelung im Rahmen der Warenverkehrsfreiheit des Inhalts, daß ein Mitgliedstaat bei zu starkem Zufluß ausländischer Waren einer bestimmten Gattung den eigenen Markt vom freien Warenverkehr abschotten dürfe, um die heimische Warenproduktion der gleichen Gattung zu schützen. Voraussetzung für ein Einschreiten des Mitgliedstaates war, daß tatsächlich Störungen des Kapitalmarktes in diesem Mitgliedstaat vorlagen, die vor allem durch Kapitalbewegungen hervorgerufen worden sein mußten. Präventive Maßnahmen fielen demnach nicht unter den Anwendungsbereich des Art. 73 E(W)GV[28].

Bei diesen Störungen ging es in erster Linie um unerwünschte Entwicklungen im Bereich der Zinsen, die durch unkontrollierte Kapitalzu- und -abflüsse entstan-

[26] *Ress*, in: Rill/Griller, S. 81 (120 ff.).
[27] *Ress*, in: Grabitz/Hilf, Bd. I, Art. 67, Rn. 6; *Kiemel*, in: G/T/E, Bd. I, Art. 70, Rn. 2.
[28] *Kiemel*, a.a.O., Art. 73, Rn. 2; *Ress*, a.a.O., Art. 73, Rn. 3.

den[29]. Hieran zeigt sich der Verbleib der Kapitalverkehrsfreiheit in der nationalen Wirtschafts- und Währungspolitik ein weiteres Mal, unabhängig davon, ob man den Kapitalmarkt als Instrument der Wirtschaftspolitik versteht[30], oder ihn als Bestandteil der Währungspolitik ansieht[31]. Als Schutzmaßnahmen konnten dabei lediglich solche Maßnahmen zur Anwendung gelangen, die nach dem derzeitigen Stand der Kapitalverkehrsliberalisierung eigentlich schon verboten waren, denn nur solche konnten in der konkreten Situation erforderlich sein, um Schwierigkeiten aufgrund von Kapitalströmen, soweit diese schon liberalisiert waren, zu beheben.

Mit der vollständigen (innergemeinschaftlichen) Liberalisierung durch die Richtlinie 88/361/EWG vom 24.7.1988 hat sich demgemäß auch das Schutzinstrumentarium gemäß Art. 73 Abs. 1 E(W)GV erweitert. Zu beachten war jedoch in jedem Fall der allgemein gültige Grundsatz der Verhältnismäßigkeit[32]. Unterschieden wurde bei Art. 73 E(W)GV schließlich zwischen Maßnahmen, die mit Einwilligung der Kommission ergriffen werden konnten (Absatz 1) und solchen, die der Mitgliedstaat autonom festsetzte (Absatz 2). Interessant sind hierbei die autonomen Maßnahmen. Auch über den Ablauf der Übergangsfrist hinaus konnte hier ein Mitgliedstaat an den Gemeinschaftsorganen vorbei Einschränkungen des Liberalisierungsstandards vornehmen. Dabei kam dem Grund der "Geheimhaltung kapitalmarktbezogener Maßnahmen" wesentlich größere Bedeutung zu als dem der (einfachen) Dringlichkeit solcher Maßnahmen. Letzterer wird ohne die Gründe, die für eine Geheimhaltung sprechen, kaum jemals vorliegen, bzw. vorgelegen haben[33]. Als Grund für die Geheimhaltung einer nationalen Maßnahme auf dem Kapitalmarkt ist insbesondere die Vermeidung spekulativer Kapitalbewegungen infolge kurzfristig erwarteter Zinsgewinne anzuführen. Gleichwohl war auch hier die Kommission zu unterrichten (wenn auch erst im nachhinein) und sie hatte die Möglichkeit, eine Revision der Maßnahme zu verlangen, bzw. deren Aufhebung anzuordnen.

bb) Einschränkungen gemäß Art. 70 Abs. 2 E(W)GV

Eine weitere Schutzklausel war in Art. 70 Abs. 2 E(W)GV enthalten. Deren Situation trat z. B. dann ein, wenn nach erfolgter Liberalisierung eines bestimmten Bereiches des Kapitalverkehrs innerhalb der Gemeinschaft im Verhältnis zu einem Drittstaat ein Mitgliedstaat an der Liberalisierung nicht teilnahm, über den Weg durch andere Mitgliedstaaten jedoch Kapital aus dem Drittstaat ungehindert in diesen Mitgliedstaat einfloß[34]. Umging der Drittstaat auf diese Weise die Devi-

---

[29] *Ress*, a.a.O., Art. 73, Rn. 1; *Seidel*, in: FS für Kutscher, S. 397 ff. (420 ff.).

[30] So *Seidel*, Freiheit des Kapitalverkehrs und Währungspolitik, S. 20.

[31] So *Gleske*, Die Liberalisierung des Kapitalverkehrs in der EG, in: Deutsche Bundesbank, Auszüge aus Presseartikeln, Nr. 48, v. 9.7.1986, S. 1 ff.

[32] *Potacs*, Devisenbewirtschaftung, S. 516.

[33] *Ress*, in: Grabitz/Hilf, Bd. I, Art. 73, Rn. 8 f.; *Kiemel*, in: G/T/E, Bd. I, Art. 73, Rn. 7.

[34] *Kiemel*, a.a.O., Art. 70, Rn. 8.

senvorschriften des an der Liberalisierung nicht teilhabenden Mitgliedstaates, so kam Art. 70 Abs. 2 E(W)GV dann in Betracht, wenn auch eine mitgliedstaatliche Koordinierung der Devisenpolitik hier keine Abhilfe schaffen konnte.

Im Gegensatz zu Art. 73 Abs. 2 E(W)GV mußte im Fall von Art. 70 Abs. 2 E(W)GV weder ein Grund der Geheimhaltung noch eine besondere Dringlichkeit vorliegen, um die nationale Maßnahme zu rechtfertigen. Art. 70 Abs. 2 E(W)GV nahm damit eine gewissermaßen einzigartige Stellung im Einschränkungsgefüge des E(W)GV ein[35]. Neben der Feststellung der Umgehung von Devisenvorschriften sowie der Unmöglichkeit der Abhilfeschaffung durch Koordination mußte sich der betroffene Mitgliedstaat vor Erlaß der Maßnahme mit der Kommission ins Benehmen setzen; allerdings mußte dies nicht in ein Einvernehmen beider Seiten münden.

Die schließlich getroffene nationale Maßnahme durfte jedoch den innergemeinschaftlichen Kapitalverkehr nicht einschränken. Mögliche Maßnahmen nach Art. 70 Abs. 2 E(W)GV hatten sich daher in erster Linie auf die Kontrolle des durchlaufenden Kapitals aus dem bzw. in das die Devisenvorschriften umgehende Drittland zu beschränken[36]. Hier zeigt sich der elementare Unterschied dieser Schutzmaßnahme gegenüber denen des Art. 73 Abs. 2 E(W)GV, wonach sowohl die vorübergehende Aussetzung der devisenrechtlichen Liberalisierung als auch die Einführung sonstiger Hemmnisse des Kapitalverkehrs ermöglicht wurden[37]. Da diese Maßnahmen dem angeschlagenen Staat schneller helfen konnten, ist die praktische Bedeutung des Art. 70 Abs. 2 E(W)GV Zeit seines Bestehens ausgeblieben.

2. Die sekundärrechtliche Ausgestaltung der Kapitalverkehrsfreiheit

Die sekundärrechtliche Tätigkeit des Rates auf dem Gebiet des Kapitalverkehrs beschränkt sich auf die oben bereits genannten vier Kapitalverkehrsrichtlinien. Daneben gibt es eine Reihe weiterer Sekundärrechtsakte, die Teilbereiche oder verwandte Gebiete zum Inhalt haben[38]. Sinn und Zweck dieser den Kapitalverkehr regelnden Richtlinien war die schrittweise Durchführung der Liberalisierung des gemeinschaftlichen Kapitalverkehrs in Erfüllung der Aufgabe des Art. 69 E(W)GV. Hierzu wurde in der ersten Richtlinie von 1960[39] ein Katalog von Finanztransaktionen und Kapitalbewegungen erstellt, der in vier Listen (A - D) aufgeteilt war, welche sich durch einen von Liste A nach Liste D degressiv verlaufenden Liberalisierungsstand auszeichneten. Lediglich Aktualisierungen und Erweiterungen brachten die Richtlinien von 1962 und 1986[40] sowie das Programm der

[35] *Ress*, in: Grabitz/Hilf, Bd. I, Art. 70, Rn. 3.
[36] *Kiemel*, in: G/T/E, Bd. I, Art. 70, Rn. 8.
[37] *Kiemel*, a.a.O., Art. 73, Rn. 3.
[38] Vgl. hierzu ausführlich und m.w.N. *Ress*, in: Grabitz/Hilf, Bd. I, Art. 67, Rn. 30 ff.
[39] ABl.EG 1960, Nr. L 43, S. 291.
[40] ABl.EG 1962, Nr. L 9, S. 62 sowie ABl.EG 1986, Nr. L 332, S. 22.

Kommission von 1986[41], die Richtlinie von 1986 jedoch auch die Reduzierung von vier auf drei Listen (A - C). Am eigentlichen Regelungsgehalt, dem Festhalten an unterschiedlichen Liberalisierungsstandards für einzelne Kapitalbewegungen, änderte sich nichts.

Zwischenzeitlich war 1972 sogar eine Richtlinie eingeführt worden, die den bereits erreichten Liberalisierungsstand wieder reduzierte[42]. Sie erlaubte den Mitgliedstaaten in Zeiten der weltwirtschaftlichen Rezession, auf Kapitalbewegungen von ungewöhnlichem Umfang, die schwere Störungen der monetären Lage und der Konjunkturentwicklung der Mitgliedstaaten verursachten, über die Maßnahmen des EWG-Vertrages hinaus beschränkend einzuwirken. Es waren hiermit selbst Beschränkungen der in Liste A der Richtlinie von 1960 vollständig liberalisierten Kapitalbewegungen zulässig. Der Erlaß dieser Richtlinie ist im Schrifttum durchweg auf herbe Kritik gestoßen; einerseits, weil die von der Kommission angegebene Rechtsgrundlage der Art. 70 und 103 E(W)GV nicht zutreffend ist[43], andererseits, weil mit ihr der erreichte Liberalisierungsstandard durch die Einschränkung bei auftretenden wirtschaftlichen Schwierigkeiten zu einem ökonomischen "Schönwetter-Standard" degradiert wurde, was insgesamt als Bruch mit der Liberalisierung des Kapitalverkehrs angesehen wurde und die Befürchtung einer der Liberalisierung gegenläufigen Tendenz aufkommen ließ[44]. Erst mit der vierten Kapitalverkehrsrichtlinie 88/361 vom 24.7.1988[45] nahm die EWG die Vollendung und Vertiefung des Liberalisierungsprozesses der Kapitalverkehrsfreiheit in Angriff. Eine Lösung von der die Zersplitterung des gemeinsamen Kapitalmarktes aufrecht erhaltenden Autonomie der einzelnen Zentralbanken der Mitgliedstaaten in deren Währungspolitik war jedoch nicht erreichbar; sie blieb weiterhin Ausgangsbasis der Kapitalverkehrsfreiheit.

Angestrebtes Ziel war eine Stabilisierung der Wechselkurse zur Konsolidierung des Gemeinsamen Marktes sowie zur Förderung der Funktionsfähigkeit der Gemeinschaft in ihrer Gesamtheit. Dies vor allem im Hinblick auf die immer weiter fortschreitende Integration, die in zunehmendem Maße nach einer Liberalisierung des Kapitalverkehrs verlangte, um die effektive Inanspruchnahme der anderen Freiheiten des Vertrages zu gewährleisten. Mit der Richtlinie 88/361/EWG wurden gemäß ihrem Art. 1 Abs. 1 die Mitgliedstaaten unwiderruflich verpflichtet, die bestehenden Beschränkungen des Kapitalverkehrs zwischen den Gebietsansässigen zu beseitigen, soweit diese nicht durch besondere Vereinbarungen in ihrem Bestand gesichert waren. Gleiches galt nach Absatz 2 für die Zahlungstransaktionen. Auffallend an Absatz 1 ist, daß er sich lediglich auf die im Gemeinsamen Markt Gebietsansässigen bezieht; der Kapitalverkehr mit Drittstaaten war nach wie vor den Regelungen der Mitgliedstaaten überlassen. Dies ergibt sich

---

41 Vgl. *Hahn/Follak*, in: Dauses, F. II, Rn. 24.

42 Richtlinie vom 21.03.1972, ABl. 1972, Nr. L 91, S. 13.

43 Vgl. hierzu *Steindorff*, in: FS für Werner, S. 877 ff. (880).

44 *Petersen*, European Law Review, 1982 (7), S. 167 ff. (167).

45 ABl.EG 1988, Nr. L 178, S. 5.

direkt aus Art. 7 Abs. 1 der Richtlinie, in dem es heißt, daß die Liberalisierung gegenüber Drittstaaten, d.h. die Einführung des erga-omnes-Prinzips, lediglich beabsichtigt ist.

Ganz ohne Schutznormen für die Mitgliedstaaten kam diese Richtlinie aber auch nicht aus. Eine erste findet sich bereits in Art. 2, worin es heißt, daß die Mitgliedstaaten den freien Kapitalverkehr einschränken können, wenn ihre innerstaatliche Ordnung dies zur Steuerung der Bankenliquidität erfordert. Immerhin mußten derartige Maßnahmen dann vor den nationalen Gerichten überprüfbar sein[46]. Eine direkte Schutzklausel enthielt auch Art. 3 der Richtlinie. Diese war für kurzfristige Kapitalbewegungen noch restriktiver formuliert als die ohnehin im Vertrag befindlichen Schutzklauseln der Art. 73 E(W)GV, 108 und 109 EWGV. Möglich waren hier Maßnahmen als Instrumente der Währungspolitik, die in der Form des sogenannten Gemeinschaftsverfahrens anzuordnen waren. Nur in dringenden Fällen konnten die Mitgliedstaaten autonom aktiv werden.

Nicht voll liberalisiert war auch der Bereich des Erwerbs von Immobilien im EG-Ausland. Art. 6 Abs. 4 der Richtlinie sah Einschränkungen für den Erwerb von Zweitwohnungen vor[47]. Diese Einschränkung für nicht ganzjährig genutzte Immobilien ist für Dänemark sogar in einem Zusatzprotokoll zum Maastrichter Vertrag als Primärrecht festgehalten[48]. Nach wie vor sind sie zulässig und haben vor dem Gemeinschaftsrecht Bestand[49]. Dies gilt auch heute noch nach dem Inkrafttreten der Art. 73a ff. EGV[50], was noch dadurch unterstrichen wird, daß alle die Staaten, die der Gemeinschaft und der Union zum 1.1.1995 beigetreten sind (i.e Schweden, Finnland und Österreich) gleichlautende oder ähnliche Sondervereinbarungen mit der EG getroffen haben[51]. Eine dauerhafte Ausnahmeregelung bezüglich des freien Kapitalverkehrs findet sich in Art. 1 des Protokolls Nr. 2 über die Ålandinseln, welches der Beitrittsakte Schwedens beigefügt ist[52].

Bedeutsam ist weiterhin die Gemeinsame Erklärung Nr. 5 zu Zweitwohnungen[53]. Hiernach hindert keine Bestimmung des gemeinschaftlichen Besitzstandes die Mitgliedstaaten, auf nationaler, regionaler oder örtlicher Ebene Maßnahmen betreffend Zweitwohnungen zu treffen, sofern sie aus Gründen der Raumordnung,

---

46 *Oliver/Baché*, CMLR 1989, S. 61; vgl. ebenfalls EuGH, Rs. 143/86 - *East u.a./Cuddy* -, Slg. 1988, S. 625 ff.

47 *Smits*, in: G/T/E, Bd. II, Art. 106, Rn. 17.

48 Protokoll zum EG-Vertrag vom 7.2.1992 betreffend den Erwerb von Immobilien in Dänemark, in: BullBReg. Nr. 16 v. 12. Feb. 1992, S. 159.

49 *Hammerl, Sippel*, RIW/AWD 1992, S. 883 ff. (887).

50 *Beck-Nielsen*, NJW 1995, S. 1945 ff. (1946).

51 ABl.EG 1994 Nr. C 241, S. 9 ff. Für Österreich finden sich Sondervereinbarungen in Art. 70 der Beitrittsakte, für Finnland in Art. 86f und für Schweden in Art. 114 der Beitrittsakte.

52 ABl.EG 1994 Nr. C 241, S. 352.

53 ABl.EG 1994 Nr. C 241, S. 382.

der Bodennutzung und des Umweltschutzes erforderlich sind und ohne direkte oder indirekte Diskriminierung von Staatsangehörigen einzelner Mitgliedstaaten in Übereinstimmung mit dem gemeinschaftlichen Besitzstand angewendet werden. Durch ihre Inbezugnahme in der Schlußakte zum Beitrittsvertrag wird belegt, daß dieser Erklärung Nr. 5 die gleiche Rechtsqualität wie dem Beitrittsvertrag selbst zukommt, d.h. sie stellt einen Teil des Gemeinschaftsrechts dar[54]. Schließlich sah auch Art. 7 Abs. 2 der Richtlinie 88/361/EWG einen Schutz der Mitgliedstaaten dahingehend vor, daß sie zur Intervention bei zu großen Kapitalströmen berechtigt waren, wenn diese Kapitalbewegungen die monetäre Lage, d.h. die Zahlungsbilanz, empfindlich zu stören drohten.

3. Die Rechtsprechung des EuGH zur Kapitalverkehrsfreiheit

Die sich mit der Kapitalverkehrsfreiheit des EG-Vertrages befassende Rechtsprechung des EuGH ist beinahe noch spärlicher als die Sekundärrechtsetzung des Rates auf diesem Gebiet. Dabei liegt die Mehrzahl der Urteile in der Zeit vor dem Inkrafttreten der Art. 73b ff. EGV am 1.1.1994, bzw. hatte Sachverhalte zum Gegenstand, auf die die Vorschriften der Art. 67 ff. E(W)GV anzuwenden waren. Hier sind vor allem die Urteile "*Casati*" sowie "*Luisi und Carbone*" hervorzuheben, auf die sogleich noch einzugehen ist. Schon in der Zeit nach dem 1.1. 1994 liegt das Urteil des EuGH in der Rechtssache "*Bordessa*"[55], dieses behandelt jedoch einen Sachverhalt, der noch unter die alten EWG-Regelungen fiel. In den Bereich der neuen Regelungen des EG-Vertrages fällt ersichtlich erst ein Urteil des EuGH, nämlich das Urteil "*Sanz de Lera u.a.*" vom 14.12.1995[56]. Hierauf wird bei der Besprechung des neuen Rechts weiter unten noch eingegangen[57].

a) Das Urteil "Casati"

Das *Casati*-Urteil[58] ist insofern von herausragender Bedeutung, als es das erste Urteil ist, in dem der EuGH einerseits wichtige Fragen der Beschränkung des freien Kapitalverkehrs behandelt, sich andererseits aber auch mit dem Zahlungsverkehr gemäß Art. 106 E(W)GV auseinandersetzte[59]. Der EuGH entschied hier zunächst, daß unabhängig von Art. 69 E(W)GV die mitgliedstaatlichen Kapitalver-

---

54 *Ress/Ukrow*, in: Grabitz/Hilf, Art. 73a, Rn. 9.

55 EuGH, verb. Rs. C-358/93 und C-416/93 - *Bordessa u.a./Ministerio Fiscal* -, WM 1995, S. 1176; sowie die Anm. dazu von *Ress*, JZ 1995, S. 1008. Ebenfalls in diese Zeit fällt das Urteil in der Rs. C-484/93 - *Svensson* -, Slg. 1995, S. 3955 ff., wobei jedoch auch hier die Regelungen der Art. 67 ff. E(W)GV anzuwenden waren.

56 EuGH, verb. Rs. C-163/93, C-165/94, C-250/94 - *Sanz de Lera u.a.* -, Tätigkeitsbericht des Gerichtshofes und des Gerichts erster Instanz der Europäischen Gemeinschaften, Nr. 35/95 vom 11.-22.12. 1995, S. 28 ff.

57 S. u. II.1.b)

58 EuGH, Rs. 203/80, Slg. 1981, 2595 ff.

59 *Petersen*, European Law Review, 1982 (7), S. 167 ff. (167).

kehrsbeschränkungen hinsichtlich der Ein- und Ausfuhr von Banknoten auch nach dem Verstreichen der Übergangsfrist weiterhin Bestand haben können, da dieser Bereich in der - damals noch bestehenden - Liste D der Richtlinie aus dem Jahre 1960 enthalten war, nach der die Mitgliedstaaten keine Liberalisierungsmaßnahmen vorzunehmen brauchten[60].

Im Anschluß an das Urteil ergab sich die Frage, ob entgegen dem Richterspruch in der Rechtssache *Casati* der Freiheit des Kapitalverkehrs unmittelbare Wirkung auch gegenüber Individuen zukomme. Die Richtlinien zur Kapitalverkehrsfreiheit erfüllen die vom EuGH aufgestellten Anforderungen an deren unmittelbare Wirksamkeit[61] nicht, da in ihnen so viele Vorbehalte zugunsten der Staaten enthalten sind, daß eine darauf gegründete Durchsetzung individueller Rechte als geradezu ausgeschlossen erscheint[62]. Es fehlte diesen Richtlinien folglich vor allem am sog. "Self-executing"-Charakter. Für eine unmittelbare Anwendbarkeit verblieb somit lediglich das Primärrecht der Art. 67 ff. E(W)GV, wobei hier für eine partielle unmittelbare Anwendbarkeit plädiert wurde[63]. Diese partielle unmittelbare Anwendbarkeit bezog sich auf die Bereiche der anderen Grundfreiheiten des EWG-Vertrages, zu denen die Kapitalverkehrsfreiheit akzessorisch war. Hiermit sind die Fälle gemeint, in denen die Freiheit des Kapitalverkehrs für die Realisierung der anderen ebenfalls unmittelbar anwendbaren Freiheiten unbedingt erforderlich ist[64].

b) Weitere Urteile des EuGH zur Kapitalverkehrsfreiheit

Als weitere Urteile des EuGH mit direktem Bezug zur Kapitalverkehrsfreiheit sind lediglich noch zwei Urteile anzuführen, nämlich das in der Rechtssache "*Thompson*" aus dem Jahre 1978[65] und das Urteil "*Luisi und Carbone*" aus dem Jahre 1984[66]. Im ersten Urteil sah sich der EuGH vor die Frage gestellt, ob gesetzliche Zahlungsmittel und aus dem Verkehr gezogene Zahlungsmittel unter den freien Warenverkehr zu subsumieren waren, oder ob es sich dabei um einen

---

60 Vgl. EuGH, Rs. 203/80 - *Casati* - , S. 2595 ff. (2615).

61 Grundlegend zur unmittelbaren Anwendbarkeit von Richtlinien: EuGH, Rs. 9/70 - *Grad/Finanzamt Traunstein, "Leberpfennig"* -, Slg. 1970, S. 825 ff. Danach müssen Richtlinien, um unmittelbar anwendbar zu sein, einen unbedingten und hinreichend genauen Regelungsinhalt haben.

62 *Steindorff*, in: FS für Werner, S. 877 ff. (881).

63 *Seidel*, in: FS für Kutscher, S. 397 ff.; *Louis*, CMLR 1982 (19), 443 ff. (451); vgl. auch die Anmerkung der Bundesregierung in der Rechtssache *Casati*; *Lauwaars/ Timmermans*, Europees Gemeenschapsrecht in kort bestek , S. 193.

64 Vgl. näher *Steindorff*, in: FS für Werner, S. 877 ff. (882 ff.); gegen jede unmittelbare Anwendbarkeit auch des Primärrechts *Kiemel*, in: G/T/E, Art. 67, Rn. 5 a.E., sowie *Petersen*, European Law Review, 1982 (7), S. 167.

65 EuGH Rs. 7/78 - *Thompson u.a.* -, Slg. 1978, S. 2247 ff.

66 EuGH verb. Rs. 286/82 und 26/83 - *Luisi und Carbone/Ministero del Tesoro* -, Slg. 1984, S. 377 ff.

Anwendungsfall der Kapitalverkehrsfreiheit handelte. Für beide Zahlungsmittel gelangte der EuGH hier zur Anwendbarkeit der Art. 30 ff. EWG-Vertrag, also der Warenverkehrsfreiheit[67]. Der Liberalisierung des Kapitalverkehrs attestierte der EuGH in diesem Zusammenhang eine besondere Bedeutung hinsichtlich eines der in Art. 3 lit. c) des E(W)GV genannten Ziele, nämlich der Beseitigung der Hindernisse für den freien Kapitalverkehr[68].

Das Urteil "*Luisi und Carbone*" beinhaltet im wesentlichen eine Bestätigung der "*Casati*"-Rechtsprechung, stellt jedoch in bezug auf den Fremdenverkehr und Tourismus klar, daß der Transfer von Banknoten dann nicht als Kapitalverkehr angesehen werden kann, wenn mit diesem Transfer einer Zahlungsverpflichtung entsprochen wird, die sich aus einer Transaktion auf dem Gebiet des Waren- oder Dienstleistungsverkehrs ergibt. Folglich könnten Zahlungen für Reisen zu Fremdenverkehrs- und ähnlichen Zwecken auch dann nicht als Kapitalverkehr eingestuft werden, wenn sie mit dem Transfer von Banknoten einhergingen[69].[70]

In der Rechtssache "*Bordessa*" hatte der EuGH zu entscheiden, ob eine nationale Vorschrift, die die Ausfuhr von Banknoten etc. von der Genehmigung der Behörden des Landes, aus dem ausgeführt werden soll, abhängig macht, mit der Kapitalverkehrsfreiheit der Richtlinie 88/361/EWG zu vereinbaren sei. Die von der spanischen Regierung zur Verteidigung dieser Praxis angeführten Gründe, nämlich festzustellen, ob mit der Ausfuhr eine Zuwiderhandlung gegen staatliche Bestimmungen zur Kontrolle des Kapitalverkehrs vorliegt, wie sie in der Richtlinie selbst zugelassen sind, um diese Zuwiderhandlung dann als Straftat qualifizieren und Strafen verhängen zu können, wies der EuGH zurück. Er begründete dies damit, daß zur Kontrolle allein eine vorherige Anmeldung der Ausfuhr genüge und deren Unterlassung dann mit Strafe geahndet werden könne, wobei die spanische Regierung nicht ausreichend begründet habe, daß ihr diese Praxis unmöglich sei. Der EuGH kam somit zu dem Ergebnis, daß ein Vertragsverstoß vorlag[71].

4. Resümee

Am Ende der ersten Stufe der Wirtschafts- und Währungsunion, die bis zum 31.12.1993 dauerte, stellte die Kapitalverkehrsfreiheit sich als eine lediglich akzessorische und damit den anderen Freiheiten nicht gleichgeordnete Grundfreiheit des EWG-Vertrages dar. Unterstützt wurde diese Sichtweise zunächst durch den

[67] EuGH, Rs. 7/78 - *Thompson u.a.* -, Slg. 1978, S. 2247 ff. (2274 f.).

[68] EuGH, a.a.O.

[69] EuGH, verb. Rs. 286/82 und 26/83 - *Luisi und Carbone/Ministero del Tesoro* -, Slg. 1984, S. 377 ff. (403 f.).

[70] Zusätzlich sind zu nennen die Urteile in der Rs. 267/86 - *van Eycke* -, Slg. 1988, S. 4769 ff. sowie in der Rs. C-204/90 - *Bachmann* -, Slg. 1992, S. I.-249 ff.

[71] EuGH, verb. Rs. C-358/93 und C- 416/93 - *Bordessa* -, WM 1995, S. 1176 ff. (1178), Nr. 29 - 31.

EuGH in seiner *Casati*-Rechtsprechung, in der er auf die engen Beziehungen der Kapitalverkehrsfreiheit mit den nationalen Wirtschafts- und Währungspolitiken hinwies. Diese Verknüpfungen einer gemeinschaftsrechtlichen Grundfreiheit mit einer in nationalen Kompetenzbereichen verbliebenen Wirtschafts- und Währungspolitik veranlaßte schon die Verfasser der Verträge von Rom, hier auf gleichlautende, zwingendere Formulierungen wie bei den anderen Grundfreiheiten zu verzichten und den Nationalstaaten weitreichende Einschränkungsmöglichkeiten einzuräumen.

Markantestes Zeichen der Andersartigkeit der Kapitalverkehrsfreiheit im Verhältnis zu den anderen Grundfreiheiten des Gemeinschaftsrechts war jedoch die Handlungsermächtigung von Rat und Kommission gemäß Art. 69 i.V.m. Art. 67 Abs. 1 E(W)GV zur weiteren Liberalisierung - je nach Bedarf - der Kapitalverkehrsfreiheit. Diese Ermächtigung ist mit dem 1.1.1994, dem Inkrafttreten der Art. 73a ff. EGV, konsequenterweise obsolet geworden. Mit dem Urteil "*Bordessa*" zeichnete sich jedoch eine Veränderung des Verständnisses der Kapitalverkehrsfreiheit auch beim EuGH ab. Unter dem Einfluß der Richtlinie 88/361/ EWG[72] entwickelte sich die vierte Freiheit des EWG-Vertrages - zunächst sekundärrechtlich - zu einer qualitativ nahezu gleichwertigen Grundfreiheit.

II. Die Kapitalverkehrsfreiheit seit dem 1.1.1994

1. Der Regelungsgegenstand der Art. 73a ff. EGV

a) Neuerungen

Mit dem Unionsvertrag von Maastricht sind die bis Ende 1993 geltenden Bestimmungen der Kapitalverkehrsfreiheit nicht direkt geändert worden. Vielmehr ersetzen die Art. 73a - h EGV als Ausdruck des Beginns der zweiten Stufe der Wirtschafts- und Währungsunion das bisherige Recht der Art. 67 - 73 E(W)GV[73]. Man könnte daher zu dem Schluß gelangen, daß die weitere Nennung der alten Regelungen im neuen EG-Vertrag nicht mehr erforderlich sei, daß vielmehr an ihre Stelle entweder Regelungen anderen Inhalts gesetzt würden, wie dies geschehen ist mit Art. 106 EWGV, der vormals die Zahlungsverkehrsfreiheit regelte und nun Ausführungen zur EZB und zum ESZB enthält, oder daß die neuen Bestimmungen der Kapitalverkehrsfreiheit an die Stelle der alten treten.

In bezug auf die Kapitalverkehrsfreiheit wurde jedoch eine andere Vorgehensweise gewählt. Nach wie vor erscheinen die alten Regelungen der Art. 67 - 73 E(W)GV an ihrem alten Platz und den neuen ist durch ihre Numerierung das

---

72 ABl.EG 1988, Nr. L 178, S. 5.

73 Vgl. zum Stand der Kapitalverkehrsfreiheit nach den Art. 73b ff. EGV umfassend *Kimms*, S. 122 ff.; dazu auch *Fischer/Köck*, S. 534 ff.

Nachträgliche, das Nicht-Ursprüngliche anzusehen[74]. Diese auf den ersten Blick vielleicht etwas verwirrende Praxis der Herren der Verträge erscheint allein aus innergemeinschaftlicher Sicht in der Tat etwas fragwürdig, jedoch sind diese alten Regelungen noch nicht gänzlich obsolet. Sie könnten nach wie vor Wirkung in Außenbeziehungen der EG, und zwar konkret zu den Staaten des EWR, haben. Auf die Frage ihrer Fortgeltung ist später noch einzugehen.

War die erste Stufe der Wirtschafts- und Währungsunion, deren Beginn von den Staats- und Regierungschefs auf dem Gipfel in Straßburg vom 8./9.12.1989 festgelegt wurde auf den 1.7.1990[75], also auf den Zeitpunkt des Wirksamwerdens der Kapitalverkehrsrichtlinie 88/361/EWG vom 24.7.1988, gekennzeichnet durch - nur von wenigen Ausnahmen abgesehen - die vollständige Kapitalverkehrsfreiheit, so stellt sich der Beginn der zweiten Stufe als die unmittelbare Vorbereitungsphase zur eigentlichen Wirtschafts- und Währungsunion, der dritten Stufe, dar. Augenscheinlich wird dies im Rahmen der Kapitalverkehrsfreiheit auch im Wechsel des Regelungsgegenstandes der sie betreffenden Normen. Regelten die Art. 67 ff. E(W)GV noch in erster Linie die mitgliedstaatliche Devisenbewirtschaftung, so geht es in den Art. 73a - g EGV um die gemeinschaftliche Kapitalmarktregulierung, wiewohl es sich dabei kompetenzrechtlich gesehen um eine Querschnittsmaterie handelt, was an der bei den Mitgliedstaaten verbliebenen Kompetenz zur Regelung des Kapitalverkehrs und der Kapitalmärkte abzulesen ist[76]. Des weiteren werden der Umfang der Freiheit (erga omnes) und ihre Beschränkungsgründe neu definiert sowie die Beseitigung einzelstaatlicher Behinderungsmaßnahmen weitergeführt.

In materieller Hinsicht ist besonders auf den Beginn des Wirksamwerdens der wirtschaftspolitischen Regelungen der Art. 102a ff. EGV hinzuweisen, in institutioneller Hinsicht bedarf das Europäische Währungsinstitut (EWI) als Vorläufer der EZB, auf die später noch näher einzugehen ist, der Erwähnung. Durch die neuen Vorschriften wurde die vollständige Liberalität des Kapitalverkehrs, die seit 1988 lediglich sekundärrechtlich bestand, nun auch primärrechtlich verankert[77]. Eine weitere Liberalisierung erfahren die Vorschriften durch die Einführung des erga-omnes-Prinzips, d.h. daß der Stand der Liberalisierung nicht nur innergemeinschaftlich, sondern auch im Verhältnis zu Drittstaaten gilt[78].

---

74 Im Rahmen der Revisionsverhandlungen zum Maastrichter Vertrag, die am 16./17.Juni 1997 in Amsterdam ihren Abschluß fanden, werden die Art. 67ff. E(W)GV jetzt aufgehoben, vgl. Konferenz der Vertreter der Regierungen der Mitgliedstaaten, Doc. CONF 4004/97, S. TA/ Anhang/d 5.

75 Europäischer Rat von Straßburg, v. 8./9.12.1989, Bull.EG 12-1989, S. 8 ff. (12); übereinstimmend mit dem Bericht des *Delors*-Ausschusses, Bull.EG 4-1989, S. 8 ff. (9).

76 *Weber, S.*, EuZW 1992, S, 561 ff. (565).

77 Zum Verhältnis der Richtlinie 88/361/EWG zu den Art. 73b ff. EGV siehe *Ohler*, WM 1996, S. 1801 ff. (1801).

78 Dazu auch *Smits*, in: FS für Hugo J. Hahn, S. 245 ff. (249 f.).

Es sei hier bereits auf eine der Problematiken der normativen Verknüpfungen von Kapitalverkehrsfreiheit und Währungsunion hingewiesen, denen im dritten Teil noch erhöhte Aufmerksamkeit zu widmen ist: Durch die Einführung des erga-omnes-Prinzips in die gemeinschaftsrechtliche Kapitalverkehrsfreiheit und den Verlust der nationalen Währungshoheit zu Beginn der dritten Stufe der Wirtschafts- und Währungsunion an die Währungshüterin dieser Union - die EZB -, deren oberste Aufgabe gemäß Art. 105 Abs.1 S.1 EGV die Wahrung der Preisstabilität innerhalb der Gruppe der Eurostaaten ist, stehen sich mit der Kapitalverkehrsfreiheit als einem Teil des Binnenmarktes und der Preisstabilität als währungspolitischer Aufgabe der EZB zwei möglicherweise geradezu entgegengesetzte Prämissen gegenüber. Denn gemäß Art. 73b Abs. 1 EGV kann Kapital aus Drittstaaten grundsätzlich uneingeschränkt in die EG und damit auch in den räumlichen Kompetenzbereich der EZB eingeführt werden. Führt dies jedoch zu einem Fremdkapitalüberschuß innerhalb der Gemeinschaft, welcher Turbulenzen innerhalb der Eurostaaten verursacht, so kann zwar der Rat auf Vorschlag der Kommission und nach Anhörung der EZB gemäß Art. 73f EGV Schutzmaßnahmen gegenüber diesen Ländern einführen. Doch bevor es dazu kommt, ist die Grenze für ein Einschreiten der EZB zur Wahrung der Preisstabilität möglicherweise längst überschritten, so daß die EZB vorher schon - durch Einsatz ihres geldpolitischen Instrumentariums[79] - faktisch in einen originären Kompetenzbereich der Gemeinschaftsorgane, zu denen sie selbst ausweislich des Art. 4 EGV nicht gehört, eingegriffen haben könnte.

Des weiteren fällt auf, daß die bereits genannte, vormals in Art. 69 i.V.m. Art. 67 E(W)GV niedergelegte Handlungsermächtigung von Rat und Kommission zur weitergehenden Liberalisierung der Kapitalverkehrsfreiheit nicht mehr auftaucht. Ein Rückschritt in nationale Kompetenzen ist aus diesem Umstand aber nicht zu befürchten, wie es auf den ersten Blick bei bloßer Betrachtung dieser Vorschriften den Anschein haben könnte. Der einzige Grund für die Einführung der Handlungsermächtigung in das Regelungsgefüge des EWG-Vertrags war das Bestehen von Art. 67 Abs. 1 E(W)GV und der darin vorgesehenen Begrenzung der Kapitalverkehrsfreiheit auf das für das Funktionieren des Gemeinsamen Marktes erforderliche Maß - und dies im Gegensatz zu eventuellen Einschränkungen bei den anderen Grundfreiheiten weit über den Ablauf der Übergangsfrist hinaus. Neben dem Fehlen der Handlungsermächtigung ist auch das Fehlen einer derartigen Liberalisierungseinschränkung zu verzeichnen. Weil aber die Grundannahme der Art. 73a ff. EGV das Bestehen vollständiger Liberalität der Kapitalverkehrsfreiheit selbst gegenüber Drittstaaten ist, bedarf es einer Handlungsermächtigung zugunsten von Rat und Kommission nicht mehr.

Im übrigen sind die neuen Bestimmungen der Kapitalverkehrsfreiheit gänzlich auf ihr Zusammenwirken mit der Währungsunion hin ausgerichtet. Augenfällig-

---

[79] Der Einsatz geldpolitischer Instrumente seitens der EZB - möglicherweise auch gegen die Wirtschaftspolitik von Rat und Kommission - wird im 3. Kapitel eingehend untersucht.

ster Beleg hierfür ist das gleichzeitige Inkrafttreten der Art. 73a ff. EGV und der zweiten Stufe der Währungsunion am 1.1.1994. Der wesentliche Grund hierfür ist laut dem *Delors*-Bericht, dem sich der Deutsche Bundestag angeschlossen hat, darin zu sehen, daß es sich bei dem vertraglich abgesicherten Grundsatz der Kapitalverkehrsfreiheit um eines der zentralen Elemente der Wirtschafts- und Währungsunion handelt, womit gleichzeitig der Übergang von nationalem Interessenvorrang auf gemeinschaftlichen Interessenvorrang deutlich gemacht wird[80]. Auch der innere Zusammenhang zwischen beiden Bereichen ist von Beginn an immer wieder deutlich hervorgetreten. War es bis zum Inkrafttreten der neuen Art. 73b ff. EGV am 1.1.1994 nicht die völlige Beseitigung der Beschränkungen und die Rücksichtnahme auf nationale Empfindlichkeiten, was die Kapitalverkehrsfreiheit ausmachte, so sind es jetzt in der zweiten Stufe die Bemühungen um einen hohen Grad an wirtschaftlicher Konvergenz. Denn bei einem freien Kapitalverkehr wäre der Gemeinsame Markt ohne ausreichende Koordinierungserfolge, wie auch die Wirtschafts- und Währungspolitik der Mitgliedstaaten, soweit letztere noch in deren Kompetenzbereich liegt, ständigen Störungen ausgesetzt. Ein Teil dieser Störungen wurde oben bereits kurz genannt. Auf der anderen Seite übt ein freier Kapitalverkehr aber auch disziplinierende Zwänge auf eine konvergente Entwicklung der Wirtschafts- und Währungspolitik aus[81], um ein zu starkes Auseinanderdriften der beteiligten Länder und damit im Endeffekt ein Auseinanderbrechen zu vermeiden, da eine wirtschaftlich stark inkonvergente Entwicklung auch durch wohl mögliche Finanzausgleichszahlungen auf Dauer nicht aufgefangen und ausgeglichen werden kann. Es ist hiermit ein zweiter großer Komplex angesprochen, dessen Problemlösungen im dritten Teil vertiefter Betrachtungen bedürfen.

Resultat dieser sich fortlaufend entwickelnden Konvergenz der Wirtschaftsleistungen der Mitgliedstaaten sollte gerade in der zweiten Stufe eigentlich ein funktionierendes EWS sein, wobei die Staaten, die die gemeinsame Währung einführen wollen und können, die über zweijährige erfolgreiche Teilnahme an diesem Wechselkurssystem nachweisen müßten. So jedenfalls sieht es Art. 109 j Abs. 1, 3. Gedankenstrich EGV vor. Heftige Währungsturbulenzen in den Jahren 1992 und 1993 führten zunächst zum Austritt einiger Staaten[82] aus dem Währungsverbund und schließlich zu einer Bandbreitenerweiterung[83] von +/- 2,25% auf +/- 15%.

Die Wiederaufnahme der Teilnahme dieser Staaten am EWS zu einem Zeitpunkt, der die vom Vertrag vorgeschriebenen zwei Jahre sowie die festgesetzten Termine

---

80 Ausschuß zur Prüfung der Wirtschafts- und Währungsunion in der EG (sog. *Delors*-Bericht), Luxemburg 1988, S. 17 und 35; *Deutscher Bundestag*, BT-Drs. 12/3334, vom 1.10.1992, S. 81 ff. (87).

81 *Gleske*, Die Liberalisierung des Kapitalverkehrs in der EG, in: Deutsche Bundesbank, Auszüge aus Presseartikeln, Nr. 48, v. 9.7.1986, S. 1 ff. (2); *Brüstle*, in RWI-Mitteilungen 1991, S. 325 ff. (326).

82 Italien am 14.9.1992, Großbritannien am 17.9.1992, vgl. Bull.EG 9-1992, S. 12 f.

83 Bull.EG 7/8-1993, S. 21 f.

berücksichtigen müßte, wird jedoch mit den +/- 2,25 % beginnen müssen, denn der Nachweis der Teilnahme an einem Währungsverbund mit einem Margenspielraum von maximal 30% kann nicht ernsthaft als Erfüllung der Voraussetzung zur Teilnahme an einer Union angesehen werden, die eine einheitliche Währung einführen will und von daher auf weitestmögliche Konvergenz angewiesen ist. Diese Entwicklung, wie sie sich in den beiden Jahren 1992/93 gezeigt hat, läuft sowohl dem EWS als auch einer Wirtschafts- und Währungsunion diametral entgegen, denn weder mit dem EWS noch mit der dritten Stufe der Wirtschafts- und Währungsunion ist ein derartiges Auseinanderdriften der wirtschaftlichen Entwicklung und - als dessen Folge - schon gar nicht eine Abschottung der nationalen Kapitalmärkte zu vereinbaren[84].

Eine der 1992 aus dem EWS ausgetretenen Währungen, die italienische Lira, ist Ende November 1996 in den Wechselkursverbund zurückgekehrt. Diese Rückkehr erfolgte allerdings zu Bandbreiten von +/- 15% der bilateralen Leitkurse[85], ohne daß die Leitkurse der anderen Staaten verändert, etwa diesem Wert angepaßt wurden. Dies ist zwar ein erster Schritt Italiens, doch noch bei den Staaten dabeizusein, die 1999 zur ersten Generation der Währungsunionsteilnehmer gehören, denn die zweijährige Teilnahme an dem EWS ist eine der Vorbedingungen für einen Staat, bevor überhaupt eine Beurteilung seiner Konvergenzwerte vorgenommen wird. Ein späterer Beitritt zum EWS hätte eine Teilnahme an der dritten Stufe zum anvisierten Beginn 1999 von vornherein unmöglich gemacht. Es ist jedoch fraglich, ob diese ausgeweitete Bandbreite im Verhältnis zu den anderen am EWS teilnehmenden Staaten als ausreichende Bedingung für eine Überprüfung der Erfüllung der Konvergenzkriterien angesehen werden kann. Werden nämlich bereits bei der Einhaltung der normalen Bandbreiten des Wechselkursmechanismus (drittes Kriterium in Art. 109j Abs. 4 EGV) Zugeständnisse gemacht, so dürften auch die anderen Kriterien vor solcherlei Praktiken nicht sicher sein. Unterschiedlich große Schwankungsbreiten sind jedoch gerade kein taugliches Zeichen für eine vergleichbare Stabilität der jeweiligen Währungen, wie sie für den Übergang in eine gemeinsame Währung erforderlich ist.

Um hier nicht zu einer unterschiedlichen Strenge bei der Anwendung der jeweiligen Kriterien zu gelangen und nicht einer vom EG-Vertrag nicht vorgesehenen und daher willkürlichen Höherbewertung des einen Kriteriums vor den anderen Vorschub zu leisten, ist ein Auslegungsspielraum hinsichtlich der Erfüllung der Kriterien auch nur dort anzunehmen, wo der EG-Vertrag ihn vorsieht. Beim Kriterium der Teilnahme am EWS innerhalb der normalen Bandbreiten sieht der EG-Vertrag diesen Auslegungsspielraum nicht vor. Daß es ausweislich der Entscheidungen des Frühjahrs 1998[86] doch zu diesen extrem unterschiedlichen Gewichtungen gekommen ist, ist mit ökonomischen Gründen kaum zu rechtfertigen

[84] *Kiemel*, in: Hdb. d. Europäischen Rechts, Art. 73a, Rn. 5.

[85] *Deutsche Bundesbank*, Auszüge aus Presseartikeln, Nr. 74 v. 27.11.1996.

[86] Ersichtlich aus dem Kommissionsbericht an den Rat über den Konvergenzstand 1998, Bull.EG 3-1998, S. 26 f.

und mit dem Vertragswortlaut nicht zu vereinbaren. Diese Entscheidungen sind wohl allein auf politische Opportunitätserwägungen zurückzuführen. Die Aussagen auch und gerade deutscher Politiker, daß es zu einer Abkehr von den vertraglich festgelegten Kriterien nicht kommen würde, daß sie vielmehr strikt auzulegen seien, müssen wohl als von der Realität eingeholt und überholt angesehen werden.

b) Die Rechtsprechung des EuGH zum neuen Recht

Der EuGH hatte sich in der bisher einzigen Entscheidung[87] zum neuen Kapitalverkehrsrecht im Prinzip mit einem ähnlichen Sachverhalt auseinanderzusetzen wie in der Rechtssache "*Bordessa*". Es handelte sich um die gleiche spanische Regelung, wieder ging es um die Ausfuhr von Banknoten etc., jedoch diesmal in ein nicht zur EG gehörendes Drittland (zweimal Schweiz, einmal Türkei). In diesem Urteil hatte der EuGH Gelegenheit, die unmittelbare Wirkung der Art. 73b ff. EGV zu unterstreichen und seine Rechtsprechung aus dem "*Bordessa*"-Urteil fortzuführen und zu festigen. Hiernach ist es den Mitgliedstaaten der Gemeinschaft verwehrt, die Kapitalausfuhr selbst in Drittländer von einem Genehmigungserfordernis abhängig zu machen; eine Anmeldung der Ausfuhr zum Zweck der Wahrung der öffentlichen Ordnung ist gleichwohl gestattet. Die Frage der unmittelbaren Anwendbarkeit der Art. 73b ff EGV bejahte der EuGH eindeutig.[88]

c) Resümee, Stand der Kapitalverkehrsfreiheit heute

Seit Beginn der zweiten Stufe der Wirtschafts- und Währungsunion stellt sich die Kapitalverkehrsfreiheit somit als primärrechtlich auf die gleiche Stufe mit den anderen Freiheiten des EG-Vertrages heraufgehobene Grundfreiheit der Europäischen Gemeinschaft dar[89].[90] Dies stellt die entscheidende Voraussetzung dafür dar, in den immer komplexer werdenden globalen Kapitalverbindungen den Anschluß an die Weltmärkte nicht zu verlieren. Denn die starke Zunahme des Handels und der Kapitalströme hat die wirtschaftliche und finanzielle Integration zwischen allen Ländern vertieft und schafft ein komplexes finanzielles Umfeld mit einer größeren Vielfalt von Kapitalströmen, Schuldnern und Gläubigern. Dieser Globalisierungsprozeß schafft neue Möglichkeiten, stellt gleichzeitig aber alle Mitgliedstaaten der Gemeinschaften vor neue Herausforderungen, insbesondere hinsichtlich des internationalen Währungs- und Finanzsystems[91]. Des weiteren ist mit der fortschreitenden Integration der innergemeinschaftlichen Kapitalmärkte, deren

---

[87] Vgl. EuGH, verb. Rs. C-163/93, C-165/94, C-250/94, - *Sanz de Lera u.a.* - in: Tätigkeitsbericht des Gerichtshofes und des Gerichts erster Instanz der Europäischen Gemeinschaften, Nr. 35/95 vom 11.-22.12.1995, S. 28 ff.

[88] EuGH, a.a.O., S. 30; in Übereinstimmung mit dem GA *Tesauro*, ebd., S. 31.

[89] Eine genaue Abgrenzung der Kapitalverkehrsfreiheit von den übrigen Grundfreiheiten des EG-Vertrages findet sich bei *Ohler*, WM 1996, S. 1801 ff. (1803 ff.).

[90] Allg. zur Kapitalverkehrsfreiheit *Smits*, in: FS für Hugo J. Hahn, S. 245 ff. (248 ff.).

[91] Bericht der G 7-Finanzminister an den Wirtschaftsgipfel Lyon 1996, BullBReg. Nr. 59 vom 12.7.1996, S. 637.

Ziel ein einheitlicher europäischer Finanzraum ist, die wichtigste Voraussetzung für eine Verwirklichung der Europäischen Wirtschafts- und Währungsunion geschaffen, denn die Einführung einer einheitlichen Währung ohne gleichzeitge Abschaffung nationaler Kapitalmärkte wäre von Anfang an zum Scheitern verurteilt.

Es hat sich in der jüngeren Vergangenheit jedoch gezeigt, daß die Realisierung dieser hochgesteckten Ziele weit größere Schwierigkeiten mit sich brachte und bringt, als zunächst vorhergesehen. Der Austritt einiger Mitgliedstaaten aus dem EWS infolge starker Währungsspekulationen im Jahre 1992 machte deutlich, daß die normativen Voraussetzungen für die finanzielle Integration zwar vorhanden, diese aber den finanzpolitischen Realitäten noch um einiges voraus sind. Diese (vorübergehende) Aufkündigung der Teilnahme am EWS gerade als Folge des weiter liberalisierten Kapitalverkehrs darzustellen, wäre jedoch verkürzt und würde Ursache und Wirkung verkehren. Ursache des die Staaten treffenden Spekulationskapitals war die mangelhafte Konvergenz eben zwischen diesen Staaten, erst die Wirkung war der Zusammenbruch des EWS. Vor allem aber würde die eben genannte verkürzte Sicht dem weiteren Integrationsauftrag nicht gerecht, bedeutete doch die Beibehaltung der alten Kontrollmechanismen und Devisenbewirtschaftungsmaßnahmen die Abschiednahme von der weiteren Integration.

2. Das Verhältnis der EG - Kapitalverkehrsfreiheit zu Regelungen in anderen internationalen Organisationen

Die EG war und ist weder die einzige noch war sie die erste internationale Organisation, die in ihren Vertragstexten Regelungen über die Liberalisierung des Kapitalverkehrs zwischen ihren Mitgliedern sowie zwischen diesen und der jeweiligen Organisation nicht angehörenden Drittstaaten enthielt. Schon der IWF und auch die OEEC, die Vorläuferin der heutigen OECD, hatten durch Auflistung und Vergleich der Kapitalverkehrsregelungen ihrer Mitgliedstaaten eine einheitliche Regelung aufzustellen gesucht. Dadurch, daß die Mitgliedstaaten dieser - und anderer - Organisationen teilweise mehreren gleichzeitig angehören, kann es zu Komplikationen kommen, wenn diese unterschiedlichen Organisationen unterschiedliche Regelungen hinsichtlich ein und derselben Materie enthalten und sich die streitenden Parteien auf die jeweils für sie günstigere Regelung berufen. Eine solche mehrfache Mitgliedschaft liegt auch bei allen EU-Ländern vor, einschließlich derer, die zum 1.1.1995 der Union beigetreten sind. Sie alle gehören sowohl dem IWF als auch der OECD an. Weitere Überschneidungen können sich ergeben beim GATT (heute Bestandteil der WTO)[92], beim EWR sowie bei der EFTA, wobei die Beziehungen zwischen der EFTA und der EG seit dem 1.1.1994 im EWR-Abkommen geregelt sind[93]. Da alle diese wirtschaftlichen Zusammenschlüsse unterschiedliche Regelungen über den Kapitalverkehr haben können, was sich dann eventuell auf die entsprechenden Regelungen innerhalb des EG-Vertrages

[92] Seit dem Abschluß der Uruguay-Runde 1994.

[93] BGBl. II. 1993, S. 267 ff.

und damit auch auf die dritte Stufe der Währungsunion auswirken kann, ist eine kurze Erörterung der jeweiligen Bestimmungen sowie ihr Verhalten bei möglichen Kollisionen mit dem Gemeinschaftsrecht geboten.

a) Der Internationale Währungsfonds (IWF)

Gemäß Art. 1 Abs. 4 IWF-Abkommen[94] ist eines der Grundanliegen des IWF die Errichtung eines multilateralen Zahlungssystems für die laufenden Geschäfte zwischen den Mitgliedern und die Beseitigung von Devisenverkehrsbeschränkungen, die das Wachstum des Welthandels hemmen. Der IWF strebt damit zunächst und vor allem nach einem Abbau von bestehenden Devisenrestriktionen, die den laufenden Handel sowie den Devisenverkehr beschränken[95]. Devisenbewirtschaftungsmaßnahmen werden hierdurch jedoch weder in Gänze abgeschafft, noch in ihrer Neueinführung gehindert[96]. Sollen durch den Erlaß von Devisenbewirtschaftungsmaßnahmen Kapitalübertragungen einer Kontrolle des das Kapital importierenden bzw. exportierenden Staates unterworfen werden, so ist dies gemäß Art. 6 Abs. 3 IWF-Abkommen jedoch nur dann zulässig, wenn die ergriffenen Maßnahmen einer Erforderlichkeitsprüfung genüge tun. Der die Beschränkung einführende Staat steht also unter einer gewissen Rechtfertigungspflicht und wenn auch der IWF keine Sanktionsmöglichkeiten hat, um gegen vertragswidrig handelnde Staaten vorzugehen, so führt diese Pflicht doch dazu, die Staaten von allzu leichtfertig eingeführten Restriktionen abzuhalten.

Erfassen die Bestimmungen des IWF-Abkommens somit nur laufende Transaktionen im Zusammenhang mit dem Außenhandel, so ist der eigentliche Kapitalverkehr im Sinne des EG-Vertrages hiervon nicht berührt, denn die Übertragung der Kapitalsumme selbst, wenn sie also dem Zweck der Investition und nicht dem der Bezahlung einer Ware oder Dienstleistung dient, ist nicht Gegenstand des IWF. Dieser Eindruck wird noch dadurch unterstützt, daß Art. 8 Abs. 2 IWF-Abkommen zwar ein Gebot zur Vermeidung von Beschränkungen laufender Zahlungen vorsieht, das nur unter bestimmten Einschränkungen durchbrochen werden darf, i.e. die oben genannte Rechtfertigungspflicht bei einzuführenden Restriktionen, für den Kapitalverkehr eine entsprechende Klausel jedoch fehlt[97]. Kollisionen zwischen IWF- und EG-Regelungen sind bezüglich der Kapitalverkehrsfreiheit somit ausgeschlossen. Dies wird auch dadurch unterstrichen, daß die erga-omnes-Konzeption der Art. 73b ff. EGV hinsichtlich des Einsatzes des Produktionsfaktors Kapital der auf die fortschreitende Liberalisierung gerichteten Tendenz der IWF-Verpflichtungen entspricht, wobei die monetären Verpflichtungen aus dem IWF-Abkommen jedoch weit übertroffen werden[98].

---

[94] S. zu den hier genannten und weiteren Vorschriften des IWF-Abkommens Anhang I.

[95] *Weber, R.H.*, in: Lenz, EG-Komm., Vorbem. Art. 67 - 73h, Rn. 9; vgl. allg. *Gold*, Capital Movements; *Ferber/Winkelmann*, S. 34.

[96] *Potacs*, Devisenbewirtschaftung, S. 426.

[97] *Potacs*, Devisenbewirtschaftung, S. 426.

[98] Vgl. *Buck*, in: Europäische und Internationale Wirtschaftsordnung, S. 113 ff. (117);

b) Die Organisation für wirtschaftliche Zusammenarbeit und Entwicklung (OECD)

Die OECD, entstanden 1960 durch Umwandlung[99] der 1948 von den westeuropäischen Industriestaaten ins Leben gerufenen Organisation für wirtschaftliche Zusammenarbeit in Europa (OEEC), versuchte durch einen Kompromiß zwischen dem Liberalismus des 19. Jahrhunderts und dem in den östlichen Industriestaaten verwirklichten Prinzip des Außenhandelsmonopols eine nach dem zweiten Weltkrieg erforderliche neue Außenwirtschaftsordnung aufzustellen. Ergebnis war die "gelenkte Außenwirtschaft", d.h. die grundsätzliche Orientierung am marktwirtschaftlichen Prinzip, wobei sich der Staat jedoch nicht völlig passiv dem Marktmechanismus unterordnen und dessen Entwicklungen und Ergebnisse bedingungslos akzeptieren, sondern - im Bedarfsfall - im Interesse bestimmter Zielsetzungen diesen Marktmechanismus so steuern soll, daß einerseits die nationalen Interessen berücksichtigt, dabei aber andererseits die Belange der Partnerstaaten nicht außer Betracht gelassen werden[100].

Diese Ziele fanden so auch Eingang in das OECD-Abkommen[101] (Art. 1; 2c)[102]. Um die Ziele einer optimalen Wirtschaftsentwicklung und die finanzielle Stabilität zu erreichen, eröffnet Art. 2d OECD-Abkommen dem Rat der OECD die Möglichkeit, Maßnahmen einzuführen, die dem Abbau oder der Abschaffung von Behinderungen des Zahlungsverkehrs sowie der fortschreitenden Liberalisierung des Kapitalverkehrs dienen. Gestützt auf diese Ermächtigungsgrundlage hat der Rat der OECD u.a. einen Kodex zur Liberalisierung des Kapitalverkehrs erlassen. Zwar entfaltet dieser als Beschluß des OECD-Rates ergangene Kodex für die Mitgliedstaaten Rechtswirkungen, doch fehlt ihm die Durchgriffswirkung, die ihn unmittelbar anwendbar machte für einzelne Staatsorgane und Rechtssubjekte[103].

Art. 1a dieses Kodex bestimmt den Umfang der von den Mitgliedstaaten zu leistenden Liberalisierung des Kapitalverkehrs. Dort heißt es: " (OECD-) Members shall progressively abolish between one another...restrictions on movements of capitals *to the extent necessary for effective economic co-operation.*" Dieser letzte Teil von Art. 1a des Kodex liegt mit Art. 67 Abs. 1 E(W)GV inhaltlich auf einer Linie. Hierin heißt es, daß die Mitgliedstaaten der EWG schrittweise alle Kapitalverkehrsbeschränkungen beseitigen, soweit es für das Funktionieren des Gemeinsamen Marktes erforderlich ist. Entsprechend der ersten Kapitalverkehrs-

---

Ebke, Internationales Devisenrecht, S. 48 ff.; *Potacs*, Devisenbewirtschaftung, S. 425 ff.

99 *Schweitzer/Hummer*, Rn. 31.

100 *Grewlich*, RIW/AWD, 1977, S. 252 ff. (253).

101 BGBl. II 1961, S. 1151 ff.

102 S. zu den hier genannten und weiteren Vorschriften des OECD-Abkommens sowie des Kodex' Anhang II.

103 *Hahn/Weber*, Die OECD, S. 96; *Grewlich*, RIW/AWD 1977, S. 252 ff. (255); *Potacs*, Devisenbewirtschaftung, S. 460 f.

richtlinie von 1960 enthält auch der OECD-Kodex eine Anlage mit Listen, die nach dem Grad der Liberalisierung der in ihnen genannten Kapitalbewegungen aufgeteilt sind. Hierfür gilt, daß solche Kapitalbewegungen, die zum Zeitpunkt des Erlasses des Kodex bereits voll liberalisiert sein mußten (Liste A der Anlage des Kodex), nur dann eingeschränkt werden können, wenn die Beschränkungen vorher bekannt gemacht wurden (sog. Reserveeinlegung); es handelt sich hierbei somit um eine standstill-Bestimmung.

Wiederum mit dem EG-Vertrag vergleichbar sind die außerordentlichen Schutzmaßnahmen, wie der "ordre public" oder der Schutz von Sicherheitsinteressen (Art. 73 d EGV). Eine über die Einschränkungsmöglichkeiten des EG-Vertrages hinausgehende Regelung enthält Art. 7 OECD-Kodex, der einzelnen Mitgliedstaaten sogar die zeitweilige Derogation von bereits vollständig liberalisierten Kapitalverkehrsbestimmungen gestattet, also selbst von solchen, die sich in der Liste A der Anlage zum OECD-Kodex befinden (vgl. demgegenüber Art. 73c Abs. 2 S. 2 EGV, der für Maßnahmen, die einen Rückschritt für die Liberalisierung darstellen, einen einstimmigen Ratsbeschluß einfordert).

Zu beachten ist jedoch, daß gemäß Art. 7e OECD-Kodex die Inanspruchnahme von Reserven oder gar Derogationen nicht eine diskriminierende Wirkung ausüben darf[104]. Dies entspricht der Regelung des Art. 2d OECD-Abkommen, welcher die partnerschaftliche Rücksichtnahme der Mitgliedstaaten einfordert[105]. Gleichzeitig wird klargestellt, daß der in den Kodices geltende Grundsatz der Nicht-Diskriminierung des Art. 9 OECD-Abkommen auch in den Fällen der Derogation gilt[106].

Es stellt sich hier nun die Frage, ob dieses Diskriminierungsverbot nicht auch den Integrationsprozeß der EG im Bereich des Kapitalverkehrs betrifft mit der Folge, daß die Integrationsfortschritte innerhalb der EG auch den anderen OECD-Partnern zugute kommen müssen. Heute, unter der Geltung der neuen Kapitalverkehrsvorschriften des EG-Vertrages, ist dies in der Tat so, aber aufgrund einer Bestimmung eben des EG-Vertrages, nämlich des Art. 73b Abs. 1 a.E. Während der Geltung der alten Art. 67 ff. E(W)GV konnten sich die Gemeinschaftsstaaten jedoch auf eine Regelung des OECD-Kodex berufen[107]. Dessen Art. 10 bestimmte, daß das Diskriminierungsverbot des Art. 7e des Kodex auch für das Verhältnis von Mitgliedstaaten, die sich in einem Prozeß der wirtschaftlichen Integration befinden (wie die E(W)G) und solchen, die an diesem Prozeß nicht teilhaben, nur eingeschränkt gelte. Dies aber bedeutete, daß die Gemeinschaftsstaaten untereinander einen höheren Grad an Liberalisierung erreichen konnten, ohne daß sie ihn auf die anderen OECD-Länder ausdehnen mußten. Es war ihnen jedoch nicht gestattet, diese anderen Länder unterschiedlich zu behandeln.

---

104 *Potacs*, Devisenbewirtschaftung, S. 470 f.
105 *Grewlich*, RIW/AWD 1977, S. 252 ff. (256).
106 *Potacs*, Devisenbewirtschaftung, S. 471.
107 *Grewlich*, RIW/AWD 1977, S. 252 ff. (256).

Hieraus ergibt sich nun jedoch die Folgefrage, was bei Anwendung des EG-Vertrages und des OECD-Kodex gilt, wenn der Rat der EG auf Vorschlag der Kommission und nach Anhörung der EZB gemäß Art. 73f EG-Vertrag kurzfristige Schutzmaßnahmen gegenüber Kapitalbewegungen aus bestimmten dritten Ländern einführt. Die gleiche Frage stellt sich bei Art. 73g EGV im Rahmen von GASP-Aktionen. Bei Maßnahmen gemäß diesen beiden Vorschriften werden jeweils einzelne oder mehrere Drittstaaten von Seiten der EG im Verhältnis zu anderen Drittstaaten unterschiedlich behandelt, wobei zwar eine jeweilige Rechtfertigung nach EG-Recht vorliegen mag, diese Maßnahme jedoch nicht auch unbedingt in Einklang stehen muß mit OECD-Regeln. Für Fälle dieser Art hält der EG-Vertrag in Art. 231 ein Gebot zur Zusammenwirkung der Gemeinschaft mit der OECD bereit; hierüber soll ein gegenseitiges Einvernehmen in allen Einzelheiten erreicht werden. Für die einzelnen Mitgliedstaaten der EG sieht Art. 234 Abs. 2 EGV vor, daß die Mitgliedstaaten selbst - und falls nötig auch im Verbund mit den anderen Mitgliedstaaten der Gemeinschaft durch eine gemeinsame Haltung (Absatz 2, S. 2) - bei Unvereinbarkeiten von Pflichten aus früheren Verträgen mit ihren Pflichten aus dem EG-Vertrag alle geeigneten Mittel selbst anwenden.

Hierzu ist grundsätzlich zu sagen, daß sich die Stellung der EG innerhalb der OECD nach den in den Gemeinschaftsverträgen enthaltenen institutionellen Vorschriften bemißt; dies ergibt sich aus Art. 13 OECD-Abkommen i.V.m. dem Zusatzprotokoll Nr. 1[108] und Art. 7 der Geschäftsordnung der OECD vom 30.9. 1961[109]. Beabsichtigt ist damit seitens der OECD eine Rücksichtnahme auf die Kompetenzverteilung zwischen Europäischer Gemeinschaft und ihren Mitgliedstaaten sowie damit einhergehend die Eröffnung der Möglichkeit einer Teilnahme der Gemeinschaft im Rahmen ihrer im internen Recht der Gemeinschaft geregelten Kompetenz an den Beratungen der OECD[110]. In der Folge entspricht die Stellung der EG innerhalb der OECD der eines assoziierten Mitglieds[111]. Aufgrund dieser lediglich assoziierten Stellung ist die EG damit mangels einer originären Mitgliedstellung an Beschlüsse des OECD-Rates gemäß Art. 5 lit. a) OECD-Abkommen nicht gebunden[112].

Den Vorschriften der Art. 229 - 231 EGV läßt sich keine eigene, materielle Sachkompetenz zur Regelung bestimmter Fragen, die sich für die Gemeinschaft aus der Zusammenarbeit mit und der Mitarbeit in internationalen Organisationen ergeben können, herleiten. Die Art. 229 - 231 EGV stellen lediglich die Grundlage

---

[108] BGBl. II 1961, S. 1159 ff.; s. hierzu ebenfalls Anhang II.

[109] Europäisches Recht, Textsammlung, Bd. II, B III 16; s. hierzu ebenfalls Anhang II.

[110] *Geiger*, Art. 231, Rn. 5; *Hahn/Weber*, Die OECD, S. 203. Diese Teilnahme der Gemeinschaft an den Verhandlungen der OECD im Rahmen ihrer Kompetenz wurde jetzt wieder vom EuGH in seinem Gutachten 2/92 (*OECD*) bestätigt; vgl. Tätigkeitsbericht des Gerichtshofes der EG, Nr. 8/95 vom 20. - 24.3.1995, S. 8 ff. (8).

[111] *Hahn/Weber*, a.a.O.; *Zieger*, in: KSE 25, S. 103 ff. (127).

[112] *Petersmann*, ZaöRV 1975, S. 213 ff. (235).

für formelle, bilaterale Interorganisationsbeziehungen zu internationalen Organisationen auf Exekutivebene dar, wobei ihnen ein materieller Regelungsgehalt nicht zukommt. Eine Zusammenarbeit in Sachfragen ist gleichwohl möglich und wird auch angestrebt[113]. Es bleibt folglich festzuhalten, daß bei möglichen Kollisionen im Bereich der Kapitalmarktliberalisierung zwischen den Regelungen der EG und denen der OECD die Gemeinschaft selbst über Art. 231 EGV hier nicht zu einer Lösung beitragen kann.

Eine solche Lösung zu finden, könnte vielmehr den Mitgliedstaaten gemäß Art. 234 Abs. 1 und 2 EGV aufgetragen bleiben. Zu berücksichtigen ist hierbei jedoch, daß sich Art. 234 EGV auf frühere Abkommen der Mitgliedstaaten der EG bezieht, d.h. auf solche, die die Mitgliedstaaten abgeschlossen haben, bevor die EG für sie die Vertragsabschlußkompetenz übernahm, bzw. bevor die Mitgliedstaaten bei internationalen Verträgen gemäß Art. 5 EGV einen Abschluß anzustreben hatten, der mit ihren Pflichten aus dem EG-Vertrag vereinbar war. Maßgebend konnte Art. 234 EGV im hier behandelten Zusammenhang demnach zunächst nur für die bereits 1948 gegründete OEEC werden.

Hinsichtlich der OECD, die erst mit Wirkung vom 30.9.1961 in Kraft trat, also zu einem Termin, zu dem die EWG bereits bestand, könnte problematisch sein, sie auch unter Art. 234 EGV zu subsumieren. Denn sie hat im Verhältnis zu ihrer Vorgängerin einen erheblich ausgeweiteten Wirkungskreis (alle wichtigen Industrienationen der Welt bei der OECD gegenüber lediglich den Industrienationen Europas bei der OEEC), weshalb hier auch von der Neugründung einer Internationalen Organisation ausgegangen werden könnte. Die Errichtung der OECD stellte jedoch keine Neugründung dar, sondern war lediglich ein Übergang bzw. eine Umwandlung der alten OEEC[114]. Dies ergibt sich bereits aus Art. 15 des OECD-Abkommens[115]. Hieraus folgt eindeutig, daß die OECD identisch mit der OEEC ist und nicht als deren Nachfolgerin angesehen werden kann. D.h. die Existenz der OEEC als juristische Person wurde nicht beendet, sondern sie wurde lediglich mit neuer Satzung ausgestattet[116]. Die OECD ist daher keine Neugründung einer internationalen Organisation. Hinsichtlich des Verhältnisses von OECD-Recht zu EG-Recht gilt folglich das Gleiche wie im Verhältnis OEEC-Recht zu EG-Recht. Darüberhinaus sind die Mitgliedstaaten in dem multilateralen Übereinkommen zur Gründung der OECD ihrer Loyalitätspflicht gegenüber der Gemeinschaft, wie sie aus Art. 5 E(W)GV resultiert, zusätzlich dadurch nachgekommen, daß sie in dem oben bereits angeführten Art. 13 OECD-Abkommen i.V. mit dem Zusatzprotokoll Nr. 1 und dem Art. 7 der Geschäftsordnung der OECD einen Gemeinschaftsvorbehalt vereinbart haben[117].

---

[113] *Vedder*, in: Grabitz/Hilf, Bd. II, Art. 231, Rn. 2; vgl. zum Verhältnis EG - OECD auch *Grabitz*, in: KSE 25, S. 47 ff. (57, 75).

[114] *Schweitzer/Hummer*, Rn. 31.

[115] S. hierzu Anhang II.

[116] Vgl. nur *Hahn/Weber*, Die OECD, S. 57 f.

[117] *Vedder*, in: Grabitz/Hilf, Bd. II, Art. 231, Rn. 3.

Es ergibt sich somit aus Vorstehendem, daß bei einer trotz des engen Zusammenwirkens von Gemeinschaft und OECD eventuell nicht zu vermeidenden Kollision im Bereich von Maßnahmen auf dem Kapitalmarkt das Gemeinschaftsrecht Vorrang genießt, ein Verstoß gegen OECD-Recht folglich durch das EG-Recht aufgefangen wird, denn - materiell - sind die OECD-Vorschriften im Geltungsbereich des Gemeinschaftsrechts durch dessen speziellere Vorschriften ersetzt worden[118]. Es gilt hier somit das Gleiche wie beim IWF, nämlich daß die Art. 73b ff. EGV dem Anliegen der OECD in weit umfangreicherem Maße gerecht werden, als diese selbst es schafft[119].

c) Die Welthandelsorganisation (WTO)

Das GATT, Vorläufer der WTO und nun in überarbeiteter Form Bestandteil derselben[120], enthielt und enthält keine spezifischen Bestimmungen über die Liberalisierung des Kapitalverkehrs. Lediglich die Zusammenarbeit mit dem IWF gemäß Art. XV Abs. 1 GATT-Übereinkommen[121] legt das Bestreben der GATT-Mitglieder fest, die Devisenrestriktionen entsprechend dem IWF-Statut zu behandeln, um eine einheitliche Politik auf diesem Gebiet zu gewährleisten. Wie oben bereits ausgeführt, betrifft dies jedoch nur den Zahlungsverkehr im Zusammenhang mit dem internationalen Handel. Erst seit der achten Verhandlungsrunde des GATT, der sog. Uruguay-Runde (1986-1994) sind die Dienstleistungen, zu denen hier die Kapitaltransaktionen zu zählen sind, Gegenstand der Verhandlungen (GATS).

Einschneidende Veränderungen vorzunehmen, waren die Verhandlungsdelegationen jedoch nicht bereit, was daraus ersichtlich wird, daß der freie Dienstleistungshandel im GATS zunächst nur im Grundsatz angelegt werden konnte[122]. Im Sommer 1995 konnte diesbezüglich lediglich eine Interimsvereinbarung erzielt werden, deren Gültigkeit bis zum 1. November 1997 beschränkt worden ist[123]. Diese Interimsvereinbarung ist durch ein am 12.12.1997 von 102 Staaten vereinbartes Übereinkommen über Finanzdienstleistungen ersetzt worden. Erfaßt werden hiermit 95% des Welthandels im Banken-, Versicherungs- und Börsensektor. Das Übereinkommen kann sich dabei auf unbefristete Zusagen aller wichtiger Partnerländer einschließlich der USA auf der Grundlage der Meistbegünstigung stützen[124].

---

[118] Kommission (EWG), *Segré*-Bericht, Brüssel 1966, S. 89.

[119] Vgl. *Buck*, in: Europäische und Internationale Wirtschaftsordnung, S. 113 ff. (117); *Ebke*, Internationales Devisenrecht, S. 48 ff.; *Potacs*, Devisenbewirtschaftung, S. 425 ff.

[120] *Herdegen*, Internationales Wirtschaftsrecht, § 7, Rn. 15.

[121] S. zu den hier genannten und zu weiteren Vorschriften des GATT-/WTO-Abkommens Anhang III.

[122] *Oppermann*, Die EG in der Welthandelsorganisation, S. 41.

[123] Bull.EU 7/8 - 1995, S. 82.

[124] Das Übereinkommen ist Bestandteil des 5. Protokolls zum Allgemeinen Übereinkommen über den Handel mit Dienstleistungen (GATS) und soll am 1.4.1999 in Kraft tre-

Daß sich die Liberalisierung der Dienstleistungen auf dem Weltmarkt erst in den Anfängen befindet und daß zum Erreichen einer weiteren Liberalisierung noch erheblicher Handlungsbedarf besteht, zeigt sich auch am Vertragstext selbst, wenn es heißt, daß "die sich aus dem GATS einschließlich der Liste der Verpflichtungen ergebenden Rechte und Pflichten [...] nicht unmittelbar anwendbar [sind] und [...] somit keine unmittelbaren Rechte für einzelne natürliche oder juristische Personen [gewähren]"[125]. Die Frage nach einem Vorrang der GATS-Regeln vor denen des EG-Vertrages stellt sich demnach über eine lange Zeit noch nicht, denn diese Einschränkung gilt auch unter der Geltung des neuen GATS-Abkommens. Dies ergibt sich daraus, daß etwa die Marktzugangsregelung eine besondere Form der Meistbegünstigung ist, deren Umfang und deren Kriterien sich nicht unmittelbar aus den GATS-Vorschriften - hier Art. XVI -, sondern erst in Verbindung mit den spezifischen Länderlisten erschließen. Ähnliches gilt auch für die Inländerbehandlung nach Art. XVII des GATS-Abkommens, die unter dem Vorbehalt sektorenspezifischer Bedingungen steht[126].

Den Regeln des GATT sprach der EuGH im Urteil "*International Fruit Company*" zwar wegen ihrer Unbestimmt- heit keine unmittelbare Anwendbarkeit zu, gelangte aber durch ihre Anerkennung als "integrierender Bestandteil des Gemeinschaftsrechts" zu einer GATT-gemäßen Auslegung des Gemeinschaftsrechts[127]. Vertraglich ausgestaltet ist dies in Art. 228 Abs. 7 EGV. Hiernach binden Normen eines völkerrechtlichen Vertrages der EG die Gemeinschaftsorgane und die Organe der Mitgliedstaaten dergestalt unmittelbar, daß sie ihnen eine Handlung erlauben, gebieten oder untersagen[128]. Dies gilt jedoch ausschließlich im Verhältnis der GATT-Organisation einerseits und der E(W)G und der Mitgliedstaaten andererseits, nicht dagegen für Gemeinschaftsangehörige. Eine unmittelbare Wirkung im Sinne einer Möglichkeit für Individuen, sich auf sie zu berufen, kam den GATT-Regeln folglich nicht zu. Begründet wurde dies vor allem mit dem GATT-Streitschlichtungsverfahren[129], wie es in Art. 23 GATT-Abkommen niedergelegt ist[130]. Denn das GATT-Abkommen war lediglich aufgrund eines Protokolls über die vorläufige Anwendung anwendbar, in dem es u.a. hieß, daß

---

ten; vgl. Bull.EU 12-1997, S. 120; vgl. auch Handelsblatt v. 15.12.1997, S. 3

125 Übereinkommen zur Errichtung der Welthandelsorganisation, Pkt. 4 Allgemeines Übereinkommen über den Handel mit Dienstleistungen und diesbezügliche Ministerbeschlüsse, Unterpkt. a) Liste der spezifischen Verpflichtungen der Europäischen Gemeinschaften und ihrer Mitgliedstaaten zum Allgemeinen Übereinkommen über den Handel mit Dienstleistungen, in BGBl. II 1994, S. 1438 ff. (1678).

126 *Ott*, GATT und WTO im Gemeinschaftsrecht, S. 231.

127 EuGH, verb. Rs. 21 - 23/72, - *International Fruit Company/Produktschap voor groenten en fruit* -, Slg. 1972, S. 1219 ff; Gegen die Ablehnung der unmittelbaren Anwendbarkeit von GATT-Regeln durch den EuGH *Becker-Celik*, EWS 1997, S. 12 ff. (14 f.); ebenso *Beneyto*, EuZW 1996, S. 295 ff. (298 f.).

128 *Meng*, in: FS für Bernhardt, S. 1063 ff. (1071).

129 Vgl. dazu *Jäger*, Streitbeilegung und Überwachung, S. 217 ff.

130 EuGH, verb. Rs. 21 - 23/72, S. 1219 ff. (1229).

der Teil II des GATT-Abkommens, in dem auch Art. 23 enthalten ist, nur in dem mit dem geltenden Recht zu vereinbarenden Umfang anwendbar war, vgl. Art. 1b des Protokolls[131].

Diese Rechtsprechung zur unmittelbaren Anwendung der GATT-Regeln aus dem Urteil *International Fruit Company* setzte der EuGH im "*Bananenurteil*"[132] fort. Der EuGH führt hierzu aus, daß die Vorschriften des GATT keinen unbedingten Charakter haben und daß die Verpflichtung, ihnen die Bedeutung von Vorschriften des Internationalen Rechts beizumessen, die in den internen Rechtsordnungen der Vertragsparteien unmittelbar anwendbar sind, nicht auf Sinn, Aufbau oder Wortlaut des Abkommens gestützt werden kann[133]. Bei Fehlen einer solchen, aus dem Abkommen selbst folgenden Verpflichtung hat der Gerichtshof die Rechtmäßigkeit der fraglichen Gemeinschaftshandlung nur dann im Hinblick auf die Vorschriften des GATT zu prüfen, wenn die Gemeinschaft eine bestimmte, im Rahmen des GATT übernommene Verpflichtung erfüllen wollte oder wenn die Gemeinschaftshandlung ausdrücklich auf spezielle Bestimmungen dieses Abkommens verweist[134].

In bezug auf die weit mehr normative, zwingende Ausgestaltung des Streitbeilegungsverfahrens der WTO[135] ist jetzt allerdings wohl von einem über diese Rechtsprechung hinausgehenden Urteil des EuGH hinsichtlich der unmittelbaren Anwendbarkeit der WTO-Regeln innerhalb der EG auszugehen, da es sich bei der WTO um eine übergreifende Welthandelsordnung handelt, wohingegen die EG lediglich regional agiert[136]. Auch gibt es im Rahmen der WTO keine lediglich vorläufige Anwendbarkeit und das Streitschlichtungsverfahren steht nicht unter dem Vorbehalt des nationalen geltenden Rechts[137]. Aus den WTO-Übereinkünften

---

131 GATT-Abkommen abgedruckt in: United Nations Treaty Series, Vol. 55 (1950), S. 188 ff.; Protokoll über die vorläufige Anwendbarkeit abgedruckt ebd., S. 308 ff. Vgl. näher zu dem Protokoll *Jäger*, Streitbeilegung und Überwachung, S. 82 f., m.w.N.

132 EuGH - Rs C-289/93, - *BRD/Rat der Europäischen Union* - ,Slg. 1994 I, S. 4973 ff.; s. dazu *Everling*, CMLRev. 33 (1996), S. 401 ff., der eine Ablehnung der unmittelbaren Anwendbarkeit der WTO-Regeln im EG-Vertrag für falsch hält, a.a.O., (421 ff.).

133 Zustimmend *Bronchers*, CMLRev. 33 (1996), S. 299 ff.

134 EuGH, Rs. C-280/93 - *BRD/Rat der Europäischen Union* -, Slg. 1994-I, S. 4973 ff. (5073 f.). Vgl. hierzu auch schon die Urteile in der Rs. 70/87 - *Vereinigung der Ölmühlenindustrie der EWG (Fediol)/Kommission der Europäischen Gemeinschaften* -, Slg. 1989, S. 1781 ff. (1830 f.) sowie in der Rs. C-69/89 - *Nakajima All Precision Co. Ltd./Rat der Europäischen Gemeinschaften* -, Slg. 1991-I, S. 2069 ff. (2178).

135 *Ott*, DZWir 1998, S. 84 ff. (84); *Hilf/Eggers*, EuZW 1997, 559 ff. (560 f.); *Sittmann*, RIW/AWD 1997, S. 749 ff. (750, 752).

136 *Oppermann*, Die EG in der Welthandelsorganisation, S. 48; zum gleichen Ergebnis gelangen auch *Meng*, in: FS für Bernhardt, S. 1063 ff. (1086) und *Herdegen*, Internationales Wirtschaftsrecht, § 7, Rn. 40; vgl. auch *v. Bogdandy*, in: Grabitz, v. Bogdandy, Nettesheim, S. 69.

137 *Petersmann*, CMLRev. 31 (1994), S. 1157 ff. (1205 ff.); s. hierzu auch BGBl. II 1994,

selbst läßt sich daher eine Begündung für die Ablehnung ihrer unmittelbaren Anwendbarkeit nicht mehr herleiten[138].

Gleichwohl stimmt die bisherige sehr restriktive Ansicht des EuGH mit der der Kommission bezüglich der WTO überein. Sie vertritt hinsichtlich des WTO-Abkommens die Auffassung, daß es sich dabei um Übereinkommen, Abkommen und Übereinkünfte zwischen Regierungen handelt, so daß ausgeschlossen werden muß, daß natürliche oder juristische Personen des privaten Rechts sich vor Gerichten der Mitgliedstaaten und der Gemeinschaft auf die Bestimmungen der vorgenannten Übereinkommen etc. berufen können[139]. Die Tatsache, daß sich die Kommission bei dieser Argumentation in erster Linie von Wettbewerbsüberlegungen hat leiten lassen - in den Partnerstaaten der EG im Rahmen des GATT ist eine gerichtliche Durchsetzung der GATT-Bestimmungen ebenfalls ausgeschlossen, so daß die EG bei einer Zulassung dieser Durchsetzung eventuell Wettbewerbsnachteile zu verkraften hätte -, macht sie verständlich, kann über das juristisch aber unbefriedigende Ergebnis nicht hinweghelfen. Bis eine unmittelbare Wirkung der WTO-Bestimmungen durch den EuGH anerkannt wird, ist eine innergemeinschaftliche Kollision von Gemeinschaftsbestimmungen hinsichtlich des Kapitalverkehrs mit solchen der WTO ausgeschlossen.

d) Die Europäische Freihandelszone (EFTA)

Das EFTA-Abkommen vom 4.1.1960[140] enthält - obwohl es laut Art. 2 den Abbau bzw. die Beseitigung von Handelsbeschränkungen im Warenverkehr zum Ziel hat - nicht einmal eigene Regelungen zum Zahlungsverkehr, geschweige denn zum Kapitalverkehr. Hinsichtlich des Zahlungsverkehrs zwischen seinen Mitgliedstaaten verweist das EFTA-Abkommen auf andere internationale Organisationen, in denen die EFTA-Staaten ebenfalls Mitglieder sind. Dementsprechend heißt es in Art. 29 des EFTA-Abkommens, daß die EFTA-Staaten die von ihnen im Rahmen anderer Organisationen (gemeint ist z.B. die OECD) übernommenen Verpflichtungen hinsichtlich der Freizügigkeit des Zahlungsverkehrs für ausreichend erachten[141]. In bezug auf den Kapitalverkehr ist somit auf die obigen Ausführungen zur OECD zu verweisen.

e) Der Europäische Wirtschaftsraum (EWR)

Das EWR-Abkommen[142], abgeschlossen von den Mitgliedstaaten der EG und denen der EFTA mit Ausnahme der Schweiz und in Kraft getreten am 1.1.1994 hat

S. 1438 ff. (1749 ff.).

[138] *Ott*, GATT und WTO im Gemeinschaftsrecht, S. 222.

[139] EU-Kommissionsvorschlag an den Rat der EU für den Beschluß zur Annahme der Ergebnisse der Uruguay-Runde des GATT, Dok. KOM (94) 143 endg. vom 15.4.1994.

[140] United Nations Treaty Series, Vol. 370, S. 5 ff.; s. hierzu Anhang IV.

[141] Vgl. dazu *Potacs*, Devisenbewirtschaftung, S. 474.

[142] BGBl. II 1993, S. 267 ff.; s. zu den hier genannten Vorschriften Anhang V.

zum Ziel einen großen Europäischen Freihandelsraum und soll die Mitgliedstaaten der EFTA, die auch nach dem 31.12.1994 (noch) nicht zur EG gehören, näher an diese heranführen[143]. Hieraus ergibt sich die gleichwohl noch vorhandene, aber doch nur noch sehr eingeschränkte Anwendbarkeit des EWR-Abkommens nach dem oben genannten Datum. Ausweislich der Gruppe der Staaten, die das Abkommen neben der EG unterzeichnet haben, finden seine Regelungen nach dem Beitritt Österreichs, Finnlands und Schwedens zur EG zum 1.1.1995 nur noch Anwendung zwischen der EG auf der einen sowie Norwegen, Island und dem Fürstentum Liechtenstein auf der anderen Seite[144]. Jedoch ist zu berücksichtigen, daß das EWR-Abkommen in den Art. 40 - 45 dezidierte Regelungen über den Kapitalverkehr enthält. Diese Regelungen entsprechen ganz wesentlich denen des EG-Vertrages, haben somit eine umfassende Liberalisierungspflicht zum Inhalt. Allerdings beinhaltet Art. 43 EWR-Abkommen Schutzmaßnahmen für die einzelnen Mitgliedstaaten des EWR, die den Stand der Liberalisierung des EWG-Vertrages aufweisen[145]. Zusätzlich ist die Kapitalverkehrsrichtlinie 88/361/EWG acquis communautaire des EWR[146].

Dadurch, daß die alten EWG-Vorschriften in das EWR-Abkommen eingeflossen sind, müßten eigentlich auch für die EG als Mitglied des EWR diese alten Vorschriften - neben den neuen der Art. 73a - h EGV - Anwendung finden. Dies wird unterstützt durch das Protokoll 18 über interne Verfahren zur Durchführung von Art. 43 EWR[147]. Dort heißt es, daß die Verfahren, die die Europäische Gemeinschaft zur Durchführung von Art. 43 EWR-Abkommen anwenden wird (i.e. die Verfahren zur Ergreifung von Schutzmaßnahmen im freien Kapitalverkehr - Anm. d. Verf.) im Vertrag zur Gründung der Europäischen Wirtschaftsgemeinschaft geregelt sind.

Es scheint, daß damit - trotz der Geltung von Art. 73b EGV - die Vorschriften des EWG-Vertrages über den Kapitalverkehr einschließlich aller Beschränkungsmöglichkeiten im EWR noch anwendbar sind. Tatsächlich meint *Weber*[148], daß die Vorschriften der Art. 67 - 73 EWG-Vertrag auf den Kapitalverkehr zwischen den EG- und den EFTA-Staaten analoge Anwendung finden. Eine Begründung liefert er hierfür jedoch nicht. Gleichwohl führt er nur wenig später an, daß die Art. 73b - h EGV gemäß dem Art. 73a EGV die Art. 67 - 73 E(W)GV ab dem 1.1.1994 ersetzt hätten[149]. Eine Fortgeltung - und sei es in Analogie - eines solcherart obsoleten Rechts ist zumindest fragwürdig[150].

---

143 *Herdegen*, Internationales Wirtschaftsrecht, § 9, Rn. 17.

144 Vgl. hierzu *Streit*, NJW 1994, S. 555 ff. (558).

145 *Hummer*, in: Dauses, K III. Rn. 150.

146 Vgl. Anhang XII zum EWR-Abkommen, in: BGBl. II 1993, S. 589.

147 BGBl. II 1993, S. 402; s. dazu Anhang Anhang V.

148 *Weber*, in: Lenz, EG-Komm., Vorbem. Art. 67 - 73 h, Rn. 15.

149 *Weber*, a.a.O., Art. 73 a, Rn. 1.

150 Dagegen auch *Ress/Ukrow*, in: Grabitz/Hilf, Bd. I, Art. 73a, Rn. 3; dieser Einschätzung trägt der Vertragsentwurf von Amsterdam jetzt Rechnung, indem er die Art. 67 ff.

Problematisch ist zunächst, daß die grundsätzliche Liberalisierungspflicht erga omnes des Art. 73b Abs. 1 EGV zeitgleich mit dem EWR-Abkommen in Kraft getreten ist. Damit ist diese erga-omnes-Wirkung aber bindendes Recht aller EG-Mitgliedstaaten, auch gegenüber den restlichen EWR-Staaten. Des weiteren enthält das EWR-Abkommen - in Anlehnung an die Art. 67 - 73 E(W)GV - eine Anzahl von Einschränkungen des Kapitalverkehrs bzw. sieht erweiterte Einschränkungsmöglichkeiten desselben vor. Diese Möglichkeiten stehen grundsätzlich allen Mitgliedern des EWR offen, somit auch der EG und ihren Mitgliedstaaten. Eine Anwendung dieser Vorschriften seitens der EG-Mitgliedstaaten nur gegenüber den EFTA-Staaten wäre jedoch mit dem Diskriminierungsverbot des EWR-Abkommens (Art. 4, 40, 42) unvereinbar[151]. Auch die von *Weber* vorgeschlagene Analogie kann den dann vorliegenden Vertragsverstoß der EG-Mitgliedstaaten nicht verhindern, vermag folglich nicht weiterzuhelfen. Eine Lösung verspricht nur ein Handeln der EG-Staaten im Einklang mit den Vorschriften der Art. 73b - h EGV, d.h. der (grundsätzlichen) Anwendung des erga-omnes-Prinzips auch auf die EFTA-Staaten.

Eine andere Sicht der Dinge ließe sich nur dann rechtfertigen, wenn dem EWR-Abkommen Vorrang vor dem EG-Vertrag eingeräumt würde. Obwohl dies aus einigen Vorschriften des EWR-Abkommens herausgelesen werden könnte, ist ein Vorrang des EWR-Rechts vor EG-Recht abzulehnen[152]. Dies ergibt sich schon daraus, daß das EWR-Abkommen und das auf seiner Grundlage erlassene Recht Völkerrecht ist, wohingegen das EG-Recht eine eigene Rechtsordnung darstellt[153], die sich zumindest nach Ansicht des EuGH von ihrer rein völkerrechtlichen Grundlage gelöst hat und zu einer Rechtsordnung sui generis geworden ist, mit der Folge, daß völkerrechtliche Vereinbarungen im Rang unterhalb des gemeinschaftsrechtlichen Primärrechts anzusiedeln sind[154]. Einem Vorrang vor sekundärrechtlichen Gemeinschaftsnormen widerspricht diese Ansicht jedoch nicht, was bedeutet, daß die Gemeinschaftsorgane bei ihrer Rechtsetzung sehr wohl die internationalen Verpflichtungen der Gemeinschaft berücksichtigen müssen[155].

Um auf diesem Gebiet eine Übervorteilung der EG-Mitgliedstaaten durch die anderen Staaten zu vermeiden, bliebe somit nur die Möglichkeit, das EWR-Abkommen im Bereich des Kapitalverkehrs den geänderten Bedingungen, i.e. den Art. 73b - h EGV, anzupassen und dabei den Grundsatz der Reziprozität einzuführen.

E(W)GV für aufgehoben erklärt. Vgl. Konferenz der Vertreter der Regierungen der Mitgliedstaaten, Dok. CONF 4004/97, S. TA/Anhang/d 5.

151 *Kiemel*, in: Hdb. des Europäischen Rechts, Art. 73 b, Rn. 42 f.

152 *Hummer*, in: Dauses, K III, Rn. 107 - 109; ebenso EuGH, in Gutachten 1/91 - *EWR* -, Slg. 1991, I, S. 6079 ff.

153 *Schwarze, Becker, Pollak*, Die Implementation von Gemeinschaftsrecht , S. 50 f.

154 *Krück*, Völkerrechtliche Verträge, S. 171.

155 Vgl. nur EuGH, verb. Rs. 21 - 24/1972 - *International Fruit Company/Produktschap voor groenten en fruit* - Slg. 1972, S. 1219 ff. (1229); so auch *Meessen*, EuR 1980, S. 36 ff. (43), *Petersmann*, ZaöRV 35 (1975), S. 213 ff. (273).

Die Möglichkeit hierzu eröffnet Art. 118 EWR-Abkommen. Solange eine derartige Anpassung nicht vorgenommen worden ist, müssen die EG-Staaten bei ihren Handlungen im Bereich des Kapitalverkehrs mit den noch verbliebenen Staaten des EWR sowohl die Regelungen des neuen EG-Vertrages als auch die des EWR-Abkommens berücksichtigen. Diese Zweigleisigkeit ergibt sich daraus, daß die Einführung der Art. 73a - h in den EG-Vertrag und deren Inkrafttreten am 1.1. 1994 internationale Verpflichtungen der Gemeinschaft oder der Mitgliedstaaten, wie sie vor dem Inkrafttreten dieser Normen begründet wurden, nicht ändern oder aufheben kann. Auf der anderen Seite werden einseitige Verpflichtungen der Gemeinschaft gegenüber Drittstaaten - wie sie sich aus dem EG-Vertrag ergeben - durch die völkerrechtlichen und daher schwächeren Verpflichtungen aus dem EWR-Abkommen nicht berührt, ganz gleich ob sie vor oder nach dem EWR-Abkommen in Kraft getreten sind.

Aus diesen beiden Positionen folgt, daß im Rahmen des Kapitalverkehrs mit den drei noch verbliebenen EWR-Staaten jeweils die Norm Anwendung finden muß, die diesen EWR-Staaten in der jeweiligen Situation die größeren Vorteile bringt; sonst läge auch ein Verstoß gegen das sowohl im EG-Vertrag als auch im EWR-Abkommen niedergelegte Diskriminierungsverbot vor. Es muß somit vor der Durchführung einer Maßnahme in diesem Bereich überprüft werden, ob sie sowohl dem EWR-Abkommen sowie der Richtlinie des Rates der E(W)G 88/361/EWG, die auch in bezug auf das EWR-Abkommen zum aquis communautaire gehört, als auch dem EG-Vertrag entspricht. Das bedeutet, daß Beschränkungen nur dann möglich sind, wenn sie nach beiden Abkommen zulässig sind.

Konkret heißt dies, daß die Normen des EG-Vertrages, die Beschränkungen im Kapitalverkehr erlauben, auf ihre Vereinbarkeit mit dem EWR-Abkommen und der o.g. Richtlinie überprüft werden müssen. Art. 73c Abs. 2 EGV, wonach bestimmte Formen des Kapitalverkehrs mit Drittländern eingeschränkt werden können, findet weder im EWR-Abkommen, noch in der Richtlinie seine Entsprechung. Hierauf gestützte Maßnahmen gegenüber den drei EWR-Staaten Norwegen, Island und dem Fürstentum Liechtenstein sind somit unzulässig. Demgegenüber findet sich Art. 73d EGV sinngemäß in Art. 4 der Richtlinie 88/361/EWG wieder, so daß einzelstaatliche Beschränkungen hinsichtlich des Steuerrechts und der Ahndung von Verstößen gegen mitgliedstaatliche Rechts- und Verwaltungsvorschriften anwendbar sind.

Problematischer dagegen verhält es sich mit Art. 73f EGV. Relativ eindeutig dekken Art. 73f und Art. 3 der Richtlinie 88/361/EWG den substantiell gleichen Sachverhalt ab. Maßnahmen nach diesen beiden Vorschriften sind daher zulässig, wobei zu beachten ist, daß Art. 3 der Richtlinie lediglich Beschränkungen im kurzfristigen Kapitalverkehr, welcher im Annex II der Richtlinie näher erläutert ist, zuläßt, was nicht mit den kurzfristigen Schutzmaßnahmen des Art. 73f EGV verwechselt werden darf. Denn es ist gerade der kurzfristige, spekulative Kapitalverkehr, der die in Art. 3 der Richtlinie aufgeführten Gefahren für die Veränderungen der binnenwirtschaftlichen Liquidität hervorruft[156]. Der Anwendungsbereich von Art. 73f EGV ist dementsprechend durch Art. 3 der Richtlinie eingeschränkt. Weniger klar hingegen ist, ob Art. 73f EGV auch zu Art. 43 Abs. 2 EWR-Abkommen äquivalent ist. Wäre dem so, so ließe sich nicht nur der kurzfristige, sondern der gesamte Kapitalverkehr hierüber einschränken, die Beschränkung auf den kurzfristigen Kapitalverkehr durch Art. 3 der Richtlinie entfiele dann als sekundäres Recht. Sollten durch besondere ökonomische Umstände die Mitgliedstaaten in Zahlungsbilanzschwierigkeiten geraten, so sehen die Art. 109h und i EGV mögliche Gegen- und Schutzmaßnahmen vor. Diese beiden Normen entsprechen ihrem Inhalt nach Art. 43 Abs. 4 EWR-Abkommen.

Zu beachten ist jedoch, daß Art. 109h, i EGV mit Beginn der dritten Stufe der Wirtschafts- und Währungsunion ihre Anwendbarkeit verlieren (vgl. jeweils Abs. 4 der Vorschriften). Spätestens mit dem 1.1.1999 können sich die Mitgliedstaaten, die dann an der gemeinsamen Währung teilnehmen, gegenüber den Staaten Norwegen, Island und dem Fürstentum Liechtenstein nicht mehr auf die Schutzmaßnahmen dieser EG-Normen berufen. Nicht mehr anwendbar sind, infolge Zeitablaufs, die Beschränkungsmöglichkeiten des Art. 2 der Richtlinie (vgl. Art. 6 Abs. 2 und 3 der Richtlinie sowie Art. 73e EGV).

Für das Gesamtverhältnis der Kapitalverkehrsfreiheit des EG-Vertrages zum EWR-Abkommen folgt daraus, daß von den neuen Vorschriften, wie sie seit dem 1.1.1994 (Art. 73a EGV) gelten, auszugehen ist, diese Normen jedoch entsprechend dem nach wie vor gültigen EWR-Abkommen anzuwenden sind. Im Gegensatz zu der Auffassung von *Weber*[157], daß die Vorschriften des alten EWG-Vertrages analog anzuwenden seien, ist daher vielmehr von einer Analogie der neuen EG-Vorschriften auszugehen.

f) Die Europa-Abkommen mit mittel- und osteuropäischen Staaten

Mit den nach dem Umbruch im vormaligen Ostblock vermehrt um eine Aufnahme in die EG/EU nachsuchenden mittel- und osteuropäischen Staaten hat die EG im Rahmen ihrer Kompetenz gemäß Art. 238 EGV mehrere Abkommen geschlossen[158]. Gegenstand dieser Abkommen hinsichtlich des Kapitalverkehrs sind in erster Linie Investitionserleichterungen sowie Abstandnahme von neuen devisenrechtlichen Beschränkungen. Diese Abkommen dienen, neben der Öffnung der Märkte dieser Staaten für die EG-Staaten und der Ermöglichung des leichteren Zugangs der Produkte der mittel- und osteuropäischen Staaten zu den Märkten der EG, dazu, diese Staaten in ökonomischer Hinsicht auf den in Aussicht gestellten Beitritt zur EG/EU vorzubereiten. Der Unterstützungscharakter dieser Abkommen seitens der EG wird daran deutlich, daß es den Partnerstaaten der EG gestattet wird, in bestimmten Situationen devisenrechtliche Bestimmungen doch

---

156 *Potacs*, Devisenbewirtschaftung, S. 519.

157 Vgl. *Weber*, in: Lenz, EG-Komm., Vorbem. Art. 67 - 73h, Rn. 15.

158 *Vörös/Droutsas*, ZfV 1998, S. 2 ff.; *Fischer/Köck*, S. 650 ff.

wieder anzuwenden, worin zwar kein Verzicht auf den Grundsatz der Reziprozität zu sehen ist - dieser Grundsatz ist Bestandteil aller Europa-Abkommen - jedoch sind die Liberalisierungskonzessionen asymmetrisch zugunsten der mittel- und osteuropäischen Staaten ausgestaltet[159]. Außergewöhnliche Belastungen des freien Kapitalverkehrs sind für die Gemeinschaft hierdurch nicht zu erwarten[160].

3. Ökonomische Auswirkungen der Kapitalverkehrsfreiheit in der Praxis

Nach der vorangegangenen juristischen Betrachtung der Kapitalverkehrsfreiheit ist es zum Abschluß geboten, sich den Auswirkungen in ökonomischer Hinsicht, die die Liberalisierung der Kapitalverkehrsfreiheit mit sich gebracht hat, zuzuwenden sowie danach sich mit den makroökonomischen Grundregeln und Gesetzmäßigkeiten von Kapitalfluktuationen zu befassen, d.h. nach den Gründen für Kapitalallokationen sowie nach denen für kurz-, mittel- und langfristige Kapitalbewegungen überhaupt zu suchen.

a) Einführung

Durch eine derartige Öffnung der Volkswirtschaften und einen freien Finanzverkehr mit dem Ausland, wie sie mit der Abschaffung von Kapitalverkehrsrestriktionen verbunden ist, läßt sich auch die sonst vorhandene Fehlallokation von Kapital beseitigen[161]. Eine solche Fehlallokation entsteht bei Kapitalverkehrsrestriktionen, wenn in einem Land aufgrund einer geringen Kapitaleigenleistung, aber hohen Investitionsbedürfnissen ein Kapitalmangel herrscht, in einem anderen Land mit ebenfalls vorhandenen Restriktionen die Kapitaleigenleistung zwar recht hoch, aufgrund des fehlenden Finanzmarktwettbewerbs und des innerstaatlichen Kapitalüberangebots die Renditeangebote aber nicht sonderlich hoch sind. Die Abschaffung der Restriktionen ist für beide Länder von Vorteil, denn in das Land mit Kapitalmangel kann durch die Öffnung der Grenzen Kapital importiert werden mit der Folge, daß der Investitionsbedarf gedeckt werden kann. Das kapitalexportierende Land erlangt durch die effizientere Verwendung der Spareinlagen einen höheren Gewinn genauso wie durch die Beteiligung an ausländischen Unternehmen.

Die Freiheit des grenzüberschreitenden Kapitalverkehrs ermöglicht darüber hinaus die Entstehung von nennenswerten Leistungsbilanzsalden dadurch, daß bei gegebenen Restriktionen der Import aus dem Ausland immer nur in dem Umfang betrieben werden kann, in dem auch aus dem Inland ins Ausland exportiert wird.

---

159 Vgl. *Kiemel*, in: G/T/E, Bd. I, Art. 73b, Rn. 45 f., *Pechstein*, ZfRV 1996, S. 108 ff. (109); *Ress/Ukrow*, in: Grabitz/Hilf, Art. 73b, Rn. 67.

160 Vgl. die letzten Europa-Abkommen mit Estland, Lettland und Litauen, in BGBl. II 1996, Nr. 41, vom 26.09.1996, S. 1666 ff. (Estland, Art. 64), S. 1879 ff. (Lettland, Art. 65), S. 2186 ff. (Litauen, Art. 65); s. zu den hier genannten Vorschriften Anhang VI.

161 Vgl. dazu generell *Breuer*, Die Bank 1998, S. 328 ff.

Freier Kapitalverkehr unterstützt somit auch den internationalen Warenaustausch. Die Kapitalverkehrsfreiheit eröffnet auch die Möglichkeit, bisher gebundene Ressourcen effektiver einzusetzen. Gemeint sind hier Kosten, die im Gefolge von solchen Restriktionen entstehen, wie etwa bei Unternehmen, die Finanzfachleute beschäftigen, um trotz der Restriktionen einen gewinnsteigernden Finanzhandel mit dem Ausland zu praktizieren. Dies ist auch mit Kosten auf der staatlichen Seite verbunden, da hier entsprechende Gegenmaßnahmen zu treffen sind, um die Einhaltung eben der Restriktionen zu gewährleisten[162].

Weitere Vorteile sind in einem gesteigerten Wettbewerb vor allem im Finanzdienstleistungsbereich zu sehen. Dort können die Banken oder Versicherungsunternehmen dem Konkurrenzdruck von außen nur dann standhalten, wenn ihre Angebote dem potentiellen Verbraucher mindestens eine ebensolche, wenn nicht eine bessere Rendite versprechen. Dies ist zwangsläufig mit einer Kostenminimierung verbunden[163]. Gleiches gilt übrigens auch für andere Industriebereiche. Schließlich ist nicht zu vergessen, daß die Freiheit des Kapitalverkehrs auch die Regierung hinsichtlich ihrer Wirtschaftspolitik einem erheblichen Anpassungsdruck aussetzt, da es den Staatsangehörigen nun nicht mehr verwehrt ist, ihr Geld in anderen Staaten anzulegen, in denen wirtschaftliche oder politische Risiken weniger groß sind. Findet eine solche Kapitalemigration statt, so wird die Regierung des betreffenden Staates recht bald eine Korrektur ihrer Wirtschaftspolitik vornehmen, die sich in einem attraktiveren Steuersystem für Kapitalanlagen etc. niederschlägt[164].

All' diesen Vorteilen eines vollständig liberalisierten Kapitalverkehrs stehen jedoch möglicherweise auch Nachteile gegenüber. Ein besonders gravierender Nachteil ist in der übermäßigen Entwicklung einer Schuldnerposition eines kapitalimportierenden Landes zu sehen[165]. Diese Situation ergibt sich dann, wenn aus einem Kapitalüberschußland das Kapital nur darum in das Defizitland fließt, weil aufgrund eines hohen Realzinses die Kapitalanlage hier am meisten Gewinn erwirtschaftet, nicht aber, weil die Investitionstätigkeit so rentabel ist. Auf Dauer führt dies zu einer Überschuldung des Defizitlandes, da u.a. die Zinszahlungen für das ausländische Kapital ins Ausland fließen, d.h. dort in Umlauf gebracht werden, nicht aber in dem ohnehin kapitalarmen Land zur Konjunkturbelebung eingesetzt werden. Um innerstaatliche Spannungen in Folge von Lebensstandardverringerungen zu vermeiden, bleibt dem betroffenen Land nur die Möglichkeit, die Attraktivität für ausländische Anleger zu reduzieren, d. h., den Zinssatz zu kürzen[166]. Damit aber fließt weniger neues Kapital in das Land und die eigene Kapitalbildung ist nicht ausreichend, um die notwendigen strukturverändernden Investitionen zu tätigen. In einer solchen Situation ist es für das Land auch kaum

---

162 *Fröhlich*, Freier Kapitalverkehr in Europa, S. 10.

163 *Herr*, in: Thomasberger (Hrsg.), S. 199 ff. (200).

164 *Fröhlich*, Freier Kapitalverkehr in Europa, S. 13.

165 *Fröhlich*, a.a.O., S. 14.

166 *Fröhlich*, a.a.O., S. 15.

noch möglich, auf den internationalen Kapitalmärkten weitere Kredite zu bekommen, so daß sich die binnenwirtschaftliche Rezession weiter verschärft.

Derartige Probleme durch die Entstehung einer übermäßigen Schuldnerstellung eines Landes innerhalb der Europäischen Gemeinschaft erscheinen jedoch so gut wie ausgeschlossen, da die institutionellen und wettbewerblichen Zwänge zur Harmonisierung der Wirtschaftspolitik der Staaten der Gemeinschaft bereits sehr früh Korrekturen bei sich negativ entwickelnden Wirtschaftsdaten eines Landes anmahnen[167]. Die wirtschaftlichen Problemstellungen, die im Zusammenhang mit dem Erreichen der Konvergenzkriterien zur Teilnahme an der gemeinsamen Währung der dritten Stufe der Wirtschafts- und Währungsunion stehen, sind Gegenstand eingehenderer Untersuchung im dritten Kapitel.

In der offiziellen Zahlungsbilanzstatistik ist es üblich, nur den Kapitalverkehr der Produktionsunternehmen, der privaten Haushalte, der privaten Geschäftsbanken und der öffentlichen Haushalte (ohne Zentralbank) in der Kapitalverkehrsbilanz zu erfassen und den Kapitalverkehr der Zentralbanken in der Devisenbilanz zu buchen[168]. Für die volkswirtschaftliche Entwicklung ist jedoch der Kapitalverkehr aller Bereiche von Bedeutung und so werden die Kapitalverkehrs- und die Devisenbilanz zusammengefaßt zu einer Kapitalverkehrsbilanz im weiteren Sinne[169]. Der Kapitalverkehr der offiziellen Zahlungsbilanzstatistik wird dann als Kapitalverkehr im engeren Sinne verstanden[170]. Der Kapitalverkehr der Zentralbank eines Staates liegt beispielsweise dann vor, wenn sie unter Rückgriff auf eigene Währungsreserven an den Devisenmärkten interveniert, um Stützungskäufe zur Konsolidierung einer ausländischen Währung vorzunehmen. Eine Pflicht der Zentralbank hierzu gibt es grundsätzlich nur in einem System fester Wechselkurse, jedoch kann eine solche auch bei nicht starren Wechselkursen vorgesehen sein, wie dies beim EWS der Fall ist. Von Kapitalverkehr ist deshalb hier zu sprechen, weil die Zentralbank durch den Ankauf ausländischer Devisen dem Devisenexportland einen Kredit gewährt und damit ihrerseits einen Kapitalexport vornimmt[171]. Im folgenden soll nun der Kapitalverkehr im engeren Sinne kurz betrachtet werden.

b) Erscheinungsformen und Entstehungsgründe des internationalen Kapitalverkehrs im engeren Sinne

Im Rahmen des internationalen Kapitalverkehrs im engeren Sinne wird noch einmal unterschieden zwischen kurz- und langfristigen Kapitalbewegungen. Zu er-

---

167 Vgl. zum derzeitigen Stand der Konvergenzbemühungen innerhalb der EG *EWI*-Jahresbericht 1997, S. 110 ff.

168 *Siebert*, Außenwirtschaft, S. 190.

169 *Rose/Sauernheimer*, Theorie der Außenwirtschaft, S. 9.

170 *Dieckheuer*, Internationale Wirtschaftsbeziehungen, S. 514; *Rose/Sauernheimer*, a.a.O., S. 9.

171 *Dieckheuer*, a.a.O., S. 514.

steren zählen Finanz-, Handelskredite und Geldmarktanlagen, zu letzteren zählen Direktinvestitionen, Wertpapieranlagen, Finanzkredite, Handelskredite und die sonstigen Kapitalbewegungen, die sich zum größten Teil aus privaten Immobiliengeschäften und staatlichen Beteiligungen an internationalen Organisationen zusammensetzen.

Eine Direktinvestition wird immer dann getätigt, wenn der Investor im Ausland eine unternehmerische Tätigkeit ausüben oder auf die Geschäftsführung einer Unternehmung im Ausland maßgeblichen Einfluß nehmen will. Zwar hat auch dieser Investor das Ziel, mit seiner Anlage einen Gewinn zu erzielen, jedoch ist dies für ihn sekundär. Da das Ziel der Direktinvestitionen die Einflußnahme auf die Geschäftsführung im Ausland oder die Ausübung einer unternehmerischen Tätigkeit im Ausland ist, zählen zu den Direktinvestitionen alle Kapitaltransaktionen, die zur Gründung ausländischer Tochterunternehmungen oder Zweigniederlassungen eingesetzt werden. Hinzu kommen Transaktionen, die dem Erwerb von Beteiligungen an ausländischen Unternehmungen dienen, durch die ein bestimmter Einfluß auf die Geschäftsführung ermöglicht wird, sowie solche Transaktionen, die eine Zuführung von Mitteln an Tochterunternehmungen, Zweigniederlassungen oder an ausländische Unternehmungen darstellen, an denen bereits eine maßgebliche Beteiligung existiert[172]. Direktinvestitionen lassen sich folglich als Mittel zur längerfristig angelegten Unternehmenspolitik charakterisieren.

Ihnen gegenüber stehen die Wertpapieranlagen oder Portfolioinvestitionen, bei denen das Motiv der Ertragserzielung im Vordergrund steht[173]. Ausschlaggebend für die Abgrenzung der Direktinvestition von der Portfolioinvestition ist der Kontrollaspekt. Während die Portfolioinvestition der Beteiligung an den laufenden Erträgen dient, steht hinter der Direktinvestition das Motiv, über die Kontrolle der Geschäftstätigkeit Einfluß auf die Ertragserzielung des Unternehmens auszuüben[174]. Der Einfluß auf die Geschäftspolitik wird dabei durch die Beteiligung am Kapital des abhängigen Unternehmens erlangt[175].

In der offiziellen Zahlungsbilanzstatistik eines Staates wird von einer Direktinvestition grundsätzlich dann gesprochen, wenn die Investititon eine Beteiligung an einer Unternehmung im Ausland von mindestens 25% begründet oder wenn die Investition im Rahmen einer bereits bestehenden Mindestbeteiligung von 25% erfolgt[176]. Eine Direktinvestiton im Ausland ist für den Investor ein Kapitalexport. Er erwirbt dadurch eine Auslandsforderung. Diese Forderung entsteht dadurch,

---

172 *Dieckheuer*, a.a.O., S. 516.

173 Zu den Motiven der Direktinvestitionen vgl. insbes. *Plum*, Auswirkungen von Direktinvestitionen, S. 9 ff., m.w.N. sowie *Häde*, ArchVR 35 (1997), S. 181 ff. (182).

174 *Stehn*, Ausländische Direktinvestitionen, in: Kieler Studien, Bd. 245, S. 4.

175 *Broll*, Direktinvestitionen, S. 25.

176 *Dieckheuer*, Internationale Wirtschaftsbeziehungen, S. 516, in der Fn.; *Broll*, a.a.O., S. 25. Dagegen sieht die Bundesbank bereits Beteiligungen ab einer Größenordnung von 20% als Direktinvestition an, Monatsberichte der Dt. Bundesbank, April 1991, S. 28.

daß der Investor zunächst sein nationales Geld bei einer Bank seines Staates gegen die nationale Währung des Staates eintauscht, in dem er investieren will. Die durch den Währungskauf der Bank entstehende Forderung gegenüber dem Ausland wird auf den Investor übertragen und der wandelt die Währungsforderung in eine Sachforderung um. Will der Investor seinen Gewinn realisieren, dann muß er das Sachkapital seiner Direktinvestition in Geldkapital umwandeln. Dieses für ihn ausländische Geld, kann er dann bei einer Bank des Staates, in dem er investiert hat gegen seine heimische Währung eintauschen. Dann erlischt auch seine Auslandsforderung. Letztlich erhält der Investor damit eine Forderung gegen die Zentralbank des Staates, in dem er die Direktinvestition tätigt, denn die Zentralbank ist die Verwalterin der ausländischen Devisen. Kennzeichnend für die Direktinvestition, wie für den Kapitalverkehr überhaupt, ist, daß mit der Kapitaltransaktion nicht auch unmittelbar eine Leistungstransaktion einhergeht[177]. Wäre dem so, so müßte hinsichtlich der Kapitalbewegungen von Zahlungsverkehr gesprochen werden. Gleichwohl kann auch auf einen Kapitalverkehr in Form einer Direktinvestition über kurz oder lang eine Leistungstransaktion erfolgen.

Im Gegensatz zu den Direktinvestitionen steht bei den Wertpapieranlagen, auch Portfolioinvestitionen genannt, die Gewinnerzielungsabsicht im Vordergrund. Auslöser von Wertpapieranlagen sind internationale Zinsdifferenzen, erwartete Marktpreis- oder Kursänderungen der Papiere sowie erwartete Änderungen von Währungsparitäten. Der Erwerb ausländischer Wertpapiere stellt wie bei den Direktinvestitionen den Kapitalexport des Inländers dar, der damit eine Forderung gegenüber dem Ausland begründet[178]. Auch hier muß der Anleger zunächst eigenes Geld in die fremde Währung tauschen, bevor er die ausländischen Wertpapiere erwerben kann Wie schon bei den Direktinvestitionen handelt es sich auch bei den Wertpapieranlagen in der Regel um reine Finanztransaktionen, denen Leistungstransaktionen nicht unmittelbar entsprechen. Es folgt hieraus, daß sich die Nettoauslandsposition des Inlands lediglich in ihrer Struktur, nicht aber in ihrem Umfang verändert hat. Die Nettoauslandsposition umfaßt die Nettoforderungen aller Wirtschaftssubjekte - also der privaten Wirtschaftssubjekte, der öffentlichen Haushalte und der Zentralbank - eines Landes gegenüber dem Ausland[179]. Die Auslandsposition stellt dabei die Differenz zwischen Auslandsforderungen und Auslandsverbindlichkeiten eines Landes dar und entspricht dem Saldo der Kapitalbilanz. Diesem wiederum steht aufgrund des Gegenbuchungsprinzips ein gleich großer Saldo der Leistungsbilanz gegenüber[180].

Die lediglich strukturelle Änderung der Nettoauslandsposition ergibt sich daraus, daß der Investor zum Erwerb der ausländischen Wertpapiere sich zunächst bei einer inländischen Bank den entsprechenden Betrag in ausländischer Währung beschaffen muß. Die infolge des Währungskaufes der Bank bestehende Forderung

177 *Dieckheuer*, a.a.O., S. 516.

178 *Siebert*, Außenwirtschaft, S. 217.

179 *Dieckheuer*, Internationale Wirtschaftsbeziehungen, S. 540.

180 *Rose/Sauernheimer*, Theorie der Außenwirtschaft, S. 26.

gegenüber dem Ausland wird lediglich auf den Investor übertragen, der sie umwandelt von einer Währungsforderung in eine Wertpapierforderung gegenüber dem Ausland. Anders sieht es hingegen aus, wenn der Finanztransaktion aus dem Inland in das Ausland unmittelbar eine Leistungstransaktion aus dem Ausland in das Inland entspricht. Hier erwirbt das Ausland aufgrund der Leistungstransaktion seinerseits eine Forderung gegen das Inland und dieses muß die Verbindlichkeit mit ausländischer Währung begleichen. Es kommt somit zu einer Verringerung der Inlandsforderungen gegenüber dem Ausland, was eine Verringerung der gesamten Nettoauslandsposition des Inlands zur Folge hat[181].

Mit den Wertpapieranlagen vergleichbar sind die kurzfristigen Geldmarktanlagen. Auch bei ihnen geht es vorwiegend um den Ertrag, bestimmende Faktoren für die Anleger sind dementsprechend internationale Zinsdifferenzen sowie erwartete Wechselkursänderungen. Die Finanzkredite stellen reine Finanztransaktionen dar. Werden sie von privaten Wirtschaftssubjekten gewährt, geht es in erster Linie um Ertragsüberlegungen; bestimmende Auslöser solcher Kapitalbewegungen sind die gleichen wie bei den Wertpapieranlagen. Auch hierbei sind über kurz oder lang induzierte Leistungstransaktionen nicht ausgeschlossen; gleichwohl gehen sie nicht unmittelbar miteinander einher, so daß eine direkte Einflußnahme der Finanzkredite auf die Nettoauslandsposition nicht anzunehmen ist. Anders sieht dies hingegen mit den Handelskrediten aus. Sie hängen naturgemäß mit einer Leistungstransaktion zusammen, jedoch anders, als oben bei den Wertpapieranlagen dargestellt. Der inländische Handelskreditgeber ist gleichzeitig der Leistungstransakteur, es kommt somit zu einer Finanz- und zu einer Leistungstransaktion vom In- ins Ausland, wodurch auch eine nicht nur strukturelle Änderung der Nettoauslandsposition des Inlands gegenüber dem Ausland vorgenommen wird[182].

c) Der Zusammenhang zwischen Wechselkurs und inländischem Zinsniveau

Bei auftretenden Veränderungen im Wechselkurs oder im Zinsniveau sind die internationalen Güterströme in ihren Reaktionen auf die veränderten Bedingungen nur recht schwerfällig und daher für die Wechselkursbestimmung nur auf längere Sicht geeignet. Wichtiger ist hier der zinsabhängige internationale Kapitalverkehr[183]. Internationale Kapitaltransaktionen, die als Zinsarbitragegeschäften, i.e. Geschäfte, mit denen die Rendite von Geld- oder Kapitalmarktforderungen erhöht oder die Kosten für Kreditverbindlichkeiten gesenkt werden sollen, stattfinden, werden danach in Abhängigkeit von der internationalen Zinsdifferenz erklärt.

Vereinfachend läßt sich sagen, daß die Abhängigkeit des internationalen Kapitalverkehrs von einer internationalen Zinsdifferenz impliziert, daß so lange ein zinsinduzierter Kapitalimport bzw. -export stattfindet, bis die Zinsdifferenz gleich

---

181 Vgl. *Dieckheuer*, Internationale Wirtschaftsbeziehungen, S. 517 f.

182 Vgl. *Dieckheuer*, a.a.O., S. 518 f.

183 Vgl. *Dieckheuer*, a.a.O., S. 345, *Siebert*, Außenwirtschaft, S. 353.

Null ist[184]. Bei diesem Wert jedoch kommt die Zinsdifferenz nur dann an, wenn die internationalen Kapitalmärkte vollkommen sind, d.h. bei auf keine Weise mehr eingeschränkten Kapitalmärkten. Hieraus folgt zwingend, daß bei der Verwirklichung der Währungsunion in den Teilnehmerstaaten der einheitlichen Währung infolge der von der EZB zu garantierenden Preisstabilität und daraus folgendem einheitlichen Zinsniveau ein spekulativer Kapitalfluß ausgeschlossen ist. Derartige Schwierigkeiten einzelner Währungen, wie 1993 beim EWS, wird es dann nicht mehr geben können, da es keine unterschiedlichen Währungen mehr gibt, in die spekuliert werden könnte.

Das gesamte Privatvermögen einer Volkswirtschaft setzt sich zusammen aus dem vorhandenen Geldvermögen, den inländischen Finanzaktiva sowie aus den mit Hilfe des Wechselkurses in nationale Währung umgerechneten ausländischen Finanzaktiva. Zwischen diesen drei Positionen des volkswirtschaftlichen Privatvermögens besteht ein Gleichgewicht, d.h. die Erhöhung des Wertes einer Position hat zwangsläufig die Verringerung der beiden anderen zur Folge. Die Zinssätze drücken die relativen Ertragsmöglichkeiten der Finanzanlagen im In- oder Ausland aus. Ein Zinsanstieg im In- oder Ausland hat zur Folge, daß sich die Geldhaltungskosten der privaten Wirtschaftssubjekte erhöhen und diese dann eine Umstrukturierung ihres Vermögens in die Finanzaktiva vornehmen[185]; in welche, ist dabei abhängig von den in- bzw. ausländischen Zinssätzen.

Zur Vermeidung übermäßigen Kapitalimports bzw. -exports sind die Finanzverantwortlichen der jeweiligen Volkswirtschaften somit gehalten, ein Gleichgewicht herzustellen zwischen den inländischen Zinsen und dem den Wert der ausländischen Finanzaktiva bestimmenden Wechselkurs. Ist dieses Gleichgewicht nicht vorhanden, etwa weil ein Angebotsüberschuß an inländischen Finanzaktiva deren Zinssatz nach oben drückt, so verlieren die ausländischen Finanzaktiva infolge des geringeren Zinssatzes an Attraktivität und es kommt zu einem Angebotsüberschuß dieser Aktiva. Die Folge ist eine Abwertung der ausländischen Währung. Dadurch wird zwar der Angebotswert der auf dem inländischen Markt befindlichen Auslandsaktiva verringert, wodurch auch das Überschußangebot zunächst abgebaut wird, jedoch hat dieser Wertverlust auch gleichzeitig eine Senkung des volkswirtschaftlichen Privatvermögens zur Folge.

Dementsprechend geht dann auch wieder die Nachfrage nach inländischen Finanzaktiva zurück, womit eine weitere Erhöhung der Zinsen verursacht wird. Es folgt eine erneute Abwertung der ausländischen Währung. Dies wiederholt sich so lange, bis ein Punkt erreicht ist, an dem Wechselkurs und inländischer Zinssatz wieder im Gleichgewicht stehen, d.h. an dem der Zinssatz nicht eine Substitution zu Lasten der ausländischen Währung hervorruft. Sind die inländischen und die ausländischen Finanzaktiva perfekte Substitute, so müssen die Renditen der beiden Anlageformen übereinstimmen. Wären nämlich die Renditen unterschiedlich

---

[184] S. dazu auch *Welfens*, Grundlagen der Wirtschaftspolitik, S. 436 f.

[185] *Siebert*, Außenwirtschaft, S. 350 f.

hoch, so käme es sofort zu einer vollständigen Portfolioumschichtung zugunsten der höher rentierlichen Anlage, und diese Umschichtung hätte ihrerseits eine Renditeangleichung zur Folge[186]. In- und ausländische Finanzaktiva sind jedoch nur dann perfekte Substitute, wenn der internationale Kapitalmarkt vollkommen ist und damit eine vollständige internationale Kapitalmobilität vorliegt[187].

d) Schlußfolgerungen aus b) und c) für die Kapitalverkehrsfreiheit und die Währungsunion

Die vorstehenden Betrachtungen haben gezeigt, daß der Kapitalverkehr im engeren Sinne zu Beginn der dritten Stufe der Währungsunion innerhalb der Eurostaaten einen wesentlichen Bestandteil verlieren wird, nämlich die Währungsspekulation. In einem einheitlichen Währungsraum gibt es - wie der Name schon sagt - nur eine Währung und demzufolge auch keine Zinsdifferenzen und Wechselkurse mehr, auf die spekuliert werden könnte. Der Kapitalverkehr zwischen den Eurostaaten wird sich damit auf die Wertpapieranlagen und Unternehmensbeteiligungen konzentrieren. So besehen bringt die dritte Stufe auch eine - wenn auch gewollte - Einschränkung des internationalen Kapitalverkehrs mit sich. Anders sieht es hingegen aus in bezug auf den Kapitalverkehr mit den Staaten, die vorerst nicht an der gemeinsamen Währung teilnehmen. Möglicherweise wird durch die einheitliche Währung innerhalb der Union ein Spekulationspotential freigesetzt, daß beim Auftreffen auf andere Währungen, sowohl inner- wie außergemeinschaftliche, zu erheblichen wirtschaftlichen Konsequenzen führen könnte. Hieran wird sich zeigen, ob das EWS II, das im September 1996 beschlossen worden ist[188] und das eine Interventionsmarge von +/- 15% vorsieht, geeignet ist, den internationalen Währungsspekulationen standzuhalten.

III. Schlußbetrachtung der Kapitalverkehrsfreiheit

Nach einer über drei Jahrzehnte dauernden Phase, in der die Fortentwicklung der Liberalisierung der Kapitalverkehrsfreiheit stillstand und sogar Rückschritte hinnehmen mußte, ist sie mit der Richtlinie 88/361/EWG zunächst sekundärrechtlich und dann am 1.1.1994, mit der Übernahme der wesentlichen Bestimmungen der Richtlinie und deren Weiterentwicklung im EG-Vertrag, auch primärrechtlich aus ihrem Schattendasein herausgetreten. Diese Entwicklung wurde nicht zuletzt - sowohl was den langen Stillstand als auch was die dann relativ schnelle Fortentwicklung nach 1990 anbelangt - durch die Rechtsprechung des EuGH unterstützt. Der größte Fortschritt in der Entwicklung der Kapitalverkehrsfreiheit war zweifelsohne die primärrechtliche Festlegung des Abschieds von nationalstaatlicher

---

186 *Welfens*, Grundlagen der Wirtschaftspolitik, S. 404.

187 Vgl. zum Ganzen *Dieckheuer*, Internationale Wirtschaftsbeziehungen, S. 350 ff.

188 Vgl. Das Parlament, Nr. 40, vom 27.9.1996, S. 1.

Oberhoheit hin zur vollständigen Liberalisierung und deren Kontrolle durch die EG.

Deutlich wird dies vor allem an dem nach 1990 sprunghaft angestiegenen tatsächlich vollzogenen Kapitalverkehr und den daraus - im Endeffekt - resultierenden Schwierigkeiten einzelner Währungen im Rahmen des EWS im Sommer 1993 und der damit zusammenhängenden Ausweitung der Bandbreiten zur Bestandssicherung des EWS auf +/- 15% im August 1993. Dabei ist dies nicht primär dem freien Kapitalverkehr zuzuschreiben, sondern vielmehr den zu unterschiedlichen wirtschaftlichen Gegebenheiten der Mitgliedsländer sowie den sich daraus ergebenden Unterschieden in der Stabilität der jeweiligen nationalen Währungen[189]. Diese Unterschiede waren und sind es, die zu Spekulationen auf gerade schwache Währungen, die, um Devisen zur Verfügung gestellt zu bekommen, darauf angewiesen sind, einen recht hohen Zinssatz anzubieten, geradezu einladen. Diese für davon betroffene Staaten wirtschafts- und währungspolitisch katastrophalen Auswirkungen sind in einer Währungsunion, wie sie die Europäische Gemeinschaft anstrebt, ausgeschlossen.

---

[189] Vgl. detailliert zu den Ursachen der EWS-Krise *Lesch,* Europa auf dem Weg zur Währungsunion, S. 45 ff.

2. Kapitel
Die Wirtschafts- und Währungsunion - Einführung in den zweiten Betrachtungsgegenstand

I. Einleitung und historische Entwicklung

Die Europäische Wirtschafts- und Währungsunion stellt, so wie sie im VI. Titel des EG-Vertrages in den Art. 102a bis 109m niedergelegt ist, nicht mehr einen Bestandteil des Binnenmarktes dar. Währungsunion und Binnenmarkt sind vielmehr zwei unterschiedliche Ziele, die sich der EG-Vertrag gesteckt hat, wobei die Währungsunion die logische Fortsetzung bzw. den eigentlichen Abschluß der Bestrebungen hin zum Binnenmarkt darstellt, dieser damit quasi notwendige Voraussetzung auf dem Weg zu einer Währungsunion ist.

Die ursprünglich intergouvernemental ausgestaltete gemeinschaftliche Binnenwirtschaftspolitik, als in Zeiten der wirtschaftlichen Prosperität ausreichender Kompromiß zwischen den integrationspolitischen Notwendigkeiten einerseits und dem Beharren der Mitgliedstaaten auf ihrer wirtschaftlichen Souveränität andererseits, erwies sich beim Auftreten wirtschaftlicher Krisen, deren Folge stark unterschiedliche wirtschaftliche Entwicklungen in den Mitgliedstaaten waren, als nicht mehr haltbar. Bis zur Regierungskonferenz in Den Haag am 1./2.12.1969 hatte sich dann die Einsicht durchgesetzt, daß eine weitere Integration nur erreicht werden konnte, wenn die Mitgliedstaaten in wirtschafts- und währungspolitischer Hinsicht enger zusammenarbeiteten. Neben dem Bekenntnis zur als Fernziel ins Auge gefaßten Politischen Union wurde auch deren untrennbarer Zusammenhang mit einer Wirtschafts- und Währungsunion gesehen[190] und eine stufenweise Entwicklung zu eben dieser Wirtschafts- und Währungsunion beschlossen. Im Anschluß daran legte der luxemburgische Ministerpräsident *Werner* im Laufe des Jahres 1970 einen Zwei-Stufen-Plan zur Verwirklichung dieser Union vor[191].

Vorgesehen war danach die vollständige und irreversible Konvertibilität der Währungen der Mitgliedstaaten ohne Kursschwankungen und zu unveränderlichen Paritätsverhältnissen an deren Ende eine Gemeinschaftswährung stand. Geldschöpfung, Geld- und Kreditpolitik sowie die Währungspolitik gegenüber Drittstaaten fielen hiernach in die Gemeinschaftszuständigkeit, die für die gesamtwirtschaftliche Entwicklung so bedeutende Haushaltspolitik verblieb jedoch in der Kompetenz der Mitgliedstaaten. Die Ansätze im Vergleich zur Wirtschafts- und Währungsunion, wie sie sich heute im EG-Vertrag wiederfindet, sind bereits deutlich erkennbar. Die maßgeblichen Organe der Gemeinschaft - in diesem Falle der Rat sowie die im Rat vereinigten Vertreter der Mitgliedstaaten - faßten die für diese

---

[190] *Koenig/Pechstein,* Die Europäische Union, 1. Aufl., Kap. 7, Rn. 4.

[191] Sog. *Werner*-Plan, ABl.EG 1970, Nr. C 136, S. 1 ff.

Entwicklung notwendigen Beschlüsse[192]. Gleichwohl konnte der *Werner*-Plan nicht in die Tat umgesetzt werden, weil die Staaten einerseits auf eine derartige Zusammenarbeit noch nicht eingestellt waren, was sich vor allem an den Auswirkungen des Ölpreisschocks und der Dollarkrise zu Beginn der 70er Jahre zeigte. Hier waren die Mitgliedstaaten nicht bereit, ihre bis dahin nationale Wirtschaftspolitik in eine gemeinschaftliche überzuführen[193]. Andererseits schieden sich die Meinungen an der verbliebenen Haushaltskompetenz der Mitgliedstaaten.

Hieran entzündete sich ein heute noch bestehender Streit zwischen zwei Grundpositionen, der bekannt ist unter den Begriffspaaren "Ökonomisten - Monetaristen" bzw. entsprechend der von ihnen vertretenen Gedankenansätze "Krönungstheorie - Grundsteintheorie". Kernaussage dieses Streits, der immerhin den ersten Versuch einer Wirtschafts- und Währungsunion mit zum Scheitern brachte, ist die Frage, ob die Währungsunion Grundlage einer weiteren Wirtschaftsintegration und Antriebsmotor einer Politischen Union sein müsse (so die "Grundsteintheorie" der "Monetaristen") oder ob die Währungsunion vielmehr erst den Abschluß einer wirtschaftlichen Integration darstelle, ihr gleichsam die Krone aufsetze ("Krönungstheorie" der "Ökonomisten").

Zwar nicht als Ersatz, aber doch als kleinerer Schritt auf dem Weg hin zum gleichen großen Ziel wurde die "Währungsschlange" gegründet, die am 1.7.1972 in Kraft trat, zwar noch keine festen Wechselkurse beinhaltete, aber doch schon die Interventionsmargen bei den geringen Bandbreiten von +/- 2,25% vorsah[194]. Nachdem bereits 1973 die Abhängigkeit vom US-Dollar als der Interventionswährung aufgegeben wurde (nach dem Zusammenbruch des Systems von Bretton Woods), verfiel um die Mitte der 70er Jahre aufgrund erheblicher Währungsschwankungen auch die "Währungsschlange". Im Dezember 1978 wurde in Brüssel durch den Ministerrat beschlossen, das EWS einzuführen, was am 13.3.1979 in die Tat umgesetzt wurde[195]. Dieses System arbeitete bis zu Beginn der 90er Jahre zufriedenstellend.

Als jedoch am 1.7.1990 infolge der Richtlinie 88/361/EWG die Kapitalverkehrsbeschränkungen innerhalb der EG fielen und ein erhebliches Spekulationspotential freigesetzt wurde, konnten die bilateralen Leitkurse einiger Währungen die Margen des EWS von +/- 2,25% nicht mehr einhalten und verließen schließlich das Währungssystem[196]. Zur Aufrechterhaltung des EWS mußten im Sommer 1993[197] die bilateralen Schwanmkungsbreiten einiger weiterer Währungen auf +/- 15% ausgeweitet werden, womit den Skeptikern in bezug auf die Funktions-

---

[192] Vgl. für den Rat: ABl.EG 1971, Nr. C 28, S. 1 ff; für die im Rat vereinigten Vertreter der Mitgliedstaaten: ABl.EG 1972, Nr. C 38, S. 3 ff.

[193] *Pechstein/Koenig*, Kap. 1, Rn. 35.

[194] *J.C.P.A. van Esch*, Internationale Economische Betrekkingen in Hoofdlijnen, S. 137 f.

[195] Bull.EG 2-1979, S. 7.

[196] Die Lira und das Pfund am 14. bzw. 17.9.1992, vgl. Bull.EG 9-1992, S. 12 f.

[197] Am 2.8.1993, vgl. Bull.EG 7/8-1993, S. 21 f.

fähigkeit des EWS scheinbar Recht gegeben wurde. Sie hatten bereits Mitte der 80er Jahre Zweifel daran geäußert, daß das EWS auch bei freiem Kapitalverkehr funktionieren könne, und sie schrieben die Erfolge des EWS hinsichtlich der Wechselkursstabilisierung eben diesen Kapitalverkehrskontrollen zu, die sie als zwangsläufigen Systembestandteil bezeichneten[198].

Mit der Einheitlichen Europäischen Akte aus dem Jahre 1986, die am 1.7.1987 in Kraft trat[199], wurde das Vorhaben der Errichtung einer Europäischen Wirtschafts- und Währungsunion aus dem *Werner*-Plan wieder aufgenommen und neu in die vertiefte Diskussion gebracht. 1988 wurde daher eine Sachverständigengruppe unter dem Vorsitz des Kommissionspräsidenten *Jacques Delors* damit beauftragt, die konkreten Erfordernisse für die Verwirklichung einer solchen Union zu prüfen und vorzuschlagen[200]. Der 1989 vorgelegte *Delors*-Bericht[201] sah einen Drei-Stufen-Plan vor. Die erste Phase dieses Plans sah vor allem die Annäherung der volkswirtschaftlichen Ergebnisse der Mitgliedstaaten und die weitere Integration der Finanz- und Kapitalmärkte vor[202]. Es wird deutlich, daß damit der Streit, der noch den *Werner*-Plan zum Scheitern verurteilt hatte, nun zugunsten der "Ökonomisten" entschieden worden ist[203], wenn der Vertrag von Maastricht auch Elemente der monetaristischen Theorie enthält. Die stärkere Orientierung am ökonomistischen Ansatz wird aber besonders in der Formulierung des *Delors*-Berichts deutlich, daß zunächst der Binnenmarkt vollendet werden müsse.

Auf dem Madrider Ratsgipfel vom 26./27.6.1989 wurde der *Delors*-Bericht gebilligt. Mit der Festlegung des Beginns der ersten Stufe der Wirtschafts- und Währungsunion auf den 1.7.1990 durch die Staats- und Regierungschefs in Madrid wollten diese die Verhandlungsdelegationen der Mitgliedstaaten unter Zugzwang setzen, um die Verwirklichung des ins Auge gefaßten Zieles zu forcieren. Das Ergebnis war, daß der Europäische Rat die dreistufige Wirtschafts- und Währungsunion im Dezember 1991 zusammen mit dem Vertrag von Maastricht beschließen konnte. Die zweite Stufe der Wirtschafts- und Währungsunion hat gemäß Art. 109e Abs. 1 EGV am 1.1.1994 begonnen. In ihr sollen die grundlegenden Vorarbeiten für die dritte Stufe vorgenommen werden[204].

---

198 Vgl. *Willgerodt*, in: Scharrer/Wessels, S. 53 ff. (73); *Fels*, Intereconomics, Vol. 22, S. 216 ff. (222).

199 ABl.EG 1987, Nr. L 169, S. 1 ff., 29.

200 Bull.EG 6 - 1988, S. 188.

201 Abgedruckt in: EA 1989 (D), S. 283 ff.

202 Siehe zu den weiteren Punkten: *Streinz*, Europarecht, Rn. 856.

203 *Koenig/Pechstein*, Die Europäische Union, 1. Aufl., Kap. 7, Rn. 5.

204 Einen umfassenden Überblick über die historische Entwicklung gibt *Kortz*, Die Entscheidung über den Übergang in die Endstufe der Wirtschafts- und Währungsunion, S. 26 ff.

II. Die dritte Stufe der Wirtschafts- und Währungsunion

Die dritte Stufe der Wirtschafts- und Währungsunion - laut Art. 109j Abs. 4 EG-Vertrag spätestens am 1.1.1999 beginnend - bringt den Mitgliedstaaten der Europäischen Gemeinschaft eine Form der monetären Integration, die weit mehr ist als das, was der Gemeinsame Markt unter Freiheit des Kapital- und Zahlungsverkehrs versteht. Mit der Einführung einer einheitlichen Währung und der schrittweisen Abschaffung der nationalen Geldzeichen in allen teilnehmenden Staaten wird eine Verbindung zwischen den Staaten hergestellt, die auf das angestrebte Ziel - sofern man im Prozeß einer fortschreitenden Integration den einen Endpunkt suggerierenden Begriff "Ziel" verwenden darf - einer Politischen Union hinweist, liegt doch die monetäre Integration gewissermaßen an der Nahtstelle zwischen der wirtschaftlichen und der politischen Integration[205]. Die Teilnahme an der Einführung der gemeinsamen Währung ist an gewisse Voraussetzungen gebunden, die im folgenden beleuchtet werden sollen, ebenso wie die mit dem Beginn der dritten Stufe der Wirtschafts- und Währungsunion einhergehenden institutionellen Veränderungen und erste auftretende Schwierigkeiten ökonomischer Art zwischen den Staaten, die zwar alle der EG angehören, nicht aber alle die gemeinsame Währung von Anfang an einführen werden.

1. Der Eintritt in die dritte Stufe der Wirtschafts- und Währungsunion

Der Eintritt in die dritte Stufe der Wirtschafts- und Währungsunion erfolgt auf Grund einer Entscheidung des Rates in der Zusammensetzung der Staats- und Regierungschefs gemäß Art. 109j Abs. 3, 2. und 3. Gedankenstrich EGV, bzw. dann, wenn bis Ende 1997 kein Zeitpunkt für den Eintritt in die dritte Stufe gemäß Art. 109j Abs. 3 EGV festgelegt worden ist, gemäß Art. 109j Abs. 4 EGV automatisch zum 1.1.1999[206]. Hiervon getrennt zu betrachten ist die Einführung der gemeinsamen Währung. Gemäß Art. 109l Abs. 4 EGV nimmt der Rat aufgrund eines einstimmigen Beschlusses der Staaten, für die keine Ausnahmeregelung gilt, am ersten Tag der dritten Stufe auf Vorschlag der Kommission und nach Anhörung der EZB die Umrechungskurse, auf die ihre Währungen [...] festgelegt werden [...] an und wird die ECU zu einer eigenständigen Währung.

Voraussetzung für den Übergang in die dritte Stufe gemäß Art. 109j Abs. 3 EGV ist, daß eine Mehrheit der Mitgliedstaaten der EG die Kriterien zur Einführung der gemeinsamen Währung erfüllt. Erfolgt der Übergang in die dritte Stufe gemäß Art. 109j Abs. 4 EGV, so bestätigt der Rat in der Zusammensetzung der Staats- und Regierungschefs lediglich die Empfehlungen des EcoFin-Rates hinsichtlich

---

205 *Tietmeyer*, in: FS für Everling, S. 1575 ff. (1577).

206 Vgl. zur "Automatismus-Debatte" einerseits *Kortz*, Die Entscheidung über den Übergang in die Endstufe der Wirtschafts- und Währungsunion, S. 177 ff.; *Selmayr*, EuZW 1998, S. 101 ff. (106) sowie andererseits BVerfGE 89, 155 ff. (204).

der Mitgliedstaaten, die die notwendigen Voraussetzungen zur Einführung der gemeinsamen Währung erfüllen. Hieraus folgt, daß für einen Eintritt in die dritte Stufe gemäß Art. 109j Abs. 4 EGV nicht mehr eine Mehrheit der Mitgliedstaaten erforderlich ist.

Beide Verfahren zur Einführung der gemeinsamen Währung verlangen vom Rat in der Zusammensetzung der Staats- und Regierungschefs eine Berücksichtigung der Empfehlung des (EcoFin-) Ministerrates, die dieser auf der Grundlage von Berichten der Kommission und des Europäischen Währungsinstituts gemäß Art. 109j Abs. 2 EGV erstellt. Im Rahmen des Verfahrens nach Art. 109j Abs. 3 EGV muß diese Berücksichtigung zusätzlich "gebührend" sein. Wesentlicher Bestandteil dieser Berichte sind - neben anderen wirtschaftlichen Daten (Art. 109j Abs. 1 a.E. EGV) - die Konvergenzkriterien des Art. 109j Abs. 1, Gedankenstrich 1 - 4 EGV. Diejenigen Mitgliedstaaten, die die Kriterien nicht erfüllen, bzw. die vom Rat in der Zusammensetzung der Staats- und Regierungschefs nicht zu den Staaten gerechnet werden, die die notwendigen Voraussetzungen für den Eintritt in die gemeinsame Währung der Währungsunion erfüllen, werden vom EG-Vertrag als "Mitgliedstaaten, für die eine Ausnahmeregelung gilt" bezeichnet. Gemäß Art. 109k Abs. 2 EGV werden diese Staaten alle zwei Jahre einmal oder auf eigenen Wunsch auch früher daraufhin untersucht, ob sie mittlerweile die Voraussetzungen erfüllen.

Fraglich ist die Konsequenz einer Weigerung eines Mitgliedstaates, an der dritten Stufe der Wirtschafts- und Währungsunion, d.h. vor allem, an der gemeinsamen Währung teilzunehmen, nachdem der Rat in der o.g. Zusammensetzung die Eignung dieses Mitgliedstaates für die Einführung dieser gemeinsamen Währung erklärt hat und damit eigentlich alle Rechte, vor allem aber alle Pflichten der dritten Stufe diesen Staat treffen. Eine Weigerung des Staates gegen die Einbeziehung in die dritte Stufe widerspräche dem Wortlaut des Art. 109j Abs. 4 EGV. Dieser geht eindeutig von dem - seitens des BVerfG abgelehnten[207] - Automatismus des Eintritts in die dritte Stufe aus, womit bei entsprechender Eignung des Mitgliedstaates eben auch der Verlust der nationalen Währung einhergeht. Es darf hier jedoch nicht übersehen werden, daß die Mitgliedstaaten bis zu dem Termin alle vorbereitenden Arbeiten zur Einführung der einheitlichen Währung auf ihrem Hoheitsgebiet abgeschlossen haben müssen, wie dies im 10. Protokoll zum EG-Vertrag niedergelegt ist. Wenn jedoch der sich weigernde Staat diese Vorarbeiten noch nicht abgeschlossen hat, dann kann die einheitliche Währung aus praktischen Gründen in diesem Staat nicht eingeführt werden. Liegt hierin dann ein Vertragsbruch des betreffenden Mitgliedstaates[208]?

---

[207] BVerfGE 89, 155 ff. (157, LS 9c; 204).

[208] *Oppermann*, in: Hrbek, Der Vertrag von Maastricht..., S. 103 (116), verneint hier einen Vertragsbruch und hält in diesem Zusammenhang auch die Absicht des Deutschen Bundestages (BT-Drs. 12/3906), einen Eintritt Deutschlands in die dritte Stufe von seinem zustimmenden Votum abhängig zu machen, für nicht gemeinschaftsrechtswidrig. *Staebe/Eggers*, EWS 1998, S. 42 ff (43), sprechen sich gegen ein Mitwirkungs-

Die Antwort auf diese Frage stößt wohl an die Grenzen der *beiderseitigen* Loyalitätspflichten, wie sie sich aus Art. 5 EGV ergeben[209]. Einerseits sind die Mitgliedstaaten verpflichtet, alle notwendigen Maßnahmen zu treffen, die zur Umsetzung eines Beschlusses eines Gemeinschaftsorgans erforderlich sind, worunter - in diesem Fall - auch die vorbereitenden Arbeiten für die Einführung der gemeinsamen Währung fallen, andererseits aber muß auch die Gemeinschaft die Belange der Mitgliedstaaten in ihrer Beschlußfassung ausreichend berücksichtigen, was nun auch seinen ausdrücklichen Niederschlag in Art. F Abs. 1 EUV gefunden hat.

Nichtsdestoweniger handelt es sich bei der Nichtausführung von Pflichten eines Mitgliedstaates um einen Vertragsbruch, auch wenn sie in einem beigefügten Protokoll niedergelegt sind, denn die Protokolle sind gemäß Art. 239 EGV Bestandteil des Vertrages selbst. Der die aus einem Protokoll herrührende Pflicht zur Vornahme gewisser Handlungen außer acht lassende Mitgliedstaat begeht somit einen Vertragsbruch, der gemäß Art. 169 EGV von der Kommssion vor dem EuGH gerügt werden kann. Eine zwar länger dauernde, gleichwohl aber legale Möglichkeit des Mitgliedstaates, gegen den Beschluß des Rates vorzugehen, ihn mit zu den Mitgliedstaaten zu zählen, die die gemeinsame Währung einführen sollen, ist die Einreichung einer Nichtigkeitsklage beim EuGH gemäß Art. 173 EGV, wobei die Verletzung des Vertrages als Klagegrund i.S.v. Art. 173 Abs. 2 EGV anzusehen wäre, da - wie oben angedeutet - eine Verletzung der Loyalitätspflicht der Gemeinschaft gegenüber dem Mitgliedstaat vorläge. Daneben läge auch ein Verstoß des Rates in der Zusammensetzung der Staats- und Regierungschefs gegen Art. 109j Abs. 3 und 4 EGV vor, denn wenn ein Mitgliedstaaten bestimmte vorbereitende Handlungen noch nicht ausgeführt hat, dann erfüllt dieser Mitgliedstaat gleichzeitig nicht die notwendigen Voraussetzungen für die Einführung der gemeinsamen Währung.

a) Die Konvergenzkriterien

Die Konvergenzkriterien bilden den "Kernbereich" der dritten Stufe der Wirtschafts- und Währungsunion, da in ihnen die Voraussetzungen für die Teilnahme an der gemeinsamen Währung niedergelegt sind. Diese Kriterien umfassen gemäß Art. 109j Abs. 1, Gedankenstrich 1 - 4 EGV einen hohen Grad an Preisstabilität, eine auf Dauer tragbare Finanzlage der öffentlichen Hand, wofür zur Bewertung Art. 104 Abs. 6 EGV herangezogen wird, die Einhaltung der normalen Bandbreiten des Wechselkursmechanismus des Europäischen Währungssystems[210] und das

recht des Deutschen Bundestages an der Entscheidung über die Einführung des Euro aus. Ihrer Ansicht nach läßt sich ein solches Recht weder europa- noch verfassungsrechtlich herleiten. Lediglich eine politisch bedeutsame, jedoch nicht justitielle und daher unverbindliche Stellungnahme sei möglich. Vgl. hierzu auch *Hölscheidt/Schotten*, ZRP 1997, S. 479 ff.; gegen sie *Puttler*, ZRP 1998, S. 168 ff.

209 *Streinz*, Europarecht, Rn. 142.

210 Hierbei ist jedoch seit der Margenerweiterung und dem Austritt zweier Teilnehmerländer aus dem Wechselkursverbund in den Jahren 1992 und 1993 fraglich, ob dieses Kri-

Niveau der langfristigen Zinssätze, anhand dessen die Dauerhaftigkeit der erreichten Konvergenz abgelesen werden soll[211]. An diesen Kriterien hat sich von Beginn an Streit entzündet, bei dem es, führt man ihn auf seinen Grund zurück, um die Frage der Verbindlichkeit der vier Kriterien geht, d.h. ob sie die unumgänglichen Eintrittsvoraussetzungen in die gemeinsame Währung darstellen oder nicht. Es lassen sich dabei im wesentlichen zwei Richtungen ausmachen - eine eher staatsrechtlich und eine mehr gemeinschaftsrechtlich orientierte.

Die erste Richtung geht davon aus, daß die Kriterien den eigentlichen Kern der Währungsunion darstellen, mit der Konsequenz, daß sie strikt und ohne Abweichung zur Geltung gebracht werden müssen[212]. Diese Ansicht hätte zur Folge, daß das Nichterreichen eines der Kriterien die Nichtteilnahme an der gemeinsamen Währung bedeutete. Begründet wird dies damit, daß nur die Staaten, die die Kriterien erfüllen, die Gewähr böten für eine Stabilität, wie sie für eine Währungsunion zu fordern ist. Hierbei wird jedoch übersehen, daß der EG-Vertrag in der Frage des Übergangs zur dritten Stufe ganz bewußt die Möglichkeit politischer Entscheidungen eröffnet hat, unter Umständen auch an den Kriterien vorbei, denn diese sind im Vertrag nicht als verbindlich bestimmende Rechtsnormen ausgestaltet[213]. Vielmehr wird die Erfüllung der Konvergenzkriterien nur zur Grundlage der Entscheidung des Rates in der Zusammensetzung der Staats- und Regierungschefs gemacht, wobei sie durch die von Kommission und EWI vorgelegten Berichte über die Einhaltung der Kriterien, einschließlich weiterer ökonomischer Grundlagen (vgl. Art. 109j Abs. 1 a.E. EGV) lediglich vermittelt werden[214]. Die in Art. 109j Abs. 2 - 4 EGV gewählte Formulierung[215] macht deutlich, daß die tatsächliche Erfüllung der Kriterien eben nicht Voraussetzung für den Eintritt in die

terium überhaupt noch - und wenn ja, mit welchen Margen (+/- 2,25% oder +/- 15%) - herangezogen werden kann. Unabhängig hiervon ist das von den EG-Finanzministern im September 1996 in Dublin verabschiedete EWS II zu sehen. Dies soll Geltung erst nach Beginn der dritten Stufe erlangen und dann für die Staaten, für die nach dem EG-Vertrag eine Ausnahmeregelung gemäß Art. 109 k EGV gilt. Die darin enthaltene Interventionsmarge von +/- 15% ist zwar ungleich höher als die des ersten EWS, gleichwohl halten die Finanzminister diese Regelung für hinreichend geeignet, die Stabilität der Währungen aller Länder zu gewährleisten. Vgl. hierzu Das Parlament, Nr. 40, vom 27.9.1996, S. 1. Gegen die Heranziehung der weiten Marge als vertragskonform *Becker-Neetz*, EWS 1996, S. 369 ff. (375).

211 Vgl. ausführlich zu den Konvergenzkriterien *Kortz*, RIW/AWD 1997, 357 ff. (359 ff.).

212 BVerfGE 89, 155 ff. (200), *Pernice*, in: FS für Everling, 1995, S. 1057 ff. (1064); *Hahn*, BayVBl. 1996, S. 353 ff. (354); *Roth*, EuR 1994, Beiheft I, S. 45 ff. (59); *Becker-Neetz*, EWS 1996, S. 369 ff. (372); *Kortz*, RIW/AWD 1997, S. 357 ff. (358).

213 *Emmerich-Fritsche*, EWS 1996, S. 77 ff. (81); *Kokott*, AöR 1994, S. 207 ff. (229), *Steindorff*, EuZW 1996, S. 6 ff. (6); *Tettinger*, RIW/AWD-Beilage zu Heft 12/1992, S. 1 ff. (5); *Vaubel*, in: Schritte zum Europäischen Binnenmarkt, S. 223 ff. (234).

214 *Koenig/Pechstein*, Die Europäische Union, 1. Aufl., Kap. 7, Rn. 13; *Streinz*, Europarecht, Rn. 871; Selmayr, EuZW 1998, S. 101 ff. (102 f.).

215 Vgl. anschaulich *Emmerich-Fritsche*, EWS 1996, S. 77 ff. (77).

dritte Stufe ist. Dies stellt gleichzeitig den Standpunkt der gemeinschaftsrechtlich orientierten Ansicht dar.

Es ergeben sich aus dieser für richtig befundenen gemeinschaftsrechtlichen Ansicht jedoch erhebliche Folgeprobleme. Liegt nämlich - und das wird deutlich an den Formulierungen in Art. 109j Abs. 2 - 4 EGV - die Entscheidung darüber, wer 1999 an der gemeinsamen Währung teilnimmt, bei den Staats- und Regierungschefs (die Möglichkeit eines früheren Beginns hätte bis zum 31.12.1996 wahrgenommen werden müssen)[216], dann ist nicht nur nicht auszuschließen, sondern geradezu wahrscheinlich, daß in diese Entscheidung ein erhebliches Maß an politischen Opportunitätsüberlegungen mit einfließt[217]. Wenn also die Konvergenzkriterien nicht alleiniger Maßstab sind, demnach auch solche Staaten die gemeinsame Währung einführen können, die diese Kriterien nicht erfüllen, so stellt sich aus der Sicht derjenigen, die für eine strikte Anwendung sind, die Frage, welchen Sinn die Kriterien dann überhaupt haben, wenn sie lediglich als ökonomisch zwar anzustrebende, für die gemeinsame Währung aber nicht erforderliche Zielrichtungen[218] und Maßstäbe gehalten werden, auch wenn sie als solche im großen und ganzen recht brauchbar sein sollen[219].

Hierher gehörte auch die Frage, welche Staaten als "wünschenswerte" Mitglieder der ersten Generation der gemeinsamen Währung angesehen werden. Häufig wurde in diesem Zusammenhang angeführt, daß eine Währungsunion ohne Frankreich bereits aus politischen Gründen nicht zu realisieren sei, gleiches gälte für Belgien[220] (das immerhin eine Staatsschuldenquote von über 120% des BIP aufweist gegenüber 60%, die vom EGV gefordert werden) und auch für Italien, dessen Nichteignung für die gemeinsame Währung Bundesfinanzminister *Waigel* noch 1995 feststellte[221] und damit für erhebliche Verstimmungen im deutsch-italienischen Verhältnis sorgte. Hiermit wurde zugleich aber die Problematik des Festhaltens an den Konvergenzkriterien gerade seitens der Bundesregierung einerseits und der Möglichkeit - und wohl auch Notwendigkeit - politischer Entscheidungen andererseits deutlich gemacht. In die gleiche Richtung ging auch eine Äußerung des Mitglieds des Direktoriums der Bundesbank *Schmidhuber*, notfalls den Zeitplan für den Beginn der Wirtschafts- und Währungsunion neu zu überdenken, wenn es bis 1999 nicht gelänge, zumindest Frankreich, die Benelux-Staaten, Deutschland und noch mindestens ein weiteres Land als erste Generation

---

216 Vgl. Art. 109j Abs. 3 EGV

217 Diese Befürchtung findet sich auch bei *Clausen/Willms*, in: Europäische Währungsunion und Kapitalmärkte, S. 11 ff. (14). Die Befürchtung bestand zurecht, wie seit der Entscheidung des Rates vom 3. Mai 1998 bekannt ist.

218 *Stern*, in: FS für Everling, Bd. II, 1995, S. 1469 ff. (1475).

219 *Tietmeyer*, in: Isensee, S. 35 ff. (38 ff.).

220 *Bender*, EWS 1996, S. 1 ff. (4).

221 Diese Zweifel *Waigels* wurden von ihm intern im Finanzausschuß des Bundestages geäußert und sind von dort dann an die Öffentlichkeit gelangt, vgl. Dt. Bundesbank, Auszüge aus Presseartikeln, Nr. 66 v. 28.9.1995, S. 9.

der Wirtschafts- und Währungsunion einschließlich gemeinsamer Währung bekanntzugeben[222].

Eine politisch orientierte Entscheidung über die Konvergenzkriterien hinweg, die einigen Staaten trotz deutlicher Nichterfüllung der Kriterien die Einführung der gemeinsamen Währung gestattet, anderen hingegen nicht, hätte wohl den Bruch der Gemeinschaft zur Folge mit den sich zu Recht als Mitglieder zweiter Klasse ansehenden Staaten, denen die Einführung zu gleichen Bedingungen verweigert würde[223]. Mit gewisser Berechtigung könnten dann auch Staaten, die zwar nicht an der öffentlichen Finanzlage, wohl aber an einem anderen Kriterium scheiterten, ebenfalls die Aufnahme verlangen, da es sonst einer Höherwertung des einen vor dem anderen Kriterium gleichkäme, die der Vertrag nicht vorsieht. Eine solche Rangeinteilung wäre rein willkürlich und würde vor allem den politischen Willen der starken Mitgliedstaaten offenbaren, zunächst nur unter sich die gemeinsame Währung zu erproben und erst später den politisch wie ökonomisch schwächeren Mitgliedstaaten den Zugang zur gemeinsamen Währung zu gestatten. Somit kann es einen Ausgleich zwischen den Kriterien ebenfalls nicht geben[224].

Auf ihrem Gipfeltreffen in Brüssel am 2./3.5.1998 haben die Staats- und Regierungschefs sich dieses Problems dadurch entledigt, daß alle Staaten, die von Anfang an die gemeinsame Währung einführen wollten, dies nun auch dürfen. Relativ eindeutig haben damit die politischen Erwägungen, die insgesamt auf einen großen Teilnehmerkreis hinausliefen, die ökonomischen und an den Kriterien orientierten Erwägungen überwunden. Die oben aufgeworfene Frage bleibt jedoch bestehen und gilt nach wie vor für die Staaten, die zu einem späteren Zeitpunkt die gemeinsame Währung einführen wollen. Hierzu sind auch solche Staaten zu zählen, die zum gegenwärtigen Zeitpunkt noch gar nicht zur EU gehören, wie etwa die mittel- und osteuropäischen Staaten, mit denen intensivere Beitrittsverhandlungen aufgenommen werden sollen. Die Staats- und Regierungschefs, die sich in ihrer Entscheidung nun recht großzügig über einzelne Konvergenzkriterien des EG-Vertrages hinweggesetzt haben, werden sich dann vor die Frage gestellt sehen, bei welchen Konvergenzwerten der späteren Beitrittskandidaten sie die Grenze für eine Einführung der gemeinsamen Währung auch in diesen Staaten ziehen wollen. Ein Rückgriff auf die Kriterien des EG-Vertrages ist ihnen jedenfalls verwehrt.

Will man daher die Konvergenzkriterien im allgemeinen und das Kriterium der tragbaren Lage der öffentlichen Finanzen, das wohl den meisten Mitgliedstaaten die größten Anstrengungen abverlangt, im besonderen nicht der Bedeutungslosig-

---

222 *Schmidhuber*, SZ vom 18.9.1996; Deutschland und Frankreich sieht auch *Helmut Schmidt* als die beiden Kernländer der künftigen WU an, in: Zeitpunkte Nr. 4/96, S. 54 ff. (54).

223 Vgl. auch *H. Lehment, J. Scheide*, Weltwirtschaft 1992, S. 50 ff. (56).

224 *Bender*, EWS 1996, S. 1 ff. (4); *Hahn*, BayVBl. 1996, S. 353 ff. (354).

keit preisgeben und damit den Stabilitätsauftrag der Währungsunion gefährden, so muß von derartigen politischen Überlegungen hinsichtlich der Wünschbarkeit oder des angeblichen Erfordernisses der Teilnahme einiger ausgewählter Mitgliedstaaten (in Zukunft) Abstand genommen werden. Eine Währungsunion, die ein wirtschaftlich starkes Europa hervorbringen will, das der Konkurrenz auf dem Weltmarkt widerstehen kann, darf nicht durch solche Prestigegedanken relativiert werden[225]. Die starke wirtschaftliche Ausrichtung, die einer Währungsunion immanent ist, hat zur Folge, daß nur solche Länder an ihr teilnehmen können, die einander vergleichbare wirtschaftliche Daten aufweisen. In diese Richtung zielt auch der von Bundesfinanzminister *Waigel* ins Gespräch gebrachte Stabilitätspakt, der die Einhaltung der Kriterien auch nach dem Beginn der dritten Stufe unter den Eurostaaten sicherstellen soll, der bereits im September 1996 zwischen Deutschland und Frankreich in den Grundzügen verabschiedet[226] und vom Europäischen Rat in Amsterdam im Juni 1997 angenommen worden ist[227]. Der Stabilitäts- und Wachstumspakt besteht aus zwei Verordnungen des EcoFin-Rates sowie einer Entschließung des Europäischen Rates[228].

Eine Währungsunion mit verschiedenen Geschwindigkeiten ist bei derart wirtschaftlich unterschiedlich entwickelten Staaten wie den Mitgliedern der EG nicht zu vermeiden, will man die Union nicht von vornherein zum Scheitern verurteilen. Wie man das Ergebnis dann nennt, ob "Kerneuropa"[229], "Europa der verschiedenen Geschwindigkeiten"[230] oder, um ein weiteres Bild für die abgestufte Integration der Mitgliedstaaten zu verwenden, vielleicht "Europa der konzentrischen Kreise"[231], ist nur eine Frage des Geschmacks. Sie alle beinhalten die Vermeidung des Fortschritts der Integration lediglich auf dem kleinsten gemeinsamen Nenner, was bei einer Währungsunion aller auf einmal geschehen würde. Gleichzeitig wird die Möglichkeit gewahrt, daß die Mitgliedstaaten die gemeinsame Währung zu einem späteren Zeitpunkt einführen, nämlich dann, wenn sie ihre wirtschaftlichen Daten denen der Staaten, die die gemeinsame Währung bereits eingeführt haben, so weit wie nötig angepaßt haben. Beziehen die Staats- und Regierungschefs bei ihren (zukünftigen) Entscheidungen, die dann gemäß Art. 109k Abs. 2 EGV ergehen müßten, diese Überlegungen mit ein, so wird es trotz

---

[225] So auch *Kortz*, RIW/AWD 1997, S. 357 ff. (365).

[226] Vgl. SZ vom 18.09.1996, S. 2; auf dem EU-Gipfeltreffen in Dublin vom 13./14.12. 1996 sind auch die Detailfragen des Paktes geklärt worden, vgl. Handelsblatt Nr. 244, v. 17.12.96, S. 8.

[227] Presidency Conclusions - Amsterdam 16 and 17 June 1997, S. 5.

[228] VO Nr. 1466/97 vom 7.7. 1997, ABl.EG Nr. L 209, v. 2.8.1997, S. 1 ff.,VO Nr. 1467/ 97 vom 7.7. 1997, ABl.EG Nr. L 209, v. 2.8.1997, S. 6 ff.; Entschließung 97/C 236/01 vom 17.6.1997 , ABl.EG Nr. C 236, v. 2.8.1997, S. 1 ff.

[229] *Wolfgang Schäuble*, Handelsblatt v. 15.05.1996, S. B 37. Ob allerdings bei einer Währungsunion mit 11 Teilnehmern von insgesamt 15 potentiellen Kandidaten noch von einem "Kerneuropa" gesprochen werden kann, mag zweifelhaft erscheinen.

[230] *Herr*, in: Thomasberger (Hrsg.), S. 199 ff. (215).

[231] *Tietmeyer*, in: FS für Everling, Bd. II, S. 1575 ff. (1583).

der fehlenden normativen Verbindlichkeit der Konvergenzkriterien zu einer faktischen Verbindlichkeit kommen, resultierend aus der Einsicht in die Notwendigkeit, daß ohne eine solche Verbindlichkeit die Entscheidung über die Teilnehmerstaaten der gemeinsamen Währung ausschließlich auf politischen Erwägungen beruhte, wobei alle oben genannten Problemstellungen zu berücksichtigen wären.

b) Der Zusammenhang der "Konvergenzpolitiken" mit anderen staatlichen Politiken - Finanzen, Wirtschaft, Tarife

Wenn die Konvergenzkriterien als zu wenig aussagekräftig und zur Bestimmung der wirtschaftlichen Leistungsfähigkeit eines Landes nicht oder nur sehr eingeschränkt geeignet angesehen werden, dann geschieht dies in erster Linie deshalb, weil wichtige Bereiche der nationalen Wirtschaftspolitik nicht in die Konvergenzberechnung mit einfließen. Zu diesen Bereichen gehören die Finanz-, die Wirtschafts- und die Tarifpolitik. Diese Nicht-Einbeziehung ist Ausdruck der gespaltenen Kompetenzen auf diesen Gebieten. Die wirtschaftspolitische Zuständigkeit verbleibt nach dem EG-Vertrag bei den Mitgliedstaaten und zwar sowohl hinsichtlich ihrer Zielbestimmungen als auch hinsichtlich deren Durchführung. Dabei wird den Mitgliedstaaten durch Art. 102a und 103 EGV lediglich auferlegt, ihre Wirtschaftspolitik so auszurichten, daß sie den Zielen der Gemeinschaft im Sinne des Art. 2 EGV nicht zuwiderläuft und daß sie, die Mitgliedstaaten, ihre Wirtschaftspolitik als Angelegenheit von gemeinsamem Interesse betrachten. Dies bedeutet, daß sie sie dementsprechend im Rat koordinieren.

Diese Aufspaltung trifft auf erhebliche Bedenken, da die Währungs- und Preisstabilität eben nicht ausschließlich auf der Währungspolitik beruhen, sondern vor allem durch die oben genannten - nationalen - Politiken mitbestimmt werden[232]. In jedem Fall hängt die Funktionsfähigkeit einer Währungsunion aber entscheidend von einem sowohl währungs- als auch wirtschaftspolitischen Konsens der beteiligten Staaten in Richtung auf die Bildung einer Stabilitätsgemeinschaft ab[233]. Maßgeblicher Punkt der Überlegungen der Herren der Verträge bei der Entscheidung über die Einführung der kompetentiellen Aufspaltung zwischen Wirtschafts- und Währungspolitik ist die Tatsache, daß eine effektive Wirtschaftspolitik nur dann gestaltet werden kann, wenn der diese Politik Verantwortende über einen dominanten Haushalt und eine umfassende Steuerhoheit verfügt[234]. In den Mitgliedstaaten wäre eine solche Aufspaltung undenkbar; Wirtschafts- und Währungspolitik werden zwar von unterschiedlichen Organen verantwortet, jedoch befinden sie sich immer - auch im Bundesstaat[235] - auf einer staatlichen Ebene.

---

[232] *Koenig*, EuZW 1993, S. 661 ff. (663); *Kuschnick*, DZWir 1997, S. 315 ff. (316); *Horn*, ZBB 1997, S. 314 ff. (319) spricht gar von einem grundlegenden Konstruktionsfehler der Europäischen Währungsunion.

[233] *Seidel*, in: FS für Börner, S. 417 ff. (425).

[234] *Stern*, in: FS für Everling, Bd. II, S. 1469 ff. (1472).

[235] In der Bundesrepublik Deutschland ist die Währungskompetenz niedergelegt in Art. 73 Nr. 4 GG und die Wirtschaftskompetenz auf mehrere Nummern in Art. 74 GG verteilt.

Die hierzu erforderliche Übertragung von umfassenden Hoheitsrechten der Mitgliedstaaten auf die Gemeinschaft ist jedoch zum Zeitpunkt des Abschlusses des Vertrages von Maastricht nicht erreichbar gewesen, wäre doch damit die Staatlichkeit der Mitgliedstaaten ganz erheblich in Frage gestellt worden[236]. Wie wenig der Gemeinschaft auf diesem Gebiet übertragen wurde, zeigt deutlich ein Vergleich mit den USA, deren Form des Staatszusammenschlusses bereits häufiger auch für Europa ins Gespräch gebracht wurde. Dort werden über 20% der Einnahmen der Einzelstaaten durch den Zentralstaat finanziert, Einzelstaaten und Zentralstaat finanzieren gemeinsam über ein Drittel der Einnahmen der lokalen Gebietskörperschaften und über den Zentralstaat gesteuerte zwischenstaatliche Transfers machen in den USA ca. 2% des gesamten Bruttoinlandsproduktes aus. Demgegenüber betragen die von den Mitgliedstaaten an den Zentralhaushalt der Europäischen Gemeinschaft abzuführenden Gelder, die sog. Eigenmittel der Gemeinschaft, nur 1,24%[237] des Bruttosozialproduktes aller Mitgliedstaaten zusammen[238].

Im Hinblick auf die nationalen Politiken ist es vor allem die Lohnpolitik, die ganz erheblichen Einfluß auf die Chancen der Mitgliedstaaten nehmen kann, die Konvergenzkriterien zu erfüllen[239]. Mit gewisser faktischer Berechtigung heißt es in einem Schlagwort der Gewerkschaften "Tarifrecht bricht Haushaltsrecht"[240]. Das Fehlen der Lohnpolitik bzw. ihre Nichtbeachtung in den Konvergenzkriterien wird denn auch am meisten kritisiert[241]. Probleme ergeben sich hieraus vor allem für solche Staaten, die das Kriterium der stabilen öffentlichen Finanzlage nur durch eine streng sparsame Haushaltspolitik schaffen werden mit der Folge, daß weniger Geld für staatliche Investitionen vorhanden ist, ebenso wie der Abbau ganzer sozialer Systeme, etwa in Frankreich[242], aber auch in Deutschland, wo seit

Wenn es sich auch bei der Wirtschaftskompetenz somit um eine konkurrierende Kompetenz handelt, so ist doch festzuhalten, daß der Bund hier von seiner Kompetenz umfassend Gebrauch macht, vgl. *Schmidt-Bleibtreu*, in: Schmidt-Bleibtreu/Klein, Komm. z. GG, Art. 74, Rn 28.

236 Vgl. *Horn*, ZBB 1997. S. 314 ff. (319).

237 Bis 1999 sollen die abzuführenden Eigenmittel der Mitgliedstaaten einen Umfang von 1,27% des BSP aller Mitgliedstaaten zusammen erreichen, vgl. Interinstitutionelle Vereinbarung vom 29.10.1993, ABl.EG 1993 Nr. C 331, S. 1 ff, ABl.EG 1994 Nr. C 395, S. 1 ff. Vgl. hierzu auch *Europäische Kommission* (Hrsg.) Die Finanzverfassung der Europäischen Union, S. 30 ff.

238 *Herr*, in: Thomasberger (Hrsg.), S. 199 ff. (213).

239 Auf Gefährdungen der Stabilitätsanstrengungen der einzelnen Mitgliedstaaten durch eine verfehlte Lohnpolitik weisen auch *Horn*, ZBB 1997, S. 314 ff. (319) und *Kuschnick*, DZWir 1997, S. 315 ff. (317) hin.

240 *Kluncker*, H., zit. nach *Gaude*, in: Dickertmann, Lehmann (Hrsg.), S. 5.

241 *Emmerich-Fritsche,* EWS 1996, S. 77 ff. (78); *Steindorff*, EuZW 1996, S. 6 ff. (6); Manifest der 60 Ökonomen gegen Maastricht, in: *Hrbek* (Hrsg.) 1993, S. 159.

242 Dort fehlen dem Staatshaushalt umgerechnet ca. 50 Mrd. DM, um die Staatsschulden zu tilgen, die das nicht mehr tragbare Sozialsystem verursacht hat, vgl. Handelsblatt.

Mitte 1995 verschärft über eine mehr oder weniger rigorose Kürzung im Sozialsystem nachgedacht wird. Gerade die erstgenannten Staaten sehen sich nach solchen Phasen strenger Sparsamkeit als erste dem innenpolitischen Druck ausgesetzt, der sowohl von den Unternehmern, die wieder mehr staatliches Investitionsengagement fordern, als auch von den Arbeitnehmern kommt, die bei weniger Produktivität der Unternehmen weniger Lohn einfordern können. Im Extremfall sind sogar möglicherweise Entlassungen hinzunehmen, die jedoch in nicht mehr ausreichendem Maße durch die ebenfalls überlasteten sozialen Sicherungssysteme aufgefangen werden können.

Die Folge der Erkenntnis dieser Gefahren war zunächst eine Lohnpolitik der Gewerkschaften, die in erster Linie darauf abzielte, keine realen Lohneinbußen hinzunehmen. Die zunehmende Verschlechterung der wirtschaftlichen Lage infolge der Krisen 1991 und 1993 zwang die Gewerkschaften jedoch, auch hiervon Abschied zu nehmen und eine Politik zu betreiben, die auf maßvolle Lohnabschlüsse, gekoppelt mit Beschäftigungsgarantien gerichtet war. Da aber Beschäftigungsgarantien noch keine neuen Arbeitsplätze schaffen, sind hier weitere Anstrengungen erforderlich. So stellt die Kommission der EG fest, daß zur Erreichung des Zieles der Halbierung der Arbeitslosenzahlen (derzeit 18 Mio. in der Gemeinschaft) bis zum Ende des Jahrhunderts 15 Mio. neue Arbeitsplätze erforderlich seien. Dies sei nur möglich, wenn die Lohnpolitik eine Verbesserung der Kapitalrentabilität zulasse[243]. Dies aber heißt nichts anderes, als langsameres Wachstum der Reallöhne im Verhältnis zur Produktivität, denn, wie die 80er Jahre zeigen, ist der wirksamste Weg zur Erhöhung der Rentabilität der Investitionen ein maßvoller Lohntrend[244].

Hieran wird deutlich, welche sozialpolitischen Konsequenzen aus der Einführung der einheitlichen Währung resultieren können, wenn die Staaten gezwungen werden, zur Erfüllung der Kriterien tiefe Einschnitte in die bisher bestehenden sozialen Systeme vorzunehmen. Sind dann weitere Einsparungen nicht mehr möglich und wird der Mitgliedstaat entgegen seiner Verpflichtung, ein übermäßiges Defizit zu vermeiden[245], durch innenpolitischen Druck veranlaßt, seine Sozialausgaben zu Lasten der Defizitobergrenze auszuweiten, so kann er in dieser Situation nicht mehr auf die nationalen Instrumente zurückgreifen, sondern ist an die Währungspolitik der EZB gebunden. Da diese dem Primat der Preisstabilität verpflichtet ist (Art. 105 Abs. 1, S. 1 EGV), kann sie zur Stützung des betroffenen Staates auch keine inflationistische Geldpolitik betreiben. Die eintretende Überschuldung des Mitgliedstaates, der hier bereits die gemeinsame Währung eingeführt hat, mit allen Konsequenzen, die die internationalen Kapitalmärkte in Form von Kapitalabzug und höheren Risikoprämien daraus ziehen, sind im dritten Kapitel Gegenstand vertiefter Betrachtung.

15.5.1996, S. 44.

[243] Kommission der EG, Weißbuch 1993, Teil A, S. 12.

[244] *Busch*, Europäische Integration und Tarifpolitik, S. 196.

[245] Vgl. Art. 104c Abs. 1 EGV.

Ein weiteres ist hierbei zu bedenken. Bei der Einführung einer einheitlichen Währung in den Teilnehmerstaaten werden auch Unterschiede in den nationalen Lohnniveaus offensichtlicher. In den Bestrebungen nach einer gemeinschaftsweiten Gewerkschaftspolitik kann dies dazu führen, daß auch übernational einheitliche Lohnentwicklungen gefordert werden, denn es dürfte den Mitgliedern nur schwer begreiflich zu machen sein, warum für die gleiche Arbeit unterschiedliche Löhne gezahlt werden. Hier nun ergeben sich zwei Möglichkeiten. Die erste Möglichkeit besteht darin, daß die Gewerkschaften sich dem Druck ihrer Mitglieder beugen und zu einer einheitlichen Lohnforderung tendieren. Die Konsequenz hieraus wäre ein erheblicher Verlust bei den Arbeitnehmern der Hochlohnländer, denn in diesem Szenario würde das Land mit den niedrigsten Kosten den Ton angeben, da die dortige Wirtschaft Lohnforderungen wie in den erstgenannten Ländern überhaupt nicht verkraften könnte, die hohen Löhne sich vielmehr in den Preisen widerspiegeln würden und damit eine inflationäre Entwicklung begänne, die sehr schnell zu einem Bruch mit den Konvergenzkriterien führte.

Die zweite Möglichkeit besteht darin, daß die Arbeitnehmer bei differenzierten Lohnabschlüssen in den einzelnen Regionen dorthin migrieren - eine entsprechende Nachfrage vorausgesetzt -, wo sie mehr Lohn für ihre Arbeit bekommen. Die Folge hiervon ist eine fortschreitende Peripherisierung der Randgebiete der Gemeinschaft und eine entsprechende Metropolisierung der Zentren, was zu einem kontinuierlichen Abwärtstrend führte, da die peripheren Gebiete infolge der Abwanderung immer weniger Unternehmen immer weniger gute Angebote bezüglich Infrastruktur und ähnlichem machen können, was zu einem Ausbleiben neuer und einer Abwanderung alter Unternehmen führt. Voraussetzung für dieses Szenario ist allerdings eine hohe Mobilität des Faktors Mensch, die jedoch zum gegenwärtigen Zeitpunkt in der Gemeinschaft aufgrund sprachlicher und kultureller Barrieren nicht oder nur sehr eingeschränkt gegeben ist[246].

Ist somit das erste Szenario wahrscheinlicher, so ist zu konstatieren, daß in bezug auf die Lohnentwicklung das Fehlen des Wechselkurses zum Ausgleich regional unterschiedlicher Lohnniveaus und zum Schutz weniger entwickelter Regionen sich erheblich bemerkbar machen und zu starken wirtschaftlichen Spannungen führen kann. Um diese Spannungen zu vermeiden, müßten die Gewerkschaften, um den Erfolg der Konvergenzpolitik der einzelnen Länder und damit den Erfolg der Währungsunion überhaupt nicht zu gefährden, eine Lohnpolitik betreiben, die das Wachstum der Kapitalrentabilität in den einzelnen Regionen und auch entsprechend den ökonomischen Anforderungen der einzelnen Regionen berücksichtigen. Dies läßt sich am besten realisieren durch regional gestaffelte Lohnabschlüsse unterhalb der jeweiligen Produktivitätsrate. Die Frage, ob ein zusätzliches Kriterium der (relativen) Vollbeschäftigung[247] diese Probleme in den Griff bekommen hätte, ist müßig, da es ein solches Kriterium nicht gibt und auch nicht geben wird. Die Staats- und Regierungschefs haben sich auf der Revisionskon-

---

[246] Vgl. hierzu *Herr*, in: Thomasberger (Hrsg.), S. 199 ff. (210 ff.).

[247] Vgl. *Steindorff*, EuZW 1996, S. 6 ff. (7).

ferenz zu den Maastrichter Verträgen (Maastricht II), die im März 1996 begonnen hat und im Juni 1997 in Amsterdam abgeschlossen wurde, nicht zur Einführung eines solchen Kriteriums bewegen lassen. Betrachtet man die Arbeitslosenquoten in den Mitgliedstaaten, so dürfte sich danach kaum ein Land für die dritte Stufe qualifizier haben[248].

Es ist jedoch durchaus fraglich, ob es denn tatsächlich zu einer recht abrupten Anpassung der Löhne kommt, wie hier teilweise befürchtet wird. Das in diesem Zusammenhang angeführte Beispiel der deutschen Vereinigung ist nur bedingt vergleichbar, schließlich sind die Tarifverhandlungen in den neuen Bundesländern letztlich von den Westgewerkschaften sowie von Arbeitgebern treuhandeigener Betriebe geführt worden. Auch wenn es seitens der nationalen Gewerkschaften Bestrebungen dahingehend gibt, eine engere Zusammenarbeit auf europäischer Ebene zu erreichen, um die eigene Verhandlungsposition zu stärken, so wird es doch so schnell keine einheitlichen Gewerkschaften für die verschiedenen Branchen in den Mitgliedstaaten geben. Unter normalen Umständen, d.h. bestehen bleibenden nationalen Gewerkschaften, ist eine rasche Lohnangleichung jedoch nicht anzunehmen, wie das (mit der europäischen Situation schon eher vergleichbare) Beispiel der Vereinigten Staaten von Amerika zeigt. So sind dort Lohnunterschiede auf Staaten bezogen von über 40% und auf Regionen bezogen sogar von mehr als 60% keine Unmöglichkeit.

Daß ein solches Szenario für Europa wahrscheinlicher ist als das der deutschen Vereinigung ergibt sich aus der Überlegung, daß, solange die Wechselkurse noch anpassungsfähig sind, die Tarifpartner darauf bauen können, daß übermäßige Tarifvereinbarungen durch die Möglichkeit der Realignments wieder ausgeglichen werden. In einer Währungsunion ließe sich dies nicht mehr bewerkstelligen, Korrekturen an unverhältnismäßigen Tarifabschlüssen sind dann nur noch durch sehr viel maßvollere Abschlüsse in den Folgejahren möglich. Eine derartige Schrumpfung der Lohnerwartung ist den Gewerkschaftsmitgliedern jedoch wohl noch schwieriger nahezubringen als eine von vornherein maßvolle Verhandlungsposition[249].

Nimmt der Staat bereits an der gemeinsamen Währung teil, so wird die Gemeinschaft - trotz aller gegenteiligen Beteuerungen und auch vertraglicher Festlegungen in Art. 104b EGV, wo ein Verbot des sogenannten "bail-out" (i.e. das Einspringen der Gemeinschaft für den überschuldeten Mitgliedstaat) niedergelegt ist - nicht umhin kommen, diesen Staat mit allen denkbaren finanziellen Mitteln zu

[248] Immerhin ist auf dem Amsterdamer Gipfel ein neuer Titel VIa in den EG-Vertrag eingefügt worden, der sich mit der Beschäftigung befaßt. Hierin betrachten die Mitgliedstaaten die Förderung der Beschäftigung als Angelegenheit von allgemeinem Interesse (Art. 109o Abs. 2 EGV NF), was jedoch weit entfernt davon ist, zu einem "Arbeitsmarktkriterium" für die Währungsunion zu werden, vgl. Konferenz der Vertreter der Regierungen der Mitgliedstaaten, Dok CONF 4004/97, S. TA7d 54.

[249] *Bofinger*, in: Hrbek, (Hrsg.), Der Vertrag von Maastricht..., S. 77 ff. (83).

unterstützen. Die Sanktionsmaßnahmen für Mitgliedstaaten, die sich in Haushaltsschwierigkeiten befinden, sind dann, wenn sie nicht greifen, d.h. keine Verbesserung nach sich ziehen, nicht ad infinitum fortzuführen, vielleicht gar zu steigern, sondern vielmehr sofort abzusetzen, um den ohnehin schon belasteten Haushalt nicht noch weiter unter Druck zu setzen. Denn durch die Einheitswährung schlagen einerseits schlechte Entwicklungen in einer Region auf die gesamte Gemeinschaft zurück und andererseits ist ein Ausschluß aus der dritten Stufe vertraglich nicht vorgesehen[250] und auch praktisch gar nicht durchführbar. Der ausgeschlossene Staat müßte in dem Fall eine eigene Währung wieder einführen, die international anerkannt werden müßte, ganz abgesehen von den dabei auftauchenden institutionellen Problemen. Die verschiedenen Fonds der Gemeinschaft zur Unterstützung schwächerer Regionen, einschließlich des neu geschaffenen Kohäsionsfonds, könnten einen solchen Trend ebenfalls nicht aufhalten, da ihre Mittel dazu nicht umfangreich genug sind[251]. Hierauf wird später noch einmal zurückzukommen sein.

2. Der institutionelle Aufbau beim Eintritt in die dritte Stufe

Der Eintritt in die dritte Stufe der Wirtschafts- und Währungsunion wird begleitet von institutionellen Änderungen im Rahmen der EG. Als neue Institutionen entstehen unmittelbar nach dem gemäß Art. 109j Abs. 3 EGV gefaßten Beschluß über den Zeitpunkt für den Beginn der dritten Stufe bzw. unmittelbar nach dem 1. Juli 1998 (Art. 109l Abs. 1 EGV) das ESZB und die EZB. Sie gehen hervor aus dem Europäischen Währungsinstitut (EWI), das die institutionelle Neuerung der zweiten Stufe darstellte (Art. 109f EGV). Aufgaben und Befugnisse des EWI finden sich in Art. 109f Abs. 2 - 9 EGV[252]. Die EZB tritt gemäß Art. 109l Abs. 2 EGV an die Stelle des EWI, dieses wird liquidiert. ESZB und EZB nehmen ab dem ersten Tag der dritten Stufe (entsprechend Art. 109j Abs. 4 EGV am 1.1. 1999) ihre Befugnisse in vollem Umfang wahr, Art. 109l Abs. 1 EGV a.E. Auf das ESZB und die EZB soll nun näher eingegangen werden.

a) Das ESZB / Die EZB

Das Europäische System der Zentralbanken (ESZB) hat als vorrangige Zielsetzung die Wahrung der Preisstabilität. Nur soweit dieses Ziel damit in Einklang zu

---

[250] Möglich wäre hier lediglich ein Rückgriff auf das Völkerrecht und hier auf Art. 60 Abs. 2 WVK als ultima ratio. Nach dem Inkrafttreten des Amsterdamer Vertrages sieht dessen Art. 7 die Suspendierung von Mitgliedschaftsrechten im Falle nachhaltigen Vertragsbruches vor. Vgl. dazu *Pechstein/Koenig*, Rn. 485 ff. sowie *Thinam-Jakob*, S. 182 f., die in Ausnahmesituationen ebenfalls den Rückgriff auf Art. 60 WVK für zulässig erachtet.

[251] *Gaude*, in: Dickermann, Lehmann (Hrsg.), S. 14.

[252] Vgl. näher dazu: *Knappe*, Die Bank, 1996, S. 376 ff. (377 ff.); *Goos*, WM 1996, S. 1293 ff. (1293).

bringen ist, soll das ESZB auch die Wirtschaftspolitik der Gemeinschaft unterstützen (Art. 105 Abs. 1 EGV). Hierbei ist zu beachten, daß es sich bei der Wirtschaftspolitik der Gemeinschaft laut EG-Vertrag lediglich um eine Koordinierung der in mitgliedstaatlicher Kompetenz verbleibenden nationalen Wirtschaftspolitiken handelt (Art. 102a, 103 EGV). Zur Erreichung des Ziels der Wahrung der Preisstabilität sind dem ESZB vier grundlegende Aufgaben übertragen worden, die es ihm ermöglichen sollen, der währungspolitische Hüter der Wirtschafts- und Währungsunion zu werden. Diese Aufgaben bestehen darin, die Geldpolitik der Gemeinschaft festzulegen und auszuführen, Devisengeschäfte im Einklang mit Art. 109 EGV durchzuführen, d.h. entsprechend den Wechselkursfestlegungen, die vom Rat getroffen werden, die offiziellen Währungsreserven der Mitgliedstaaten zu halten und zu verwalten sowie das reibungslose Funktionieren der Zahlungssysteme zu fördern (Art. 105 Abs. 2 EGV).

Strukturell ist das ESZB als Dachorganisation von EZB und nationalen Notenbanken anzusehen[253]. Die "Mitglieder" des ESZB sind in ihren Kompetenzen jedoch nicht gleichberechtigt, vielmehr sind die nationalen Notenbanken vom EZB weisungsabhängig (Art. 14.3 der Satzung des ESZB und der EZB)[254]. Dies gilt selbstverständlich nur für die Notenbanken der Staaten, die auch an der gemeinsamen Währung teilnehmen. Eine derartige Weisungsabhängigkeit war für die Deutsche Bundesbank und die Bundesregierung nur dann zu akzeptieren, wenn die EZB ihrerseits von Weisungen der EG-Organe völlig unabhängig sein würde. Zur Begründung wurde der anhaltende Erfolg der Deutschen Bundesbank und der Niederländischen Zentralbank angeführt, die selbst völlig unabhängig sind und eine an der Preisstabilität ausgerichtete Politik erfolgreich betrieben haben[255]. Entsprechend diesen Vorstellungen wurde in Art. 107 EGV die Unabhängigkeit der EZB einschließlich aller nationalen Notenbanken festgeschrieben[256].

Letzteres ist um so erstaunlicher, als es nur die beiden oben genannten Staaten waren, die bereits Erfahrungen mit unabhängigen Notenbanken hatten. In allen anderen Staaten ist, bzw. war die Notenbank entweder weisungsabhängig oder sogar Teil der Regierung. Bis zur Errichtung des ESZB - diese liegt vor dem Eintritt in die dritte Stufe, nämlich unmittelbar nachdem der Beschluß über die Teilnehmerstaaten der gemeinsamen Währung gefaßt wurde, spätestens aber unmittelbar nach dem 1.7. 1998 (Art. 109l Abs. 1 EGV) - müssen daher alle anderen Staaten die Unabhängigkeit ihrer Notenbanken und deren Mitglieder gesetzlich festschreiben. Bis zu diesem Zeitpunkt mußten auch alle anderen rechtlichen Fragen im Zusammenhang mit der jeweiligen nationalen Notenbank und dem Normensystem

[253] Zum intraorganisatorischen Aufbau des ESZB siehe *Koenig/Pechstein*, Die Europäische Union, 1. Aufl., Kap. 7, Rn 26 f.

[254] 3. Protokoll zum Vertrag über die Europäische Union über die Satzung des Europäischen Systems der Zentralbanken und der Europäischen Zentralbank, BGBl. 1992 II, S. 1297 ff.

[255] *Häde*, EuZW 1992, S. 171 ff. (174).

[256] Vgl. hierzu *Wahlig*, in: FS für Hugo J. Hahn, S. 265 ff. (266 ff.).

des ESZB geklärt sein, Art. 109e Abs. 5 i.V.m. Art. 108 EGV[257]. Unmittelbar nach der Errichtung der EZB übernimmt diese erforderlichenfalls die Aufgaben des EWI, das gemäß Art. 109l Abs. 2 EGV liquidiert wird. Seine eigenen Befugnisse nimmt das ESZB erst mit dem ersten Tag der dritten Stufe vollumfänglich wahr, Art. 109l Abs. 1 EGV a.E.

Die EZB ist gemäß Art. 105a Abs. 1, S. 1 EGV ausschließlich zuständig für die Ausgabe von Banknoten innerhalb der Gemeinschaft zu genehmigen. Damit steuert sie effektiv die gesamte Bargeldumlaufmenge in den an der gemeinsamen Währung teilnehmenden Staaten. Gemäß Art. 105a Abs. 1, S. 2 EGV sind neben der EZB auch die nationalen Notenbanken zur Ausgabe von Banknoten berechtigt - aber eben nur so weit, wie die EZB es genehmigt hat. Die EZB hat dadurch die Möglichkeit, Fehlentwicklungen hier schnell und nur an ihrem Primat - der Wahrung der Preisstabilität - orientiert zu korrigieren. Aus der Entscheidung, der EZB die alleinige Kompetenz zur Bestimmung und Regulierung der Bargeldumlaufmenge zu übertragen, ergibt sich möglicherweise ein erhebliches Konfliktpotential zwischen dem am Ziel der Preisstabilität ausgerichteten ESZB und der wirtschaftspolitischen Ausrichtung des Rates der EG[258]. Mit der Kompetenz zur Steuerung der innergemeinschaftlichen Bargeldmenge gehen weitere währungs- und geldpolitische Instrumente einher, die der EZB in der ESZB-Satzung zugestanden sind. Ob in diesen Politiken weiterhin so verfahren wird, wie es bisher in Deutschland unter der Deutschen Bundesbank der Fall war (v.a. Nichtverzinsung der Mindestreserven), ist der ESZB-Satzung nicht eindeutig zu entnehmen (vgl. dort Art. 19). Dagegen sprechen in erster Linie Wettbewerbsgründe, wie sich schon heute im Verhältnis des Finanzplatzes Deutschland zu anderen europäischen Plätzen zeigt[259]. Von Nachteil sind hierbei insbesondere die zusätzlichen Kosten, die die mindestreservepflichtigen Banken im Verhältnis zu den Kreditinstituten haben, die dieser Pflicht nicht unterliegen. Hinzu kommen die für den einzuzahlenden Betrag nicht gewährten (marktüblichen) Zinsen, wie dies in Deutschland der Fall ist.

Deutlich wird das Konfliktpotential zwischen der EZB und dem EG-Rat in Art. 103 EGV und speziell in dessen Absätzen 3 und 4. Es überwacht hiernach der Rat die wirtschaftliche Entwicklung in den Mitgliedstaaten, die in Übereinstimmung mit den nach Absatz 2 derselben Vorschrift entwickelten Grundzügen der mitgliedstaatlichen Wirtschaftspolitik stehen müssen. Ergeben sich hier Differenzen, so kann der Rat gemäß Absatz 4 mit qualifizierter Mehrheit Empfehlungen zwecks Sanierung der Wirtschaft an den jeweiligen Mitgliedstaat richten. Haben diese Empfehlungen eine restriktive Haushaltspolitik des Mitgliedstaates zum Inhalt und gehört dieser Staat bereits zu den Mitgliedstaaten, die die gemeinsame

[257] In Deutschland ist dies erfolgt durch das 6. BBankÄndG v. 22.12.1997, BGBl. I 1997, S. 3274 f.

[258] Diesen möglichen Konflikt sieht auch *Gleske*, in: Gramlich/Weber/Zehetner, S. 99 ff. (112).

[259] *Knappe*, Die Bank 1996, S. 376 ff. (377 f.).

Währung eingeführt haben, so können derartige Äußerungen des Rates gerade in der Anfangszeit erhebliche Bewegungen auf den internationalen Kapitalmärkten zum Nachteil der Staaten mit einheitlicher Währung hervorrufen, zumal der Rat auf Vorschlag der Kommission beschließen kann, diese Empfehlungen zu veröffentlichen. Die Folge dürfte ein Rückzug des internationalen Kapitals aus den Eurostaaten sein.

Zwar ist der betroffene Mitgliedstaat an die Empfehlungen rechtlich nicht gebunden, vgl. Art. 189 EGV, da er jedoch - wie hier angenommen - zu den Staaten gehört, die die gemeinsame Währung bereits eingeführt haben, unterliegt er dem Überwachungsverfahren des Art. 104c EGV. Nach dieser Vorschrift führt die beharrliche Mißachtung einer Empfehlung des Rates durch einen Mitgliedstaat zum Eintritt in den Sanktionenmechanismus. Diese Konsequenz vor Augen wird der betreffende Mitgliedstaat nach Möglichkeit den Empfehlungen des Rates nachkommen, was bedeutet, daß den Empfehlungen des Rates immerhin faktische Verbindlichkeit zukommt: Der Staat kann zwar nicht vor dem EuGH verklagt werden, doch drohen ihm teils empfindliche Sanktionen, wenn er sein Verhalten nicht ändert.

Dies aber hat erheblichen Einfluß auf die Währungspolitik der EZB. Um einen Kapitalabfluß aus den Eurostaaten zu verhindern, muß die EZB mit ihrer Geldpolitik bei den Geschäftsbanken darauf hinwirken, daß diese den Kapitalanlegern verbesserte Angebote machen und so diese dazu bewegen, ihr Kapital innerhalb der Eurostaaten zu belassen. Für die EZB bedeutet dies, daß sie das von ihr zur Verfügung gestellte Zentralbankgeld verteuern, d.h. die Zinsen erhöhen muß, da die Geschäftsbanken bei abfließendem Kapital zur Refinanzierung vermehrt auf billigeres Zentralbankgeld zurückgreifen. Erforderlich ist mithin eine Leitzinsanpassung (Art. 12.1 S. 2 ESZB-Satzung). Eine Zinserhöhung seitens der EZB führt dazu, daß den Geschäftsbanken diese Refinanzierungsquelle abgeschnitten wird. Die Leitzinsen der Zentralbank müssen dabei ein solches Niveau erreichen, daß es für die Geschäftsbanken günstiger ist, ihrerseits die angebotenen Zinsen für Geldanlagen zu erhöhen, um privates Anlagekapital zum Zwecke der Refinanzierung nutzen zu können. Um Fremdkapital zu halten, müßte sich die Geldpolitik der EZB somit in einer Zinserhöhung der Geschäftsbanken für Kapitalanlagen niederschlagen. Ließe sich die auf Seiten der EZB damit verbundene Leitzinserhöhung nicht mit den geldpolitischen Zielsetzungen der EZB vereinbaren, dann bliebe, um einem Kapitalabfluß entgegenzuwirken, nur die Möglichkeit, das Geld insgesamt, d.h. den Euro im Verhältnis zu anderen Währungen, billiger zu machen. Dies aber bedeutete eine Wechselkursanpassung.

Eine solche neuerliche Wechselkursanpassung gleich nach der Festlegung der Umrechnungskurse zu Beginn der dritten Stufe der Wirtschafts- und Währungsunion gemäß Art. 109l Abs. 4 EGV gegenüber den Mitgliedstaaten, für die gemäß Art. 109k EGV eine Ausnahmeregelung gilt, wäre aber dem Vertrauen in die Stabilität der Gemeinschaftswährung nicht zuträglich. Auch müßte diese Anpassung entsprechend den Regelungen des EWS II im Einvernehmen zwischen den EcoFin-Ministern der Eurostaaten, der EZB und den EcoFin-Ministern sowie den Zentralbankpräsidenten der EG-Staaten, für die eine Ausnahmeregelung gilt, getroffen werden[260]. Im Verhältnis zu Drittstaaten, zu denen ein solches förmlich vereinbartes Wechselkurssystem wie das EWS II nicht besteht, könnte zwar die EZB gemäß Art. 109 Abs. 2 EGV die Anpassung vornehmen, die Konsequenzen für den Vertrauensbildungsprozeß wären jedoch identisch. Gleiches gälte für die oben beschriebene Zinspolitik der EZB, die die Geschäftsbanken veranlaßte, Kapitalanlegern hohe Zinsen zu gewähren, um einen Kapitalabfluß zu vermeiden oder zumindest zu reduzieren. Hiermit ließe sich allenfalls kurzfristiges Spekulationskapital aus Drittstaaten an die gemeinsame Währung binden, nicht jedoch langfristiges Investitionskapital.

Zu bedenken ist hierbei, daß die Leitzinsen für ein einheitliches Gebiet auch nur einheitlich festgelegt werden können. Dies bedeutet, daß die im ESZB zusammengeschlossenen nationalen Zentralbanken im Verhältnis zueinander keinen großen Spielraum in der Zinsgestaltung haben[261], so daß das sich in Schwierigkeiten befindende Gebiet wiederum keinen Vorteil gegenüber den anderen hätte. Auch ist zu berücksichtigen, daß gemäß Art. 32.5 ESZB-Satzung die Zinsgewinne, die eine nationale Zentralbank erwirtschaftet, nicht ihr allein zur Verfügung stehen, sondern - Ausdruck der Zugehörigkeit der nationalen Zentralbank zu einem übergeordneten System - zunächst mit den Gewinnen der anderen Zentralbanken zusammengelegt und dann entsprechend den Anteilen der Notenbanken am EZB-Kapital (gemäß Art. 28.2 ESZB-Satzung) halten, wieder verteilt werden[262].

Eine derartige Fremdbestimmung der EZB-Politik wirft aber Probleme auf, sowohl hinsichtlich der Aufgabenzuteilung des Art. 105 Abs. 2 EGV, wo es heißt, daß die Festlegung der Geldpolitik dem ESZB obliegt, als auch mit der in Art. 107 EGV statuierten Unabhängigkeit[263] der EZB. Zweifel an der Durchsetzbarkeit der Unabhängigkeit der EZB sind auch in bezug auf andere Vorschriften angebracht, so etwa hinsichtlich Art. 105 Abs. 4 EGV. Dort heißt es im ersten Gedankenstrich, daß die EZB zu allen Vorschlägen für Rechtsakte der Gemeinschaft gehört wird, die im Zuständigkeitsbereich der EZB liegen. Dies bedeutet, daß Rat und Kommission der Gemeinschaft Rechtsakte erlassen könnten, die Berührungspunkte mit dem Zuständigkeitsbereich der EZB aufweisen, ohne diese Rechtsakte mit der EZB abzustimmen. Die bloße Anhörung besagt nicht, daß die Ansicht der EZB merklich in die Entscheidung von Rat und Kommission über den Rechtsakt einfließt. In die gleiche Richtung geht auch Art. 109 Abs. 1 EGV, wo der Rat

---

260 Presidency Conclusions - Amsterdam 16 and 17 June 1997, Annex II, S. 15 ff. (18).

261 *Potacs*, EuR 1993, S. 23 ff. (35).

262 Vgl. hierzu die Befürchtungen der Bundesbank, durch diese Praxis erhebliche Verluste hinnehmen zu müssen, Handelsblatt Nr. 147, v. 4.8.1997, S. 7.

263 S. dazu *Gleske*, in: FS für Hugo J. Hahn, S. 123 ff. (138); ebenfalls *Wahlig*, in: FS für Hugo J. Hahn, S. 265 ff. (268 f.).

lediglich im Bemühen um die Vereinbarkeit mit dem Ziel der Preisstabilität die Leitkurse innerhalb eines Wechselkurssystems mit einem Drittland festlegt.

Beide Vorschriften sprechen eher für die Annahme, daß dann, wenn es dem Rat opportun erscheint, die eigene wirtschaftspolitische Ausrichtung in den Vordergrund zu stellen, die EZB wenig dagegen unternehmen kann. Andererseits ist eine solche Zuständigkeitsverteilung jedoch kein Novum, denn auch in der Bundesrepublik fällt etwa die Kompetenz zur Festlegung des Wechselkurses gegenüber Drittstaaten gemäß Art. 73 Nr. 4 GG dem Bund zu und nicht der Bundesbank. Soweit ersichtlich, hat dies in Deutschland nicht zu stabilitätsgefährdenden Situationen geführt, auch wenn die Wechselkursfestlegung im Einzelfall einmal nicht mit den Wünschen der Bundesbank übereinstimmte[264].

Inwieweit hier Klagen der EZB vor dem EuGH - in diesem Zusammenhang etwa die Nichtigkeitsklage gemäß Art. 173 Abs. 3 EGV - zu einem die EZB zufriedenstellenden Ergebnis führen können, ist eingehender Untersuchung im dritten Teil vorbehalten. Hier gilt es dann die grundsätzliche Frage zu entscheiden, welcher Seite im konkreten Fall der Vorzug gegeben werden soll, wobei sich hier die Notwendigkeit einer Entscheidung dahingehend ergeben könnte, daß zu klären ist, ob die Wirtschaftspolitik des Rates oder die an Geldwertstabilität ausgerichtete Währungspolitik der EZB als vorrangig anzusehen ist - mit der möglichen Folge, daß die EZB über das Geld die Politik des Rates steuert.

b) Funktionsweise des ESZB und der EZB im internen Bereich

Das ESZB selbst ist ein nichtrechtsfähiger Zusammenschluß (argumentum e contrario Art. 106 Abs. 2 EGV)[265], bestehend aus der ihr angehörenden EZB und den nationalen Zentralbanken (Art. 106 Abs. 1 EGV). Als übergeordneter Organisation obliegt dem ESZB in erster Linie die Durchführung und Kontrolle seiner grundlegenden Aufgaben (Art. 105 Abs. 2 EGV) sowie deren Ausrichtung am alles bestimmenden Primat des ESZB - der Wahrung der Preisstabilität. In Ermangelung eigener Organe - Folge der Nichtrechtsfähigkeit des ESZB - wird das ESZB gemäß Art. 106 Abs. 3 EGV, Art. 8 ESZB-Satzung von den Organen der EZB[266] geleitet. Zu den dem ESZB im EG-Vertrag übertragenen Aufgaben kommt eine koordinierende Funktion bei der von den zuständigen Behörden durchgeführten Aufsicht über die Kreditinstitute und der von diesen zur Sicherung der Stabilität des Finanzsystems ergriffenen Maßnahmen (Art. 105 Abs. 5 EGV) hinzu.

---

264 So etwa die Kontroverse im Frühjahr 1981über Hochzinspolitik der Bundesbank einerseits und einer ECU-Anleihe der Regierung andererseits; Vgl. *Hahn*, BayVBl.1982, S. 70 ff. (73, in Fn. 171); dazu auch *Kaiser*, Bundesbankautonomie, S. 57 ff.

265 Vgl. auch *Seidel*, in: FS für Börner, S. 417 ff. (425); *Schill*, in: Lenz, EG-Komm., Art. 106 Rn. 2; *Hahn/Siebelt*, in: Dauses, F. I. Rn. 69, Fn. 276; *Brosius-Gersdorf*, S. 283; *Weber, M.*, WM 1998, S. 1465 ff. (1465).

266 Dazu sogleich.

Die die EZB leitenden Organe sind der EZB-Rat sowie das EZB-Direktorium[267]. Die Struktur dieser Organe ist in Art. 109a EGV niedergelegt. Danach besteht der Rat der EZB aus den Mitgliedern des EZB-Direktoriums sowie aus den Präsidenten der nationalen Notenbanken. Das EZB-Direktorium setzt sich gemäß Art. 109a Abs. 2 EGV aus dem Präsidenten der EZB, dem Vizepräsidenten sowie vier weiteren Mitgliedern zusammmen, wobei alle sechs von den Staats- und Regierungschefs einvernehmlich für die Dauer von acht Jahren ohne Wiederernennungsmöglichkeit eingesetzt werden. Ein in diesem Zusammenhang wiederholt diskutiertes Problem besteht darin, daß durch den Ausschluß der Wiederernennungsmöglichkeit zwar die vom EGV geforderte Unabhängigkeit der EZB-Organe für das Direktorium garantiert wird, dies jedoch nicht für die Präsidenten der nationalen Zentralbanken gilt[268].

Möglich erscheint hier, daß dieser Personenkreis auf die Wiederernennung spekuliert, was nur bei entsprechendem Wohlverhalten gegenüber ihren jeweiligen nationalen Regierungen erfolgversprechend ist, denn schließlich wird der Zentralbankpräsident zumindest in Deutschland gemäß § 7 Abs. 3 BBankG vom Bundespräsidenten auf Vorschlag der Bundesregierung ernannt. Ohne Zweifel ist dies eine bedeutende Schwachstelle im institutionellen System der dritten Stufe. Unter Umständen führt dies dazu, daß das Direktorium mehrheitlich von auf Wiederernennung bedachten EZB-Ratsmitgliedern umgeben ist, mit der Folge, daß das Direktorium als das lediglich geschäftsführende Organ des ESZB (Art. 11.6 ESZB-Satzung) eine Geldpolitik betreiben muß, die einem Entschluß des eigentlichen Entscheidungsorgans des ESZB, dem EZB-Rat, entspringt, der obendrein auch noch die zur Ausführung der Politik notwendigen Leitlinien erläßt (Art. 12.1 ESZB-Satzung).

Zusätzlich zu den beiden Organen Rat und Direktorium sehen der EG-Vertrag in Art. 109l Abs. 3 und die ESZB-Satzung in Art. 45 ff. noch ein weiteres Organ vor, solange es noch Mitgliedstaaten gibt, für die eine Ausnahmeregelung gemäß Art. 109k EGV gilt, d.h. für solche Mitgliedstaaten, die nicht gleich zu Beginn der dritten Stufe der Wirtschafts- und Währungsunion die gemeinsame Währung eingeführt haben. Dieser sogenannte Erweiterte Rat[269] besteht gemäß Art. 45.2 ESZB-Satzung aus dem Präsidenten und dem Vizepräsidenten der EZB sowie den Präsidenten *aller* nationalen Zentralbanken, im Unterschied zum EZB-Rat, dem selbstverständlich nur die Präsidenten der Zentralbanken derjenigen Staaten angehören, die die gemeinsame Währung bereits eingeführt haben. Die wichtigste Aufgabe des Erweiterten Rates ist wohl in seinem Beitrag zu den erforderlichen Vorarbeiten für jeweils die Währungen derjenigen Mitgliedstaaten, für die eine

---

267 *Weber, M.*, WM 1998, S. 1465 ff. (1466 f.).

268 Vgl. nur *Koenig/Pechstein*, Die Europäische Union, 1. Aufl., Kap. 7, Rn. 26; s. auch *Gleske*, in: FS für Hugo J. Hahn, S. 123 ff. (136).

269 S. dazu auch *Häde*, in: FS für Hugo J. Hahn, S. 141 ff. (149 f.); *Weber, M.*, WM 1998, S. 1465 ff. (1467).

Ausnahmeregelung gilt und die die gemeinsame Währung einführen sollen, zu sehen (Art. 47.3 ESZB- Satzung).

Als Ausdruck der den Positionen der nationalen Zentralbanken vorrangigen Stellung der EZB sind dieser im Rahmen des ESZB gemäß Art. 14.3 ESZB-Satzung Direktionsbefugnisse jenen gegenüber eingeräumt worden, die vor dem EuGH gemäß Art. 180 lit. d EGV gerichtlich durchgesetzt werden können. Nicht übersehen werden darf hierbei jedoch, daß der Aktivlegitimation der EZB nur eine Passivlegitimation der nationalen Zentralbanken gegenübersteht, nicht etwa die eines Mitgliedstaates. Dies bedeutet, daß Klagen der EZB gegen Mitgliedstaaten wegen Nichteinhaltung konvergenzadäquater Wirtschafts- und Haushaltspolitiken ausgeschlossen sind[270]. Nach wie vor steht die Einleitung eines solchen Vertragsverletzungsverfahrens nur der Kommission und den Mitgliedstaaten zu. Hinsichtlich der Haushaltslage ist eine Klage gegen einen Mitgliedstaat jedoch gemäß Art. 104c Abs. 10 EGV ausgeschlossen. Bei der Nichtigkeitsklage der EZB ihrerseits muß sie - wie das Europäische Parlament auch - die Verletzung eigener Rechte rügen; sie hat also nicht die umfassende Klagebefugnis wie die Organe und die Mitgliedstaaten. Mit dieser Klage gemäß Art. 173 EGV hätte sich die EZB an den EuGH zu wenden, wenn sie durch Handlungen des EG-Rates ihre eigenen Rechte verletzt sähe.

c) Die Deutsche Bundesbank im ESZB

Im Zusammenhang mit der Schaffung einer Europäischen Zentralbank und eines Systems der Europäischen Zentralbanken taucht in der Diskussion immer wieder die Frage danach auf, was nach der Tätigkeitsaufnahme dieser Institutionen aus der Deutschen Bundesbank wird und wie sie sich in dieses System einfügt. Am Ende der Entwicklung zur Wirtschafts- und Währungsunion steht zwangsläufig die Abschaffung der unabhängigen Bundesbank[271]. Da das Einfügen der Deutschen Bundesbank in das ESZB einhergeht mit der Anerkennung der "Oberhoheit" der EZB über die nationalen Notenbanken der teilnehmenden Staaten, war vor allem für die Bundesrepublik wichtig, daß die EZB dem Unabhängigkeitsvorbild der Bundesbank entspricht, wie dies im BBankG niedergelegt ist. Eine Entsprechungsklausel in dieser Hinsicht beinhaltet auch der Art. 88 S. 2 GG, der festlegt, daß die Befugnisse der Bundesbank zwar auf eine Europäische Zentralbank übertragen werden dürfen, jedoch nur unter der Voraussetzung, daß diese unabhängig und dem Ziel der Preisstabilität verpflichtet ist - beides Charakteristika der Deutschen Bundesbank. Beidem wird die EZB gerecht, teilweise deutlicher als es das BBankG vorgibt[272].

---

270 *Koenig*, EuZW 1993, S. 661 ff. (663).

271 *Weikart*, NVwZ 1993, S. 834 ff. (836).

272 *Gleske*, in: Gramlich/Weber/Zehetner, S. 99 ff. (111).

aa) Verbleibende Kompetenzen

Wenn oben gesagt worden ist, daß die unabhängige Bundesbank nach dem Eintritt in die dritte Stufe nicht mehr bestehen wird, so gilt dies nur für die währungspolitische Seite. In den internen und personellen Strukturen bleibt die Bundesbank durch den Maastricht-Vertrag unbeeinträchtigt. Lediglich der Zentralbankrat (bestehend aus dem Direktorium und den Landeszentralbankchefs) verliert seine geldpolitische Entscheidungskompetenz an den EZB-Rat. Hier wird die Bundesbank zum Weisungsempfänger des EZB-Direktoriums, wobei die EZB die nationalen Zentralbanken soweit dies möglich und sachgerecht erscheint gemäß Art. 12.1 ESZB-Satzung in Anspruch nimmt. Hierdurch ist gewährleistet, daß die nationalen Zentralbanken so intensiv wie möglich in die Umsetzung der zentral beschlossenen europäischen Geldpolitik einbezogen werden. Dies aber als Ausgestaltung des primärrechtlichen Subsidiaritätsprinzips (Art. 3b EGV) zu betrachten[273], erscheint zumindest fragwürdig, da die Geld- und Währungspolitik in ausschließlicher Zuständigkeit der Gemeinschaft wahrgenommen wird. Für die Geldpolitik ergibt sich dies explizit aus Art. 12.1. UAbs. 1 ESZB-Satzung. Die Inanspruchnahme der nationalen Zentralbanken zur Durchführung der gemeinschaftlichen Geldpolitik entspricht jedoch sowohl dem Vertragswortlaut - gemäß § 239 EGV gelten die Protokolle als Bestandteile des EG-Vertrages -, als auch den Anforderungen der Praxis, da eine zentrale Steuerung eines derart umfangreichen und mit so vielen potentiell gegensteuernden Privatbanken bestückten Währungsraumes kaum möglich sein dürfte. Selbst Devisenmarkteingriffe, so sie denn zulässig im Sinne der Art. 73a ff. EGV sind, könnten dezentralisiert von den nationalen Zentralbanken vorgenommen werden, nachdem die EZB einen solchen Schritt beschlossen hat.

Es bleiben somit die nationalen Zentralbanken eigene juristische Personen trotz der Einbindung in das ESZB mit Befugnissen nach dem jeweiligen mitgliedstaatlichen Recht[274]. Im Hinblick auf ihre Weisungsgebundenheit gegenüber der EZB sind die nationalen Zentralbanken dann mit den Landeszentralbanken entsprechend dem BBankG vergleichbar[275]. Unterschiede im Verhältnis zu den Landeszentralbanken ergeben sich für die nationalen Zentralbanken im ESZB vor allem daraus, daß der EZB-Rat oder das EZB-Direktorium nichts mit der Besetzung der leitenden Positionen in den nationalen Zentralbanken zu tun haben, im Gegensatz zum Zentralbankrat der Deutschen Bundesbank, der selbst in die Besetzung der Stelle des Vizepräsidenten einer Landeszentralbank mit einbezogen ist (vgl. § 8 Abs. 4, S. 3 BBankG). Es ist hierbei jedoch zu berücksichtigen, daß infolge des Vorrangs des Gemeinschaftsrechts sowie der Weisungsgebundenheit an die EZB

---

[273] So aber *Zeitler*, WM 1995, S. 1609 ff. (1612).

[274] Gegen eine Herauslösung der nationalen Zentralbanken aus der mitgliedstaatlichen Staatsorganisation, wie sie etwa von *Seidel*, EuR 1992, S. 125 ff. (138) und *Weber, A.*, JZ 1994, S. 53 ff. (59) vertreten wird, auch *Weber, M.*, WM 1998, S. 1465 ff. (1472) und *Hahn*, Der Vertrag von Maastricht..., S. 74.

[275] *Häde*, EuZW 1992, S. 171 ff. (174).

die Eigenständigkeit der nationalen Zentralbanken abnehmen dürfte[276]. Falls sich die Deutsche Bundesbank als in das ESZB integrierte nationale Zentralbank der Durchführung eines EZB-Ratsbeschlusses widersetzt, so hat die EZB die Möglichkeit, dieses Verhalten vom EuGH überprüfen zu lassen. Für diesen Bereich nimmt die EZB die Befugnisse wahr, die sonst im Rahmen des Vertragsverletzungsverfahrens der Kommission zustehen.

bb) Möglicher Verstoß einzelner Normen des Bundesbankgesetzes gegen den EG-Vertrag

Trotz der EG-vertraglich garantierten Unabhängigkeit der EZB und des ESZB insgesamt ist eine Zusammenarbeit mit den Organen der Gemeinschaft vorgesehen. Hierzu gehören einmal die Berichterstattung der EZB gemäß Art. 109b Abs. 3 EGV, aber auch die verschiedenen in Art. 109 EGV niedergelegten Teilhaberechte von EZB- und Organvertretern bei den jeweiligen Sitzungen zur Koordinierung der Währungspolitik mit der allgemeinen Wirtschaftspolitik. Besonderer Beachtung bedarf hier, daß an EZB-Ratssitzungen der Präsident des EG-Rates sowie ein Vertreter der Kommission teilnehmen können, wobei auch dies dem BBankG entlehnt ist. Jedoch haben weder der EG-Ratspräsident noch der Vertreter der Kommission ein Stimmrecht oder ein (suspensives) Vetorecht.

Hierin unterschied sich die Unabhängigkeit der EZB von der der Deutschen Bundesbank, bei der nach § 13 Abs. 2, S. 3 BBankG der Vertreter der Bundesregierung die Aussetzung einer jeden Beschlußfassung für bis zu zwei Wochen verlangen konnte[277]. Zwar handelte es sich hierbei nicht um ein echtes Vetorecht, da die Beschlußfassung nur aufgeschoben, nicht aber gänzlich verhindert werden konnte[278], doch stellt sich schon bei bloßer Verzögerung der Umsetzung von Beschlüssen des EZB-Rates die Frage, ob ein solches Verzögerungsrecht mit dem EG-Vertrag in Einklang zu bringen ist. Auch wenn die maximale Verzögerungszeit nur zwei Wochen beträgt und diese Frist zur Koordinierung der unterschiedlichen Ansichten von Bundesbank und Bundesregierung dienen soll, so ist doch nicht zu bestreiten, daß in der Verzögerung ein Verstoß gegen die von den Organen der Mitgliedstaaten und damit von diesen selbst geforderte loyale Verhaltensweise vorliegt, wie sie in Art. 5 EGV niedergelegt ist.

Der EuGH hat hierzu festgestellt, daß eine nationale Behörde, hier also etwa die Deutsche Bundesbank, die sich auf die Verzögerung beruft, mit der sie eine Entscheidung der Gemeinschaftsbehörde, in diesem Fall also des EZB-Rates, ausgeführt hat, gegen Art. 5 Abs. 1 EGV verstößt, wonach die Mitgliedstaaten alle geeigneten Maßnahmen zur Erfüllung der Verpflichtung treffen, die sich aus dem Vertrag oder aus Handlungen der Organe der Gemeinschaft ergeben. Ein Mit-

---

[276] *Hahn/Siebelt*, in: Dauses, F I, Rn. 73, Fn 301.

[277] Durch das 6. BBankÄndG v. 22.12.1997, BGBl. I 1997, S. 3274 f. abgeschafft.

[278] *Gramlich*, Komm. z. BBankG, § 13, Rn. 13; *v.Spindler u.a.*, Die Deutsche Bundesbank, § 13, Anm. 3.

gliedstaat verstößt also bereits dann gegen diese Pflicht, wenn er die Umsetzung des Gemeinschaftsrechtsaktes nur mit einer Verzögerung vornimmt[279]. Dies ist selbst dann der Fall, wenn hinsichtlich der Umsetzung des Beschlusses des EG-Organs[280] keine konkrete Frist festgesetzt wurde, sondern lediglich in der Rechtsgrundlage für den Rechtsakt des Organs niedergelegt ist, daß eine Umsetzung desselben "unverzüglich" zu erfolgen hat[281]. Aus dem Fehlen einer konkreten Umsetzungsfrist folgt nicht, daß es dem Adressaten des Rechtsaktes überlassen bleibt, die Umsetzung - wenn auch unwesentlich - später vorzunehmen und in der Zeit zwischen dem Erlaß des Rechtsaktes und der Umsetzung in nationales Recht das entgegenstehende nationale Recht weiter anzuwenden[282].

Zumindest möglich erscheint auch, daß durch derartige Verzögerungen der interne Funktionsablauf eines (Quasi-) Gemeinschaftsorgans, des EZB-Rates, gestört wird, etwa wenn notwendige Anschlußentscheidungen getroffen werden müssen, die durch die Verzögerung ebenfalls aufgeschoben werden müssen. Derartige Eingriffe werden vom EuGH ebenfalls als Verstoß gegen die in Art. 5 EGV geforderte Gemeinschaftstreue angesehen[283]. Es ist somit festzuhalten, daß das Beschlußaussetzungsrecht des Vertreters der Bundesregierung in den Sitzungen des Zentralbankrates der Deutschen Bundesbank gemäß § 13 Abs. 2 S. 3 BBankG gemeinschaftsrechtswidrig war und daher abgeschafft werden mußte.

Als problematisch im Hinblick auf eine einheitliche europäische Geldpolitik könnte sich auch die Vorschrift des § 19 Abs. 1 Nr. 4 BBankG erweisen. Hiernach ist es der Bundesbank lediglich gestattet, unverzinsliche Giroeinlagen anzunehmen, worunter auch die Mindestreserveeinlagen der Privat- und Geschäftsbanken bei der Bundesbank fallen. Eine Verzinsung dieser Einlagen ist somit ausgeschlossen[284]. Sollte sich die EZB dazu entschließen, gemäß Art. 19.1 ESZB-Satzung die Haltung von Mindestreservekonten bei den nationalen Zentralbanken einzuführen, was gemäß Art. 19.2 i.V.m. Art. 42 ESZB-Satzung jedoch vom Eco-Fin-Rat beschlossen werden müßte, und dabei auch die Verzinsung dieser Einlagen anordnen, so wäre § 19 Abs. 1 Nr. 4 BBankG ebenfalls nicht mehr anwendbar. Hinzuzufügen ist, daß die Anordnung der Nichtverzinsung seitens der EZB möglicherweise gegen Art. 102a EGV und Art. 2 ESZB-Satzung verstößt, wo es u.a. heißt, daß die Gemeinschaft bzw. das ESZB im Einklang mit den Grundsätzen einer offenen Marktwirtschaft mit freiem Wettbewerb handelt, wodurch ein *effizienter* Einsatz der Ressourcen gefördert wird. Das EWI hat sich für die Ein-

---

[279] EuGH, Rs. 130/78 - *Salumficio die Cornuda S.p.a./Amministrazione delle Finanze dello Stato* -, Slg. 1979, S. 867 ff. (882).

[280] Im konkreten Fall - siehe vorige FN - war es eine Entscheidung der Kommission.

[281] Vgl. EuGH, a.a.O., S. 881 f.

[282] So aber die Ansicht der italienischen Regierung in der Rs. 130/78, s. EuGH, a.a.O., S. 874.

[283] EuGH, Rs. 208/80 - *Rt. Hon. Lord Bruce of Donington/Eric Gordon Aspden* -, Slg. 1981, S. 2205 ff. (2218 f.).

[284] *Gramlich*, Komm. z. BBankG, § 19 Rn. 25.

richtung einer Mindestreserve ausgesprochen und auch bereits einen Vorschlag für einen Entwurf einer Verordnung des Rates über die Mindestreserven vorgelegt[285].

3. Auftreten von wirtschaftlichen Schwierigkeiten durch unterschiedliche Integrationsgeschwindigkeiten

Wann immer die dritte Stufe in Kraft treten wird, wird es auch stets Staaten geben, die aufgrund ihrer wirtschaftlichen Schwäche und dem daraus resultierenden Nichterreichen der Konvergenzkriterien, bzw. einer fehlenden Entscheidung des EG-Rates über die Tauglichkeit zur Teilnahme an der gemeinsamen Währung der Währungsunion, von eben dieser Teilnahme an der gemeinsamen Währung zumindest anfänglich ausgeschlossen bleiben. Diese Situation stellt sich auch bei den späteren Beitrittskandidaten, wenn sie zuerst der EG/EU beitreten, nicht jedoch auch sofort der gemeinsamen Währung. Diese Nichtteilnahme einzelner Staaten wird sowohl auf seiten der Teilnehmer der gemeinsamen Währung der Währungsunion als auch auf der der Nichtteilnehmer neben politischen vor allem auch ökonomische Konsequenzen nach sich ziehen. Für welche der beiden Seiten sich diese Konsequenzen als vorteilhafter erweisen, hängt entscheidend von der Reaktion der internationalen Kapitalmärkte und der Investoren auf die Einführung des Euro zu Beginn der dritten Stufe ab.

a) Wirtschaftliches Auseinanderdriften

Folglich sind (mindestens) zwei Möglichkeiten denkbar, die zu wirtschaftlichen Schwierigkeiten auf einer der beiden Seiten führen können. Die erste Möglichkeit besteht in der Annahme, daß die Kapitalmärkte die dritte Stufe der Wirtschafts- und Währungsunion gut akzeptieren, d.h., daß sie sie mitsamt ihrer einheitlichen Währung annehmen. Voraussetzung ist dafür, daß die gemeinsame Währung Anfangserfolge aufweisen kann und relativ schnell die in sie gesetzten Erwartungen erfüllt. Wirtschaftliche Schwierigkeiten treten dann auf, wenn die Kapitalmärkte dem Euro ein derartiges Vertrauen entgegenbringen, daß sie ihre Kapitalanlagen den noch bestehenden nationalen Währungen der Gemeinschaft entziehen. Dies hätte zweierlei zur Folge.

Zunächst führte dieser Kapitalabzug nach kurzer Zeit zu Abwertungszwängen gegenüber dem Euro. Diese würden entweder vom betroffenen Mitgliedsland selbst vorgenommen oder vom Kapitalmarkt erfüllt. Hierbei ist auch das Wechselkurskriterium zu berücksichtigen, denn dieses erfüllt nur nicht, wer seine Währung auf eigenen Wunsch hin selbst abwertet. Eine dritte Möglichkeit der Wechselkursanpassung ist die Entscheidung des EG-Rates gemäß Art. 109 Abs. 1 EGV.

---

285 *EWI*, Die einheitliche Geldpolitik in Stufe 3, S. 60 ff. Für die Einführung einer Mindestreserve auch der Präsident der Österreichischen Notenbank *Klaus Liebscher*, vgl. Handelsblatt Nr. 82 v. 29.4.1998, S. 39.

Gleichzeitig entstünde auf den Euro ein mit zunehmender Dauer die Exportwirtschaft immer stärker beeinträchtigender Aufwertungsdruck. Der mit dem Abzug ausländischen Kapitals verbundene Devisenverlust führte auch bei den staatlichen Investitionsausgaben zu Verringerungen, die nur verhindert werden könnten, wenn der Staat seine Einnahmemöglichkeiten weiter ausschöpft, also etwa durch eine Steuererhöhung. Derartige Steuererhöhungen haben jedoch zwangsläufig einen preissteigernden Effekt, der endlich inflationäre Tendenzen annehmen könnte. Hiermit liegt aber wieder ein Verstoß gegen das Kriterium der Preisstabilität für die Einführung der gemeinsamen Währung vor. Dieses Kriterium errechnet sich gemäß Art. 109j Abs. 4, 1. Gedankenstrich EGV anhand der Inflationsrate des betreffenden Mitgliedstaates im Verhältnis zur Inflationsrate der höchstens drei[286] auf diesem Gebiet besten Mitgliedstaaten. Aus diesen Zusammenhängen wird die Überlegung *Steindorffs* deutlich, daß die Kriterien es auch möglicherweise Staaten verwehren, an der gemeinsamen Währung teilzunehmen, die nur durch eine Teilnahme zu einer Konsolidierung ihrer Staatsfinanzen gelangen könnten[287].

Die Abwertung der Währung eines Mitgliedstaates hat jedoch auf der anderen Seite auch zur Folge, daß Exporte aus diesem Land heraus zu günstigeren Preisen angeboten werden können, während Importe aus dem Ausland teurer werden. Ein positiver Effekt für die Bilanz dieses Staates ergäbe sich hieraus nur dann, wenn er seine Exporte so weit steigern könnte, daß die daraus fließenden Einnahmen die Ausgaben für die auf Dauer nicht verhinderbaren teureren Importe aus dem Ausland übertreffen. Bei dem Stand der heutigen Verknüpfung des Weltmarktes sowie der Substituierbarkeit der meisten Konsumgüter ist ein auf Dauer positiver Effekt auf die Zahlungsbilanz des Staates jedoch nicht zu erwarten. Der Abwertungsdruck auf die Währung im Verbund mit dem Abzug ausländischer Kapitalanlagen hat letztlich einen negativen Einfluß auf die Zahlungsbilanz.

Die zweite Möglichkeit stellt alternativ genau das Gegenteil der ersten dar. Hier gelingt es den Euro-Staaten nicht, die internationalen Kapitalmärkte einschließlich der Investoren von der Stabilität und Festigkeit der gemeinsamen Währung zu überzeugen, so daß jene nicht nur keine neuen Investitionen tätigen, sondern auch die Gelder, die sie bisher in den gemeinschaftlichen Währungen hielten, nicht in den Euro umtauschen, sondern in andere, vielleicht sogar außereuropäische Währungen fließen lassen. Diese Alternative ist jedoch dann auszuschließen, wenn die Staaten bei der Schaffung der gemeinsamen Währung der Währungs-

[286] Hinsichtlich der Frage, welcher Wert von den "höchstens drei Mitgliedstaaten mit dem besten Ergebnis auf diesem Gebiet" gemeint ist, der Wert des besten, der des dritten oder ein Durchschnittswert, vgl. *Hahn/Häde*, in: FS Everling, 1995, Bd. I, S. 381 ff. (389), die zurecht auf den Durchschnittswert abstellen, da die beiden anderen Deutungsmöglichkeiten zu mit dem Vertragswortlaut kaum in Einklang zu bringenden Ergebnissen führen; auf den Durchschnittswert stellt auch *Zeitler*, WM 1995, S. 1609 ff. (1610) ab.

[287] *Steindorff*, EuZW 1996, S. 6 ff. (6)

union die Kriterien des EG-Vertrages beachten und sich nicht von politischen Opportunitätserwägungen leiten lassen.

Eine mögliche, wenn auch wenig wahrscheinliche, dritte Alternative wäre, daß sich durch den Beginn der dritten Stufe der Wirtschafts- und Währungsunion und die Einführung der gemeinsamen Währung weder bei den an der gemeinsamen Währung teilnehmenden noch bei den nicht-teilnehmenden Staaten erhebliche Schwankungen zeigen. In dieser Situation stellte sich dann jedoch tatsächlich die Frage, ob die Einführung einer einheitlichen europäischen Währung sinnvoll ist.

Es ist daher hinsichtlich der wirtschaftlichen Entwicklung der jetzigen EG-Staaten beim Eintritt in die dritte Stufe der Wirtschafts- und Währungsunion von der ersten Möglichkeit als der wahrscheinlichsten, aber auch als der wünschenswertesten auszugehen. Wenn auch letzteres für die an der gemeinsamen Währung in der dritten Stufe der Wirtschafts- und Währungsunion nicht von Anfang an beteiligten Staaten zu teilweise erheblichen ökonomischen Schwierigkeiten führen kann, so hängt doch der Erfolg der gesamten Wirtschafts- und Währungsunion davon ab, daß die Staaten, die die einheitliche Währung eingeführt haben, in der Lage sind, verstärkt ausländisches Kapital anzuziehen. Dies ist nur möglich, wenn die Staaten der gemeinsamen Währung eine Stabilitätsgemeinschaft bilden. Das geht auch auf Kosten der noch wartenden EG-Mitgliedstaaten, jedoch muß ein solcher Vorsprung der Währungsunion die Folge der Einführung der gemeinsamen Währung sein, da sich bei seinem Ausbleiben kein Anreiz für die anderen Mitgliedstaaten der EG ergäbe, ihre Anstrengungen zu erhöhen, um gleichfalls die Kriterien für die Einführung der Einheitswährung zu erfüllen. Als Ausdruck der EG als Solidargemeinschaft obliegt es jedoch den Währungsunionsstaaten, die ökonomischen Schwierigkeiten der nicht an der gemeinsamen Währung teilnehmenden Mitgliedstaaten der EG mit allen zur Verfügung stehenden Mitteln so gering wie möglich zu halten, um die ausweislich der Nichtteilnahme an der Währungsunion schwachen Haushalte dieser Staaten nicht weiter zu schwächen.

b) EG-vertraglich vorgesehene Möglichkeiten zum Ausgleich unterschiedlicher ökonomischer Entwicklungen der Mitgliedstaaten

Das Phänomen der sich unterschiedlich entwickelnden Mitgliedstaaten ist kein Problem, das erst durch den Eintritt einiger Staaten in die Währungsunion geschaffen wird; es hat die europäische Integration vielmehr von Beginn an begleitet. Als Konsequenz daraus sind mehrere Fonds entstanden, die wirtschaftlich schwächeren Staaten Unterstützung zukommen lassen sollen.

Primärer Ansprechpartner für den Ausgleich unterschiedlicher ökonomischer Standards der Regionen ist der Europäische Fonds für regionale Entwicklung (Art. 130c EGV; Regionalfonds). Seine Unterstützungstätigkeit konzentriert sich grundsätzlich auf die Beseitigung der wichtigsten regionalen Ungleichgewichte in der Gemeinschaft. Dies geschieht in der Form der Beteiligung an Entwicklung und struktureller Anpassung der benachteiligten Gebiete sowie an der Umstellung von Gebieten mit Schrumpfungsindustrie[288]. Die jeweiligen Interventionen des Fonds beruhen auf dem Prinzip der Subsidiarität und der Solidarität. Sie sollen die mitgliedstaatlichen Maßnahmen nur ergänzen und unterstützen, nicht jedoch sie ersetzen. Die eher als gering zu bezeichnende finanzielle Ausstattung des Regionalfonds legt jedoch den Schluß nahe, daß tatsächlich größere wirtschaftliche Schwankungen zwischen den Mitgliedstaaten, wie sie sich bei der Einführung der gemeinsamen Währung durch nur einige Mitgliedstaaten für die anderen ergeben können, durch ihn nicht ausgeglichen werden können[289].

Neben dem Regionalfonds ist der Europäische Sozialfonds (Art. 123 - 125 EGV) zu sehen. Er würde vor allem dann in Anspruch genommen, wenn die Arbeitsmarktsituation sich in den Nichtteilnahmeländern aufgrund schwindenden ausländischen Kapitals erheblich verschlechtern würde. Auch hier gilt jedoch, daß der Fonds lediglich ergänzend zu den nationalen Maßnahmen tätig werden kann[290]. In finanzieller Hinsicht wird angestrebt, den Fonds für den Zeitraum von 1993 - 1999 mit ca. 176 Mrd. ECU auszustatten[291]. Knapp die Hälfte, ca. 85 Mrd. Euro, sollen davon allein für die Kohäsionsländer (Griechenland, Irland, Spanien und Portugal) zur Verfügung gestellt werden. Gleichwohl macht die groß anmutende Summe von mehr als 170 Mrd. ECU für alle Mitgliedstaaten zusammen auf den genannten 7-Jahres-Zeitraum gerechnet nur etwas mehr als 25 Mrd. ECU pro Jahr aus, was zwar immerhin eine beträchtliche Steigerung im Vergleich zur finanziellen Ausstattung des Fonds noch in der zweiten Hälfte der 80er Jahre darstellt[292], was jedoch nach wie vor der Tätigkeit des Fonds relativ enge Grenzen setzt, so daß von einer Art europäischem Finanzausgleich sicher auch heute noch nicht gesprochen werden kann[293].

Zusätzlich zu diesen bestehenden Fonds ist mit dem Vertrag von Maastricht ein Kohäsionsfonds geschaffen worden, dessen Ziel die Förderung infrastruktureller und umweltschützender Maßnahmen ist (Art. 130d Abs. 2 EGV)[294]. Förderungs-

---

[288] *Tomuschat*, in: FS für Pescatore, S. 729 ff. (748); *Borchardt*, in: Lenz, EG-Komm., Art. 130d Rn. 3.

[289] *Gaude*, in: Dickertmann, Lehmann (Hrsg.), S. 13; *Steindorff*, EuZW, S. 6 ff. (8).

[290] *Lingenthal*, in: Lenz, EG-Komm., Vorbem. Art. 123 - 125, Rn. 2, 6.

[291] Beschluß des Europäischen Rates von Edinburgh, vgl. ABl.EG 1993, Nr. L 193, S. 39 ff. Die von der Kommission in der "Agenda 2000", Kom. Doc. 97/9 v. 16.9.97, für diesen Zeitraum angegebenen Zahlen belaufen sich auf 200 Mrd. ECU, dies allerdings zu Preisen von 1997.

[292] 1986: 2,534 Mrd. ECU, Quelle: *Tomuschat*, in: FS für Pescatore, S. 729 ff. (742); 1987: 3,56 Mrd. ECU, Quelle: *Schulte*, in: Lenz (Hrsg.), EG-Hdb. Recht im Binnenmarkt, S. 338.

[293] *Schulte*, a.a.O.

[294] Laut der "Agenda 2000", Kom. Doc. 97/9 v. 16.9.1997, sind für den Zeitraum der Jahre 2000-2006 für die Strukturfonds und den Kohäsionsfonds zusammen 275 Mrd. ECU zu Preisen von 1997 eingeplant.

empfänger können nur Staaten sein, in denen das BSP pro Kopf weniger als 90 % des Gemeinschaftsdurchschnitts beträgt (derzeit Griechenland, Irland, Spanien und Portugal)[295]. Die finanzielle Ausstattung dieses Fonds beläuft sich bis 1999 auf einen Gesamtbetrag von 16,233 Mrd. ECU, der jährlich ansteigt um 1,50 Mrd. bis zu 2,60 Mrd. ECU[296]. Angesichts des Bestrebens der Kommission, die Mittel der Mitgliedstaaten am Haushalt der EU auf 1,27 % des BSP aller Mitgliedstaaten zu beschränken, bzw. zu halten[297], sind die Möglichkeiten einer wesentlichen finanziellen Besserausstattung der Fonds - trotz angestrebter Umschichtungen im EU-Haushalt - für die Zeit nach dem Beginn der dritten Stufe der Wirtschafts- und Währungsunion wohl eher als gering einzustufen, was sich nun in der "Agenda 2000" bestätigt.

Die sich hieraus ergebende geringe und unzureichende finanzielle Ausstattung der Fonds insgesamt, um die ökonomischen Folgen der dritten Stufe der Wirtschafts- und Währungsunion und der Einführung der gemeinsamen Währung zu neutralisieren, ermöglicht es, die Frage nach einem echten Finanzausgleich zwischen den Mitgliedstaaten der Gemeinschaft zu stellen. Die Frage fand bereits 1976 Beachtung, als untersucht wurde, ob die europäische Integration einen Finanzausgleich benötigte[298]. Ausgehend von den damaligen Werten des Regionalfonds, 1,3 Mrd. ECU, kamen die Autoren bereits damals zu dem Ergebnis, daß ein Vielfaches an Zahlungstransfers erforderlich sei, um zu einer effektiven Annäherung der schwächeren an die stärkeren Regionen zu gelangen.

Dabei gründet ein Finanzausgleich auf der Idee der gemeinschaftlichen Solidarität und der Erkenntnis, daß eine Gemeinschaft auf Dauer keinen Bestand hat, wenn die Lebensverhältnisse der einzelnen Mitglieder zu große Unterschiede aufweisen. Das Volumen eines solchen Ausgleichs muß ausreichend groß sein, um den Namen auch tatsächlich zu verdienen und es muß - ähnlich wie in Deutschland - zu einer verfassungsrechtlichen Festlegung kommen, so daß ein "Ob" des Ausgleichs nicht mehr zur Diskussion steht. Ob es ratsam wäre, auch die jeweiligen Beiträge - ob nun absolut oder relativ - festzuschreiben und selbst wenn es degressive Werte sind[299], ist fraglich. Eine starre Festlegung ist kaum durchsetzbar, die Flexibili-

---

295 *Borchardt*, in: Lenz, EG-Komm., Art. 130d Rn. 24.

296 *Europäische Gemeinschaft*, Der Kohäsionsfonds der Europäischen Union. Für den Zeitraum 2000-2006 sieht die "Agenda 2000", Kom. Doc. 97/9 v. 16.9.1997, eine jährliche Mittelausstattung für die derzeitigen Mitgliedstaaten zu Beginn des Zeitraums von rund 3 Mrd. ECU vor.

297 Interinstitutionelle Vereinbarung v. 29.10.1993, ABl.EG 1993 Nr. C 331, S. 1 ff.; ABl.EG 1994 Nr. C 395, S. 1 ff. Dies gilt ausweislich der "Agenda 2000", Kom. Doc. 97/) v. 16.9. 1997, auch für die Jahre 2000-2006, wobei die Kommission infolge des erwarteten Wirtschaftswachstums trotzdem von zusätzlichen zur Verfügung stehenden 20 Mrd. ECU für den gesamten Zeitraum ausgeht.

298 *Franzmeyer, Seidel*, Überstaatlicher Finanzausgleich und europäische Integration, S. 167 ff.

299 So *Steindorff*, EuZW 1996, S. 6 ff. (8).

tät muß gewahrt bleiben, ohne daß dies die Zahlungen an sich gefährdet oder sie einen indiskutabel niedrigen Wert erreichen.

III. Schlußbetrachtung der dritten Stufe der Wirtschafts- und Währungsunion

Der Eintritt in die dritte Stufe der Wirtschafts- und Währungsunion zum 1.1.1999 stellt die notwendige Fortführung der durch das Binnenmarktprogramm forcierten Integration Europas dar. Ohne die einheitliche Währung ist der Binnenmarkt so, wie er in Art. 7a Abs. 2 EGV definiert ist, unvollkommen, denn ein Binnenmarkt mit 15 mehr oder weniger gegeneinander schwankenden Währungen ist einmalig in der Welt. Ein gemeinsamer Währungsraum ist auch notwendig, um eine grössere ökonomische Durchsetzungskraft auf dem Weltmarkt zu bekommen, keiner der Mitgliedstaaten ist alleine dazu in der Lage. Die Einführung der gemeinsamen Währung verhindert die Weiterführung der stabilitätswidrigen Aufwertung der DM gegenüber den anderen europäischen Währungen, was zwar Deutschland bisher die Gewißheit einer starken Währung, aber auch die Abwanderung ganzer Industriebereiche und den Verlust von Hunderttausenden von Arbeitsplätzen brachte. Eine Verschiebung der Währungsunion, wie sie zeitweilig gefordert wird, hätte eine weitere Kapitalflucht in die starke DM und einen weiteren Aufwertungsdruck zur Folge. Außerdem würde eine Verschiebung einen enormen Vertrauensverlust in die europäische Integration nach sich ziehen.

Mit der gemeinsamen Währung stellt sich für Europa die Frage, ob es in der Lage ist, gemeinsam zu handeln und sich wirtschaftlich zu einem weitgehend homogenen Raum zu entwickeln, der nur dann zusammengehalten werden kann, wenn es der Europäischen Zentralbank gelingt, ihren Primat der Preisstabilität aufrecht zu erhalten. Die wirtschaftlichen Schwierigkeiten, die bei der gestaffelten Einführung der gemeinsamen Währung durch die Mitgliedstaaten auftreten, fordern von allen Staaten ein noch über das bisher Erreichte hinausgehendes Maß an Solidarität miteinander. Es stellt sich dies vor allem dar in einer effektiven Form der finanziellen Hilfe für die schwächeren Mitgliedstaaten. Ob dies nun als tatsächlicher Staatenfinanzausgleich geschieht oder in anderer Form ist letzlich gleichgültig, es kommt auf den Erfolg an. Diesen Erfolg anzustreben wird den Mitgliedstaaten bereits in den Grundsätzen des EG-Vertrages aufgegeben, wenn es in Art. 3 lit. j) EGV heißt, daß die Tätigkeit der Gemeinschaft darauf ausgelegt ist, im Rahmen der Aufgaben der Gemeinschaft nach Art. 2 EGV - also auch und gerade im Rahmen der Wirtschafts- und Währungsunion - die Stärkung des wirtschaftlichen und sozialen Zusammenhalts zu erreichen. Vom Erfolg oder Mißerfolg der Wirtschafts- und Währungsunion hängt schließlich auch das Fortschreiten der weiteren Integration der Staaten Europas ab, der im EU-Vertrag bereits angelegten Politischen Union.

3. Kapitel
Die normativen Verknüpfungen von Kapitalverkehrsfreiheit und Währungsunion

I. Begriffsbestimmung

Die Arbeit hat zum Ziel, die normativen Verknüpfungen der Kapitalverkehrsfreiheit und der Währungsunion im EG-Vertrag zu untersuchen. Hierbei stellt sich zunächst die Frage, was unter dem Begriff der "normativen Verknüpfung" zu verstehen ist. Zweifellos kann sich das Verständnis dieses Begriffes nicht darauf beschränken, die Normen zu untersuchen, die beide Bereiche, also sowohl die Kapitalverkehrsfreiheit als auch die Währungsunion, regeln. Gleichfalls ist es nicht Ziel der Arbeit, die einzelnen Bereiche für sich genommen zu untersuchen - dies war, wenn auch in verkürzter Form, Gegenstand der ersten beiden Einführungsabschnitte. Die erstgenannte Verständnismöglichkeit führte zu nichts, da es derartige, beide Bereiche umfassende Normen im EG-Vertrag nicht gibt, eine solche Sichtweise des Begriffes wäre demnach verkürzt; die zweite Verständnismöglichkeit ist für eine Untersuchung der Verknüpfung zweier Bereiche nicht ergiebig, da dabei die Bereiche nur nebeneinander stünden, nicht aber miteinander "verknüpft" würden.

Hieraus und aus dem Wort "Verknüpfung" selbst ergibt sich das richtige Verständnis der "normativen Verknüpfung". Es muß dahingehen, daß exakt die Punkte untersucht werden, die die einzelnen Normen der Kapitalverkehrsfreiheit und die Normen der Währungsunion in bestimmten Situationen miteinander in Beziehung setzen, sie also verknüpfen, d.h. Untersuchungsgegenstand sind die Überschneidungspunkte. Folglich geht es darum, die gemeinschaftsrechtlichen Gegebenheiten zu untersuchen, auf die sowohl die Regeln über die Kapitalverkehrsfreiheit als auch die der Währungsunion anzuwenden sind. Gesucht und untersucht werden somit Situationen, die Auswirkungen auf beide Bereiche haben und daher zwangsläufig normative Schnittpunkte - Verknüpfungen - miteinander aufweisen. Diese Auswirkungen und Schnittpunkte sind es, die in der Praxis zu Problemen zwischen der Kapitalverkehrsfreiheit als einem Teil des Binnenmarktes und der Währungsunion als integrationspolitische Aufgabe und konsequente Fortführung sowie Vollendung des Binnenmarktes führen (können) und die zu untersuchen und einer Lösung zuzuführen Aufgabe der nachfolgenden Arbeit sein soll.

II. Normative Verknüpfungen von Kapitalverkehrsfreiheit und Währungsunion im Bereich von Handlungen der Gemeinschaftsorgane - Institutionelle Verknüpfungen

Ausgehend von obiger Begriffsbestimmung soll nun zunächst der Bereich untersucht werden, in dem die Gemeinschaftsorgane bzw. die Mitgliedstaaten im Rahmen der Kapitalverkehrsfreiheit und der Währungsunion tätig werden. Es empfiehlt sich dabei, mit den möglichen Verknüpfungen der unmittelbar politischen Ebene mit den Bereichen der EZB zu beginnen, d.h. zunächst soll die ökonomisch ausgerichtete Wirtschaftspolitik des Rates der EG mit der an Stabilität auszurichtenden Praxis der EZB in ein Verhältnis zueinander gebracht werden. Im Anschluß daran sind die materiellen Schnittstellen zu untersuchen, bei denen es um die Auswirkungen der Anwendung von EG-Recht durch die internationalen Kapitalmärkte geht und wo dann auch die Mitgliedstaaten eine Rolle spielen.

1. Die Verknüpfungen zwischen Wirtschafts- und Währungspolitik

Normative Verknüpfungen in diesem Bereich können sich dort ergeben, wo für einen bestimmten Sachverhalt sowohl EG-Organe als auch die EZB zuständig sind, weil der zu regelnde Sachverhalt - insgesamt gesehen - den Zuständigkeitsbereich beider Institutionen berührt. Eine weitere Möglichkeit der Verknüpfung besteht darin, daß die eine Seite einen Sachverhalt regelt, der originär ihren eigenen Zuständigkeitsbereich betrifft, sie durch die Regelung selbst aber in den Zuständigkeitsbereich der anderen Seite eingreift. Diese letztere Möglichkeit ist die im Vertragswerk häufiger anzutreffende, weil den Institutionen ihr jeweiliger Zuständigkeitsbereich bereits gegeben ist und von vornherein bestehende Überschneidungen weniger häufig sind als solche, die im Verlauf einseitiger Regelungen auftreten.

a) Mögliche Kollisionsprobleme

Die in der Literatur zur Wirtschafts- und Währungsunion am meisten geäußerte Kritik besteht darin, daß die Aufteilung der Währungspolitik auf die Gemeinschaftsebene und der Wirtschaftspolitik auf die nationale Ebene moniert wird. Der Grund für diese Kritik wird bei näherer Betrachtung der Art. 102a ff. EGV deutlich. Hier heißt es, daß die Wirtschaftspolitik gemäß Art. 102a - 104c EGV im Zuständigkeitsbereich der Mitgliedstaaten verbleibt und lediglich von diesen so ausgerichtet werden muß, daß sie - die Mitgliedstaaten - im Rahmen der in Art. 103 Abs. 2 EGV genannten Grundzüge zur Verwirklichung der Ziele der Gemeinschaft im Sinne des Art. 2 EGV beitragen. Darüber hinaus betrachten die Mitgliedstaaten die Wirtschaftspolitik gemäß Art. 103 Abs. 1 EGV als Angelegenheit von gemeinsamem Interesse, die dementsprechend zu koordinieren ist, wohingegen die Währungspolitik gemäß Art. 105 - 109m EGV der EZB unterliegt. Eine Einflußnahme auf diese im nationalstaatlichen Verantwortungsbereich verbleibende Wirtschaftspolitik hat die Gemeinschaft lediglich über den EcoFin-Rat, der zusammen mit dem Europäischen Rat eine Empfehlung für die zu verfolgende Wirtschaftspolitik an die Mitgliedstaaten abgeben kann. Im zweiten Abschnitt wurde bereits auf die Problematik dieser Trennung hingewiesen, die sich nun auf europäischer Ebene erheblich auswirken kann.

aa) Maßnahmen der Wirtschaftskoordinierung

In concreto sind hier die Art. 103 und 103a EGV zu nennen. Hiernach obliegt die Koordinierung der Wirtschaftspolitik einschließlich der Empehlung für die zu verfolgende Wirtschaftspolitik in den Mitgliedstaaten und in der Gemeinschaft dem EG-Ministerrat (Art. 103). Hierbei sind unter der Wirtschaftspolitik nur die Kernbereiche - und hier insbesondere die Haushaltspolitik - zu verstehen[300]. Wesentlicher Inhalt der Art. 102a - 103a EGV ist die gemeinschaftsweite Koordinierung der Wirtschaftspolitik. Zu diesem Zweck legt Art. 103 EGV ein Verfahren der wirtschaftlichen Zusammenarbeit fest, daß bereits seit Beginn der 2. Stufe der Wirtschafts- und Währungsunion gilt (argumentum e contrario Art. 109e Abs. 3, S. 2 EGV) und so auch in der dritten Stufe Bestand hat. Gemäß Art. 103 Abs. 2 UAbs. 3 EGV verabschiedet der Rat mit qualifizierter Mehrheit eine Empfehlung über die zu verfolgende Wirtschaftspolitik, welche auf einer Schlußfolgerung des Europäischen Rates beruht, die dieser gemäß Art. 103 Abs. 2 UAbs. 2 EGV auf der Grundlage eines Berichts des Rates der EG erörtert hat. Im nachhinein überwacht der Rat anhand von Berichten der Kommission, ob die Gemeinschaft und die Mitgliedstaaten sich den Grundzügen der empfohlenen Wirtschaftspolitik entsprechend verhalten (Art. 103 Abs. 3 UAbs. 1 EGV).

Ziel ist, eine enge Koordinierung der Wirtschaftspolitiken und eine dauerhafte Konvergenz der Mitgliedstaaten zu gewährleisten. Der Rat legt dabei ex ante die Grundzüge fest und überprüft ex post, ob sich die Mitgliedstaaten daran gehalten haben. Dies entspricht auch der sogenannten Konvergenzentscheidung[301]. Wird bei dieser Überprüfung festgestellt, daß ein Mitgliedstaat den Grundzügen zuwider gehandelt hat oder wird dadurch gar das ordnungsgemäße Funktionieren der Wirtschafts- und Währungsunion gefährdet, so kann der Rat unter Einhaltung des gewöhnlichen Verfahrens, wonach zunächst die Kommission vorschlägt, bzw. empfiehlt und der Rat dann mit qualifizierter Mehrheit entscheidet, eine Empfehlung an den betreffenden Mitgliedstaat richten und sie in gravierenden Fällen auch veröffentlichen, Art. 103 Abs. 4 EGV. Zwar handelt es sich hierbei nicht um eine direkte Sanktionsmöglichkeit, jedoch hat die Veröffentlichung der Empfehlung wohl auch den Nebeneffekt, daß die internationalen Kapitalmärkte mit erhöhter Vorsicht diesen Staat und seine Anlagemöglichkeiten betrachten.

Gerade diese Empfehlungen stellen jedoch - nach Beginn der dritten Stufe der Wirtschafts- und Währungsunion - möglicherweise einen Einbruch in den Zustän-

---

300 *Schill*, in: Lenz, EG-Komm., Art. 102a - 103a, Rn. 1.

301 Entscheidung 90/141/EWG, ABl.EG 1990 Nr. L 78, S. 23.

digkeitsbereich der EZB, d.h. der von ihr zu hütenden Preisstabilität und zu praktizierenden Währungspolitik, dar. Hierbei kommt es konkret auf den Inhalt der vom Rat dem Mitgliedstaat gegenüber geäußerten Empfehlung an. Wie festgestellt, handelt es sich bei der Koordinierung in erster Linie um die Haushaltspolitik. Eine Empfehlung des Rates wird somit dann ausgesprochen, wenn die Haushaltslage eines Mitgliedstaates eine bedrohliche Schieflage - sprich ein Defizit - aufweist. Das Verfahren einer solchen Situation regelt Art. 104c Abs. 1 bis 8 EGV. Wie bei Art. 103 EGV ist auch bei Art. 104c Abs. 1 bis 8 EGV während der zweiten Stufe lediglich eine Druckausübung möglich. Erst in der dritten Stufe können Abmahnungen erteilt und Sanktionen verhängt werden (Art. 104c Abs. 9 und 11 EGV). Der Gruppendruck des Art. 104c Abs. 1 bis 8 EGV stellt daher gleichsam das Spiegelbild der Koordinierungsmaßnahmen des Art. 103 EGV dar[302]. Die Empfehlungen des Rates nach Art. 103 Abs. 4 EGV stehen somit im Zusammenhang mit denjenigen des Art. 104c Abs. 7 EGV und deren Voraussetzung. Liegt aber ein Defizit der öffentlichen Haushaltslage vor (entsprechend dem einschlägigen Protokoll über 3% Neuverschuldung bzw. 60% des BIP Gesamtschuldenstand)[303], so richten sich darauf die Sanierungsempfehlungen des Rates. Der Rat wird folglich solche Maßnahmen empfehlen, die die öffentlichen Haushalte mindestens entlasten, wenn nicht gar fördern. Ab der dritten Stufe sind die Mitgliedstaaten dann gut beraten, diesen Empfehlungen Folge zu leisten, wollen sie nicht den Sanktionen des Art. 104c Abs. 11 EGV unterfallen.

(1) Kapitalverkehrsbeschränkende Maßnahmen

Näherer Betrachtung bedarf nun die Frage, wie diese Empfehlungen konkret aussehen. Der Inhalt der Empfehlungen muß naturgemäß darauf gerichtet sein, dem in haushaltspolitische Schwierigkeiten geratenen Mitgliedstaat mögliche Sanierungsmaßnahmen an die Hand zu geben. Sie müssen folglich geeignet sein, den angeschlagenen Haushalt - i.e. das Defizit - wieder in ökonomisch verantwortbare Bahnen zu lenken. Führt man sich vor Augen, wie ein Haushaltsdefizit entsteht - höhere Ausgaben als Einnahmen -, so wird deutlich, daß die Empfehlungen darauf hinauslaufen werden, eben diese Ausgaben zu senken und möglichst auch die Einnahmen zu erhöhen. Fraglich ist, ob in diesem Zusammenhang - neben vielen anderen Maßnahmen - auch die Möglichkeit besteht, den Mitgliedstaaten die Beschränkung des Kapitalverkehrs im Verhältnis zu Drittstaaten zu empfehlen, um über diese Form der - eigentlich überwundenen - Devisenbewirtschaftung den Kapitalverlust zu verhindern, oder ihn zumindest mit Einnahmen zu verbinden. Neben den den Mitgliedstaaten in Art. 73d EGV selbst zugestandenen nationalen Beschränkungsmöglichkeiten[304] bleiben in der dritten Stufe der Wirtschafts- und Währungsunion nur noch zwei andere Vorschriften, die derartige Beschränkungsmöglichkeiten einräumen; einmal Art. 73c Abs. 2 EGV sowie Art. 73f EGV.

---

[302] *Schill*, in: Lenz, EG-Komm., Art. 104 - 104c, Rn. 9.

[303] BGBL. II 1992, S. 1309 ff.

[304] Vgl. hierzu *Dautzenberg*, RIW/AWD 1998, S. 537 ff.

(2) Beschränkungen gemäß Art. 73c Abs. 2 EGV

Im Hinblick auf die Vorschrift des Art. 73c Abs. 2 EGV ist jedoch anzumerken, daß zwar der Gemeinschaft hiermit eine weitere Handlungsermächtigung eingeräumt wird, diese jedoch nicht mit einer ausschließlichen Zuständigkeit i.S.v. Art. 3b EGV verbunden ist[305]. Hieraus folgt, daß in der hier angenommenen Situation eines einzelnen Mitgliedstaates, dessen Haushalt sich in einer defizitären Lage befindet, der Rat nach Art. 73c Abs. 2 EGV nicht vorgehen kann, denn es handelt sich um eine regional begrenzte Situation, die ein Eingreifen der Gemeinschaft nicht erforderlich macht, sondern auf einzelstaatlicher Ebene besser gelöst werden kann und auch darf. Auf einzelstaatlicher Ebene könnten etwa die Beschränkungen, die nach Art. 73d EGV zulässig sind, ergriffen werden, genauso wie solche Maßnahmen, die gemäß Art. 73c Abs. 1 EGV bereits vor dem 31.12.1993 bestanden. Hierzu ist auch die Kapitalverkehrsrichtlinie 88/361/EWG zu rechnen[306]. Eine direkte Anwendung von Art. 73c Abs. 2 EGV scheidet folglich aus.

(3) Beschränkungen gemäß Art. 73f EGV

Für den Fall, daß erhebliche Kapitalmengen aus einem Land abgezogen werden und die Finanzlage dieses Landes dadurch geschwächt wird, sieht Art. 73f EGV eine Handlungsmöglichkeit der Gemeinschaft vor. Es können dann Schutzmaßnahmen vom Rat nach Vorschlag der Kommission und Anhörung der EZB erlassen werden, wenn die oben genannten Kapitalbewegungen das Funktionieren der Wirtschafts- und Währungsunion schwerwiegend stören oder auch nur schwerwiegend zu stören drohen. Von einer Bedrohung des Funktionierens ist - das ergibt sich aus Art. 73f EGV - bereits dann zu sprechen, wenn die Kapitalbewegungen in einem Land zu finanzpolitischen Schwierigkeiten führen[307]. Verständlich wird dies auch daraus, daß in der dritten Stufe die Koordinierung der gemeinschaftsweiten Wirtschaftspolitik so weit festgeschrieben sein soll, daß bei Störungen in einem Land die wirtschaftliche Konvergenz aller an der dritten Stufe teilnehmenden Staaten gefährdet ist.

Die in Art. 73f EGV genannten Voraussetzungen der drohenden oder bereits bestehenden Störung des Funktionierens der Wirtschafts- und Währungsunion durch grenzüberschreitende Kapitalströme, das Beruhen der Störung auf außergewöhnlichen Umständen und das unbedingte Erfordernis der Maßnahmen sind dagegen so streng nicht, wie es den Anschein haben mag. Sie eröffnen dem Rat einen relativ großen Auslegungsspielraum[308], denn sie sind Ausdruck des Grundsatzes der Verhältnismäßigkeit und des Prinzips des schonenden Einsatzes der Mittel. Problematisch für den Rat ist jedoch, daß er derartige Maßnahmen nicht als Empfehlungen i.S. des Art. 104c Abs. 7 EGV an die Mitgliedstaaten richten darf,

---

305 *Weber, R.H.*, in: Lenz, EG-Komm., Art. 73c, Rn. 4.

306 Vgl. hierzu *Weber, S.*, EuZW 1992, S. 561 ff. (566).

307 *Ress/Ukrow*, in: Grabitz/Hilf, Art. 73f, Rn. 2.

308 *Weber, R.H.*, in Lenz, EG-Komm., Art. 73f, Rn. 2.

wobei zu beachten ist, daß die Maßnahmen gemäß Art. 73f EGV gegen Mitgliedstaaten ohnehin nicht eingesetzt werden dürfen. Hier sind die Vorschriften über die Kapitalverkehrsfreiheit leges speciales, so daß der Rat die Verfahrensweise des Art. 73f EGV beachten müßte, d.h. Vorschlag der Kommission und Anhörung der EZB. Direkt anwendbar ist somit auch Art. 73f EGV in diesem Zusammenhang nicht.

(4) Beschränkungen gemäß Art. 104c EGV?

Möglicherweise können die Empfehlungen des Rates gemäß Art. 104c Abs. 7 EGV jedoch indirekt dieselben Auswirkungen haben wie die Maßnahmen des Art. 73f, ohne daß dessen Verfahrensvorschriften eingehalten werden müßten. Dann müßten sie des Inhalts sein, daß der Rat dem betroffenen Mitgliedstaat Maßnahmen anrät, mit denen sich effektiv die Kapitalverkehrsfreiheit beschränken ließe. Eine solche Empfehlung wäre jedoch rechtswidrig, da sie auf der falschen Rechtsgrundlage ergangen wäre und eine Klage der EZB vor dem EuGH gemäß Art. 173 Abs. 3 EGV wegen Nichtachtung ihrer Anhörungsrechte hätte die besten Erfolgsaussichten. Gleiches gälte, falls die Kommisson sich übergangen fühlte.

Maßnahmen des Mitgliedstaates, die auf dieser Empfehlung beruhten, hätten ebenfalls keine gemeinschaftsrechtliche Grundlage und müßten folglich rückgängig gemacht werden. Hierbei ist allerdings zu berücksichtigen, daß eine Empfehlung des Rates mangels Rechtsverbindlichkeit in den Mitgliedstaaten keine taugliche Ermächtigungsgrundlage für ein wie auch immer geartetes mitgliedstaatliches Verhalten sein kann. Wie jedoch oben bereits angeführt[309], bleibt dem von der Empfehlung betroffenen Mitgliedstaat dann, wenn er bereits die gemeinsame Währung eingeführt hat, keine andere Möglichkeit als die Befolgung der Empfehlung, wenn er dem Sanktionsmechanismus des Art. 104c Abs. 8-11 EGV entgehen will.

Es bleibt jedoch noch eine letzte Möglichkeit. Diese besteht darin, daß Rat und Kommission der EG aufgrund ihrer am wirtschaftlichen Primat ausgerichteten Politik sich darüber einig sind, daß dem in Schwierigkeiten befindlichen Mitgliedstaat i.S.v. Art. 104c EGV nur durch Kapitalverkehrsbeschränkungen geholfen werden kann. In dieser Situation ist es beiden Organen möglich, im Rahmen von Art.104c und 73f EGV die EZB zu übergehen und ihr die EG-Politik aufzuzwingen, ohne daß diese eine Möglichkeit hätte, dagegen rechtlich vorzugehen. Zwar enthält Art. 104c Abs. 7 EGV keine Festlegung einer Beteiligung der Kommission an diesen Ratsbeschlüssen, jedoch ist in Art. 104c Abs. 13 EGV niedergelegt, daß die Beschlußfassung des Rates u.a. nach Absatz 7 auf Empfehlung der Kommission erfolgt.

Hierbei ist zu beachten, daß die Kommission zwar in Art. 73f EGV ein Vorschlagsrecht hinsichtlich der Einführung von Schutzmaßnahmen hat, jedoch be-

---

309 S.o., S. 64 f.

deutet dies keine Festlegung der Kommission auf das Verfahren des Art. 73f EGV, wenn sie zu derartigen Maßnahmen gelangen will. Art. 155, 2. Gedankenstrich EGV stellt klar, daß die Kommission für ihre Empfehlungen keiner besonderen Ermächtigung bedarf[310]. Dies bedeutet, daß sie unabhängig vom Bestehen einer konkreten Kompetenznorm Empfehlungen immer dann abgeben darf, wenn sie dies für erforderlich hält[311]. Hieraus aber folgt, daß die Kommission im Rahmen von Art. 104c Abs. 7, 13 EGV unter Bezugnahme auf ihre allgemeine Kompetenz zur Abgabe von Empfehlungen aus Art. 155, 2. Gedankenstrich EGV Empfehlungen gegenüber dem Rat dahingehend aussprechen kann, Maßnahmen einzuführen, die denen des Art. 73f EGV im wesentlichen vergleichbar sind. Dieser mögliche "Dispens" der Kommission vom Verfahren des Art. 73f EGV läßt sich jedoch nicht auf den Rat übertragen. Auch wenn sich die hier geschilderte Situation im Rahmen des Haushaltsüberwachungsverfahrens des Art. 104c EGV abspielt, so kann der Rat nicht eine Empfehlung mit dem Inhalt des Art. 73f EGV auf Art. 104c Abs. 7 EGV stützen[312]. Hierzu muß er auf das Verfahren des Art. 73f EGV zurückgreifen. Da folglich der Rat an das Verfahren des Art. 73f EGV gebunden ist, läßt sich auch kein verfahrensrechtlicher Vorteil daraus ableiten, daß sich die Kommission für ihren Vorschlag nicht auf Art. 73f EGV, sondern auf ihre Generalermächtigung des Art. 155, 2. Gedankenstrich EGV beruft.

Die Kommission müßte folglich einen Vorschlag unterbreiten, der auf die Einführung der Beschränkungen des Art. 73f EGV gerichtet ist, die EZB müßte zwar - im Rahmen des Art. 73f EGV - angehört werden, doch könnte abschließend der Rat über die Stellungnahme der EZB hinweggehen und im Sinne des Kommissionsvorschlags beschließen. Dies, obwohl sich das Anhörungsrecht der EZB einmal aus Art. 73f EGV selbst, dann aber auch noch einmal aus Art. 105 Abs. 4 EGV ergibt. Jedoch ist dieses Anhörungsrecht der EZB ebenso ausgestattet wie das des Europäischen Parlaments. Die im Vertrag vorgesehene Anhörung ist obligatorisch, eine unterlassene Anhörung macht den Rechtsakt fehlerhaft und wegen Vertragsverletzung angreifbar[313], inhaltlich jedoch handelt es sich lediglich um eine Stellungnahme, an die weder Kommission noch Rat gebunden sind, was einem Übergehen Tür und Tor öffnet[314]. Auf diese Weise erscheint es also möglich, daß die Gemeinschaftsorgane ihre primär wirtschaftlich ausgerichtete Politik der stabilitätsorientierten Politik der EZB überstülpen.

bb) Mögliche Auswirkungen dieser "Empfehlungen" auf die Wechselkurse

Die durch wirtschaftliche Schwierigkeiten hervorgerufene und diese wiederum fördernde Auszehrung eines Gebietes mit Fremd- und Eigenkapital kann nur dann

---

310 *Breier*, in: Lenz, EG-Komm., Art. 155, Rn. 6.

311 *Hetmeier*, in: Lenz, EG-Komm., Art. 189, Rn. 16.

312 Vgl. dazu unten, Punkt IV.2.a)bb)(1).

313 Vgl. EuGH, Rs. 138/79 - *SA Roquette Frères/Rat der Europäischen Gemeinschaften* -, Slg. 1980, S. 3333 ff. (3360 f.).

314 *Kaufmann-Bühler*, in: Lenz, EG-Komm., Art. 137, Rn. 5.

gestoppt werden, wenn es gelingt, den Kapitalanlageort wieder attraktiv zu machen. Voraussetzung hierfür ist ein den Kapitalanlegern günstig erscheinender Zinssatz für ihre Investition. Wie bereits im ersten Kapitel (vereinfacht) gezeigt, ist beim kurzfristigen Kapitalverkehr von einer Zinsinduzierung auszugehen, d.h. das Kapital alloziert sich dort, wo es die größte Rendite erwirtschaften kann. Zur Anziehung des ausländischen und zum Halten des inländischen Kapitals ist folglich eine Erhöhung der Zinsen erforderlich. Wenn allerdings nach einer ausgeweiteten Kapitalflucht die Refinanzierung der Geschäftsbanken des betroffenen Mitgliedstaates auf den internationalen Kapitalmärkten wegen der von diesen geforderten Risikoaufschläge nicht mehr finanzierbar ist, dann müßten sich die Geschäftsbanken zur Refinanzierung an die Notenbank wenden, um hier über Kreditfazilitäten wieder zu ausreichender Liquidität zu gelangen. Mit der damit verbundenen Ausweitung der umlaufenden Zentralbankgeldmenge gehen aber auch inflationäre Entwicklungen einher, die die Zentralbank nur durch eine Anhebung der Leitzinsen vermeiden könnte. Dies würde jedoch wiederum den Kapitalmangel der Banken des betroffenen Mitgliedstaates erhöhen, da sie wegen der schlechten wirtschaftlichen Daten des Staates nicht auf die internationalen Kapitalmärkte ausweichen können.

Da es in der Situation eines einheitlichen Währungsraumes nicht mehr zu Abwertungen einzelner oder etwa regionaler Abwertungen der gemeinsamen Währung kommen kann, besteht - wenn auch abgeschwächt - für den ganzen einheitlichen Währungsraum die Gefahr der Abwertung oder als Alternative die Kapitalflucht aus der defizitären Region in eine haushaltspolitisch gesündere Region des Raumes. Wird nun nach Vorschlag der Kommission durch Ratsbeschluß der Kapitalexport aus der Region gemäß Art. 73f EGV eingeschränkt, so verringert sich automatisch die Devisennachfrage der Wirtschaftssubjekte der Region. Die Devisennachfrage einer Region setzt sich generell aus den Güterimporten und den Kapitalexporten zusammen[315].

Die Einschränkung des Kapitalexports hat auf der anderen Seite eine Minderung des Vertrauens ausländischer Anleger in diese Währung zur Folge, was sich mit dem Bild der "Mausefallenwährung" beschreiben läßt, in die man zwar als Investor oder Anleger hinein, jedoch nur zu hohen Kosten wieder heraus kommt. Damit aber sinkt die Nachfrage nach der eigenen Währung des betroffenen Staates, hier also nach der Euro-Währung. Die Folge davon ist ein verringerter Kapitalimport, der aber nötig wäre, um die durch den vormaligen Kapitalabfluß geschwächte Wirtschaft wieder anzutreiben. Hieraus ergeben sich dann Konsequenzen für den Wechselkurs. Dieser resultiert aus dem Gleichgewicht zwischen Devisennachfrage und -angebot[316]. Dieses Gleichgewicht ist jedoch durch die Absenkung der Nachfrage nicht mehr gegeben, es besteht vielmehr ein Angebotsüberschuß.

---

315 *Dieckheuer*, Makroökonomik, S. 310; *Siebert*, Außenwirtschaft, S. 222; *Welfens*, Grundzüge der Wirtschaftspolitik, S. 388.

316 *Siebert*, a.a.O., S. 222; *Rose/Sauernheimer*, Theorie der Außenwirtschaft, S. 39; *Welfens*, a.a.O., S. 374.

Die Folge hiervon ist ein Zahlungsbilanzungleichgewicht[317]. Bei freier Wechselkursbildung würde sich ein neues Devisenmarktgleichgewicht einstellen, das zugleich ein neues Zahlungsbilanzgleichgewicht darstellen würde[318].

Im Verhältnis der Eurostaaten zu den übrigen EG-Staaten besteht eine solche freie Wechselkursbildung jedoch nicht. Nach den Entscheidungen des Treffens der EG-Finanzminister in Dublin im September 1996 soll auch hier ein (erweitertes) EWS II gelten[319], wobei die Interventionsmargen auf +/- 15% festgelegt sind[320]. Die Teilnahme an diesem EWS II ist zwar für die Mitgliedstaaten nicht verpflichtend, so daß die (derzeitige) Nichtteilnahme Großbritanniens und Schwedens keinen Vertragsverstoß darstellt. Art. 109j Abs. 1, 3. Gedankenstrich EGV sieht jedoch als eines der Konvergenzkriterien die Einhaltung der normalen Bandbreiten des Wechselkursmechanismus des Europäischen Währungssystems über einen Zeitraum von zwei Jahren ohne Abwertung vor, bevor der entsptrechende Staat die gemeinsame Währung Euro einführen darf. Wenn auch seit der Bandbreitenerweiterung des EWS I im Sommer 1993 fraglich mag, welche Bandbreite für die bisherigen EG-Staaten als "normal" anzusehen ist, bei den zukünftigen Beitrittskandidaten wird eine Teilnahme am EWS II jedenfalls vorausgesetzt werden müssen, wenn dieses Kriterium nicht bloßes Wunschdenken sein soll.

Handelt es sich bei den Wechselkursen der Eurostaaten im Verhältnis zu den Nationalwährungsstaaten der EG folglich - wie schon insgesamt im EWS I - um sogenannte "bandfixierte Wechselkurse"[321], d.h. innerhalb bestimmter Bandbreiten dürfen die am Wechselkursmechanismus teilnehmenden Währungen um ihre bilateralen Leitkurse schwanken[322], so gilt folgendes: Eine Erleichterung für die Zentralbanken besteht darin, daß sie bei einem System der Bandfixierung nicht den bisher geltenden Wechselkurs exakt wieder erreichen oder sonst Neuverhandlungen über die Festlegung des Wechselkurses mit dem beteiligten Staat führen müssen, sondern daß es ausreicht, wenn er durch ihre Intervention in den vorgegebenen Rahmen zurückkehrt, wobei dies dann erreicht ist, wenn der Wechselkurs an der untersten Grenze des Rahmens angelangt ist[323]. Erforderlich ist somit eine Devisenmarktintervention dahingehend, daß das Überschußangebot so lange aufgekauft wird, bis Angebot und Nachfrage sich bei einem Wert einfinden, der innerhalb der Margen liegt.

---

317 *Rose/Sauernheimer*, a.a.O., S. 41; *Siebert*, a.a.O., S. 226.

318 *Dieckheuer*, a.a.O., S. 311; *Rose/Sauernheimer*, a.a.O., S. 42.

319 Zu den rechtlichen Vorgaben des EWS II s. *Häde*, in: FS für Hugo J. Hahn, S. 141 ff. (152 ff.).

320 Vgl. Das Parlament, Nr. 40, vom 27.09.1996, S. 1; Presidency Conclusions - Amsterdam 16 and 17 June 1997, Annex II, S. 15 ff. (18).

321 *Dieckheuer*, Makroökonomik, S. 310.

322 *Lesch*, Europa auf dem Weg zur Währungsunion, S. 16.

323 *Lesch*, a.a.O., S. 17.

cc) Konflikte mit der EZB wegen der Geldumlaufmenge, Art. 105 Abs. 2 EGV

Devisenmarktinterventionen haben jedoch auch Folgen für die Geldmenge, die in einem Land bzw. in einem einheitlichen Währungsraum zirkuliert. Kauft die Zentralbank - wie hier - Devisen auf, so erhöht sie dadurch den Umlauf von Zentralbankgeld und als Konsequenz daraus auch die Geldmenge. Eine Geldmengenerhöhung steht jedoch grundsätzlich im Widerspruch zur Aufgabe der EZB, die Preisstabilität zu wahren, da eine Geldmengenerhöhung inflationäre Tendenzen auslöst und somit dem Preisverfall in die Hände arbeitet. Es liegt aber darin eine entscheidende Voraussetzung dafür, daß die Notenbank den von ihr geforderten Beitrag zur Preisstabilität auch leisten kann, daß sie im Konfliktfall nicht mehreren Zielen gleichzeitig dienen muß.

Die gesetzliche Verpflichtung auf das vorrangige Ziel der Preisstabilität kann daher als wesentliche Abwehrwaffe gegen den Mißbrauch der Geldpolitik angesehen werden. Wenn Art. 105 Abs. 1 EGV als Ziel der EZB die Gewährleistung der Preisstabilität festlegt, geht der Vertrag hier sogar noch einen Schritt weiter, denn in der Begriffswahl der "Gewährleistung" liegt nicht nur eine Berechtigung der EZB, im Falle von Stabilitätsgefahren einzugreifen, sondern geradezu eine Pflicht. Daraus folgt, daß die EZB im Zweifel auch gegen die Wirtschaftspolitik der EG, i.e. Rat und Kommission, vorgehen können muß, wenn diese Politik sich schädigend auf die Preisstabilität auswirken sollte.[324] Es bestehen jedoch Möglichkeiten der Zentralbank, den Geldmengeneffekt einer Devisenmarktintervention zu neutralisieren, indem sie geldpolitische Maßnahmen einsetzt. Hierzu gehören eine - bei Geldmengenerhöhung - restriktive Offenmarktpolitik, eine Erhöhung des Diskontsatzes oder eine Anhebung der Mindestreservesätze; alles Instrumente, die auch der EZB zur Verfügung stehen (vgl. Art. 17 ff. der ESZB-Satzung). Diese Form der sogenannten Neutralisierungs- oder Kompensationspolitik schlägt sich in einer autonomen Änderung der monetären Basis nieder, d.h. die Zentralbank reguliert ohne Einflußnahme von außen den Geldumlauf innerhalb des von ihr kontrollierten Raumes und sorgt so für eine im Endeffekt gleichbleibende Geldmenge und stabile Preise.

Im außenwirtschaftlichen Bereich bleibt die Geldmengenerhöhung jedoch nach wie vor sichtbar im Zahlungsbilanzungleichgewicht zwischen dem die Geldmengenerhöhung vornehmenden Staat und seinen Handelspartnern auf dem Weltmarkt. Dieses außenwirtschaftliche Ungleichgewicht resultiert aus einer nicht ausgeglichenen Devisenbilanz. Bei zinsabhängigen Nettokapitalimporten ergibt sich damit ein Angebotsüberschuß, folglich ein positiver Devisenbilanzsaldo. Die mit der durch die Devisenmarktintervention hier einhergehende und daraus resultierende Steigerung des Volkseinkommens kann über die verstärkten Importe des Inlands das Devisenangebot aus dem Ausland nicht kompensieren[325]. Wollte die Bank auch dies kompensieren, so müßte sie bei einem - hier bestehenden - Zah-

[324] *Schill*, in: Lenz, EG-Komm., Art. 105, Rn. 3.
[325] *Wohltmann*, Grundzüge der makroökonomischen Theorie, S. 264.

lungsbilanzüberschuß die monetäre Basis, d.h. die umlaufende Geldmenge, wieder verringern, und zwar um den Betrag des gesamten Überschusses. In einem System fester Wechselkurse muß die Zentralbank dieses überschüssige Devisenangebot gegen heimische Währung aufkaufen, wodurch ihre Währungsreserven ansteigen[326].

Durch diese Form der Neutralisierung wird das Zahlungsbilanzungleichgewicht jedoch nicht überwunden, sondern es werden lediglich seine Folgen kompensiert, d.h. die Ursachen des Ungleichgewichts bleiben bestehen und nötigen der Zentralbank Devisenmarktinterventionen über einen längeren Zeitraum ab[327]. Hat die Neutralisierungspolitik Erfolg, so verhindert die Zentralbank den aus der Zunahme der Währungsreserven erneut entstehenden Geldmengeneffekt durch eine entsprechende Absenkung der heimischen Komponente der monetären Basis, d.h. sie reduziert weiter die umlaufende Geldmenge. Die Krise des EWS in den Jahren 1992 und 1993 hat jedoch gezeigt, daß bei Kapitaltransaktionen ab einer gewissen Größenordnung die Zentralbanken nicht mehr bereit oder in der Lage sind, die attackierte Währung zu stützen. Um diese dauerhaften Deviseninterventionen zu vermeiden, hat die Zentralbank nur zwei Möglichkeiten. Entweder nimmt sie autonome Wechselkursveränderungen vor, sogenannte Realignments, wodurch das Zahlungsbilanzungleichgewicht wenigstens über einen kurzen Zeitraum beseitigt wird, oder sie akzeptiert die außenwirtschaftlichen Geldmengeneffekte in der Hoffnung, daß die daraus resultierenden Anpassungsprozesse zu einem neuen Zahlungsbilanzgleichgewicht führen[328]. Beide Möglichkeiten entsprechen allerdings nicht dem EZB-Primat der Preisstabilitätswahrung. Muß sie sich folglich gegen den Rat und dessen Wirtschaftspolitik stellen, so ist der Konfliktfall gegeben. Für diese Form der Konfrontation muß es eine Lösung geben.

b) Konfliktlösende institutionelle Höherrangigkeit zwischen Rat und EZB ?

Die Lösung des eben dargestellten Konfliktfalles wäre recht einfach, wenn es gelänge nachzuweisen, daß entweder dem EG-Rat oder der EZB im Institutionengefüge des EG-Vertrages eine institutionelle Höherrangigkeit vor der jeweils anderen Institution zukäme, wobei sich dieses Verhältnis dann auch auf die Entscheidungen von EG-Rat und EZB übertragen ließe. Ein erster Hinweis auf die fehlende institutionelle Gleichrangigkeit von EG-Rat und EZB könnte darin zu sehen sein, daß die EZB ausweislich des Art. 4 EGV nicht zu den Organen der EG zählt. Aus diesem Grunde kann im Zusammenhang mit der EZB immer nur von Institution, nie aber von Organ gesprochen werden. Unterstrichen wird die Einteilung von Art. 4 EGV im gesamten fünften Teil des Vertrages, worin zwar die in Art. 4 EGV genannten Organe und - erstaunlicherweise - auch die in Art. 4b EGV genannte Europäische Investitionsbank (Art. 198d, e EGV) näher geregelt

---

326 *Wohltmann*, a.a.O., S. 264.

327 *Dieckheuer*, Makroökonomik, S. 313; *ders.* Internationale Wirtschaftsbeziehungen, S. 188.

328 *Dieckheuer*, ebd.; *Wohltmann*, Grundzüge der makroökonomischen Theorie, S. 264 f.

werden, nicht hingegen die in Art. 4a EGV geregelte EZB, wo sie bezeichnenderweise auch nicht "Organ" genannt wird, sondern worin lediglich festgelegt wird, daß sie geschaffen wird und nach Maßgabe welcher Befugnisse sie handelt. Ginge man nun davon aus, daß der EZB somit nicht einmal Organqualität zukommt, so wäre es - auch aus der überragenden Funktion des EG-Rates (Art. 145 EGV) heraus - leicht nachzuvollziehen, billigte man dem EG-Rat eine institutionelle Höherrangigkeit zu.

Diese Sichtweise greift jedoch zu kurz; sie vernachlässigt zwei Gegenargumente. Bei dem ersten Argument handelt es sich um die systematische Stellung der Normen. Es könnte angeführt werden, daß die nahe beieinander liegende Stellung von Organ- und EZB-Regelung in den Grundsätzen des Vertrages einer unterschiedlichen Rangeinteilung widerspräche, wobei dies zweifellos im hier gegebenen Zusammenhang das weitaus schwächere Argument ist, denn auch die Europäische Investitionsbank steht in engem systematischen Zusammenhang zu den Regelung über die Organe der Gemeinschaft, sie wird sogar im fünften Teil - anders als die EZB - bei der näheren Ausgestaltung der Organe erwähnt. Gleichwohl zählt die EIB nicht zu den Organen der Gemeinschaft.

Wichtiger und vor allem durchgreifend ist daher das zweite Argument. Gegen die Annahme eines unterschiedlichen institutionellen Ranges von EG-Rat und EZB infolge der Tatsache, daß die EZB nicht in Art. 4 EGV auftaucht und in Art. 4a EGV nicht als Organ bezeichnet wird, spricht, daß Voraussetzung dieser Annahme die gleiche internationale Herkunft beider Institutionen ist, d.h. daß sie beide Bestandteil der gleichen internationalen Organisation sind. Gerade dies ist jedoch nicht der Fall. Der EG-Rat ist Organ der Europäischen Gemeinschaft, der in Art. 210 EGV Rechtspersönlichkeit verliehen worden ist. Durch die von den Gründern der Gemeinschaft eingesetzten Organe ist die EG auch zu rechtsverbindlichem Handeln fähig, denn Organe sind die handelnden Institutionen derjenigen Organisationen, die zu rechtssetzendem Handeln fähig sind. Anders sieht es hingegen bei der EZB aus. Sie ist, obwohl sie im EG-Vertrag geregelt ist, nicht Bestandteil des Institutionengefüges der Europäischen Gemeinschaft, sondern sie ist Bestandteil des ESZB.

Das ESZB ist seinerseits jedoch nur der "Dachverband" der in ihm vereinigten EZB und der nationalen Notenbanken[329]. Im Unterschied zur EG ist dem ESZB auch keine Rechtsfähigkeit verliehen worden, womit das ESZB nicht als eigene Rechtsperson angesehen werden kann[330]. Ein gegenteiliges Ergebnis läßt sich auch Art. 105 EGV nicht entnehmen, der anscheinend dem ESZB Aufgaben zuweist. Diese Zuweisungen, die Preisstabilität zu gewährleisten, die Wirtschaftspolitik zu unterstützen etc., sind auf die handlungsfähigen Bestandteile des ESZB zu beschränken. Das aber sind nur die EZB und die nationalen Zentralbanken[331].

---

[329] *Brosius-Gersdorf*, S. 283, *Weber, M.*, WM 1998, S. 1465 ff. (1465).

[330] *Brosius-Gersdorf*, S. 294.

[331] *Weber, M.*, WM 1998, S. 1465 ff. (1465).

Dem ESZB können daher auch keine Organe geschaffen werden. Vielmehr schließen sich die im ESZB vereinigten nationalen Zentralbanken und die EZB erst im ESZB zu einer Handlungseinheit zusammen[332].

Dieser Sicht der Dinge widerspricht auch nicht die Tatsache, daß der EZB in Art. 106 Abs. 2 EGV ihrerseits Rechtspersönlichkeit verliehen worden ist, was sich bereits darin niedergeschlagen hat, daß der EZB-Rat und das Direktorium als Organe der EZB anzusehen sind, nicht jedoch als solche der EG. Müßten diese EZB-Organe ebenfalls als Organe der EG angesehen werden, was zwangsläufig der Fall wäre, wenn die EZB eingegliederter Bestandteil des EG-Vertrages wäre, dann müßte die EZB gemäß Art. D Abs. 1 EUV den politischen Zielvorstellungen des Europäischen Rates unterliegen. Dies widerspräche jedoch eindeutig dem Unabhängigkeitserfordernis der EZB, wobei in einem solchen Fall auch der die Unabhängigkeit der EZB garantierende Art. 107 EGV nicht helfen kann. Denn nach dessen Wortlaut sind von der Einflußnahme auf die EZB ausgeschlossen die Organe und Einrichtungen der Gemeinschaft, die Regierungen der Mitgliedstaaten sowie "andere Stellen".

Auf den ersten Blick mag mit der Wendung "andere Stellen" die Gefahr einer Einflußnahme seitens des Europäischen Rates gebannt sein, doch erweist sich dies bei näherem Hinsehen als nicht so eindeutig. Unzweifelhaft unterfällt der Europäische Rat nicht den Organen oder Einrichtungen der Gemeinschaft, ebensowenig wie er zu den Regierungen der Mitgliedstaaten gehört. Tatsächlich ließe sich der Europäische Rat - allein dem Wortlaut der Vorschrift entsprechend - unter o.g. Wendung subsumieren. Eine Auseinandersetzung mit Art. 107 EGV in grammatikalischer Hinsicht beweist jedoch, daß der Sinn der Vorschrift ein anderer ist. Zunächst könnte sich ein Verständnis dieser Vorschrift dahingehend ergeben, daß ihr Regelungsgehalt von der Ebene der Gemeinschaft hin zu den Mitgliedstaaten und von dort auf die "anderen Stellen" übergeht, also vom Höheren zum Niederen sich bewegt. Die "anderen Stellen" wären folglich als untergesamtstaatliche Ebene zu begreifen, so daß auch Einflußnahmen auf die EZB etwa seitens der Bundesländer oder anderer, nichtstaatlicher Organisationen ausgeschlossen sind.

Als weitere Interpretationsmöglichkeit kommt in Betracht, daß sich die "anderen Stellen" auf die zuvor genannten Mitgliedstaaten beziehen und dementsprechend Teile der Legislative oder der Exekutive meinen. Hier nun ließe sich argumentieren, daß die (mitgliedstaatlichen) Mitglieder des Europäischen Rates, die Staats- und Regierungschefs auf diese Weise an das Unabhängigkeitsgebot der EZB gebunden sind. Hieraus könnte dann folgen, daß sie auch in ihrer Gesamtheit an das Unabhängigkeitsgebot gebunden sind. Dies setzte ein Verständnis des Europäischen Rates voraus, das darauf hinausläuft, daß eben dieser Rat nicht mehr ist als die Summe seiner Mitglieder. Gerade dem kann jedoch nicht gefolgt werden. Die herausragende Position, die die Herren der Verträge dem Europäischen Rat in Art. D EUV eingeräumt haben als diejenige Institution, die die weitere Entwick-

---

332 *Koenig/Pechstein*, Die Europäische Union, 1. Aufl., Kap. 7, Rn. 24.

lung der Europäischen Integration steuern und maßgeblich beeinflussen soll, stünde in krassem Gegensatz zu einer Umschreibung in einer Norm mit dem denkbar undeutlichen Begriff "andere Stellen", der der Bedeutung dieser Institution nicht annähernd gerecht würde. Selbst wenn demnach die Staats- und Regierungschefs der Mitgliedstaaten von dem Begriff "andere Stellen " in Art. 107 EGV umfaßt werden und damit dem Unabhängigkeitsgebot der EZB unterliegen, so läßt sich daraus nicht der Schluß ziehen, daß damit auch der Europäische Rat an die Vorschrift des Art. 107 EGV gebunden ist.

Es fällt somit auf, daß der Europäische Rat durch Art. 107 EGV nicht an das Unabhängigkeitsgebot der EZB gebunden ist. Käme ihm daher über Art. D Abs. 1 EUV die Kompetenz zur "politischen Leitung" der EZB zu, so wäre von einer Unabhängigkeit der EZB nicht mehr zu sprechen[333]. Damit folglich das Unabhängigkeitsgebot des Art. 107 EGV nicht dadurch ausgehöhlt wird, daß der Europäische Rat nicht daran gebunden ist, kann es nur dann aufrecht erhalten werden, wenn dem Europäischen Rat trotz seiner umfassenden Lenkungsbefugnis hinsichtlich der Europäischen Gemeinschaft aus Art. D EUV der "Zugriff" auf die EZB auf andere Weise entzogen ist. Dieses Ergebnis ist nur mit der Annahme zu erreichen, daß das ESZB insgesamt zwar teilweise im EG-Vertrag geregelt, aber dennoch als davon getrennte normative Einheit anzusehen ist. Entstammen somit EG-Rat und EZB zweier nebeneinander bestehender, nicht aber identischer "Organisationen", so ist eine institutionelle Höherrangigkeit der einen oder anderen Institution lediglich auf Grund des formalen Kriteriums der Organstellung in Art. 4 EGV mangels Vergleichbarkeit ausgeschlossen. Aus der systematischen Trennung von EG-Rat und EZB in Art. 4 bzw. Art. 4a EGV läßt sich somit eine institutionelle Höherrangigkeit des EG-Rates nicht herleiten.

c) Konfliktlösungsmöglichkeit durch den Europäischen Rat ?

Zur Frage, ob der Europäische Rat, so wie er in Art. D EUV niedergelegt ist, in den oben beschriebenen Konfliktfall entscheidend eingreifen kann, ist zunächst seine Stellung im Gefüge des EU- und des EG-Vertrages zu betrachten[334]. Die nähere Charakterisierung des Europäischen Rates gemäß Art. D EUV ist recht unterschiedlich, sie reicht von "originärem Organ der EU"[335], über "Hauptorgan der Union"[336] und "oberstes Ratifikationsorgan der Gemeinschaftsgesetzgebung"[337] bis zum "politischen Leitorgan der EU"[338]. Bezeichnend ist, daß alle diese Charakterisierungen mit dem Begriff "Organ" hantieren. Alle diese Bezeichnungen dürfen jedoch nicht darüber hinwegtäuschen, daß im rein rechtlichen Sinne der Euro-

[333] Hierzu näher sogleich unter c).

[334] Vgl. dazu nur *Pechstein/Koenig*, Die Europäische Union, Rn. 165 ff.

[335] *Klein/Haratsch*, DÖV 1993, S. 785 ff. (788); *Bleckmann*, DVBL. 1992, S. 335 ff. (337).

[336] *Geiger*, EG-Komm., Präambel Rn. 10.

[337] *Martenczuk*, EuR 1998, S. 151 ff. (176).

[338] B/B/P/S, *Beutler*, S. 57; *Streinz*, Europarecht, Rn. 279.

päische Rat kein Organ der EU sein kann, denn Organe sind stets nur rechtlich unselbständige Handlungsinstrumente eines Rechtssubjekts, welches erst durch die Organe Handlungsfähigkeit erlangt.

aa) Rechtsfähigkeit der Europäischen Union ?

Eine ausdrückliche Verleihung der Rechtsfähigkeit an die Europäische Union erfolgt im EU-Vertrag nicht. Dies wird zunächst durch einen Vergleich mit dem EG-Vertrag deutlich, in dessen Art. 210 die Mitgliedstaaten als "Herren der Verträge" der EG die Völkerrechtsfähigkeit eingeräumt haben, wohingegen eine solche Norm im EU-Vertrag gänzlich fehlt. Hieraus allein läßt sich noch nicht schließen, daß die EU als solche keine Rechtspersönlichkeit besitzt. Neben der ausdrücklichen Verleihung der Rechtspersönlichkeit kann einer internationalen Organisation auch über den Weg der implied-powers Rechtspersönlichkeit zugesprochen werden[339], wie z.B. den Vereinten Nationen. Voraussetzung für eine implizite Verleihung der Völkerrechtssubjektivität an eine internationale Organisation sind Bestimmungen des Gründungsvertrages, aus denen hervorgeht, daß die Vertragsstaaten die Verleihung der Völkerrechtsfähigkeit beabsichtigt hatten[340].

In dieser Hinsicht werden - neben anderen Vorschriften - in erster Linie die Vorschriften über die GASP in Art. J. 1 ff. EUV genannt[341]. Diese Regelungen lassen einen solchen Schluß jedoch gerade nicht zu, denn bei der GASP handelt es sich lediglich um eine vertraglich festgelegte Form der Koordinierung der Außenpolitiken der Vertragsstaaten des Unionsvertrages, wodurch der rein intergouvernementale Charakter der GASP deutlich hervortritt[342]. Die damit verbundene vermeintliche Vertragsabschlußfähigkeit der Europäischen Union läßt sich vielmehr als Fortführung der dem den Vorsitz innehabenden Mitgliedstaat eingeräumten partiellen Vertretungsmacht für die restlichen Vertragsstaaten des Unionsvertrages begreifen. Aus Art. J. 5 Abs. 1 EUV, wonach der Vorsitz in Angelegenheiten der GASP die Union vertritt, läßt sich eine eigenständige Außen- und Sicherheitspolitik und daraus folgend eine Rechtspersönlichkeit der EU ebenfalls nicht herleiten[343].[344]

---

339 *Pechstein/Koenig*, Die Europäische Union, Rn. 73.

340 *Pechstein/Koenig*, a.a.O., Rn. 5.

341 *v. Bogdandy/Nettesheim*, EuR 1996, S. 3 ff. (24 f.).

342 *Pechstein/Koenig*, Die Europäische Union, Rn.74; vgl. dazu auch *dies.*, EuZW 1997, S. 225 (225); dagegen *Krenzler/Schneider*, EuR 1994, S. 144 ff. (147), die die Union als eigenständig Handelnde im Rahmen der GASP betrachten; so ebenfalls *Trüe*, Verleihung von Rechtspersönlichkeit..., S. 37; auch *v. Bogdandy/ Nettesheim*, a.a.O., S. 24 f., die aus Art. J. 4 Abs. 2 EUV folgern, daß die darin niedergelegte Zusammenarbeit mit der WEU Rechtsbeziehungen zwischen dieser und der EU verlange, so daß letzterer Vertragsabschlußfähigkeit und damit Völkerrechtssubjektivität zukommen müsse.

343 *Streinz*, in: Hummer (Hrsg.), Die Europäische Union und Österreich, S. 29 ff. (33 f.) sowie *Müller-Graff*, integration 16 (1993), S. 147 ff. (152).

344 Zu weiteren Normen des EU-Vertrages, aus denen möglicherweise eine implizite Ver-

Eine andere Möglichkeit, zu einer Völkerrechtssubjektivität der EU zu gelangen, wäre eine Ableitung der Völkerrechtssubjektivität aus den der EU zugrunde liegenden Gemeinschaften. Dies kann aber schon deshalb nicht sein, weil ausweislich des Art. A Abs. 3 EUV die Europäischen Gemeinschaften nur einen Teil der Grundlage der Europäischen Union darstellen, nicht aber diese selbst. Sind folglich EG und EU nicht identisch und bleiben die Gemeinschaften rechtlich selbständig[345], was sich daraus ergibt, daß die jeweilige Vorschrift in den Gemeinschaftsverträgen nicht geändert wurde, so kann die Union von den Gemeinschaften keine Rechtspersönlichkeit erlangt haben, ohne daß bei diesen ein merklicher Verlust eingetreten wäre[346]. Mithin läßt sich festhalten, daß zumindest bisher der EU keine Völkerrechtssubjektivität zugekommen ist. Damit ist gleichwohl die Möglichkeit nicht ausgeschlossen, daß die EU über kurz oder lang Rechtspersönlichkeit erlangt[347].

Eine Entwicklung in diese Richtung hätte jetzt durch den auf dem Amsterdamer Treffen am 2.10.1997 unterzeichneten Revisionsvertrag zum Maastrichter Vertrag[348] eintreten können. Der bisherige Status der EU ohne Rechtspersönlichkeit wird hier noch einmal ausdrücklich bestätigt[349]. Doch schon der Entwurf der irischen Ratspräsidentschaft vom 5.12.1996[350] sah einen neuen Artikel vor, durch den der EU Rechtspersönlichkeit verliehen werden sollte[351]. Ein Artikel mit einer derart expliziten Verleihung der Rechtspersönlichkeit an die EU findet sich im Amsterdamer Vertrag nicht. Jedoch enthält das Kapitel über die GASP im Amsterdamer Vertrag eine Vorschrift, die besagt, daß auf der Grundlage eines einstimmigen Beschlusses der Rat Übereinkünfte mit Staaten oder internationalen Organisationen abschließen kann[352]. Diese Norm wird hier dem bisherigen Status der EU ohne Rechtspersönlichkeit gegenübergestellt. Hieraus eine mit Inkrafttre-

---

leihung der Völkerrechtssubjektivität an die EU abgeleitet werden könnte, vgl. *Pechstein/Koenig*, a.a.O., Rn. 75 ff., die jedoch alle negativ beurteilt werden müssen.

345 Dagegen die Vertreter der Einheitsthese, s. nur *v. Bogdandy/Nettesheim*, EuR 1996, S. 3 ff. (12 ff.).

346 So deutlich *Pechstein/Koenig*, Die Europäische Union, Rn. 80.

347 Diese Möglichkeit sehen sowohl *Pechstein/Koenig*, a.a.O., Rn. 80, als auch *v. Bogdandy/Nettesheim*, EuR 1996, S. 3 ff. (25). Eindeutig für eine bereits bestehende Völkerrechtssubjektivität der EU sprechen sich wohl nur *Ress*, JuS 1992, S. 985 ff. (986) und *Trüe*, Verleihung von Rechtspersönlichkeit an die Europäische Union, S. 59 aus.

348 Vgl. Bull.EU 10 - 1997, S. 7.

349 Vgl. Konferenz der Vertreter der Regierungen der Mitgliedstaaten, Dok. CONF 4004/97, Gegenüberstellung der geltenden Verträge (EGV, EUV) mit dem neuen Amsterdamer Vertrag, S. 35.

350 Konferenz der Vertreter der Regierungen der Mitgliedstaaten, Dok. CONF 2500/96.

351 A.a.O., S. 92. Dagegen bereits *Koenig/Pechstein*, EuZW 1997, S. 225 (225).

352 Vgl. Konferenz der Vertreter der Regierungen der Mitgliedstaaten, Dok. CONF 4004/97, Gegenüberstellung der geltenden Verträge (EGV, EUV) mit dem neuen Amsterdamer Vertrag, S. 35.

ten des Amsterdamer Vertrages nun bestehende Rechtspersönlichkeit der EU abzuleiten, muß jedoch fehlschlagen. Der Wortlaut der neuen Vorschrift spricht eindeutig von einem einstimmigen Beschluß des Rates, womit der Rat der Europäischen Union, nicht aber der Europäische Rat gemeint ist. Daraus und aus der Tatsache, daß diese Abschlußkompetenz des Rates in dem Kapitel über die GASP und nicht in den allgemeinen Bestimmungen des EU-Vertrages niedergelegt ist, folgt aber, daß - zumal wegen des Erfordernisses der Einstimmigkeit - hier wiederum nur die Vertragsstaaten gemeinsam handeln. Es hat sich somit nichts an der intergouvernementalen Ausrichtung der GASP geändert, es ist nach wie vor nicht die EU, die hier als Handelnde auftritt. Ist somit festzuhalten, daß die EU nach bisherigem Recht keine Rechtspersönlichkeit hat und auch durch den Amsterdamer Vertrag eine solche nicht verliehen bekommt, so kann der Europäische Rat auch kein Organ der EU sein[353]. Und ein Organ der EG kann der EU-Rat nicht sein, weil Art. 4 EGV eine abschließende Aufzählung der Organe der EG enthält, der Europäische Rat hier aber ersichtlich nicht aufgeführt wird.

bb) Die Behandlung des "Europäische Rates" im EG-Vertrag

Eine Besonderheit ist jedoch darin zu sehen, daß der Europäische Rat auch im EG-Vertrag aufgeführt wird und mit Befugnissen ausgestattet ist. Expressis verbis erscheint der Europäische Rat in Art. 103 Abs. 2 S. 2 EGV, nach dem er die Grundsätze der mitgliedstaatlichen Wirtschaftspolitik verkündet und der EG-Rat daraufhin seine wirtschaftspolitische Empfehlung ausspricht. Weiterhin wird verschiedentlich angeführt, daß der Europäische Rat auch in den Art. 109a Abs. 2b, 109j Abs. 2, 4 und 109k Abs. 2 EGV erwähnt werde, wobei er hier jedoch in der Zusammensetzung der Staats- und Regierungschefs handele[354]. In dieser Ansicht, daß der Europäische Rat mit dem Rat der EG in der Zusammensetzung der Staats- und Regierungschefs identisch sei, liegt jedoch ein eklatanter Fehler.

Die Staats- und Regierungschefs können in unterschiedlichen Funktionen tagen, die wegen verschiedener Befugnisse auseinanderzuhalten sind. So tagen die Staats- und Regierungschefs in Art. 109a Abs. 2b EGV als im Rat vereinigte Vertreter der Regierungen der Mitgliedstaaten, in Art. 109j und k EGV jedoch als EG-Rat in höchstrangiger Besetzung[355]. Diese dem Europäischen Rat auch schon vor dem Inkrafttreten des EU-Vertrages bescheinigte Doppelrolle als einerseits außerhalb der Gemeinschaftsrechtsordnung stehende Institution und andererseits als EG-Rat in der personell höchstrangigen Besetzung[356] konnte nur gelten, solange der Europäische Rat noch nicht einmal definiert war über Art. 2 EEA[357],

[353] *Glaesner*, EuR 1994, S. 31; *Pechstein/Koenig*, Die Europäische Union, Rn. 171.

[354] *Hilf/Pache*, in: Grabitz/Hilf, Bd. I, Art. D, Rn. 8; *Glaesner*, EuR 1994, S. 26; für eine Identität von Europäischem Rat und Rat der EU in der Zusammensetzung der Staats- und Regierungschefs auch *Breier*, in: Lenz, EG-Komm., Vorbem. Art. 145 - 154, Rn. 4.

[355] *Streinz*, Europarecht, Rn. 278.

[356] *Oppermann*, Europarecht, Rn. 266.

[357] BGBl. II 1986, S. 1104 ff.

sondern lediglich über das Kommuniqué der Pariser Gipfelkonferenz vom 9./10. Dezember 1974[358].

Mit der Definition des Art. 2 EEA, die sich nun in Art. D Abs. 2 EUV wiederfindet, ist diese Doppelrolle nicht mehr zu vereinbaren. Seit dem Zeitpunkt des Inkrafttretens der EEA (1.7.1987) besteht der Europäische Rat neben den Staats- und Regierungschefs zusätzlich aus dem Kommissionspräsidenten sowie den Aussenministern und einem weiteren Kommissionsmitglied, wobei letzteren nur unterstützende Funktionen zukommen. In dieser Zusammensetzung aber konnte und kann der Europäische Rat niemals rechtsverbindlich für die Gemeinschaften handeln, über eine politische und völkerrechtliche Verbindlichkeit geht der juristische Gehalt der Beschlüsse des Europäischen Rates in bezug auf die Gemeinschaftspolitiken nicht hinaus[359]. Tagen die Staats- und Regierungschefs ohne den Kommissionspräsidenten, so können sie dies ausweislich des Art. 4 der GO des Rates[360] nur als EG-Rat, keinesfalls jedoch als Europäischer Rat. Es ist daher weder ein Redaktionsversehen, daß der Europäische Rat nicht als Organ der EG in Art. 4 EGV genannt ist, obwohl doch dem Rat der EG in der Zusammensetzung der Staats- und Regierungschefs in den o.g. Artikeln Entscheidungsbefugnisse übertragen wurden, noch ist es spitzfindiger Formalismus anzunehmen, daß der Rat in Art. 109a, j und k EGV nicht der Europäische Rat ist[361], sondern lediglich Anwendung des und Rücksichtnahme auf den insoweit eindeutigen Wortlaut des Art. D Abs. 2 EUV. Rechtlich steht der Europäische Rat somit zweifellos außerhalb der EG[362].

cc) Konfliktlösungsmöglichkeit durch Aufgabenzuweisung im EG-Vertrag ?

Vom bisherigen zu unterscheiden und für die Beantwortung der gestellten Frage nach den Konfliktlösungsmöglichkeiten des Europäischen Rates bei Meinungsverschiedenheiten zwischen EG-Rat und EZB von weitaus größerer Bedeutung ist die Nennung des Europäischen Rates in Art. 103 Abs. 2 UAbs. 2 EGV. Einzig hier werden dem Europäischen Rat konkrete Befugnisse eingeräumt, die - so hat es den Anschein - für den Rat der EG verbindlich sind, denn auf diesen - und nur auf diesen - Schlußfolgerungen des Europäischen Rates baut der EG-Rat seine Empfehlungen für die Wirtschaftspolitik auf. Wäre hier davon auszugehen, daß der Europäische Rat aufgrund seiner mangelnden Organqualität seine politische Führungsarbeit nur in der Form rechtlich unverbindlicher Empfehlungen ausüben könnte, welche der EG-Rat berücksichtigen kann, es aber nicht muß, so ergäbe

---

[358] Schlußkommuniqué, Bulletin des Presse- und Informationsdienstes der Bundesregierung, Nr. 152, v. 13.12.1974, S. 1537 ff. (1537, Nr. 3).

[359] *Streinz*, Europarecht, Rn. 279. Zur Gegenauffassung vgl. *Pechstein/Koenig*, Die Europäische Union, Rn. 175-180 sowie weiter unten im Text.

[360] ABl.EG 1993, Nr. L 304, S. 1 ff.

[361] So aber *Glaesner*, EuR 1994, S. 22 ff. (26).

[362] Die fehlende Identität von Europäischem Rat und Rat in der Zusammensetzung der Staats- und Regierungschefs bejaht auch *Kortz*, EWS 1996, S. 305 ff. (306).

sich hieraus faktisch kein besonderes Problem, da es nach wie vor den Staats- und Regierungschefs im Europäischen Rat gelingen dürfte, ihre Fachminister im EG-Rat von ihren Vorstellungen zu überzeugen. Vielleicht ist die Aussage *Rupps*, es handele sich bei den Stellungnahmen des Europäischen Rates um Quasi-Verordnungen[363], aus diesem Blickwinkel zu sehen, wenn man ihr die übertriebene Schärfe nimmt.

Diese rein faktische Lenkungsmöglichkeit des Europäischen Rates ist jedoch vom juristischen Standpunkt aus nicht zufriedenstellend und sie widerspräche auch einer Nennung des Europäischen Rates in besagtem Artikel. Denn wenn es sich lediglich darum handelte, daß die Staats- und Regierungschefs unverbindlich ihren Fachministern gesamteuropäische Anregungen gäben, so wäre die Normierung dieser Inanspruchnahme rein politischer Befugnisse überflüssig gewesen, da die Befugnis zur Festlegung der allgemeinpolitischen Richtung ohnehin schon bei den Staats- und Regierungschefs liegt. Bezeichnenderweise befaßt sich die Literatur - mit einer Ausnahme[364] - im Zusammenhang mit der Frage nach rechtsverbindlichen Leitungskompetenzen des Europäischen Rates ausschließlich mit den Art. 109a, j und k EGV, Vorschriften also, die, wie oben gezeigt, ein ganz anderes Gremium betreffen, nicht jedoch mit dem hier in Rede stehenden Art. 103 Abs. 2 UAbs. 2 EGV. Dieser wird nicht behandelt.

(1) Rechtsverbindlichkeit der Schlußfolgerung des Europäischen Rates gemäß Art. 103 Abs. 2 EGV?

Zur Beantwortung der Frage, ob sich im Rahmen von Art. 103 Abs. 2 UAbs 2 EGV auch eine rechtsverbindliche Lenkungsbefugnis des Europäischen Rates gegenüber den EG-Organen ergeben könnte, ist auf den EU-Vertrag zurückzugreifen. Die in Art. D EUV erfolgte Aufgabenzuweisung an den Europäischen Rat bringt in erster Linie seine alles überragende Leitungs- und Lenkungsrolle innerhalb der EU zum Ausdruck. Dadurch, daß die Union gemäß Art. A Abs. 3 EUV auch die Europäischen Gemeinschaften mitumfaßt und der Europäische Rat der gesamten Union Impulse geben und politische Zielvorstellungen festlegen soll, gilt diese Lenkungsfunktion gemäß Art. D Abs. 1 EUV automatisch auch für die EG. Es sind somit die im Europäischen Rat zusammenkommenden Staats- und Regierungschefs der Mitgliedstaaten, einschließlich des Kommissionspräsidenten, welchem jedoch insoweit kein Stimmrecht zukommt[365], die die groben politischen Richtungen auch der EG festsetzen. Diese Rolle des Europäischen Rates führt jedoch keineswegs dazu, daß er einem EG-Organ rechtsverbindliche Weisungen erteilen kann, oder ihm gar ein Aufsichtsrecht über die Gemeinschaften zustünde[366]. Es führt dies zu der Frage, ob es sich bei der Nennung des Europäischen Rates in Art. 103 Abs. 2 UAbs. 2 EGV eventuell um ein Redaktionsversehen handelt und

[363] *Rupp*, ZRP 1993, S. 211ff. (212).
[364] *Pechstein/Koenig*, Die Europäische Union, Rn. 175 ff.
[365] *Pechstein/Koenig*, a.a.O., Rn. 166.
[366] *Everling*, DVBl. 1993, S. 936 ff. (940).

daß vielmehr auch hier der EG-Rat in der Zusammensetzung der Staats- und Regierungschefs gemeint war.

Für die Lösung dieses Problems lassen sich zwei Argumentationslinien verfolgen. Die erste ist auch gleichzeitig die bisher einzige in der Literatur vertretene Ansicht hierzu. Nach *Pechstein/Koenig* läßt sich die Verbindlichkeit der Schlußfolgerungen des Europäischen Rates in Art. 103 Abs. 2 UAbs. 2 EGV dann herleiten, wenn Art. M EUV dahingehend ausgelegt wird, daß auch die im EU-Vertrag angelegten impliziten Änderungen des EG-Vertrag von dieser Vorschrift sanktioniert sind. Konkret bedeutet dies, so *Pechstein/Koenig*, daß aus dem in Art. A und C EUV niedergelegten Kohärenzgebot und den daran geknüpften materiellrechtlichen Bindungen der Gemeinschaft folge, daß auch materielle Änderungen der Gemeinschaftsverträge ohne Textänderung möglich und über Art. M EUV gedeckt wären[367].

Betrachtet man daher die Festlegung der wirtschaftspolitischen Grundzüge der EG durch den Europäischen Rat aus diesem Blickwinkel, so könnte dies in der Praxis auf eine Situation hinauslaufen, die durchaus Parallelen zu der auch im GG niedergelegten Richtlinienkompetenz (Art. 65 GG) aufweist. Die Ausübung dieser "europäischen" Richtlinienkompetenz kann nur durch den Europäischen Rat, nicht aber auch durch den EG-Rat in der Zusammensetzung der Staats- und Regierungschefs vorgenommen werden, denn hierzu bedarf es der jeweils höchsten Ebene. Diese höchste Ebene stellen aber nicht mehr die Staats- und Regierungschefs im EG-Rat dar, sondern seit dem Inkrafttreten des EU-Vertrages dieselben Personen, jedoch im Europäischen Rat. Denn ausweislich des Art. A Abs. 3 EUV sind die Europäischen Gemeinschaften Bestandteil, bzw. Grundlage der Europäischen Union. Unabhängig davon, ob dieses Verhältnis nun mit dem Bild der Säulen- und Dachkonstruktion oder mit der Mantelkonstruktion beschrieben wird, ist klar ersichtlich, daß die EU im Verhältnis zu den Gemeinschaften die nächsthöhere Stufe der Integration Europas darstellt und bereits Ansätze einer Politischen Union verwirklicht. Ohne eine rechtliche Übergeordnetheit der EU über die Gemeinschaften begründen zu wollen, ergibt sich danach aus der Logik des fortschreitenden Integrationsprozesses die Schlußfolgerung, daß gesamteuropäische Leitlinien im Sinne einer Richtlinienkompetenz der Regierung stets von der Institution vorzugeben sind, die dem Ziel einer umfassenden Integration Europas am nächsten kommt. Dies ist, im Vergleich zum politisch nur partiell - nämlich wirtschaftspolitisch - handelnden Rat der EG, der Europäische Rat.

Mit der Annahme der Richtlinienkompetenz auf EU-Ebene wird auch die Qualifizierung der Kompetenzen des Europäischen Rates in Art. 103 Abs. 2 UAbs. 2 EGV möglich. Handelt es sich hierbei um Richtlinien der Politik, so sind diese aus sich selbst heraus rechtsverbindlich[368]. Eine Konfliktlösungsmöglichkeit für Meinungsverschiedenheiten zwischen dem EG- Rat und der EZB läßt sich hieraus

[367] Vgl. näher *Pechstein/Koenig*, Die Europäische Union, Rn. 176.
[368] *Maunz/Dürig*, GG-Komm., Art. 65, Rn. 2.

gegen die EZB jedoch nicht herleiten. Gegen den EG-Rat ist es nicht erforderlich, da er nach den Schlußfolgerungen des Europäischen Rates handelt. Die EZB kann hiervon aus zwei Gründen nicht betroffen sein. Erstens wäre eine Beeinflussung der EZB mit ihrem Unabhängigkeitsgebot aus Art. 107 EGV nicht vereinbar, wo es heißt, daß die EZB von niemandem Weisungen entgegenzunehmen hat. Darüber hinaus kommt zweitens jedoch zum Tragen, daß die EZB zwar im EG-Vertrag geregelt ist, sie jedoch nicht Bestandteil der EG, sondern des davon unabhängigen ESZB ist. Das ESZB ist aber ausweislich des Art. A Abs. 3 EUV nicht Grundlage der EU, womit der Europäische Rat auch keine Leitungs- oder Lenkungsfunktion über das ESZB insgesamt oder auch nur über die EZB ausüben könnte. Zur Entschärfung eines Konflikts zwischen EG-Rat und EZB könnte der Europäische Rat lediglich seine Schlußfolgerungen im Rahmen von Art. 103 Abs. 2 UAbs. 2 EGV ändern und damit den EG-Rat ebenfalls zu einer Änderung seiner wirtschaftspolitischen Empfehlung bewegen. Ob der Europäische Rat sich auf eine solche Vorgehensweise einlassen würde, ist jedoch ausgesprochen fraglich und eher zu verneinen.

(2) Unverbindlichkeit der Schlußfolgerungen des Europäischen Rates gemäß Art. 103 Abs. 2 EGV?

Es ist jedoch noch eine zweite Argumentationslinie möglich. Ausgangsüberlegung ist hierbei, daß dem Europäischen Rat im Unterschied zu den intergouvernemental ausgestalteten Politiken der GASP und der ZBJI gegenüber den Europäischen Gemeinschaften laut EU-Vertrag grundsätzlich keine rechtsverbindliche Handlungsmöglichkeit eingeräumt wird. Auch hier stellt sich dann jedoch die Frage, wie die Nennung des Europäischen Rates in Art. 103 Abs. 2 UAbs. 2 EGV einzuordnen ist, insbesondere wie der Wortlaut eben dieser Vorschrift, der ein Verständnis wie das der ersten Argumentationslinie durchaus zu fördern scheint, mit dem Grundsatz der Unverbindlichkeit der Äußerungen des Europäischen Rates gegenüber der Gemeinschaft zu vereinbaren ist.

Die Erklärung hierfür ist zunächst in der Natur der EU selbst zu suchen. In dem Streit um die Frage, was die Union im rechtlichen Sinne überhaupt ist, hat sich nach der *Maastricht*-Entscheidung des BVerfG[369] die Einstufung als "Staatenverbund"[370] durchgesetzt[371]. Für die rechtliche Qualifizierung der EU ergibt sich, daß es sich dabei folglich um einen Verbund von Staaten und den Europäischen Gemeinschaften handelt, die den Zielkatalog des Art. B EUV im Verbund verwirklichen wollen. Voraussetzungen für die Anerkennung eines Staatenzusammenschlusses[372] als Staatenverbund sind dabei Gemeinsamkeit im Recht, ein gemein-

[369] BVerfGE 89, 155 ff.

[370] BVerfGE 89, 155 ff. (188).

[371] S. nur *Morgenthaler*, JuS 1997, S. 673 ff. (675).

[372] Zu beachten ist hierbei, daß neben den Staaten auch die Europäischen Gemeinschaften zur EU gehören. Der Begriff "Staatenverbund" ist daher möglicherweise nicht sachgerecht, ändert aber nichts an der rein politischen Konzeption der EU.

samer Markt und die Kraft zu politisch abgestimmtem Staatenhandeln im fortbestehenden Pluriversum der Staaten[373]. Unproblematisch sind die ersten beiden dieser Voraussetzungen im Rahmen der EU erfüllt. Die dritte Voraussetzung macht deutlich, daß die Staaten selbst in politischer Übereinstimmung im Rahmen des Verbundes handeln, wobei die Betonung hier auf "politisch" zu legen ist. Ist hiermit die Grundlage dieses Verbundes als rein politisch anzusehen, so äußert sich das Politische, das Intergouvernementale, aber gerade darin, daß dieser Verbund ohne ausdrückliche Anweisung in seiner Gründungsurkunde anderen Organisationen, zumal Völkerrechtssubjekten, keine verbindlichen Weisungen erteilen kann.

Geht man von dieser Seite an Art. 103 Abs. 2 UAbs. 2 EGV heran, so ergibt sich bei systematischer Auslegung dieser Norm unter Einbeziehung des EU-Vertrages, daß es eine Weisungsmöglichkeit, bzw. eine "Richtlinienkompetenz", der Staats- und Regierungschefs Europas gegenüber den Gemeinschaften nicht geben kann. Eine derartige neuerliche Bestätigung der Entwicklung hin zu einem "Europa der Chefs" wäre den Ansätzen zu mehr demokratischer Kontrolle auf gemeinschaftsrechtlicher Ebene sicherlich nicht zuträglich. Auch der mögliche Einwand, durch die Verlagerung der Entscheidung wenigstens über die Grundzüge eines so wichtigen Bereiches wie der Wirtschaftspolitik würde die Kompetenz zu einem Teil von der Gemeinschaft weg und wieder zu den Nationalstaaten hin übertragen, greift nicht durch, da mit der Forderung nach mehr mitgliedstaatlicher Entscheidungskompetenz sicherlich nicht gemeint ist, daß die Vertreter der nationalen Regierungen - im Unterschied zum nationalstaatlichen Verfahren - ihre Entscheidungen auf europäischer Ebene an den Parlamenten vorbei treffen. In systematischer Auslegung ist eine Rechtsverbindlichkeit der Schlußfolgerungen des Europäischen Rates in Art. 103 Abs. 2 UAbs. 2 EGV somit nicht zu rechtfertigen.

(3) Ergebnis

Hat der Europäische Rat folglich keine effektive Konfliktlösungsmöglichkeit, so stellt sich die Frage nach anderen Wegen, die Meinungsverschiedenheiten zwischen EG-Rat und EZB zu bereinigen. Hiermit ist jedoch noch nicht erklärt, warum ausgerechnet hier der Europäische Rat im EG-Vertrag das einzige Mal erwähnt wird. Eine Erklärung in rechtsdogmatischer Hinsicht ist - mit Ausnahme der von *Pechstein/Koenig* geäußerten, die ihrerseits jedoch auf der zwar in sich schlüssigen, aber doch sehr viel als gegeben voraussetzenden These der impliziten Vertragsrechtsänderung beruht - für diese besondere Situation nicht zu erlangen. Gerade die These von *Pechstein/Koenig* könnte nun jedoch durch die im Amsterdamer Vertrag vorgenommenen Änderungen des EU-Vertrages bestätigt worden sein[374]. Konkret geht es hierbei um die Änderung des Art. L EUV in bezug auf Art. F Abs. 2 EUV. Der maßgebliche Abschnitt des Art. L EUV lautet nun:

---

[373] *Kirchhof*, in: Isensee/Kirchhof, HdbStR Bd. VII, § 183, Rn. 38 ff., 68 f.

[374] Vgl. zum Amsterdamer Vertrag allgemein *Pechstein/Koenig*, Die Europäische Union; *Pechstein*, DÖV 1998, S. 569 ff.; *Rupp*, JZ 1998, S. 213; *Hilf/Pache*, NJW 1998, S.

Die Bestimmungen des Vertrages zur Gründung [...] der Europäischen Gemeinschaften betreffend die Zuständigkeit des Gerichtshofes der Europäschen Gemeinschaften und die Ausübung dieser Zuständigkeit gelten nur für folgende Bestimmungen dieses Vertrages:
a) [...]
b) [...]
c) Art. F Abs. 2 in bezug auf Handlungen der Organe, sofern dem Gerichtshof die Zuständigkeit im Rahmen der Verträge zur Gründung der Europäischen Gemeinschaften und im Rahmen dieses Vertrages übertragen ist;
d) [...][375]

Sind somit gemäß Art. L EUV die Aktivitäten der Union hinsichtlich der Grundrechte, die die Union zu schützen in Art. F Abs. 2 EUV sich verpflichtet hat, vor dem EuGH überprüfbar und wird dabei berücksichtigt, daß entsprechend dem Wortlaut des Art. 173 Abs. 1 EGV nicht-rechtsverbindliche Handlungen der EG-Organe (i.e. Empfehlungen und Stellungnahmen) nicht vom EuGH überprüft werden, so ließe sich daraus der Schluß ziehen, daß es sich bei den Handlungen der (EG-)Organe im Rahmen der Union mit bezug zu den Grundrechten um rechtserhebliche und damit auch um rechtsverbindliche Handlungen dieser Organe gegenüber den Gemeinschaften handelt. Dies würde dann in der Tat für die These von *Pechstein/Koenig* und damit für die Möglichkeit impliziter Vertragsrechtsänderungen ohne Bindungsübernahmeklauseln sprechen.

Jedoch könnte dies ausschließlich für den Rat der Europäischen Union gelten, wenn er in seiner Funktion als solcher rechtsverbindliche Handlungen für die Europäischen Gemeinschaften vornehmen wollte. Dies deshalb, weil auch nach der Einordnung von *Pechstein/Koenig* höchstens dieser Rat als Vertrags*organ* der Europäischen Union zu qualifizieren ist, nicht hingegen die Gemeinschaftsorgane Kommission und Parlament, die im Rahmen der EU lediglich über die Organleihe agieren können[376]. Wenn auch allein schon aus der Wortwahl des Amsterdamer Vertrages davon auszugehen ist, daß von Art. L c) EUV auch die Handlungen von Kommission und Parlament umfaßt sein sollen, wenn sie denn im Rahmen des EU-Vertrages agieren, so läßt sich doch eindeutig festhalten, daß der Europäische Rat hiervon nicht betroffen sein kann, denn er ist noch weniger als Organ der EU einzustufen als Kommission und Parlament der EG[377]. Hieraus aber folgt weiter, daß auch nach den Änderungen des Amsterdamer Vertrages eine die Gemeinschaften verpflichtende Rechtsverbindlichkeit der Äußerungen des Europäischen Rates nicht gegeben ist.

---

705 ff.; *Streinz*, EuZW 1998, S. 137 ff.; *BVerfG*, WM 1998, S. 807 ff.; *Berg/Karpenstein*, EWS 1998, S. 77 ff.

375 Konferenz der Vertreter der Regierungen der Mitgliedstaaten, Dok. CONF 4004/97, S. TA/d 36.

376 Vgl. *Pechstein/Koenig*, Die Europäische Union, Rn. 188 sowie 189 ff.

377 S. o. c) am Anfang.

Auch nach dem Amsterdamer Vertrag wird der Grund für die Nennung des Europäischen Rates in Art. 103 Abs. 2 UAbs. 2 EGV eher in europapolitischen Überlegungen zu suchen sein. Diese Überlegungen sind in dieser Form einer supranational-rechtlichen Qualifizierung jedoch nicht zugänglich, was eine Verbindlichkeit der Beschlüsse des Europäischen Rates auf völkerrechtlicher Ebene zwar nicht ausschließt, jedoch bedeutet, daß diese Beschlüsse nur auf die Staaten selbst rückwirken können, die Gemeinschaften aber in keiner Weise rechtlich verpflichten.

d) Konfliktlösungsmöglichkeit durch die Annahme von Spezialität

Wenn die Institutionen der Europäischen Gemeinschaft, gegebenenfalls die der Europäischen Union, nicht in der Lage sind, auftretende Meinungsverschiedenheiten unter sich zu lösen, so ließe sich der Streit bereinigen, wenn entweder das eine oder das andere Recht, d.h. das primäre EG-Wirtschaftsrecht oder das Recht der EZB, materiell höherrangig wäre, wenn es also spezieller wäre, was sich damit auch auf die von den Institutionen des jeweiligen Rechts erlassenen Rechtsakte auswirkte.

aa) Auswirkungen einer Spezialität

Nach dem Grundsatz "lex specialis derogat legi generali" ist die Norm, die inhaltlich weiter ausgestaltet ist als eine andere Norm, die den gleichen Bereich regelt, als die speziellere und damit als die vorrangige anzusehen[378]. Eine Spezialität der EG-binnenmarktrechtlichen Normen vorausgesetzt würde bedeuten, daß die EZB ihre Währungspolitik an der Wirtschafts- und in diesem Zusammenhang v.a. an der Kapitalverkehrsrechtspolitik des Rates der EG auszurichten hätte. Der umgekehrte Fall einer Spezialität der Währungspolitik vor der Wirtschaftspolitik würde eine Ausrichtung der letzteren an ersterer einfordern mit der Folge, daß die Gemeinschaftspolitik in diesem - und in nahezu jedem anderen - Bereich von der Zustimmung der EZB abhängig wäre.

Die erste Möglichkeit wäre nur sehr schwer mit der Unabhängigkeit der EZB in Einklang zu bringen, oder doch nur dann, wenn die Unabhängigkeit darauf reduziert würde, daß schließlich der EZB keine Weisungen erteilt werden, aber immer dann, wenn die EZB-Politik nicht mit der des Rates der EG übereinstimmte, dieser Rat das letzte Wort hätte. Im Rahmen der zweiten Möglichkeit würde dagegen bei auftretenden Schwierigkeiten des EG-Rates mit der EZB sehr schnell der Ruf nach Kontrolle der Bank laut, falls eine bestimmte Haltung der EZB eine Lähmung des EG-Rates zur Folge hätte. In diese Richtung geht bereits die Äußerung Frankreichs in bezug auf eine Art Wirtschaftsregierung als Gegengewicht zur EZB[379]. Es zeigt sich, daß somit in beiden Möglichkeiten die Unabhängigkeit der EZB bedroht wäre.

---

[378] *Larenz/Canaris*, Methodenlehre, S. 267 f.

[379] Vgl. Handelsblatt, Nr. 244 v. 17.12.1996, S. 8; neuerdings geht die französische Regie-

bb) Ist eine Spezialität zu rechtfertigen ?

Es stellt sich folglich die Frage, ob die Annahme von Spezialität tatsächlich für eine Konfliktlösung fruchtbar gemacht werden kann. Beide Politikbereiche stehen in einem engen inneren Zusammenhang, so daß Überschneidungen von Regelungen in einem Bereich mit Aufgaben des anderen Bereiches nicht nur nicht auszuschließen, sondern eher wahrscheinlich sind. Trotz dieser Wechselwirkungen handelt es sich jedoch um eigenständige Politikbereiche, was bedeutet, daß die Währungspolitik nicht ein spezieller Teil der Wirtschaftspolitik ist. Sie bedingen sich zwar gegenseitig, doch läßt sich eine Spezialität der einen vor der anderen Politik nicht rechtfertigen, so daß die obige Frage verneint werden muß. Auch hiermit ist daher eine adäquate Konfliktlösung nicht zu erreichen.

e) Aus dem Vertragswortlaut ableitbare Lösungsmöglichkeiten

Untersucht man den EG-Vertrag auf Hinweise, die dazu führen könnten, die Währungspolitik oder die Kapitalverkehrspolitik, welche als solche Bestandteil der Wirtschaftspolitik ist, als vorrangig anzusehen, so fallen zwei Normen ins Auge. Als erste ist hier Art. 105 Abs. 1 EGV zu nennen. Gemäß Satz 1 dieser Vorschrift ist die EZB auf die Wahrung der Preisstabilität verpflichtet, diese hat sie primär zu gewährleisten. Eine Beeinflussung der EZB bei der Erfüllung dieser Aufgabe seitens der EG-Organe oder der mitgliedstaatlichen Organe ist gemäß Art. 107 EGV verboten und nur dann, wenn es mit der Wahrung der Preisstabilität zu vereinbaren ist, darf die EZB die Wirtschaftspolitik der Europäischen Gemeinschaft unterstützen (Art. 105 Abs. 1 Satz 2 EGV). Hieraus scheint sich materiell-rechtlich eindeutig ableiten zu lassen, daß die EZB-Politik mit ihrem Primat der Preisstabilität in der EG absoluten Vorrang genießt, was noch unterstützt wird durch die Aussage über die Förderung der Wirtschaftspolitik seitens der EZB.

Diesem Eindruck stehen jedoch die Art. 105 Abs. 4 sowie Art. 109 Abs. 1 Satz 2 EGV entgegen. Nach diesen Vorschriften legt der EG-Rat die währungspolitischen Grundsätze fest (Art. 109 EGV), bzw. wird die EZB lediglich gehört, wenn der Rat Rechtsakte erläßt, die den Zuständigkeitsbereich der EZB berühren (Art. 105 Abs. 4, 1. Gedankenstrich EGV). Ersichtlich deutet dies auf einen absoluten Vorrang der EG-Ratspolitik hin, wobei der Rat - so scheint es - ohne größere Bedenken in den Zuständigkeitsbereich der EZB "hineinregieren" kann, ohne daß die EZB dagegen etwas unternehmen könnte.

---

rung von dieser Position ab und äußert sich moderater dahingehend, daß keine neue Institution neben der EZB errichtet werden soll, sondern daß es sich bei den Vorschlägen Frankreichs lediglich um die konkretere Ausgestaltung der Prozedur der Wirtschaftskoordinierung handele, vgl. die diesbezüglichen Äußerungen des neuen französischen Finanzministers *Dominique Strauss-Kahn*, in: Handelsblatt Nr. 140, v. 24.7. 1997, S. 1, 3.

Diese sich gleichsam als These und Antithese gegenüberstehenden Normaussagen bedürfen der Hinführung auf eine Lösung, eine Synthese, ohne die der EG-Vertrag in diesem Punkt nicht praktikabel ist. Da eine direkte Gegenüberstellung - wie gezeigt - kein verwertbares Ergebnis einbringt, ist für eine Lösung auf die Aufgaben und Ziele der Europäischen Gemeinschaft, wie sie in Art. 2 und 3 EGV niedergelegt sind, zurückzugreifen. Diese zunächst als Aufträge an die Organe der Gemeinschaft gerichteten Aufgaben und Ziele sind selbst im Anwendungsbereich speziellerer Vorschriften des EG-Vertrages nicht ohne Bedeutung, sondern können als Leitlinien die Auslegung der besonderen Vertragsregeln beeinflussen[380]. Neben dieser Rolle, die die Art. 2 und 3 EGV im Rahmen der Auslegung des EG-Vertrages spielen, ist ihr Gewicht für die Gesetzgebung der Gemeinschaft nicht zu vergessen. Der rechtliche Gestaltungsbedarf der Gemeinschaft ergibt sich aus ihren Zielen und Aufgaben, nicht jedoch aus vorgefaßten Strukturmodellen und aus der Zuweisung von Sachgebieten[381].

Die Frage, die sich bei dieser Betrachtung der Ziele und Aufgaben der Gemeinschaft stellt, ist, ob die unvermeidlichen Konflikte zwischen den verschiedenen Politikzielen allein politisch zu lösen sind oder ob sich im EG-Vertrag Anhaltspunkte dafür finden lassen, daß die verschiedenen Ziele - und hier besonders die Ziele der Schaffung eines Binnenmarktes u.a. für den Kapitalverkehr auf der einen und die Errichtung einer Wirtschafts- und Währungsunion auf der anderen Seite - in einem durch Rechtsnormen bestimmten Verhältnis zueinander stehen. Argumente für ein wie auch immer geartetes Ergebnis der Betrachtung sind dabei aus der Verweisung in Art. 2 EGV auf die instrumentellen Politiken, aus der unterschiedlichen Präzision der in Art. 3 EGV genannten Ziele, aus dem jeweiligen Grad der Eigenständigkeit der Gemeinschaftspolitiken, aus der Durchsetzungskraft der Instrumente, die der Gemeinschaft zur Verwirklichung der einzelnen Politiken zur Verfügung stehen und aus der verfahrensmäßigen Erleichterung oder dem Erschwernis der Zielverwirklichung zu ziehen[382].

Der Aufbau der Vorschriften der Art. 2 und 3 EGV wird durch eine fortlaufende Ausdifferenzierung vom Allgemeinen zum Besonderen gekennzeichnet. Dabei sind in Art. 2 EGV zunächst die Hauptziele, die sich die Gemeinschaft gesetzt hat, genannt. Sie umfassen eine harmonische Entwicklung des Wirtschaftslebens, ein beständiges, nichtinflationäres und umweltverträgliches Wirtschaftswachstum, einen hohen Grad an Konvergenz der Wirtschaftsleistungen der einzelnen Mitgliedstaaten, ein hohes Beschäftigungsniveau und einiges mehr, bis hin zur Solidarität zwischen den Mitgliedstaaten. Diese Hauptziele der Gemeinschaft soll sie erreichen durch die Errichtung eines Gemeinsamen Marktes und einer Wirtschafts- und Währungsunion sowie durch die Durchführung der in Art. 3 und 3a EGV genannten gemeinsamen Politiken. Bis zur Ratifizierung des Maastrichter

---

[380] EuGH, Rs. 6/72 - *Europemballage Corporation und Continental Can/Kommission* -, Slg. 1973, S. 215 ff. (245 f.).

[381] *Everling*, in: Bitburger Gespräche - Jahrbuch 1987, S. 65 ff. (67).

[382] Vgl. *Basedow*, in: FS für Everling, Bd. I, S. 49 ff. (50).

Vertrages waren diese Mittel zur Erreichung der Ziele noch auf die Errichtung eines Gemeinsamen Marktes sowie auf die Politiken des Art. 3 EWGV beschränkt. Hieraus resultierte der uneingeschränkte Vorrang der Errichtung eines Gemeinsamen Marktes vor allen anderen Zielen[383].

Die mit dem Maastrichter Vertrag eingeführte Wirtschafts- und Währungsunion hat sich - so hat es den Anschein - in Art. 2 EGV auf einen Platz direkt neben den Gemeinsamen Markt "gedrängt" und macht diesem den Führungsanspruch streitig. Und wenn auch die Wirtschafts- und Währungsunion nicht in Art. 3 EGV bei den anderen Politiken genannt, sondern in einem eigenen Art. 3a EGV niedergelegt ist, so spricht diese besondere Hervorhebung der Wirtschafts- und Währungsunion nicht gegen, sondern viel eher für eine Ansiedelung derselben auf mindestens ebenbürtiger Stufe mit dem Ziel des Gemeinsamen Marktes. Die auch im EG-Vertrag nach wie vor in Art. 2 niedergelegten oben genannten Fernziele der Gemeinschaft sollen durch die Verwirklichung gewisser Nahziele erreicht werden. Diese Nahziele finden sich in Art. 3 und 3a EGV, wobei den Nahzielen insofern ein gewisser instrumenteller Charakter zukommt[384]. Es tragen folglich alle in Art. 2 und 3 EGV genannten Nahziele zur Verwirklichung der Fernziele der Gemeinschaft bei, weshalb ihnen prinzipiell auch der gleiche Stellenwert zumindest zukommen könnte. Unzweifelhaft treten aus diesen Nahzielen jedoch die bereits in Art. 2 EGV konkret angesprochenen Nahziele des Gemeinsamen Marktes und der Wirtschafts- und Währungsunion hervor, so daß ihnen ein besonderer Stellenwert zukommt.

aa) Differenzierung durch Hierarchisierung der Vertragsziele "Binnenmarkt" und "Wirtschafts- und Währungsunion"

Eine Differenzierungsmöglichkeit hinsichtlich der Aufgaben besteht darin, auf den unterschiedlichen Genauigkeitsgrad ihrer Ausgestaltung abzustellen. Es ergeben sich dann drei Gruppen von Zielen, wobei hier nur die interessieren, die für den Gemeinsamen Markt und für die Wirtschafts- und Währungsunion von Belang sind[385]. Die erste Gruppe der Ziele sind dabei solche, die einen ganz bestimmten Endpunkt in der politischen Entwicklung anzeigen und die die Gemeinschaft verpflichten, auf diesen Zustand hinzuarbeiten; dementsprechend lassen sie sich als Zustandsziele bezeichnen. Zu dieser ersten Gruppe der Zustandsziele gehört die Schaffung des Binnenmarktes gemäß Art. 3 lit. c) EGV. Daneben ist Art. 3a Abs. 2 EGV heranzuziehen, worin die Festlegung der Tätigkeit der Gemeinschaft auf die Schaffung einer Wirtschafts- und Währungsunion enthalten ist. Dieser Vorschrift läßt sich auch die Beschreibung eines Endzustands entnehmen, der so aussieht, daß nach einer vorgesehenen Zeitfolge die Wechselkurse unwiderruflich festgelegt werden, daß eine einheitliche Währung eingeführt wird und daß es zu einer einheitlichen Geld- und Wechselkurspolitik der an der gemeinsamen

---

383 *Immenga*, EuZW 1994, S. 14 ff. (15), *Kapteyn/VerLoren van Themaat*, S. 60.

384 *Basedow*, in: FS für Everling, Bd. I, S. 49 ff. (57).

385 Vgl. ausführlich dazu *Basedow*, a.a.O., S. 59.

Währung teilnehmenden Mitgliedstaaten kommt. Handelt es sich somit um Ziele, die einen identischen Genauigkeitsgrad aufweisen, so läßt sich hieraus kein Vorrang für das eine oder das andere Ziel ableiten.

Wird als zweites mögliches Differenzierungskriterium auf die unterschiedliche Eigenständigkeit der Gemeinschaftspolitiken abgestellt, so lassen sich Einteilungen in Form von Koordinierungs-, Unterstützungs- und Ergänzungs- sowie eigenen Aufgaben vornehmen, wobei erstere die schwächste und letztere die stärkste Form der Eigenständigkeit beschreiben[386]. Zeichnen sich die ersten beiden Formen noch dadurch aus, daß sie abhängig sind von einer bestehenden entsprechenden Politik der Mitgliedstaaten, so ändert sich das Bild bei den eigenen Aufgaben. Hier hängt alles von der Politik der Gemeinschaft ab, womit aufgrund des Vorrangs des Gemeinschaftsrechts[387] den Mitgliedstaaten Weisungen erteilt werden können, wie ein bestimmter Politikbereich zu handhaben ist. Zweifelsohne stellt damit das Ziel der Verwirklichung des Binnenmarktes wiederum eines der höchsten Stufe dar, d.h. es handelt sich um eine eigene Aufgabe der Gemeinschaft.

Anders könnte es sich bei der Wirtschafts- und Währungsunion verhalten. Ausweislich des Art. 103 Abs. 1 EGV handelt es sich bei der Wirtschaftspolitik um eine Materie, die die Mitgliedstaaten lediglich als Angelegenheit von gemeinsamem Interesse betrachten und die sie im Rat koordinieren. Ausgangspunkt ist hier folglich eine mitgliedstaatliche Politik, nach der sich die gemeinschaftlichen Maßnahmen richten müssen. Dies gilt jedoch nicht für die Währungspolitik der EZB. Ersichtlich wird hier zwischen den beiden Bereichen getrennt, was schon daran deutlich wird, daß eigens für die Verwirklichung der gemeinschaftlichen Währungspolitik ein System aller teilnehmenden Zentralbanken gegründet werden wird, an dessen Spitze die Europäische Zentralbank steht. Sie allein wird für die Stabilität der Währung innerhalb der teilnehmenden Staaten verantwortlich sein und auch wenn die EZB nicht zu den Organen der Gemeinschaft zu zählen ist (vgl. Art. 4 und 4a EGV), so nimmt sie ihre Aufgaben doch nach Maßgabe des EG-Vertrages wahr (Art. 4a EGV), womit hier von einer eigenen gemeinschaftlichen Aufgabe zu sprechen ist. Auch das Kriterium der unterschiedlichen Eigenständigkeit der gemeinschaftlichen Aufgaben führt somit nicht zu einer unterschiedlichen Einstufung von Kapitalverkehrsfreiheit als einem Teil des zu verwirklichenden Binnenmarktzieles und der Währungsunion.

Als weiteres Differenzierungsmerkmal schlägt *Basedow* vor, danach zu gehen, welchen Zielen im EG-Vertrag die höhere Durchsetzungskraft zukommt. Entscheidend sei dabei, ob den Zielen unmittelbare Anwendbarkeit zuerkannt würde oder nicht, denn wenn sie unmittelbar anwendbar sind, können sie auch von Privatpersonen eingeklagt werden, was nach *Basedow* auf Dauer die effektivste Garantie für die Verwirklichung des entsprechenden Zieles ist[388]. Seit dem Inkraft-

---

[386] Vgl. *Basedow*, a.a.O., S. 61.

[387] St. Rspr. des EuGH seit Rs. 6/64 - *Costa/ENEL* - , Slg. 1964, S. 1251 ff.

[388] *Basedow*, in: FS für Everling, Bd. I, S. 49 ff. (63).

treten des Maastrichter Vertrages am 1.11.1993 gilt, daß die Vorschriften über die Kapitalverkehrsfreiheit gemäß Art. 73a EGV ab dem 1.1.1994 unmittelbar anwendbar sind. Ihnen kommt somit - im Rahmen des Binnenmarktes auch erforderlich - die höchste Durchsetzungskraft zu, wie dies auch bei den anderen Grundfreiheiten des EG-Vertrages bereits der Fall ist. Einen Rang niedriger anzusiedeln sind nach *Basedow* die Ziele, deren Verwirklichung und Durchsetzung ausschließlich den politischen Organen anvertraut ist.

Betrachtet man nun zunächst den Verlauf zur dritten Stufe der Währungsunion, so ist festzustellen, daß dieses Ziel selbst nicht einklagbar ist, was bei den erheblichen Konsequenzen für die nationalen Volkswirtschaften auch nicht tragbar wäre, worum es hier aber nicht geht. Problematisch ist hingegen, wie die damit verbundenen Ziele - in erster Linie das der Preisstabilität - zu handhaben sind. Ausgangspunkt der Überlegung, die *Basedow* zu der o.g. Rangeinteilung führt, ist die Frage der zentralen oder dezentralen Durchsetzbarkeit, wobei erstere von der weiteren politischen Willensbildung der Regierungen abhängig und damit stärkeren Verzögerungsgefahren ausgesetzt ist. Folglich stünde das Ziel der Preisstabilität, das eventuell mit dem Ziel der Aufrechterhaltung der Kapitalverkehrsfreiheit und damit mit dem Binnenmarkt kollidiert, dann auf einer Stufe mit eben dieser Kapitalverkehrsfreiheit, wenn die Preisstabilität von natürlichen Personen vor dem EuGH einklagbar wäre[389], ihr somit dezentrale Durchsetzungskraft zukäme.

Ob dieses überhaupt möglich ist, hängt zunächst davon ab, ob die Preisstabilität so, wie sie im EG-Vertrag erscheint, den Anforderungen genügt, die der EuGH an die unmittelbare Wirkung von Gemeinschaftsrecht knüpft[390]. Dies bedeutet, die Preisstabilität muß unbedingt, vollständig, rechtlich vollkommen, d.h. ohne jede Konkretisierung anwendbar und infolgedessen geeignet sein, unmittelbare Wirkungen zwischen den Mitgliedstaaten und den ihrem Recht unterworfenen Personen zu erzeugen[391]. D.h. die in Rede stehenden Normen des Gemeinschaftsrechts müßten ohne weitere Durchführungsmaßnahmen seitens der Gemeinschaft oder der Mitgliedstaaten von den Gerichten der Mitgliedstaaten angewendet werden können. Betrachtet man hieraufhin nun die Preisstabilität, so kann konstatiert werden, daß sie sehr wohl unbedingt ausgestaltet ist, ein bestehender Ermessensspielraum, ob sie nun einzuhalten ist oder nicht, ist nicht ersichtlich, daß sie weiterhin auch vollständig ist, d.h. daß sie keiner rechtlichen Umsetzung in den Mit gliedstaaten bedarf, daß sie ebenfalls rechtlich vollkommen ist, mithin einer weitergehenden Konkretisierung nicht zugänglich ist. Letzteres gilt freilich erst ab dem Beginn der dritten Stufe, wenn die Teilnehmerstaaten festliegen und mit ih-

---

389 Darauf, daß die Preisstabilität völkerrechtlich verbindlich und damit einklagbar ist, weist zurecht Finanzstaatssekretär *J. Stark* hin, in: Handelsblatt Nr. 18, v. 27.1.1997, S. 14; dies sagt jedoch noch nichts darüber aus, ob sie auch von natürlichen Personen eingeklagt werden kann.

390 Vgl. hierzu grundlegend EuGH, Rs. 26/62, *Van Gend en Loos*, Slg. 1963, S. 1 ff. (25).

391 Vgl. für die Kapitalverkehrsfreiheit *Ress/Ukrow*, in: Grabitz/Hilf, Bd. I, Art. 73b, Rn. 25.

nen auch das noch zulässige Inflationskriterium innerhalb der Eurostaaten, welches nicht mehr als 1,5% über der Inflationsquote der - höchstens - drei Mitgliedstaaten mit dem besten Ergebnis liegen darf[392]. Damit aber ist auch das Inflationskriterium bei Zugrundelegung des Eintrittswertes als hinreichend genau und folglich rechtlich vollkommen anzusehen.

Wer aber ist zur Achtung der Preisstabilität aufgerufen, über die die EZB - quasi alles überragend - zu wachen hat? Es sind die Mitgliedstaaten und ihre politischen Organe, die es nicht versäumen dürfen, ihre Haushaltslage derart in den Griff zu bekommen oder sie dort zu halten, wo inflationäre Entwicklungen nicht zu erwarten sind. Daß an Einzelpersonen - ob natürlich oder juristisch - ergangene Entscheidungen oder solche im Gewand einer Verordnung seitens der EZB aber Auswirkungen auf die währungsunionsinterne Preisstabilität hätten, ist kaum ersichtlich und nicht zu erwarten. Lediglich Verordnungen der EZB, die auch tatsächlich solche sind und gemäß Art. 108a Abs. 2 EGV unmittelbare Wirkung in den und für die Mitgliedstaaten entfalten, oder solche des Rates der EG können sich auf die Preisstabilität auswirken, hiergegen können jedoch nur die Staaten klagen, nicht jedoch die Einzelpersonen. Selbst Handlungen der Mitgliedstaaten, die die Preisstabilität zu gefährden drohen, wie etwa eine desolate Haushaltsführung, sind von Privatpersonen nicht angreifbar und vor den EuGH zu bringen, sondern ausschließlich von der Kommission oder einem anderen Mitgliedstaat im Wege des Vertragsverletzungsverfahren gemäß den Art. 169 oder 170 EGV. Hierbei ist jedoch die Einschränkung der Klagemöglichkeit gemäß Art. 104c Abs. 10 EGV zu berücksichtigen Es ist mithin festzuhalten, daß das Ziel der Preisstabilität lediglich zentral, nämlich von den politischen Instanzen, durchgesetzt werden kann, nicht aber im Wege der Nichtigkeitsklage von Einzelpersonen gemäß Art. 173 Abs. 4 EGV. Gemäß der Einteilung *Basedows* folgt daraus die unterschiedliche Rangeinteilung von Binnenmarkt (hier Kapitalverkehrsfreiheit) und Währungsunion (hier Preisstabilität).

In engem Zusammenhang mit dem vorgenannten Kriterium zur unterschiedlichen Rangeinteilung der Ziele und Aufgaben im EG-Vertrag steht die Unterscheidung nach den zur Verfügung stehenden Instrumenten zur Verwirklichung der Ziele. Hiervon jedoch kann die Kapitalverkehrsfreiheit - wie auch der gesamte Binnenmarkt - nach Inkrafttreten der Art. 73b ff. EGV nicht mehr betroffen sein, da es sich für die Anwendbarkeit von Sekundärrechtssetzungsinstrumenten um solche Materien handeln muß, die noch der näheren Ausgestaltung durch die Gemeinschaftsorgane bedürfen. Dies ist bei den vollständig liberalisierten Grundfreiheiten jedoch nicht mehr der Fall. Hinsichtlich der Verwirklichung der Währungsunion und ihres primären Zieles der Preisstabilität eröffnet der EG-Vertrag jedoch den politischen Organen gewisse Handlungsoptionen[393]. Nicht hierher gehört der Eintritt in die dritte Stufe der Wirtschafts- und Währungsunion. Nach dem in Art.

[392] Art. 109j Abs. 1, 1. Gedankenstrich EGV und Art. 1 des Protokolls über die Konvergenzkriterien, vgl. BGBl. II 1992, S. 1309.

[393] *Basedow*, in: FS für Everling, Bd. I, S. 49 ff. (64).

109j Abs. 4 EGV vorgesehenen Automatismus, mit dem die dritte Stufe am 1.1. 1999 beginnen soll, bleibt den Staats- und Regierungschefs als Rat der EG nur noch die Bestätigung der teilnehmenden Staaten. Ob man insofern eine Terminverschiebung des Eintritts in die dritte Stufe der Wirtschafts- und Währungsunion durch dieses Gremium als vertraglich vorgesehene Handlungsoption zu verstehen hat, ist wohl eher zweifelhaft[394]. In diese Rubrik gehören vielmehr die Rechtsakte der EZB, die diese gemäß Art. 108a Abs. 1 EGV und gemäß Abs. 3 dieser Vorschrift i.V.m. Art. 106 Abs. 6 EGV erläßt. Für die primäre Aufgabe des ESZB, die Durchführung der gemeinsamen Geldpolitik, steht der EZB gemäß Art. 108a Abs. 1, 1. Gedankenstrich EGV das Instrument der Verordnung, demnach das weitestreichende sekundärrechtliche Instrument, zu. Es setzt sich hier folglich das Ergebnis des vorgenannten Punktes fort, wonach die Kapitalverkehrsfreiheit als unmittelbar wirkende Freiheit einen höheren Rang genießt als die noch von sekundärrechtlicher Ausgestaltung und Überwachung abhängige Wahrung der Preisstabilität einschließlich der dazu erforderlichen geldpolitischen Instrumente.

Als letzte Form der Unterscheidung führt *Basedow* die Erleichterung oder das Erschwernis der Zielverwirklichung im Gesetzgebungsverfahren an[395], d.h. es stellt sich die Frage nach den erforderlichen Stimmenmehrheiten. Dabei kommt Zielen, die mit qualifizierter Mehrheit verabschiedet werden können ein höherer Rang zu als solchen, die nur mit Einstimmigkeit verabschiedet werden können. Diese Aussage ist mit dem Argument angreifbar, daß Ziele, die von allen Mitgliedstaaten unterstützt werden müssen, bevor sie verwirklicht werden können, doch den Staaten mehr bedeuten und daher wichtiger sein müssen als solche, bei denen die Mitgliedstaaten auch eine Überstimmung durch die Mehrheit der anderen Mitgliedstaaten in Kauf nehmen. Die Aussage wird jedoch dadurch bekräftigt, daß es auf den dem primären Gemeinschaftsrecht nachfolgenden politischen Konsens in den Organen nicht ankommt[396]. Gestützt wird dies dadurch, daß sich dort, wo sich der Sinn der Vertragsrechtsnormen oder ihr Verhältnis zueinander deutlich aus dem Primärrecht ergibt, bevor sich im nachhinein der politische Konsens bildet, eine Neuorientierung in dem genannten Verhältnis nur über das Vertragsrechtsänderungsverfahren des Art. N EUV erreichen läßt[397]. Vielmehr will der Vertrag zum Ausdruck bringen, daß er ihm wichtige Ziele einfacher verwirklicht sehen möchte als solche, die zwar auch nicht unwichtig sind, bei denen aber eine Rücksichtnahme auf nationale Begehrlichkeiten vertretbar erscheint. Hieraus folgt, daß das Erfordernis der Einstimmigkeit in der praktischen Anwendung des Vertrages nicht

---

394 Hiergegen auch *Kortz*, S. 188 ff. sowie *ders.*, EuR 1996, S. 80 ff. (93); vgl. auch *Möschel*, der ebenfalls Zweifel an der rechtlichen Zulässigkeit einer Verschiebung anführt, JZ 1998, S. 217 ff. (222).

395 *Basedow*, in: FS für Everling, Bd. I, S. 49 ff. (65).

396 *Basedow*, a.a.O., S. 66.

397 *Basedow*, a.a.O., S. 66; vgl. zur Änderung der EU-Verträge nach den vorgesehenen Verfahren (Art. N EUV/Maastricht, bzw. Art. 48 EUV/Amsterdam) jetzt umfassend *Pechstein/Koenig*, Die Europäische Union, Rn. 494 ff., sowie *Koenig/Pechstein*, EuR 1998, S. 131 ff.

nur zu einer Erschwerung der Verwirklichung der vertraglichen Ziele führt[398], sondern daß darin auch ein Nachrang der betreffenden Aufgaben zum Ausdruck kommt[399].

Bemerkenswert ist darüber hinaus, daß die die Marktintegration hemmenden Entscheidungen mit Einstimmigkeit beschlossen werden müssen, vgl. Art. 73c Abs. 2, S. 2 EGV, die die Liberalisierung voranbringenden Maßnahmen dagegen lediglich der qualifizierten Mehrheit bedürfen, vgl. Art. 73c Abs. 2, S. 1 EGV. Auch der Eintritt in die dritte Stufe erfolgt ausweislich des Art. 109j Abs. 4 EGV aufgrund eines mit qualifizierter Mehrheit gefaßten Beschlusses des Rates der EG in der Zusammensetzung der Staats- und Regierungschefs. In der EZB ist grundsätzlich ebenfalls von sogar nur einfachen Mehrheitsbeschlüssen auszugehen, vgl. Art. 10.2 UAbs. 2 ESZB-Satzung. Aus alledem folgt, daß nach diesem Unterscheidungskriterium eine differenzierte Rangeinteilung von Kapitalverkehrsfreiheit und Währungsunion nicht in Betracht kommt.

bb) Bewertung der Hierarchisierung

Im Rückblick auf das gesamte Hierarchisierungsmodell von *Basedow* ist festzustellen, daß mit Ausnahme von zwei Punkten eine unterschiedliche Rangeinteilung von Kapitalverkehrsfreiheit und Währungsunion nicht angezeigt ist. Diese beiden Punkte, die Unterschiede erkennen lassen, sind rückführbar auf das Kriterium der dezentralen Durchsetzbarkeit der anvisierten Ziele. Hier ist die Währungsunion nach dem *Basedow*'schen Modell im Nachteil. Wird nun das Modell als Ganzes zugrundegelegt und nicht aufgeteilt, indem nur die jeweils nicht passenden Kriterien außen vor gelassen werden, so entstehen gerade durch das Ergebnis der zwei Punkte - Durchsetzbarkeit der Aufgabe, abzulesen an der unmittelbaren Anwendbarkeit der diese Aufgabe regelnden Normen, sowie zur Verfügung stehende Instrumente zur Verwirklichung der Aufgabe - Zweifel an der Richtigkeit des Gesamtmodells.

Dies rührt daher, daß das Ziel der Errichtung der Währungsunion aus Art. 3a EGV von *Basedow* offenbar mit einbezogen wird, denn er führt diese Vorschrift immer zusammen mit dem die Tätigkeit der Gemeinschaft festlegenden Art. 3 EGV an. Jedoch beläßt der Autor es bei der bloßen Nennung des Art. 3a EGV. An keiner Stelle seiner Ausführungen erfolgt eine Überprüfung der insgesamt neun Unterscheidungskriterien in bezug auf die Währungsunion. Bleibt das Modell auf die Tätigkeiten der Gemeinschaft gemäß Art. 3 EGV beschränkt, so ist die Treffsicherheit evident. Die Einbeziehung der Währungsunion jedoch ohne tatsächliche Überprüfung bringt das Modell ins Wanken. Dabei ist die Grundaussage *Basedows* unbestritten: Ein höher- oder höchstrangiges Ziel des Vertrages[400] kann

---

[398] *Immenga*, EuZW 1994, S. 14 ff. (17).

[399] *Basedow*, in: FS für Everling, S. 49 ff. (66).

[400] Wenn demgegenüber *Heintzen*, Hierarchisierungsprozesse innerhalb des Primärrechts der Europäischen Gemeinschaft, EuR 1994, S. 35 ff., zu dem Ergebnis gelangt, daß es

und darf durch die Verwirklichung eines nachrangigen Zieles nicht von seinem erreichten Integrationsstand zurückgeworfen werden auf ein niedrigeres Stadium.

Damit ist jedoch noch nichts über die Kollision zweier gleichrangiger Ziele ausgesagt. Würde nun eingewandt, daß doch die Währungsunion mangels dezentraler Durchsetzungskraft eben nicht den gleichen Rang aufweise wie der Binnenmarkt, so würde dabei das neue integrative Element vernachlässigt, welches der Währungsunion immanent ist. Dieses integrative Element ist momentan ohnehin, aber auch noch zu Beginn der dritten Stufe der Wirtschafts- und Währungsunion von eher politischem Charakter und schon von daher nur sehr schwer mit der Rechtsordnung des Binnenmarktes in ein Verhältnis zu setzen. Hier zeigt sich, daß die zur nächsthöheren Stufe schreitende Entwicklung nicht notwendig mit den bisherigen Kategorien zu fassen ist. Erkennbar wird dies daran, daß eine konsequente Anwendung des eben dargestellten Modells, wie gesehen, dazu führen muß, daß der Verwirklichung der Währungsunion eine geringere Bedeutung beizumesen ist als der Erhaltung des Binnenmarktes, wohingegen die Fortentwicklung gerade des Binnenmarktes hin zu einer Währungsunion quasi die Vollendung eines bisher unvollständigen Etwas bedeutet.

Die Umkehrung des Modellergebnisses wird auch bereits in Art. 3a EGV angedeutet und zwar in der Diskrepanz zwischen der wirtschaftspolitischen und der währungspolitischen Integrationsdichte[401]. Diese äußert sich einerseits in dem Verharren der Mitgliedstaaten im Stadium der Koordination der nationalen Politiken, was den wirtschaftlichen Teil anbelangt[402] und andererseits in der vollständigen Vergemeinschaftung der währungspolitischen Befugnisse der Mitgliedstaaten[403]. Diese Trennung wird noch einmal deutlich in Art. 3a EGV zum Ausdruck gebracht, worin die Tätigkeit der Gemeinschaft in der Wirtschafts- und Währungsunion festgelegt wird. Art. 3a Abs. 1 EGV legt die Gemeinschaft dabei auf die Einführung einer Wirtschaftspolitik fest, die auf einer engen Koordinierung der Wirtschaftspolitik der Mitgliedstaaten, dem Binnenmarkt und der Festlegung gemeinsamer Ziele beruht und dem Grundsatz einer offenen Marktwirtschaft mit freiem Wettbewerb verpflichtet ist. Demgegenüber bestimmt Art. 3a Abs. 2 EGV,

---

Rangunterschiede im Primärrecht nicht geben kann, so ist dabei zu berücksichtigen, daß *Heintzen* das Primärrecht darauf untersucht, ob aufgrund etwaiger Hierarchisierungsprozesse dem Gemeinschaftsrecht bzgl. einzelner Normen eine dem Art. 79 Abs. 3 GG vergleichbare "Ewigkeitsklausel" zugefügt worden ist, aufgrund derer die von ihr umfaßten Normen der Dispositionsbefugnis der Mitgliedstaaten als Herren der Verträge entzogen sind. Diese völlig andere Ausgangsfrage erklärt den Unterschied im Ergebnis hinsichtlich möglicher Rangunterschiede im Primärrecht und führt gleichzeitig dazu, daß für die hier interessierende Frage eines Rangunterschieds bestimmter Normen des EG-Primärrechts hinsichtlich ihrer Durchführung durch EG-Organe die Abhandlung *Heintzens* nicht herangezogen werden kann.

401 *Weber, A.*, JZ 1994, S. 53 (53).

402 Vgl. Art. 102a, 103 EGV.

403 Vgl. insbesondere Art. 105, 105a, 107 sowie 108 EGV.

daß die Mitgliedstaaten ihre Wechselkurse unwiderruflich festlegen mit dem Ziel der Einführung einer gemeinsamen Währung, womit die Festlegung einer einheitlichen Geld- und Wechselkurspolitik einhergeht.

Werden nun Binnenmarkt und Währungsunion gegenübergestellt, so wird aus Art. 3a Abs. 1 EGV deutlich, daß der Binnenmarkt nur Teil der gemeinschaftsrechtlichen Wirtschaftspolitik ist, wenn auch auf sich selbst beschränkt in sehr weitgehender gemeinschaftsrechtlicher Ausgestaltung. Zwar ist der Binnenmarkt mehr als nur die koordinierte Wirtschaftspolitik der Mitgliedstaaten - dies ergibt sich allein schon aus der Definition des Binnenmarktes in Art. 7a Abs. 2 EGV -, jedoch steht er neben der koordinierten Wirtschaftspolitik als Bestandteil der gemeinschaftlichen Wirtschaftspolitik. Ob aus der Reihenfolge der Nennung der Bestandteile dieser Politik eine Rangfolge abzuleiten ist, womit dann die koordinierte Wirtschaftspolitik der Mitgliedstaaten mehr Gewicht in der gemeinschaftlichen Wirtschaftspolitik hätte als der Binnenmarkt, mag zweifelhaft sein. Jedenfalls folgt aus dem Wortlaut des Art. 3a Abs. 1 EGV kein Vorrang des Binnenmarktes vor der koordinierten Wirtschaftspolitik. Folglich aber wird die gemeinschaftliche Wirtschaftspolitik zu einem großen Teil von der lediglich koordinierten Wirtschaftspolitik der Mitgliedstaaten mitbestimmt, womit diesen eine erhebliche Einflußnahmemöglichkeit eröffnet wird.

Demgegenüber ist die Währungspolitik den Mitgliedstaaten, die die gemeinsame Währung eingeführt haben, ab der dritten Stufe vollständig entzogen, steht vielmehr in ausschließlicher Gemeinschaftskompetenz. Die Übertragung der Währungshoheit an eine von sowohl mitgliedstaatlicher als auch gemeinschaftlicher Einflußnahme vollständig befreite Institution macht deutlich, daß die Währungspolitik einen sehr viel höheren Grad an Vergemeinschaftung aufweist als die Wirtschaftspolitik, womit die exakte Umkehrung des nach dem *Basedow*'schen Modell gefundenen Ergebnisses erreicht ist. Es ist daher festzuhalten, daß die Währungsunion höher anzusiedeln ist als der Binnenmarkt, will man bei dem Vokabular der Rangeinteilung bleiben. In die gleiche Richtung geht es, wenn gesagt wird, daß zwar die Koordinierung der Wirtschaftspolitik mehr ist als nur ein Instrument zur Verwirklichung der gemeinsamen Währung, gleichwohl aber diese Koordinierung der Wirtschaftspolitik *helfen* soll, die Voraussetzungen zur Einführung einer gemeinsamen Währung zu schaffen[404].

f) Ergebnis

Die nähere Auseinandersetzung mit dem institutionellen Verhältnis von EG-Rat und EZB hat zunächst gezeigt, daß es eine Höherrangigkeit infolge institutioneller Vorschriften im EG-Vertrag nicht gibt. Auch die an den Vertragszielen orientierte Einteilung von Zielhierarchien kann ein institutionelles Ungleichgewicht nur sehr schwer begründen und wenn, dann auch nur unter Zuhilfenahme materieller Kriterien wie der tatsächlichen Integrationsdichte des betrachteten Objekts.

---

[404] *Langguth*, in: Lenz, EG-Komm., Art. 3a, Rn. 5.

g) Zum Vergleich: Das Verhältnis von Bundesbank und Bundesregierung

Betrachtet man demgegenüber das Verhältnis der Deutschen Bundebank zur Bundesregierung, so steht fest, daß die Bundesbank weder einer Dienst- noch einer Fachaufsicht unterliegt[405]. Hinsichtlich einer Rechtsaufsicht ist dies nicht so eindeutig. Aus dem behördenähnlichen Aufbau der Bundesbank könnte sich ergeben, daß auch sie - wie alle Stellen im Gesamtsystem des Behördenaufbaus - ihrer Zweckbestimmung nach gehalten ist, nur innerhalb der geltenden Rechtsordnung zu agieren und nicht selbst die Rechtmäßigkeit ihrer Handlungen überprüfen kann[406]. Beanstandet die Bundesregierung eine Maßnahme der Bundesbank, so stünde dieser gegen den Beschluß die Anfechtungsklage gemäß § 42 VwGO zu[407].

Dagegen könnte aus dem Fehlen einer ausdrücklichen Unterstellung der Bundesbank unter eine Rechtsaufsicht folgen, daß es eine solche eben nicht gibt[408]. Das Bundesverfassungsgericht hatte bisher noch nicht Gelegenheit, sich damit näher auseinanderzusetzen. In einem obiter dictum führt es jedoch aus, daß die Deutsche Bundesbank kraft ihrer verfassungsrechtlichen unabhängigen Stellung keiner Aufsicht anderer Organe der Exekutive unterfällt[409]. Hieraus folgt, daß im Konfliktfall lediglich ein Organstreitverfahren herangezogen werden kann[410]. Die Frage, ob und wenn ja wie die Deutsche Bundesbank als Verfassungsorgan betrachtet werden kann, damit sie im Organstreitverfahren gemäß Art. 93 Abs. 1 Nr. 1 GG i.V.m. §§ 13 Nr. 5, 63 ff. BVerfGG vor dem BVerfG antragsbefugt sein kann, kann hier offen bleiben[411]. Denn für die EZB folgt aus Art. 173 UAbs. 3 EGV, daß sie gegen die anderen Organe der Europäischen Gemeinschaft vor dem EuGH vorgehen kann, wenn diese in unzulässigerweise in die Rechte der EZB eingreifen.

Es zeigt sich somit, daß auch im Verhältnis der Bundesbank zur Bundesregierung eine Höherrangigkeit nicht hergeleitet werden kann. Die Schwierigkeiten, die bei der Lösung von Konflikten zwischen der EZB und dem EG-Rat auftreten können, sind folglich nicht spezifisch europarechtlich, sondern resultieren aus der unabhängigen Stellung der Notenbank. Denn gäbe es bereits vertraglich festgelegte Rangfolgen zuungunsten der EZB, so könnte eine Unabhängigkeit derselben nicht angenommen werden.

---

405 Allgemeine Meinung, vgl. nur M/D-Maunz Art. 88, Rn. 20.

406 Hieraus ergäbe sich eine Rechtsaufsicht der Bundesregierung, vgl. *v. Bonin*, S. 186 ff.; *Schmidt*, in: Isensee/Kirchhof, HdbStR Bd. III, § 82, Rn. 18; *Breuer*, VVDStRL 44 (1986), S. 211 ff. (239).

407 M/D-Maunz, a.a.O.; Stern, § 35 V 4;

408 *Hahn*, BayVBl. 1982, S. 33 ff., 70 ff. (34); *Fögen*, S. 103 f.; Siebelt, S. 157; *Uhlenbruck*, S. 40.

409 BVerfGE 62, 169 ff. (183).

410 *Hahn*, BayVBl. 1982, S. 33 ff., 70 ff. (73), m.w.N.; *Rittner*, § 5, Rn. 49 und 63.

411 Vgl. dazu nur *Hahn*, a.a.O., S. 73 f. Vgl. zur Frage der Rechtsaufsicht über die Bundesbank vertiefend auch *Brosius-Gersdorf*, S. 169 ff. m.w.N.

III. Normative Verknüpfungen von Kapitalverkehrsfreiheit und Währungsunion im Bereich der Geldpolitik zwischen den Eurostaaten und Drittstaaten - Materielle Verknüpfungen

Ging es bisher darum, die institutionellen Verknüpfungen der Wirtschafts- und Währungspolitik im EG-Vertrag zu beleuchten, so sollen im folgenden die materiellen Verknüpfungen, wie sie sich aus dem EG-Vertrag ergeben, Gegenstand vertiefter Betrachtung sein.

1. Materielle Verknüpfungen im Bereich der Geldpolitik zwischen den Eurostaaten und Drittstaaten

Der Kapitalverkehr zwischen den Eurostaaten und Drittstaaten, i.e. solche, die nicht zur EG gehören, findet nicht nur Niederschlag in den Art. 73b ff. EGV, sondern wird - hinsichtlich der Wechselkurse und damit in bezug auf eines seiner wichtigsten und bestimmendsten Elemente - auch im Rahmen der Vorschriften über die Wirtschafts- und Währungsunion geregelt.

a) Die Grundregel des Art. 109 EGV

Recht eindeutig wird der Kapitalverkehr, was das o.g. bestimmende Element des Wechselkurses betrifft, zwischen den Eurostaaten und Drittländern in Art. 109 EGV geregelt. Ausweislich des Art. 109e Abs. 3 UAbs. 2 EGV gilt Art. 109 EGV jedoch erst ab der dritten Stufe der Wirtschafts- und Währungsunion. Bis dahin betrachten die Mitgliedstaaten der EG ihre Wechselkurspolitik gemäß Art. 109m EGV als Angelegenheit von gemeinsamem Interesse. Art. 109m EGV gilt gemäß seinem Absatz 2 auch noch nach Beginn der dritten Stufe weiter, nämlich für solche Staaten, die zwar auch an dieser Stufe teilnehmen, für die aber gemäß Art. 109k EGV eine Ausnahmeregelung gilt. Gemäß Art. 109 Abs. 1 EGV legt der Rat nach Ablauf eines ebenfalls in dieser Vorschrift geregelten Verfahrens die Wechselkurse der dann gemeinsamen Währung Euro gegenüber Drittlandswährungen fest. Obwohl es sich hierbei um internationale Abkommen zwischen der EG und dem jeweiligen Drittland handelt, schließt Art. 109 Abs. 1, S. 1 EGV die Anwendung des für internationale Abkommen vorgesehenen Art. 228 EGV aus.

Die bemerkenswertesten Unterschiede im Vergleich zu Art. 228 EGV sind bei Art. 109 EGV einmal die Tatsache, daß trotz der Feststellung in Absatz 3, wonach die Kommission in vollem Umfang an den Abkommen zu beteiligen ist, es der Rat ist, der die Verhandlungen während der Wechselkursfestlegung führt. Zum anderen sind die unterschiedlichen Abstimmungsmodalitäten zu erwähnen. Gemäß Art. 228 Abs. 2 EGV schließt der Rat die internationalen Abkommen grundsätzlich mit qualifizierter Mehrheit, während Art. 109 Abs. 1 EGV das Wechselkursabkommen mit dem Drittstaat von Einstimmigkeit im EG-Rat abhängig macht. Nach den Kriterien der Zielhierarchisierung von *Basedow* kommt den "gewöhnlichen" internationalen Abkommen somit im EG-Vertrag höhere Bedeutung zu als diesen Wechselkursabkommen, da erstere wegen der nur erforderlichen qualifizierten Mehrheit einfacher zu verwirklichen sind als die Abkommen gemäß Art. 109 EGV. In diesem Zusammenhang paßt das Modell sogar, denn die Entwicklung und Verabschiedung eines Festkurssystems mit einem Drittstaat i.S. v. Art. 109 EGV mit allen - noch darzustellenden - Schwierigkeiten ist für die fortschreitende Integration Europas sicherlich von geringerem Belang als die Ausarbeitung wirtschaftsfördernder internationaler Abkommen mit Drittstaaten.

Von der Verabschiedung der Abkommen zu unterscheiden ist die spätere Festlegung, Änderung oder Aufhebung des tatsächlichen Wechselkurses. Dies erfolgt gemäß Art. 109 Abs. 1, S. 2 EGV mit qualifizierter Mehrheit des Rates nach Empfehlung der EZB bzw. nach Empfehlung der Kommission und Anhörung der EZB. Hierbei hat der Rat sich von dem Bemühen leiten zu lassen, zu einem mit dem Ziel der Preisstabilität in Einklang stehenden Konsens zu gelangen. Geregelt wird in Art. 109 Abs. 1 EGV somit ein System grundsätzlich fester Wechselkurse mit den dazugehörigen Leitkursvereinbarungen, Interventionsverpflichtungen und Anpassungsmodalitäten der einmal festgesetzten, in einer gegebenen Situation aber nicht mehr zutreffenden Leitkurse. Die Vereinbarungen, die hierbei getroffen werden, sind einschließlich aller Verpflichtungen gemäß Art. 109 Abs. 3 UAbs. 2 EGV für die Organe und Mitgliedstaaten der Gemeinschaft, vor allem aber auch für die EZB verbindlich.

Auf den ersten Blick problematisch erscheinen hier die Interventionsverpflichtungen, die die EZB treffen. Über seine Wechselkurspolitik kann der Rat somit erheblich in die Geldpolitik der EZB eingreifen, wie sogleich zu zeigen sein wird. Gerade in einem Festkurssystem sind möglicherweise große Summen von Zentralbankgeld aufzubieten, um den in Schwierigkeiten befindlichen Partnerwechselkurs zu stützen. Vorweg ist jedoch festzuhalten, daß die Kompetenz zum Abschluß von Wechselkursabkommen mit Drittländern von jeher in den Zuständigkeitsbereich der allgemeinen Politik fällt, vgl. nur Art. 73 Nr. 4 GG. Selbst im Zusammenhang mit Art. 88, S. 1 GG, der die Errichtung einer Währungs- und Notenbank vorsieht, ergibt sich nichts anderes. Paritätsentscheidungen, also die äussere Währungspolitik, fallen dabei sogar in die alleinige Kompetenz des Bundeskanzlers, bzw. des zuständigen Ressortministers[412]. Gemäß der Terminologie des EuGH könnte man hier gleichsam von einem allgemeinen Rechtsgrundsatz innerhalb der Europäischen Gemeinschaften sprechen. Daß die Organkompetenz somit beim Rat und nicht bei der EZB liegt, ist daher nichts besonderes, gleichwohl kann diese Konstellation Probleme aufwerfen.

---

[412] *Schmidt-Bleibtreu*, in: Schmidt-Bleibtreu/Klein, Komm. z. GG, Art. 73. Rn. 16 sowie Art. 88, Rn. 3.

b) Auftretende Interessenkonflikte zwischen dem EG-Rat und der EZB bei der Wechselkursfeststellung gegenüber Drittstaaten

Interessenkonflikte sind im Bereich der Wechselkursfestlegung von Euro zu Drittlandswährungen immer dann vorprogrammiert, wenn die unterschiedlichen Politikstandpunkte von EG-Rat und EZB (Wirtschaftspolitik des Rates einerseits und Geld- und Stabilitätspolitik der EZB andererseits) nicht übereinstimmen. Zur Verdeutlichung des möglichen Zielkonflikts ist auf ein wirtschaftswissenschaftliches Modell zurückzugreifen. Ausgangspunkt ist ein sogenanntes Festpreismodell für eine Wechselkursunion, die aus zwei Ländern besteht und durch nach innen feste, nach außen jedoch flexible Wechselkurse gekennzeichnet ist[413].

Übertragen auf die hier gegebene Situation des Art. 109 Abs. 1 EGV stellt dies eine Wechselkursunion zwischen den Teilnehmerstaaten der gemeinsamen Währung der dritten Stufe der Währungsunion, kurz der Währungsunion, und einem Drittland dar, welche durch einen nach innen festen Wechselkurs, nach außen, in bezug auf das Ausland die jeweils eigenen, also flexible Wechselkurse gekennzeichnet ist. Dabei bedeutet Wechselkursunion den Zusammenschluß einzelner Länder, die zwischen ihren Währungen unter Aufrechterhaltung der nationalen geldpolitischen Souveränität einen gemeinsamen Wechselkurs festlegen[414].

Definitionsunterschiede bei der Wechselkursunion gibt es bei der Frage, ob unwiderruflich festgelegte Wechselkurse[415] oder ob gerade die verbleibende Möglichkeit von Paritätsänderungen als charakteristisch für eine Wechselkursunion angesehen werden muß[416]. Die verbleibende geldpolitische Souveränität bei den Partnern einer Wechselkursunion spricht eher für den zweiten Definitionsansatz, so daß dieser hier zugrunde gelegt werden soll, wenn auch die Wechselkursunion nach innen durch feste Wechselkurse gekennzeichnet ist. Diese sind gleichwohl nicht unwiderruflich. Nationale geldpolitische Souveränität ist im hier gegebenen Zusammenhang gleichzusetzen mit der geldpolitischen Souveränität der EZB auf der Ebene der Währungsunion. Die Modellbetrachtung soll sich aus Vereinfachungsgründen auf die Untersuchung einer expansiven Geldpolitik durch Offenmarktkäufe der Währungsbehörden sowie einer expansiven Fiskalpolitik in Form einer publikumsfinanzierten Erhöhung der Ausgaben des Staates für Güter und Dienste beschränken.

Ausgangspunkt der Modellbetrachtung ist eine Situation, in der die Sozialprodukte beider Länder (hier also der Währungsunion und des Drittlandes) sowie der gemeinsame Geldmarkt, bestehend aus dem Geldangebot und der Geldnachfrage, in einem Gleichgewicht sind. Gesetzt sei der Fall, eines der beiden Wechselkursunionsländer, etwa das Drittland, betreibt eine expansive offenmarktpolitische

[413] Modell nach *Levin*, in: Bhandari, Putnam, Economic Interdependence, S. 329 ff.
[414] *Marston*, in: Bilson, Marston, Exchange Rate Theory and Practice, S. 407 ff. (407).
[415] So *Ohr*, Wirtschaftsstudium, 19. Jg. (1990), S. 217 ff. (217).
[416] In diesem Sinne *Feuerstein*, Studien zur Wechselkursunion, S. 6.

Maßnahme. Dabei handelt es sich um die Beeinflussung des Geldumlaufs und der Kreditgewährung durch den An- und Verkauf von Wertpapieren des Staates, also etwa von Wechseln oder Schuldverschreibungen und Schuldbuchforderungen, am offenen Markt zu Börsensätzen, d.h. die Zentralbank kauft wie Privatpersonen die an der Börse gehandelten Papiere des Staates. Hierdurch werden sowohl die Bankliquidität als auch die Zinssätze am Kapitalmarkt beeinflußt, denn der Kauf von Wertpapieren seitens der Zentralbank verstärkt die Liquidität und wirkt somit kreditpolitisch expansiv und ebenso wirkt der Kauf festverzinslicher Wertpapiere tendenziell kurssteigernd. Eine expansive Offenmarktpolitik bedeutet eine Erhöhung der Geldumlaufmenge und damit auch eine Ausweitung des den Geschäftsbanken zur Verfügung stehenden Zentralbankgeldes. Diese erhöhte Verfügbarkeit von Zentralbankgeld bei der Refinanzierung der Geschäftsbanken bewirkt eine Verbilligung desselben und erlaubt es darüber hinaus den Geschäftsbanken, ihrerseits die Zinsen zu senken[417].

Aus derartigen Käufen der Zentralbank am offenen Markt ergeben sich folgende Konsequenzen: Zunächst entsteht durch den Kauf der Zentralbank ein Überschußangebot von Zentralbankgeld auf dem gemeinsamen Geldmarkt. Das vor der Maßnahme noch bestehende Gleichgewicht aus den drei Märkten (der beider Sozialprodukte und des Geldmarktes) ist nun gestört, es verbleibt lediglich ein Gleichgewicht auf den Gütermärkten, bzw. im Vergleich der Sozialprodukte zueinander. Der daneben entstandene Angebotsüberschuß auf dem Geldmarkt löst in dem Land, das die offenmarktpolitische Maßnahme durchgeführt hat, hier demnach in dem Drittland, zunächst Zinssenkungstendenzen aus. Diese haben nun zur Folge, daß Kapitalanlagen und -investitionen einen Teil ihrer Rentabilität in diesem Drittland einbüßen, und bei vollkommen elastischen Kapitalbewegungen, d.h. bei vollständig liberalisiertem Kapitalmarkt, resultieren daraus umfangreiche Nettokapitalexporte aus diesem Drittland in andere Länder, vor allem aber in das Wechselkursunionspartnerland, in welchem die Zinsen (noch) nicht gesunken sind[418].

Auf die Staaten der gemeinsamen Währung übertragen bedeutete dies bei dem primärrechtlich verankerten vollständig liberalisierten Kapitalverkehr mit Drittländern (Art. 73b Abs. 1 EGV) einen Kapitalzustrom aus diesem Drittland in die Staaten der Einheitswährung. Das Partnerland seinerseits (hier die Währungsunion) muß das aus dem Drittland einfließende zusätzliche Devisenangebot infolge der Festkursvereinbarung von der Währungsbehörde zum vereinbarten Wechselkurs bei Abgabe der eigenen Währung aufnehmen. Der durch die offenmarktpolitische Maßnahme des Drittlandes in diesem zunächst vorhandene Anstieg der Geldmenge, der das Überschußangebot auf dem Geldmarkt verursachte, wird durch die Aufnahme im Partnerland in Form einer expansiven Geldmengenentwicklung in diesem gedämpft. Beide Währungen werten sich infolge von Kapital-

---

417 *Feuerstein/Siebke*, Wirtschaftsstudium 16.Jg. (1987), S. 635 ff. (638); *Rose/Sauernheimer*, in: FS für Meimberg, S. 15 ff. (21).

418 *Daseking*, Makroökonomische Interdependenzen, S. 28.

exporten ins Ausland gemeinsam ab, da nun auch im Partnerland, d.h. in der Währungsunion, die erhöhte Geldmenge eine Zinssenkungstendenz auslöst[419]. Die Abwertung ihrerseits belebt über eine Zunahme des Außenbeitrags[420], d.h. über die Ausweitung der Nachfrage nach den in der Wechselkursunion hergestellten Gütern, die gesamtwirtschaftliche Güternachfrage, so daß sich die Gütermärkte in beiden Ländern ausdehnen. Es erhöht sich folglich das Sozialprodukt und ein neues Gleichgewicht zwischen beiden Gütermärkten stellt sich auf einem erhöhten Niveau ein. Eine Erhöhung der Geldmenge in einem der beiden Länder der Wechselkursunion führt folglich zu einer Abwertung aller Wechselkursunionswährungen gegenüber den Auslandswährungen und zu einer expansiven Entwicklung der Sozialprodukte, damit zu einer Erhöhung des Gesamteinkommens[421].

Im Hinblick auf eine expansive Fiskalpolitik[422] in Form der publikumsfinanzierten Erhöhung der Ausgaben des Staates für Güter und Dienste ist folgendes zu beachten: Steigen in einem Land der Wechselkursunion, wieder angenommen in dem Drittland, die Ausgaben des Staates für Güter und Dienste, oder kurz die Staatsausgaben, so entwickelt sich in dem Drittland zunächst eine Überschußnachfrage auf dem Gütermarkt. Das wiederum anfangs bestehende Gleichgewicht der beiden Gütermärkte und des gemeinsamen Geldmarktes ist durch diese erhöhte Nachfrage auf dem Drittlandsgütermarkt gestört. Es entsteht lediglich ein neues, partielles Gleichgewicht auf beiden Gütermärkten, was jedoch mit der Situation einer erhöhten Geldnachfrage des Drittlandes auf dem gemeinsamen Geldmarkt einhergeht[423]. Bleibt das Geldangebot trotz der erhöhten Nachfrage unverändert, so entwickelt sich im Drittland eine Zinssteigerungstendenz, die aufgrund zinsinduzierter Kapitalimporte aus dem Partnerland (der Währungsunion) und dem Ausland in das Drittland dessen Währung einem Aufwertungsdruck aussetzt[424].

In dieser Situation müssen die Währungsbehörden der Wechselkursunion, die EZB und die Notenbank des Drittlandes, zur Stabilisierung der Wechselkurse die unter Aufwertungsdruck geratene Drittlandswährung anbieten und gleichzeitig die infolge des Kapitalabflusses abwertende Währung des Partnerlandes auf den internationalen Kapitalmärkten nachfragen. Resultat hiervon ist eine Umvertei-

---

419 *Feuerstein/Siebke*, Wirtschaftsstudium 16. Jg. (1987), S. 635 ff. (638); *Rose/Sauernheimer*, in: FS für Meimberg, S. 15 ff. (21).

420 Im Außenbeitrag werden gebräuchlicherweise die Handelsbilanz und die Dienstleistungsbilanz zusammengefaßt. Dabei umfaßt der Außenbeitrag die internationalen Transaktionen, die direkt in das Sozialprodukt eines Landes einfließen, vgl. *Dieckheuer*, Internationale Wirtschaftsbeziehungen, S. 3.

421 *Daseking*, Makroökonomische Interdependenzen, S. 28 ff.; *Papadopoulou*, Makroökonomik, S. 78 f.; *Feuerstein/Siebke*, Wirtschaftsstudium 16. Jg. (1987), S. 635 ff. (638); *Rose/Sauernheimer*, in: FS für Meimberg, S. 15 ff. (21); *Dieckheuer*, Internationale Wirtschaftsbeziehungen, S. 182 ff.

422 *Levin*, in Bhandari, Putnam, Economic Interdependence, S. 329 ff. (333 ff.).

423 *Feuerstein/Siebke*, Wirtschaftsstudium, 16. Jg. (1987), S. 635 ff. (637).

424 *Rose/Sauernheimer*, in: FS für Meimberg, S. 15 ff. (20).

lung der Geldmenge vom Partnerland in das Drittland. Diese interventionsbedingte Geldmengenschrumpfung im Partnerland (in der Währungsunion) bewirkt auch hier einen Aufwärtsdruck auf das Zinsniveau, was die Währung wieder attraktiv für ausländische Anleger macht, so daß beide Wechselkursunionswährungen gegenüber den Auslandswährungen aufwerten[425].

Die Aufwertung der Drittlandswährung hat jedoch eine Verminderung seines Außenbeitrags[426] im Verhältnis zum Ausland zur Folge, so daß sich als Konsequenz die Nachfrage auf dem Gütermarkt reduziert, daß folglich das Sozialprodukt sinkt, bei gleichzeitiger teilweiser Kompensation der vormals stärker gestiegenen Sozialproduktsleistung im Drittland. Hierbei ensteht ein neues Gleichgewicht der Märkte, wobei das Geldmarktverhältnis unverändert bleibt, der Gütermarkt im Drittland nach einer kurzfristigen stärkeren Steigerung leicht abfällt und der Gütermarkt im Partnerland von seiner ursprünglichen Ausgangsposition leicht verliert. Als Resultat läßt sich ein gestiegenes Einkommen im Drittstaat und ein gesunkenes im Partnerland (in der Währungsunion) festhalten[427]. Ermöglicht wird dieses Ergebnis, daß der expansive Effekt der Staatsausgabenerhöhung im Drittland stärker ausfällt als der kontraktive Effekt einer aufwertungsbedingten Reduktion des Außenbeitrags im Partnerland, durch die interventionsbedingte Erhöhung der Geldmenge von seiten der Partnerlandsnotenbank (der EZB). Hieran zeigt sich, daß für ein Land durch den Zusammenschluß zu einer Wechselkursunion mit einem anderen Land die Möglichkeit besteht, durch isolierte Staatsausgabenerhöhung die heimische Konjunktur auf Kosten der Partnerländer anzuregen[428].

Eine nähere Betrachtung der Situationen der expansiven Fiskalpolitik des Drittlandes zeigt folgendes Bild: Im Verlauf des Anpassungsprozesses im Partnerland als Reaktion auf eine Erhöhung der Staatsausgaben im Drittland ist festzuhalten, daß sich zunächst bei einer Zunahme der Staatsausgaben, welche auch Käufe bei der heimischen Industrie beinhalten, die Unternehmen veranlaßt sehen, ihre Produktion auszuweiten, da die Nachfrage nach den inländischen Gütern gestiegen

---

425 *Feuerstein/Siebke*, Wirtschaftsstudium, 16. Jg. (1987), S. 635 ff. (637); *Daseking*, Makroökonomische Interdependenzen, S. 31; *Rose/Sauernheimer*, a.a.O., S. 15 ff. (20).

426 Durch Anhebung der Wechselkurse gegenüber dem Ausland verteuern sich die Exporte aus der Wechselkursunion ins Ausland, so daß von dorther eine Schrumpfung eintritt und damit auch die Außenhandelsbilanz schwächer wird.

427 *Rose/Sauernheimer*, in: FS für Meimberg, S. 15 ff. (20); *Feuerstein/Siebke*, Wirtschaftsstudium, 16. Jg. (1987), S. 635 ff. (637)*Dieckheuer*, Internationale Wirtschaftsbeziehungen, S. 188 ff.

428 *Daseking*, Makroökonomische Interdependenzen, S. 30 ff.; dieses Ergebnis wird als negative Konjunkturübertragung bezeichnet, s. *Feuerstein/Siebke*, a.a.O., S. 635 ff. (637); *Rose/Sauernheimer*, a.a.O., S. 15 ff. (20). Im Gegensatz dazu bezeichnet eine positive Konjunkturübertragung innerhalb einer Wechselkursunion eine Geldpolitik als deren Folge ein beiderseitiger Einkommensanstieg zu verzeichnen ist, vgl. *Feuerstein/Siebke*, a.a.O., S. 635 ff. (638).

ist. Dazu werden - je nach Umfang der Steigerung - zusätzliche Arbeitskräfte eingestellt[429], was einen positiven Einfluß auf das inländische Einkommen nach sich zieht und zu einer Steigerung der Geldnachfrage führt. Dies wiederum ruft einen Zinsanstieg hervor. Der Kapitalzufluß steigt infolge des erhöhten Zinssatzes und setzt die Drittlandswährung einem Aufwertungsdruck aus. Die Zentralbank ist gezwungen, Devisen zu kaufen, um das Überschußangebot an ausländischer Währung zu kompensieren, so daß die inländische Geldmenge steigt[430].

Resultat ist eine leichte Senkung des Zinsniveaus, des weiteren steigt der inländische Import infolge des gestiegenen Einkommens. Im Partnerland ist ein Kapitalabfluß ins Drittland zu verzeichnen. Außerdem verkauft die Zentralbank des Partnerlandes (die EZB der Währungsunion) Devisen, um den Abwertungsdruck auf die eigene Währung abzubauen, was zur Folge hat, daß die Geldmenge im Partnerland wieder sinkt und der Zinssatz steigt. Auf das Einkommen im Partnerland wirken somit zwei entgegengesetzte Faktoren. Zunächst wirkt ein expansiver Faktor als Folge des gestiegenen Imports aus dem Drittland, dann aber auch ein kontraktiver als Folge des Zinsanstieges, was gleichzeitig ein Investitionshemmnis darstellt. Welcher Faktor im Partnerland letztlich dominiert, ist in einem Modell nicht auszumachen, dazu bedarf es näherer Informationen des Einzelfalles[431]. Entscheidend ist, daß zumindest die Möglichkeit nicht auszuschließen ist, daß eine expansive Fiskalpolitik im Drittland zu negativen Effekten im Partnerland führen kann[432].

Aus dem soeben dargestellten Modell lassen sich nun die folgenden Konsequenzen einer Wechselkursunion der Länder der gemeinsamen Währung mit einem Drittland zusammenfassend darstellen, wobei lediglich die Störungen der jeweils bestehenden Gleichgewichte berücksichtigt wurden, welche durch Maßnahmen hervorgerufen wurden, die von den Partnerländern der Wechselkursunion ausgingen. Ausgeklammert blieben somit alle exogenen Störungen, die sich ebenfalls auf die Staaten der Wechselkursunion auswirken (können). Kurz gesagt führt eine expansive Geldpolitik eines der Wechselkurspartner zu einer wechselkursunionsweiten Abwertung der bestehenden Währungen gegenüber dem Ausland. Dies hat über den Außenbeitrag der beteiligten Länder einen positiven Effekt auf die Güternachfrage, da nun günstiger exportiert werden kann, so daß das Sozialprodukt insgesamt steigt. Dieser vom wirtschaftspolitischen Standpunkt außerordentlich wünschenswerte Effekt wird jedoch durch eine Erhöhung der Geldmenge, d.h. durch inflationäre Maßnahmen erkauft, die aus währungspolitischer Sicht außerordentlich unerwünscht sind und schon gar nicht mit dem Primat der Preisstabili-

---

429 *Rose/Sauernheimer*, a.a.O., S. 15 ff. (19).

430 *Dieckheuer*, Internationale Wirtschaftsbeziehungen, S. 189.

431 *Rose/Sauernheimer*, in: FS für Meimberg, S. 15 ff. (19) sehen im Drittland (i.e. das Land, das die expansive Fiskalpolitik durchführt) die Kontraktionseffekte als nicht ausreichend stark an, um den Primärimpuls, das gestiegene Einkommen infolge der höheren Staatsnachfrage, zu kompensieren.

432 *Papadopoulou*, Makroökonomik, S. 74 f.; *Rose/Sauernheimer*, a.a.O., S. 15 ff. (20).

tät innerhalb der Währungsunion zu vereinbaren sind. In welcher Form und mit welchem Erfolg die Zentralbank diesen Entwicklungen gegensteuern kann, wird im Rahmen der zu suchenden Lösungsmöglichkeiten zwischen Wirtschafts- und Währungspolitik zu überprüfen sein.

Im Rahmen der expansiven Fiskalpolitik des Drittlandes kommt es zu einer Umschichtung der Geldmenge von den Währungsunionsstaaten auf das aufwertungsbedrohte Drittland[433], was dort zu einer weniger scharfen, in der Währungsunion aber auch zu einer Aufwertung führt. Dies bedeutet für beide Wechselkurspartner eine Schrumpfung des Außenbeitrags aber auch einen Kapitalimport aus dem Ausland. Die interventionsbedingte Geldmengenumschichtung ins Drittland führt wegen des stärkeren Ausfalls des expansiven Effekts infolge der Staatsausgabenerhöhung trotz des kontraktiven Effekts der aufwertungsbedingten Reduktion des Außenbeitrags zu einem Einkommensanstieg[434]. Aufgrund der Annahme konstanter Preise[435] und eines durch den Auslandszins fixierten inländischen Zinsniveaus als Grundlage des Modells entwickeln sich zwangsläufig das nominale Geldangebot und das Einkommen eines Landes stets gleichgerichtet. Hieraus folgt, daß das Einkommen im Partnerland (in der Währungsunion) sinken muß, weil auch die Geldmenge sinkt. In dieser Situation also kommt es zu einer Aufwertung beider Währungen, d.h. sie sind stabil, zumindest nicht schwach. Dieses währungspolitisch wünschenswerte und angestrebte, zumal seit dem Spätsommer 1996 verstärkt in Form eines Stabilitätspaktes für die Teilnehmer an der gemeinsamen Währung in den Mittelpunkt der Diskussion gerückte Ziel ist jedoch mit wirtschaftspolitischen Einbußen vor allem in Form von gesunkenem Realeinkommen erkauft.

Es zeigt sich, daß beide Maßnahmen letztlich auf einen Konflikt zwischen Währungspolitik und Wirtschaftspolitik hinauslaufen (können), der einer Lösung zugeführt werden muß, die zwar auch, aber nicht nur in der Koordination der Wirtschaftspolitik zwischen den Partnerländern der Wechselkursunion liegen muß. Darüber hinaus zeichnet sich ab, daß bei freiem Kapitalverkehr und der Einrichtung einer Wechselkursunion mit festen Wechselkursen nach innen die die Notenbank der Teilnehmer - und hier insbesondere die EZB - treffenden Wechselkurs- und Interventionsverpflichtungen die offene Flanke der Geld- und Stabilitätspolitik einer Notenbank sind, bzw. sein können.

c) Rechtliche Lösungsmöglichkeiten für den Konflikt zwischen Wirtschaftswachstum und Währungsstabilität in einer Wechselkursunion zwischen den Eurostaaten und Drittstaaten

Näher betrachtet werden sollen nun die Möglichkeiten, die dem EG-Rat oder der EZB zur Lösung eben genannter Konflikte zur Verfügung stehen.

433 *Feuerstein/Siebke*, Wirtschaftsstudium, 16. Jg. (1987), S. 635 ff. (637).

434 *Dieckheuer*, Internationale Wirtschaftsbeziehungen, S. 191 f.

435 *Dieckheuer*, a.a.O., S. 171; *Daseking*, Makroökonomische Interdependenzen, S. 24.

aa) Stabilitätsgesetz auf europäischer Ebene?

Eine erste Lösungsmöglichkeit, im Rahmen der Staaten der gemeinsamen Währung zu einem Ausgleich von Wirtschafts- und Währungspolitik zu gelangen, läge im eventuellen Vorhandensein einer europäischen Parallele zum Gesetz zur Förderung der Stabilität und des Wachstums der Wirtschaft (StWG) der Bundesrepublik Deutschland. Nach dessen § 1 ist die Regierung verpflichtet, sowohl Preisstabilität als auch wirtschaftliche Prosperität zu sichern und zu fördern, und zwar gleichzeitig und gleichrangig. Ersichtlich gibt es zum bundesdeutschen StWG keine direkte Parallele auf europäischer Ebene. Möglich wäre es jedoch, zumindest die ratio des StWG auch im EG-Vertrag wiederzufinden. Im alten EWG-Vertrag gab es in Art. 104[436] eine entsprechende Vorschrift zum StWG. Dieser Art. 104 EWGV verpflichtete die Mitgliedstaaten der EG zu einer Politik, die der des § 1 StWG deutlich entsprach[437].

Mit dem Maastricht-Vertrag ist die Vorschrift des Art. 104 EWGV seit dem 1.11.1993 jedoch in ihrer bisherigen Form verschwunden und es fragt sich, ob sie an anderer Stelle, vielleicht auch in anderer, möglicherweise aufgeteilter Form im EG-Vertrag wieder erscheint. Grundsätzlich gilt, daß die in Art. 104 EWGV genannten Ziele gleichrangig waren. Dies widerspricht jedoch nicht der Annahme, daß unter bestimmten Umständen die Verfolgung eines bestimmten Zieles besonders notwendig erscheint. In bezug auf die dritte Stufe der Wirtschafts- und Währungsunion gilt dies für die Preisstabilität, weil ihr nach Ansicht der Herren der Verträge für das Funktionieren dieser dritten Stufe eine unabdingbare Stellung zukommt[438]. Gleichzeitig finden sich auch die anderen Ziele des alten Art. 104 EWGV im EG-Vertrag wieder. Das hohe Beschäftigungsniveau hat seinen Platz nun in Art. 2 EGV, neben dem ebenfalls an dieser Stelle geregelten beständigen, nicht-inflationären Wirtschaftswachstum. Die Abwendung von Zahlungsbilanzschwierigkeiten wurde in Art. 109h und 109i EGV niedergelegt und wie die anzustrebende Preisstabilität zu erreichen ist, ist in den Art. 105 ff. EGV geregelt. Zwar sind somit die Bestandteile des sogenannten "magischen Vierecks" des § 1 StWG auch im EG-Vertrag enthalten, jedoch nimmt die Preisstabilität mit ihrer herausgehobenen Bedeutung eine Sonderstellung ein.

Etwas anderes ließe sich möglicherweise der jüngsten Entwicklung um den Stabiliätspakt für den Euro entnehmen. Nachdem auf dem EU-Gipfel in Dublin im Dezember 1996 der Stabilitätspakt im Grunde verabschiedet und im Juni 1997 in Amsterdam vom Europäischen Rat angenommen worden war, zeichneten sich

---

[436] Art. 104 EWGV lautete: Jeder Mitgliedstaat betreibt die Wirtschaftspolitik, die erforderlich ist, um unter Wahrung eines hohen Beschäftigungsstands und eines stabilen Preisniveaus das Gleichgewicht seiner Gesamtzahlungsbilanz zu sichern und das Vertrauen in seine Währung aufrechtzuerhalten.

[437] *Bleckmann*, JZ 1988, S. 946 ff. (947); *Bünger, Molitor*, in: Hdb. d. Europäischen Rechts, I A 54, Art. 104, Rn. 5.

[438] *Bünger, Molitor*, a.a.O., Rn. 7.

schon bald unterschiedliche Lesarten der Übereinkunft ab. Während die deutsche Seite unter Bundesfinanzminister *Waigel* die reine stabilitätspolitische Sicherung des Euro betonte[439], wurde unter anderem von französischer Seite hervorgehoben, daß der wirtschaftspolitische Nutzen der Übereinkunft von Dublin dem Stabilitätspakt als solchem weit überlegen sei, daß der Euro in Dublin zu einem Instrument im Dienste des Wachstums geworden sei[440]. Noch mehr in Richtung auf eine Parallele zum StWG deutet die Aussage des französischen Wirtschafts- und Finanzministers *Arthuis*[441], daß die Eurowährung kein Selbstzweck sondern ein Instrument im Dienste des Wachstums und der Beschäftigung sei[442]. Wie sich der in Dublin verabschiedete Stabilitätspakt im Endeffekt auf die hier zu behandelnden Fragen auswirkt, ist noch offen, unstreitig ist aber wohl, daß eine dem StWG vergleichbare Regelung, die auch wirtschaftspolitische Aspekte gleichrangig behandelt, mit dem eindeutigen Wortlaut des Art. 105 Abs. 1 EGV nicht zu vereinbaren ist[443]. Eine andere Frage ist, ob der Stabilitätspakt in seiner jetzigen Form überhaupt mit dem Gemeinschaftsrecht vereinbar ist[444]. Hierauf wird später noch eingegangen[445].

bb) Lösungen sekundärrechtlicher Art zugunsten der EZB?

Möglicherweise hat die EZB über Art. 108a EGV die Kompetenz, in Konflikte der genannten Art per Verordnung einzugreifen. Gemäß Art. 108a Abs. 1, 1. Gedankenstrich EGV kann die EZB Verordnungen erlassen, soweit dies für die Erfüllung der ihr im EG-Vertrag oder in der ESZB-Satzung übertragenen Aufgaben erforderlich ist. Art. 108a Abs. 1, 1. Gedankenstrich EGV konkretisiert dies für die Erfüllung der Aufgaben, die in Art. 3.1, 1.Gedankenstrich ESZB-Satzung[446], in Art. 19.1 ESZB-Satzung[447], in Art. 22 ESZB-Satzung[448], in Art. 25.2 ESZB-Satzung[449] sowie darüber hinaus in Art. 106 Abs. 6 EGV, wenn der Rat gewisse

---

439 Vgl. Handelsblatt Nr. 244, vom 17.12.1996, S. 1.

440 So der französische Präsident *Chirac*, in: Handelsblatt Nr. 244, vom 17.12.1996, S. 2.

441 *Arthuis* war Finanzminister unter der mittlerweile abgewählten Regierung Juppé.

442 Vgl. Handelsblatt Nr. 244, vom 17.12.1996, S. 2.

443 Der Europäische Rat in Amsterdam hat sich in seinen Schlußfolgerungen allerdings eher der deutschen Sichtweise angeschlossen, zumindest findet sich darin nichts, was auf eine früher von der französischen Seite geforderte Wirtschaftsregierung als Gegengewicht zur EZB hinweist, vgl. Presidency Conclusions - Amsterdam, 16 and 17 June 1997, S. 5 ff.

444 Vgl. dazu einstweilen nur *Häde*, EuZW 1996, S. 138 ff.

445 S. u. IV.3.c)bb)(3).

446 Festlegung und Ausführung der Geldpolitik der Gemeinschaft.

447 Erhebung von Mindestreserven, einzuzahlen auf ein Konto bei der EZB, einschließlich der hierzu erforderlichen Verordnungen.

448 Einrichtung von Verrechnungs- und Zahlungssystemen innerhalb der Gemeinschaft und im Verkehr mit dritten Ländern, einschließlich der hierzu erforderlichen Verordnungen.

449 Aufsicht über Kredit- und Finanzinstitute, nachdem der EG-Rat die Kompetenz dazu

Bestimmungen erlassen hat und die weitere Ausgestaltung der EZB überläßt, niedergelegt sind. Abgesehen von der Aufgabenzuweisung in Art. 3.1, 1. Gedankenstrich ESZB-Satzung handelt es sich bei allen anderen Zuweisungen um mehr oder minder institutionelle Aufgaben. Einzig die sehr allgemein gehaltene Aufgabe der Festlegung und Ausführung der europäischen Geldpolitik i.S. der eben genannten Vorschrift könnte im hier vorliegenden Zusammenhang von Relevanz sein.

Fraglich ist, wie weit die Verordnungskompetenz der EZB hier geht, d.h. ob die EZB qua Verordnung währungspolitische Entscheidungen des EG-Rates neutralisieren kann. Grundsätzlich ist hierbei zu beachten, daß zwischen den rechtsverbindlichen Handlungsformen der EG-Organe keine Rangfolge in Abhängigkeit vom erlassenden Organ existiert[450]. Sofern sich gleichrangige Rechtsakte widersprechen, kann nur auf allgemeine Auslegungssätze zurückgegriffen werden. Die lex-posterior-Regel gilt nur dann, wenn die nachfolgende Verordnung vom gleichen Organ und im gleichen Verfahren erlassen wurde, was hier jedoch gerade nicht vorliegt. Es ist daher wohl davon auszugehen, daß in Anlehnung an die Rechtsprechung des EuGH[451] im Zusammenhang mit der Rangeinteilung von Rechtsakten des Rates und der Kommission auch für die EZB gilt, daß eine von ihr erlassene Verordnung auf gleicher Höhe steht wie eine Verordnung des Rates, wenn die EZB die Verordnung aufgrund einer unmittelbaren Vertragsermächtigung erläßt. Dies gilt in keinem Fall für die Vorschriften aus Art. 106 Abs. 6 EGV, denn die weitere Ausgestaltung der Regelungen, die der Rat auf der Grundlage der Art. 106 Abs. 6 EGV i.V.m. Art. 42 ESZB-Satzung erläßt, erfolgt lediglich aufgrund einer im Rahmen der Ratsentscheidung abgeleiteten Kompetenz der EZB. Die Gleichrangigkeit der Verordnungen von Rat und EZB gilt aber für die in Art. 108a Abs. 1, 1. Gedankenstrich EGV i.V.m. Art. 105 Abs. 2, 1. Gedankenstrich EGV niedergelegten Aufgaben. Hinsichtlich der lex-posterior-Regel ist noch anzuführen, daß der Grundsatz der Gleichrangigkeit der Rechtsakte es den betroffenen Organen verbietet, vorhergehende, anderslautende Rechtsakte anderer Organe ausdrücklich oder gar stillschweigend zu ändern[452].

Im Rahmen der hier behandelten Errichtung von Wechselkurssystemen zu Drittstaaten ist jedoch zu berücksichtigen, daß die Errichtung, so wie sie in Art. 109 EGV geregelt ist, zwar von dem in Art. 228 EGV vorgeschriebenen Verfahren zum Abschluß internationaler Verträge der Gemeinschaft mit anderen Organisationen oder Staaten abweicht, formal somit ein Unterschied besteht, materiell jedoch auch in Art. 109 Abs. 1 EGV der Abschluß eines völkerrechtlichen Vertrages der Gemeinschaft mit einem Drittstaat geregelt wird.

---

gemäß Art. 105 Abs. 6 EGV auf die EZB übertragen hat.

450 *Hetmeier*, in: Lenz, EG-Komm., Art. 189, Rn. 17; *Grabitz*, in: Grabitz/Hilf, Bd. II, Art. 189, Rn. 21.

451 EuGH, Rs. 188 - 190/80 - *Großbritannien/Kommission* -, Slg. 1982, S. 2545 ff. (2573).

452 *Daig/Schmidt*, in: G/T/E, Bd. III, Art. 189, Rn. 23.

Diesen Verträgen wird im Gemeinschaftsrecht jedoch ein besonderer Rang eingeräumt, zwar unterhalb des Primärrechts[453], wie aber diese Verträge zu den Sekundärrechtsakten stehen, ist zweifelhaft, da für die Annahme der Höherrangigkeit der Verträge lediglich auf Art. 228 Abs. 7 EGV, respektive auf Art. 109 Abs. 3 UAbs. 2 EGV, zurückgegriffen werden kann. Danach sind die geschlossenen Verträge auch für die Organe der Gemeinschaft verbindlich[454]. Immerhin sind die Organe und Mitgliedstaaten durch Art. 228 Abs. 7 EGV daran gehindert, nach Abschluß des völkerrechtlichen Vertrages diesem entgegenstehende Rechtsakte zu erlassen. Auch wird älteres Sekundärrecht duch diese Verträge derogiert[455]. In Art. 109 Abs. 3 UAbs. 2 EGV wird diese Regelung für die Wechselkursabkommen noch einmal konkretisiert. Hiernach sind diese Abkommen auch für die EZB verbindlich, d.h. die EZB hat sie in ihrer Verordnungsrechtsetzung zu berücksichtigen. Somit besteht im Rahmen des Art. 109 Abs. 1 EGV kein Verordnungsrecht der EZB, das die Einhaltung des Primats der Preisstabilität wirksam durchsetzen könnte.

Im Unterschied zur Regelung des Art. 109 Abs. 1 EGV wird in Absatz 2 derselben Vorschrift nicht von einem Wechselkurssystem ausgegangen, sondern es kommt lediglich zu allgemeinen Orientierungen des Rates nach dem Durchlaufen eines festgelegten Verfahrens für die Wechselkurspolitik gegenüber diesen Drittstaaten, mit denen kein Wechselkurssystem besteht. Gemäß Art. 109 Abs. 2, S. 2 EGV dürfen diese vom Rat ausgesprochenen allgemeinen Orientierungen das vorrangige Ziel des ESZB, die Preisstabilität zu gewährleisten, nicht beeinträchtigen. Zunächst ist festzuhalten, daß es im Rahmen von Art. 109 Abs. 2 EGV keine völkerrechtliche oder sonstwie geartete Vereinbarung zwischen der EG und einem Drittstaat gibt, sondern lediglich Orientierungen, die der Rat wohl in erster Linie an die EZB, also quasi im gemeinschaftlichen Innenverhältnis, gibt. Eine Bindungswirkung können diese Orientierungen gegenüber der EZB wohl kaum entfalten, denn der Rat entscheidet hier nicht in der Form eines im EG-Vertrag näher ausgestalteten Rechtsaktes. Diese Tatsache allein besagt für sich noch nicht viel. Es gibt auch andere Handlungsformen, die im Vertrag vorgesehen sind. Doch ist zu berücksichtigen, daß eine allgemeine Orientierung schwerlich als - wenn auch weitgefaßter - Rechtsakt einzustufen ist, anders etwa als ein Beschluß des Rates, welcher immerhin bestimmte Rechtswirkungen nach sich zieht. Ist dem aber gerade nicht so, so steht bei den allgemeinen Orientierungen des Rates i.S.v. Art. 109 Abs. 2 EGV dem auch durchgreifenden Verordnungsrecht der EZB nichts im Wege.

Stellt sich damit die Frage, warum der Rat dann überhaupt Orientierungen zu einem Bereich abgeben soll, in dem seine Orientierungen keinerlei Auswirkungen haben, so ist darauf zu antworten, daß mit diesen Orientierungen der EZB die Möglichkeit gegeben werden soll, im Rahmen des ESZB die allgemeine Wirt-

[453] *Krück*, Völkerrechtliche Verträge, S. 171.
[454] *Schermers*, in: Dreißig Jahre Gemeinschaftsrecht, S. 241 ff. (253).
[455] *Schweitzer/Hummer*, Rn. 687.

schaftspolitik der Gemeinschaft zu unterstützen, sofern dies ohne Beeinträchtigung des Zieles der Preisstabilität möglich ist[456]. Dieser Bewertung der Orientierungen entspricht auch die Einschränkung der Orientierungen in Art. 109 Abs. 2, S. 2 EGV, wonach die Orientierungen das vorrangige Ziel des ESZB, die Preisstabilität zu gewährleisten, nicht beeinträchtigen dürfen. Die Orientierungen des Rates im Rahmen von Wechselkursfestlegungen der EZB zwischen den Währungsunionsstaaten und Drittstaaten, mit denen kein Wechselkurssystem besteht, stellen sich folglich als interinstitutionelle Einrichtungen zur Abstimmung der jeweils verfolgten Politik dar, womit Konflikte vermieden werden sollen. Hieraus läßt sich die Schlußfolgerung ziehen, daß unterhalb der Schwelle offizieller Wechselkurssysteme auf weltweiter Ebene die Wechselkurspolitik in der dritten Stufe der Wirtschafts- und Währungsunion in den Händen der EZB liegt[457].

d) Geldpolitische Lösungsmöglichkeiten für den Konflikt zwischen Wirtschaftswachstum und Währungsstabilität in einer Wechselkursunion zwischen den Eurostaaten und Drittstaaten

Wie gesehen, hat die EZB in Festkurssystemen mit Drittstaaten keine sekundärrechtliche Eingriffsmöglichkeit in eine Wechselkurspolitik des Rates, die zu einseitig die ökonomischen Belange der Eurostaaten berücksichtigt und dadurch die stabilitätspolitischen Erfordernisse zu sehr außer acht läßt. Aber auch in diesen Situationen stehen der Zentralbank Mittel zur Verfügung, eine aus ihrer Sicht verfehlte Politik des Rates zumindest teilweise zu kompensieren. Es handelt sich hierbei um die geldpolitischen Instrumente, die einer unabhängigen Zentralbank zur Verfügung stehen, um ihrer Aufgabe gerecht zu werden.

Da im weiteren Verlauf der Arbeit noch mehrere Situationen zu untersuchen sein werden, in denen es für die Zentralbank darauf ankommt, eine auch gegen die Wirtschaftspolitik des Rates gerichtete Stabilitätspolitik zu betreiben[458], erscheint es geboten, hier zunächst näher auf die Arten und generellen Auswirkungen dieser geldpolitischen Instrumente einzugehen, so daß im späteren Verlauf der Arbeit auf diese Ausführungen zurückverwiesen werden kann, und erst im Anschluß daran die Einsatzmöglichkeiten der jeweiligen Instrumente in der konkreten Situation zu untersuchen.

---

[456] Vgl. Art. 105 Abs. 1 EGV.

[457] *Schill*, in: Lenz, EG-Komm., Art. 109, Rn. 4; dagegen *Hamacher/Klein*, in: Gröner/ Schüller, S. 173 ff. (177 f.), die den Rat für zuständig halten; wie hier *Deutscher Bundestag*, Denkschrift, in: BT-Drs. 12/3334, S. 81 ff. (90).

[458] Die Befugnis, ja geradezu die Pflicht der Zentralbank zu einer solchen Vorgehensweise gegen die Wirtschaftspolitik des Rates läßt sich aus ihrer primärrechtlichen Festlegung auf die Preisstabilität und aus ihrer Aufgabe, die Geldpolitik der Staaten der gemeinsamen Währung zu betreiben, herleiten. Vgl. *Schill*, in: Lenz, EG-Komm., Art. 105, Rn. 3.

aa) Arten und Auswirkungen der geldpolitischen Instrumente

Nachdem das EWI Anfang Januar 1997 seine ersten vorbereitenden Arbeiten für die geldpolitischen Instrumente der EZB veröffentlicht hat[459], wird ersichtlich, daß bei dem Instrumentenkatalog zwar nicht der der Deutschen Bundesbank Pate gestanden hat[460], aber es wird auch deutlich, daß im wesentlichen die Instrumente für die EZB vorgesehen sind, derer sich auch die Bundesbank und andere europäische Notenbanken bedienen[461], zuzüglich zweier Offenmarktgeschäftstypen, die die Bundesbank in dieser Form nicht verwendet[462]. Und auch wenn in diesen ersten Veröffentlichungen nichts über die konkrete Ausgestaltung des Instruments der Mindestreserven gesagt wird, so ist damit nicht dessen Ausschluß verbunden, sondern lediglich die Rücksichtnahme auf die Letztentscheidung der EZB.

(1) Die Mindestreserve

Gerade die Mindestreserve ist das am meisten umstrittene Instrument der Geldpolitk. Dies rührt nicht so sehr daher, daß die Mindestreserve nicht in allen Ländern der EG angewandt wird - das gilt für die wenigsten geldpolitischen Instrumente. Auch der Streit darüber, ob sich die Mindestreserve mittlerweile von ihrem ursprünglichen Anliegen, der Liquiditätssicherung der Geschäftsbanken, vollständig entfernt hat und nur noch kreditpolitisches Instrument ist - so die monistische Theorie -, oder ob sie beides nebeneinander darstellt - so die dualistische Theorie -, ist für den vorliegenden Zusammenhang weniger von Bedeutung, da hier ohnehin nur die kreditpolitische Seite relevant ist[463].

Ausschlaggebend ist vielmehr die Frage danach, ob die von den Geschäftsbanken bei den Notenbanken obligatorisch zu haltenden Sichteinlagen von der Notenbank zu verzinsen sind - und wenn ja in welchem Ausmaß - oder nicht. Die Tatsache, daß die Deutsche Bundesbank die Mindestreserven nicht verzinst, hat bereits häufiger zu Kritik und zum Beklagen von Wettbewerbsnachteilen der deutschen Finanzinstitute im Vergleich zu den anderen europäischen und außereuropäischen Konkurrenten Anlaß gegeben. Als Reaktion darauf hat die Deutsche Bundesbank die Reservesätze bis Mitte 1995 ermäßigt, um diese Nachteile abzubauen. Danach betrugen die Sätze für Sicht- und Termineinlagen noch 2 v.H. sowie für (längerfristige) Spareinlagen 1,5 v.H. Gleichwohl hält die Bundesbank nach wie vor am

---

[459] Vgl. Handelsblatt, Nr. 6, vom 9.1.1997, S. 23; Nr. 8, vom 13.1.1997, S. 31, 33.

[460] So ausdrücklich EWI-Präsident *Lamfalussy*, in: Handelsblatt Nr. 8, v. 13.1.1997, S. 33.

[461] Vgl. EWI-Jahresbericht 1994, S. 126 (Tab. 15).

[462] S. zu den geldpolitischen Instrumenten EWI-Jahresbericht 1996, S. 66 ff.; S. dazu ebenfalls *Knappe*, in: Europäische , S. 144 ff. (149 ff.).

[463] Zum Streit vgl. näher *Gramlich*, BBankG, § 16, Rn. 3; *Hahn*, Währungsrecht, § 19, Rn. 28; *Siebelt*, Der juristische Verhaltensspielraum, S. 198 zur monistischen Theorie sowie *Pfleiderer*, in: Handwörterbuch der Sozialwissenschaften, 7. Band, S. 349 ff. (355 f.) und *v.Spindler/Becker/Starke*, BBankG, § 16, Anm. zur dualistischen Theorie.

Instrument der Mindestreserve fest[464], auch wenn durch die Reduzierung der Einfluß auf die kurzfristige Geldmarktsteuerung weitgehend abgenommen hat[465].

Die Rechtsgrundlage für die EZB zur Einforderung von Mindestreserven findet sich in Art. 19.1 ESZB-Satzung. Danach kann die EZB von den in den Mitgliedstaaten niedergelassenen Kreditinstituten verlangen, daß diese Mindestreserven auf Konten bei den nationalen Zentralbanken und bei der EZB unterhalten. Die Nichteinhaltung dieser Pflicht kann die EZB, ebenso wie die Bundesbank, mit Strafzinsen ahnden. Die Praxis der Deutschen Bundesbank hinsichtlich der Nichtverzinsung der Mindestreserven steht jedoch im Widerspruch zu Art. 19.1 ESZB-Satzung. Denn diese Vorschrift verweist auf Art. 2 ESZB-Satzung, in dem es u.a. heißt, daß das ESZB im Einklang mit dem Grundsatz einer offenen Marktwirtschaft mit freiem Wettbewerb handelt, wodurch ein effizienter Einsatz der Ressourcen gefördert werden soll. Hiermit aber ist wohl eine Nichtverzinsung der Reserveeinlagen nicht zu vereinbaren[466].

Sollte die EZB die Einführung einer Mindestreserve für erforderlich halten, so bedürfte es noch einer näheren Ausgestaltung der Mindestreservepflicht, die gemäß Art. 19.2 ESZB-Satzung nach dem Verfahren des Art. 42 ESZB-Satzung vom Rat der EG vorzunehmen wäre. Dies könnte problematisch sein, wenn der Rat aus ökonomischen Überlegungen heraus die Einführung einer Mindestreservepflicht für nicht geboten hält. Der Kompetenz des Rates zur näheren rechtlichen Ausgestaltung der Mindestreserve steht die exklusive Kompetenz der EZB zur Durchführung der Geldpolitik gegenüber. Hierzu aber gehört auch die Festlegung der näheren Bedingungen der geldpolitischen Instrumente. Es wäre wohl mit dem Unabhängigkeitsgebot des Art. 107 EGV nicht vereinbar, wenn der Rat im Verfahren des Art. 42 ESZB-Satzung durch qualifizierten Mehrheitsbeschluß die der EZB zur Verfügung stehenden geldpolitischen Instrumente auch gegen die Vorstellung der EZB determinieren könnte. Hielte die EZB nach einem derartigen, Ratsbeschluß ihre Vorschläge zur Durchführung der Geldpolitik für unverzichtbar, so könnte sie jede Abweichung im Ratsbeschluß von ihrem Vorschlag zur Überprüfung dem EuGH vorlegen. Als Begründung wäre die Verletzung der Rechte der EZB anzuführen, so daß es sich um eine Nichtigkeitsklage gemäß Art. 173 Abs. 3 EGV handelte.

Die Regelung der Mindestreserve könnte dann auch festgelegen, daß Fremdwährungsverbindlichkeiten der Geschäftsbanken, die in Staaten ansässig sind, welche die gemeinsame Währung eingeführt haben, mit einem höheren Reservesatz zu belegen sind als Verbindlichkeiten, die auf Euro lauten. Eine derartige Regelung hat es auch in Deutschland gegeben[467], was dazu führte, daß Fremdwährungsver-

---

464 Vgl. allg. zur Mindestreserve *Deutsche Bundesbank*, Geldpolitische Aufgaben und Instrumente, S. 54 ff.

465 *Hahn*, Währungsrecht, § 19, Rn. 40.

466 Vgl. auch schon oben 2. Kapitel II. 2 b) bb).

467 Vgl. Monatsberichte der *Deutschen Bundesbank*, Februar 1978, S. 12.

bindlichkeiten zeitweise mit einer 100%igen Reservepflicht belegt waren[468]. Es bleibt späterer Prüfung vorbehalten, ob eine solche Regelung mit dem EG-Vertrag vereinbar wäre, ihr geldpolitischer Nutzen in Krisensituationen bei geeigneter Anwendung der Regelung liegt gleichwohl auf der Hand[469].

Die Mindestreserveguthaben der Geschäftsbanken sind diesen - zumindest nach deutschem Recht - nicht vollständig entzogen, sondern prinzipiell jederzeit verfügbar. Da die konkreten Sätze nicht kontinuierlich eingehalten werden müssen, sondern eine zu Beginn des jeweiligen Abrechnungszeitraumes erfolgte Übererfüllung des Reservesatzes eine zum Ende des Zeitraumes vorliegende Unterschreitung kompensiert, wenn nur im Durchschnitt der Reservesatz eingehalten wird, werden die Mindestreservesätze dementsprechend auch als "working balances" bezeichnet[470]. Als Bezugsgrundlagen für die Mindestreservesatzberechnung lassen sich zwei Möglichkeiten nennen. Die erste Möglichkeit nimmt die Passivseite der Bilanzen als Bezugspunkt und berücksichtigt dabei z.B. Sicht-, Termin- und Spareinlagen. Nach diesem Muster arbeitet auch die Deutsche Bundesbank. Die zweite Möglichkeit bezieht sich auf die Aktivseite und berücksichtigt dabei z.B. das Kreditvolumen der Geschäftsbank[471].

Die Auswirkungen der Mindestreservepolitik sollen, in Anlehnung an die Praxis der Deutschen Bundesbank, anhand der Passivseite beleuchtet werden[472]. Erste Aufgabe einer Mindestreserve ist es, das Geldschöpfungspotential in einer Volkswirtschaft im Sinne der Notenbank zu stimulieren, indem durch Hebung oder Senkung des Satzes das Potential ebenfalls ausgeweitet oder reduziert wird. Dabei bedeutet die Senkung des Mindestreservesatzes, daß die obligatorischen Einlagen der Geschäftsbanken bei der Zentralbank zu einem gewissen Teil freigegeben werden, womit den Geschäftsbanken ein ausgeweitetes Potential an Zentralbankgeld zur Verfügung steht[473]. Durch die Reservesatzsenkung werden die Geschäftsbanken auch ermutigt, mit einer gewissen zeitlichen Verzögerung unter gleichbleibenden Zinsbedingungen mehr Kredite anzubieten[474]. Daneben können sie ihre Zentralbankverschuldung, resultierend aus Rediskont- und Lombardkrediten sowie der Refinanzierung im Wege von Wertpapierpensionsgeschäften, reduzieren

---

[468] Die Möglichkeit hierzu besteht nun nicht mehr, vielmehr sind Fremdwährungsverbindlichkeiten von der Reservepflicht gänzlich ausgenommen, vgl. § 2 Abs. 4e der Anweisungen der Bundesbank über Mindestreserven. Diese Anweisungen wurden bis einschließlich des Geschäftsjahres 1991 im alljährlichen Geschäftsbericht veröffentlicht; seit dem Geschäftsjahr 1992 werden diese Anweisungen über die Mindestreserven gesondert in *Deutsche Bundesbank*, Kreditpolitische Regelungen, veröffentlicht.

[469] *Jarchow*, Geldpolitik, S. 114.

[470] Vgl. *Hahn*, Währungsrecht, § 19, Rn. 38.

[471] *Jarchow*, Geldpolitik, S. 105.

[472] Vgl. zur Festlegung der Orientierung der Mindestreserve an der Passivseite durch das BBankG BVerwGE 41, S. 334 ff. (340).

[473] *Issing*, Einführung in die Geldpolitik, S. 108; *Fuhrmann*, S. 164.

[474] *Issing*, a.a.O., S. 109; *Fuhrmann*, S. 164.

und ihren Bestand an Geldmarktpapieren aufstocken. Dieses aber bedeutet eine Erhöhung des Geldangebots und bewirkt eine Zunahme der Kreditmenge und damit eine Vergrößerung der umlaufenden Geldmenge. Wenn damit einhergehend die Zentralbank auch noch ihre Zinssätze, d.h. vor allem den Diskont- und den Lombardsatz, senkt, dann haben die Geschäftsbanken keine Veranlassung, den durch die Ausweitung der Kreditmenge zu gleichbleibenden Konditionen zu erwartenden Einnahmeverlust durch eine Ausweitung des Erwerbs von Geldmarktpapieren zu Lasten der zur Verfügung stehenden Kreditmenge zu kompensieren. Eine Erhöhung der Mindestreservesätze zieht die entgegengesetzten Konsequenzen nach sich und führt somit zu einer Verringerung der den Geschäftsbanken zur Verfügung stehenden Kreditmenge. Dies wirkt sich einschränkend auf die gesamte umlaufende Geldmenge aus[475].

Mit der Mindestreserve steht einer Zentralbank somit ein Instrument zur Verfügung, mit dem einfach und schnell Einfluß auf die Geldumlaufmenge genommen werden kann[476]. Mit den Mindestreserven ist gleichzeitig ein indirekter Einfluß auf die Zinssätze auf dem Geldmarkt realisierbar, und zwar dann, wenn die Zentralbank bei erfolgter Senkung des Reservesatzes den Verkauf von Geldmarktpapieren an die Geschäftsbanken nicht an einen Mindestabgabesatz knüpft. Wird hiervon abgesehen, so ist der Geldmarkt quasi frei von jeglicher Zentralbankintervention und die Zinsen können sich frei nach unten bewegen[477]. Die hiermit einhergehende Liquiditätsaufstockung der Geschäftsbanken kann diese veranlassen, das Kreditangebot weiter zu erhöhen.

Eine Erhöhung der Mindestreservesätze bei gleichzeitiger Anhebung der Sätze für Geldmarktpapiere seitens der Zentralbank führt demgegenüber zu erhöhten Geldmarktzinsen, weniger zur Verfügung stehendem Kreditkapital und darüber zu einer noch weiter verstärkten Einschränkung der Geldmenge. Eine derartige Handlungsweise der Zentralbank erscheint dann geboten, wenn im Zusammenhang mit steigenden Reservesätzen die Geldmarktzinsen ein Niveau jenseits des Diskont-, vielleicht sogar jenseits des Lombardsatzes erreicht haben, was dazu führt, daß die Banken sich verstärkt bei der Zentralbank verschulden, da die Verschuldung auf dem freien Geldmarkt schlicht zu teuer ist[478]. Eine steigende Verschuldung bei der Zentralbank wird aber schließlich zu einer Reduzierung der Kreditvergabetätigkeit der Geschäftsbanken führen.

Die Berechnung des konkreten Reservesatzes für jede Geschäftsbank richtet sich - entsprechend der hier näher betrachteten Passivreserve der Bundesbank - nach dem Monatsdurchschnitt der reservepflichtigen Sichtverbindlichkeiten, befristeten Verbindlichkeiten und Spareinlagen jeweils multipliziert mit dem aktuellen Mindestreservesatz und schließlich aufaddiert zum Gesamtbetrag der von der Ge-

[475] *Issing*, a.a.O., S. 108.
[476] Vgl. näher *Jarchow*, Geldpolitik, S. 107 f.
[477] *Issing*, Einführung in die Geldpolitik, S. 109.
[478] *Issing*, a.a.O., S. 109.

schäftsbank zu hinterlegenden Reserve. Der erlaubte Unterschied zwischen diesem Reserve-Soll und dem im Abrechnungszeitraum schwankenden täglichen Reserve-Ist stellt den oben bereits genannten Charakter der Mindestreserve als "working-balances" dar[479].

(2) Die Offenmarktpolitik

Das zur geldpolitischen Steuerung in den letzten Jahren am häufigsten verwendete Instrument ist die Offenmarktpolitik[480]. Hierunter wird der An- und Verkauf von festverzinslichen Wertpapieren durch die Zentralbank für eigene Rechnung auf dem offenen Markt zusammengefaßt[481]. Der Begriff "offener Markt" bezeichnet dabei den Wertpapiermarkt, auf dem die für Offenmarktgeschäfte geeigneten Papiere gehandelt werden. Bei Schatzwechseln handelt es sich dabei um den Geldmarkt, bei den längerfristigen Schuldverschreibungen, zu diesen zählen auch die öffentlichen Anleihen, um den Kapitalmarkt[482]. Bemerkenswert ist, daß es den Notenbanken auch nach dem EG-Vertrag nicht verboten ist, diese öffentlichen Anleihen auf dem offenen Markt zu erwerben oder zu veräußern. Untersagt ist es den Notenbanken jedoch, Papiere, die von öffentlichen Haushalten ausgestellt sind, direkt von diesen öffentlichen Haushalten zu kaufen. Hierin wäre eine Kreditgewährung an einen öffentlichen Haushalt zu erblicken, was gemäß Art. 104 Abs. 1, 2. Alt. EGV i.V. mit Art. 109e Abs. 3 EGV seit Beginn der zweiten Stufe verboten ist. Was für den Ankauf solcher Staatspapiere gilt, gilt ebenso für den Verkauf im Auftrag und für Rechnung eines öffentlichen Haushalts, da dadurch dem öffentlichen Haushalt ein Guthaben von der Zentralbank verschafft wird.

Auch mit Offenmarktgeschäften ist die Zentralbank in der Lage, die umlaufende Geldmenge auszuweiten oder zu reduzieren. Rechtsgrundlage der EZB zur Durchführung von Offenmarktgeschäften ist Art. 18.1 ESZB-Satzung. Im Gegensatz zu den Kreditaufnahmen der Geschäftsbanken bei der Zentralbank, wobei die Initiative zur Geldmengenbeeinflussung dann von den Geschäftsbanken ausgeht, ist mit den Offenmarktgeschäften der Zentralbank ein Mittel an die Hand gegeben worden, welches es ihr ermöglicht, eigeninitiativ auf den Geld- und Kapitalmärkten zur Beeinflussung der Geldmenge aktiv zu werden[483]. Auf dem Kapitalmarkt werden dabei die langfristigen Papiere gehandelt, auf dem Geldmarkt dagegen die kurz- und mittelfristigen. Daraus folgt, daß es vor allem die Geldmarktgeschäfte sind, die es der Zentralbank ermöglichen, den Geschäftsbanken sehr schnell Zentralbankgeld zukommen zu lassen oder es ihnen abzuziehen[484].

---

479 *Jarchow*, Geldpolitik, S. 117 f.; *Issing*, a.a.O., S. 107; *Fuhrmann*, S. 182.

480 Vgl. *EWI*-Jahresbericht 1995, S. 55; s. dazu auch *Deutsche Bundesbank*, Geldpolitische Aufgaben und Instrumente, S. 62 ff.

481 *Fuhrmann*, S. 187; *Hahn*, Währungsrecht, § 19, Rn. 41.

482 *Jarchow*, Geldpolitik, S. 126.

483 *Siebelt*, Der juristische Verhaltensspielraum, S. 203.

484 Vgl. *Jarchow*, Geldpolitik, S. 141.

Tritt die Zentralbank am offenen Markt als Käufer von Wertpapieren auf[485] und erwirbt sie solche zu einem bestimmten Kurs, dann erhöht sich durch die Käufe der Zentralbank der Bestand an Zentralbankgeld außerhalb des Zentralbanksystems. Im entgegengesetzten Fall tritt die Zentralbank als Anbieter von Wertpapieren am offenen Markt auf und durch den Verkauf verringert sich die umlaufende Zentralbankgeldmenge[486]. Durch diese Transaktionen am offenen Markt wirkt die Zentralbank auch unmittelbar auf die Barreserven der Geschäftsbanken ein, und zwar unabhängig davon, ob sie direkt mit ihnen kontrahiert oder mit Nichtbanken. Handelt die Zentralbank mit Nichtbanken, so werden dadurch auch die Sichteinlagen der Geschäftsbanken tangiert.

Je nachdem, ob die Zentralbank als Käufer oder Verkäufer auftritt, reduziert oder erhöht sich der Betrag der Sichteinlagen und damit einhergehend auch der von der Geschäftsbank zu entrichtende Mindestreservebetrag. Vollzieht sich der Handel am offenen Markt zwischen Zentralbank und Geschäftsbank so reduzieren oder erhöhen sich die der Geschäftsbank frei verfügbaren Barreserven ebenfalls. Gerade die Einbeziehung von Nichtbanken in die Offenmarktgeschäfte der Zentralbank bietet die Gewähr dafür, daß die Offenmarktgeschäfte ihren geldpolitischen Zweck erfüllen. Während nämlich bei Offenmarktaktionen zwischen der Zentralbank und einer Geschäftsbank diese für den Verlust von Zentralbankgeld - und daraus resultierendem Liquiditätsverlust - Wertpapiere als Ausgleich erhält, die sie bei zu geringer Liquidität auf dem offenen Markt wieder in solche zurückübertragen kann, womit sich eine tatsächliche Einschränkung der umlaufenden Zentralbankgeldmenge im Endeffekt nicht oder nur sehr eingeschränkt ergibt[487], verliert die Geschäftsbank beim Handel der Zentralbank mit Nichtbanken unwiderruflich Zentralbankgeld, ohne dafür ein Äquivalent zu bekommen[488]. Die Einsparungen hinsichtlich des geringeren Mindestreservesatzes machen den Verlust nicht wett.

Darüber hinaus wird die Refinanzierung der Geschäftsbanken am offenen Markt durch den Verkauf der Papiere seitens der Zentralbank an die Nichtbanken erschwert, da diese Papiere zumindest zeitweilig vom Markt genommen sind, was eine Erhöhung der Kapitalmarktzinsen nach sich zieht. Hierdurch aber werden die Geschäftsbanken gezwungen, ihre Kreditvergabe restriktiver zu handhaben, so daß auch auf diese Weise eine Verringerung der umlaufenden Geldmenge erreicht wird.

Innerhalb der Offenmarktgeschäfte haben die Wertpapierpensionsgeschäfte mittlerweile eine herausragende Rolle erreicht. Wertpapierpensionsgeschäfte sind Käufe mit Rückkaufsvereinbarung. Werden sie als sogenannte "Schnelltender"

[485] Zur Durchführung der Offenmarktgeschäfte siehe ausführlich *Issing*, Einführung in die Geldpolitik, S. 93 ff.

[486] *Issing*, a.a.O., S. 88.

[487] *Issing*, a.a.O., S. 89.

[488] *Issing*, a.a.O., S. 92 f.

mit einer Befristung von nur wenigen Tagen, u.U. von nur einem Tag, und nur von Zeit zu Zeit durchgeführt, dann stellen sie für die Banken eine Liquiditätshilfe für die sehr kurze Frist dar. Setzt die Zentralbank diese Geschäfte dagegen regelmäßig und wiederkehrend mit den üblichen Laufzeiten für Pensionsgeschäfte von vierzehn Tagen ein und erreichen die Geschäfte ein gewisses Volumen, dann läßt sich mit den Wertpapierpensionsgeschäften auch die Zentralbankgeldversorgung auf längere Sicht steuern[489]. Der inzwischen erreichte Umfang der Wertpapierpensionsgeschäfte führt dazu, daß von diesen Geschäften nachhaltige Wirkungen auf die längerfristige Entwicklung des Geldangebotes ausgehen, was sich vor allem darin niederschlägt, daß der Zinssatz für die Wertpapierpensionsgeschäfte als Leitzins des Geldmarktes fungiert und somit als dritter Leitzins neben den Diskont- und Lombardsatz getreten ist[490]. Die wöchentlich mit vierzehntägiger Laufzeit durchgeführten Wertpapierpensionsgeschäfte werden nach Aussage der Bundesbank zum zentralen geldpolitischen Instrument der EZB zur Steuerung der Geldpolitik innerhalb der Eurostaaten[491].

(3) Das Rediskontgeschäft und das Lombardgeschäft

Im Gegensatz zu den Offenmarktgeschäften sind es bei den Geschäften, die über den Diskont- oder Lombardsatz abgewickelt werden[492], die Geschäftsbanken, von denen die Initiative dazu ausgeht. Hierbei besteht für die Geschäftsbanken einerseits die Möglichkeit, sich durch den Verkauf von Wechseln zu bestimmten Konditionen und innerhalb einer gewissen Kontingentierung Zentralbankgeld zu verschaffen, wobei es sich dann um Rediskontierung handelt. Andererseits kann eine Geschäftsbank Buchkredite bei der Zentralbank dadurch erwirken, daß sie gewisse Sicherheiten zur Verfügung stellt, quasi eine Verpfändung vornimmt; dies sind Lombardkredite. Mit der Fixierung der für beide Arten der Geschäfte maßgeblichen Zinssätze kann die Zentralbank ihr Ziel der Beeinflussung der umlaufenden Geldmenge sowie der Kreditgewährung erreichen[493]. Maßgeblich für die Bestimmung der Grundsätze dieser Geschäfte sowie für die Festsetzung der Zinssätze durch die Bundesbank sind ausschließlich währungspolitische Erfordernisse, nicht dagegen Gründe des eigenen Ertrags, konjunkturpolitische Erwägungen, öffentlicher Kreditbedarf oder andere Interessen Dritter[494]. Eine dem § 15 BBankG entsprechende Regelung für die EZB findet sich in Art. 18.1, 2. Gedankenstrich sowie in Art. 18.2 ESZB-Satzung.

---

[489] *Jarchow*, Geldpolitik, S. 191.

[490] Die Anhebung des Wertpapierpensionssatzes von 3,00% auf 3,30% im Herbst 1997 seitens der Bundesbank ist ebenfalls im Zusammenhang mit der Einführung des Euro sowie mit der durch verschiedene Faktoren - u.a. Abwertung der DM in den Sommermonaten 1997 - hervorgerufenen Notwendigkeit eines frühzeitigen Abbaus von möglichem Inflationspotential zu sehen, vgl. Handelsblatt Nr. 195, v. 10./11.10.1997, S. 1.

[491] Vgl. Handelsblatt Nr. 188, v. 30.9.1997, S. 27.

[492] S. hierzu *Deutsche Bundesbank*, Geldpolitische Aufgaben und Instrumente, S. 45 ff.

[493] *Hahn*, Währungsrecht, § 19, Rn. 8; *Jarchow*, Geldpolitik, S. 145.

[494] *Gramlich*, BBankG, § 15, Rn. 2; *v.Spindler/Becker/Starke*, BBankG, § 15, Anm. 1.

Im Rediskont-[495] und im Lombardgeschäft wird die Kreditgewährung der Zentralbank an die Kreditinstitute von der allgemeinen geldpolitischen Lage abhängig gemacht. Die Gewährung von Lombardkredit zum Lombardsatz kann dabei aus geldpolitischen Gründen nicht nur quantitativ begrenzt, sondern auch allgemein ausgesetzt werden. Nur kurzfristige Wechsel (Restlaufzeit bis zu drei Monaten) werden von der Bundesbank diskontiert. Der Grund hierfür ist, daß die Zentralbank die Möglichkeit behalten muß, jede durch eine Wechseldiskontierung bewirkte Ausdehnung der Geldmenge kurzfristig wieder rückgängig zu machen, falls dies zur Erfüllung ihrer Aufgabe - in Deutschland gemäß § 3 BBankG, innerhalb der Währungsunion gemäß Art. 105 EGV - angezeigt erscheint[496]. Diesen Überlegungen wird sich auch die EZB nicht verschließen können. In währungspolitischer Hinsicht ist die Diskontpolitik ein Mittel zur längerfristigen Zentralbankgeldbereitstellung (Grobsteuerung)[497].

Demgegenüber gewährt die Zentralbank im Rahmen der Lombardpolitik verzinsliche Darlehen gegen Verpfändung bestimmter Wertpapiere und Schuldbuchforderungen (Lombardkredit), § 19 Abs. 1 Nr.3 BBankG. Für die Bundesbank sind lombardfähig vor allem Wertpapiere und Schuldbuchforderungen, die einen Zahlungsanspruch gegen den Bund, ein Sondervermögen des Bundes oder ein Land verkörpern (§ 19 Abs. 1 Nr. 3a-d, f BBankG). Dies ist mit dem EG-Vertrag jedoch unvereinbar, wie insbesondere aus Art. 21.1 ESZB-Satzung hervorgeht, wenn es sich bei den Titeln um solche handelt, die direkt von den öffentlichen Haushalten an die Zentralbanken verkauft werden. Danach ist vor allem der Erwerb von staatlichen Schuldtiteln untersagt, da hierin eine versteckte Haushaltssanierung liegen kann. Da jedoch im Rahmen der Lombardgeschäfte die Geschäftsbanken mit den öffentlichen Haushalten kontrahieren, die Zentralbanken lediglich mit jenen in Verbindung treten und es eine Regelung dahingehend, daß die Zentralbank zur Aufnahme von Staatsschuldtiteln von Geschäftsbanken ver-

---

495 Vgl. dazu auch *Zeitler*, WM 1995, S. 1609 ff. (1613 f.).

496 *Hahn*, Währungsrecht, § 19, Rn. 11.

497 Der Diskontsatz oder etwas ihm Vergleichbares ist jedoch für die EZB nicht vorgesehen. Dem entspricht der von der Bonner Regierungskoalition vorgelegte Gesetzentwurf für ein Diskontsatz-Überleitungs-Gesetz (DÜG), vgl. hierzu Handelsblatt Nr. 185, v. 25.9.1997, S. 43 ff. Nach § 1 Abs. 1 DÜG wird der Diskontsatz am 1.1.1999 befristet bis zum 31.12.2001 zum sogenannten Basiszinssatz. Am 1.1.1999 ist Basiszinssatz der am Vortag geltende Diskontsatz der Bundesbank. Danach ändert er sich unter bestimmten Voraussetzungen dann, wenn sich seine Bezugsgröße ändert. Bezugsgröße des Basiszinssatzes ist gemäß §1 Abs. 2 DÜG dasjenige geldpolitische Steuerungsinstrument der EZB, das von der Bundesregierung bestimmt worden ist, wobei diese Größe dem Diskontsatz so weit wie möglich nach Aufgabe, Wirkungsweise und Änderungshäufigkeit entsprechen muß. Gegen die Möglichkeit, den Diskontsatz in das Instrumentarium der EZB zu implementieren, spricht sich auch *Knappe*, in: Heinemann/ Schröder, Europäische Kapitalmärkte und Währungsunion, S. 143ff. (151) u.a. mit dem Hinweis auf seine Unvereinbarkeit mit dem Gedanken der freien Marktwirtschaft aus.

pflichtet ist, nicht gibt, steht diesen Geschäften nichts im Wege. Hinsichtlich nicht-staatlicher Emittenten hat der Zentralbankrat große Gestaltungsmacht, welche Papiere er für lombardfähig erachtet. Lombardfähig sind Wertpapiere dann, wenn sie von der Bundesbank in das Lombardverzeichnis aufgenommen worden sind. Voraussetzung dabei ist, daß es sich um festverzinsliche Wertpapiere handelt, so daß neben dem Anspruch auf Kapital auch ein Anspruch auf Verzinsung des Betrages durch das Papier verkörpert wird[498].

Zu beachten hat der Zentralbankrat dabei jedoch seine stabilitätspolitische Aufgabe, die Ausrichtung der Kreditpolitik auf die Beeinflussung des Geldumlaufs, was auch aus der ESZB-Satzung deutlich wird, wenn berücksichtigt wird, daß diese Tätigkeiten der Zentralbank unter der Kapitelüberschrift "Währungspolitische Aufgaben" stehen, was einen unmittelbaren Bezug zum Primat der Stabilität eröffnet. Darüber hinaus sind der Gleichbehandlungsgrundsatz und das Diskriminierungsverbot zu beachten[499]. Währungspolitisch bedeutet die Lombardpolitik nur eine kurzzeitige Überbrückung eines vorübergehenden Liquiditätsbedürfnisses eines Kreditinstitutes. Folglich stellt der Lombardkredit im Verhältnis zum Rediskontkredit eine Ausnahmefinanzierung dar. Hierin ist der Grund dafür zu sehen, daß der Lombardsatz immer merklich über dem Diskontsatz liegt[500].[501]

(4) Die Devisenpolitik

Während es sich bei den bisher behandelten geldpolitischen Instrumenten um solche handelt, mit der die Zentralbank eine "innenpolitische" Steuerung der Geldentwicklung vornehmen kann, d.h. daß sie durch geldpolitische Maßnahmen direkt auf dem ihrer geldpolitischen Kompetenz unterstehenden Gebiet agiert, soll nun der Blick gewendet werden auf die Möglichkeiten der Zentralbank, auch ausserhalb dieses Gebietes tätig zu werden und damit die binnenwirtschaftliche Entwicklung zu steuern. Das hierbei verwendete Instrument ist die Devisenpolitik[502], ihr wichtigster Bestandteil ist die Devisenterminmarktpolitik. Angestrebtes Resultat der Devisenterminmarktgeschäfte einer Zentralbank ist die Beeinflussung der Kapitalim- und der Kapitalexporte. Kapitalimport bezeichnet dabei den Saldo aus neu gegründeten und liquidierten Verbindlichkeiten von Inländern (ohne Zentralbank) gegenüber Ausländern, wohingegen Kapitalexport den Saldo aus neu ge-

---

498 *Hahn*, a.a.O., § 19, Rn. 23; s. auch § 19 Abs. 1 Nr. 3 BBankG.

499 *Gramlich*, Komm. z. BBankG, § 19, Rn. 22; *Hahn*, a.a.O., § 19, Rn. 23.

500 *Hahn*, a.a.O., § 19, Rn. 27. Die im Sommer 1998 gültigen Zinssätze liegen bei 2,5% (Diskontsatz) und bei 4,5% (Lombardsatz).

501 Hinsichtlich des Lombardsatzes gilt das gleiche wie für den Diskontsatz. Auch er wird nicht im Instrumentarium der EZB vorgesehen. Dementsprechend sieht der Entwurf des DÜG in §3 Abs. 2 Nr. 1 vor, daß die Bundesregierung durch Rechtsverordnung mit Zustimmung des Bundesrates den Lombardsatz als Bezugsgröße durch dasjenige Steuerungsmittel der EZB ersetzt, das dem Lombardsatz in seiner Funktion am ehesten entspricht; vgl. Handelsblatt Nr. 185, v. 25.9.1997, S. 43.

502 S. dazu *Deutsche Bundesbank*, Geldpolitische Aufgaben und Instrumente, S. 73 ff.

gründeten und liquidierten Forderungen von Inländern (ohne Zentralbank) gegenüber Ausländern beschreibt[503].

Wenn die Zentralbank, wie die EZB gemäß Art. 105 Abs. 1, S. 1 EGV, auf die Wahrung der Preisstabilität als vorrangigstes Ziel festgelegt und damit gezwungen ist, eine der Inflation entgegenwirkende Politik zu betreiben und erschwert sie zur Unterstützung dieser Politik gleichzeitig die Refinanzierungsmöglichkeiten der Geschäftsbanken durch erhöhte Leitzinsen (Diskont- und Lombardsatz), dann bewirkt dies eine inländische Zinssteigerung mit dem Resultat von Nettokapitalimporten aus dem Ausland. Da hierdurch entgegen der Intention der Zentralbank die inländische Geldmenge wieder zunimmt, muß die Zentralbank versuchen, diese Nettokapitalimporte zu unterbinden, und zwar ohne dies mit einer Senkung der Leitzinsen zu erkaufen, da dies dann wiederum den Geschäftsbanken eine vergünstigte Refinanzierungsmöglichkeit verschafft.

Die Mittel der Zentralbank zur Intervention auf den Devisenmärkten sind die Devisenkassa- und die Devisenterminmarktgeschäfte. Die rechtliche Grundlage für die EZB zur Vornahme von Devisenmarktgeschäften findet sich in Art. 23 ESZB-Satzung. Dort heißt es sinngemäß, daß die EZB einschließlich der nationalen Zentralbanken befugt sind, u.a. alle Arten von Devisen per Kasse und per Termin zu kaufen und zu verkaufen, wobei der Begriff "Devisen" Wertpapiere und alle sonstigen Vermögenswerte einschließt, die auf beliebige Währungen oder Rechnungseinheiten lauten, unabhängig von deren Ausgestaltung. Während die Kassageschäfte dergestalt ablaufen, daß Übergabe und Bezahlung der Devisen innerhalb von zwei Tagen nach Vertragsschluß zu erfolgen haben, und zwar zum Kassakurs, d.h. zum Kurs des Tages, an dem Vertragsschluß liegt, vollziehen sich Termingeschäfte so, daß Übergabe und Bezahlung der Devisen erst zu einem bestimmten späteren Zeitpunkt nach Vertragsschluß (etwa drei Monate) und zum bereits beim Vertragsschluß vereinbarten Terminkurs erfolgen. Von den am Devisenterminmarkt beteiligten Akteuren sind von herausragender Bedeutung die Zinsarbitrageure[504].

Diese Zinsarbitrageure treten auf dem Devisenmarkt dann auf, wenn bei einem Festkurssystem zwischen den Währungen zweier Länder der Zinssatz in dem einen höher als in dem anderen Land ist. Ist der inländische Zins höher als der ausländische, so führt dies zu Kapitalimporten und eventuell zu vermehrten inländischen Geldanlagen. Die umgekehrte Situation induziert einen Kapitalexport. Bei veränderlichen Wechselkursen muß bei diesen Zinsarbitragegeschäften zusätzlich berücksichtigt werden, daß sich der Wechselkurs der ausländischen Währung für die Dauer der Anlage, d.h. des Investierens in diese Währung, oder für die Dauer der Refinanzierung, d.h. des Abzugs von Reserven aus dieser Währung, sowohl nach oben als auch nach unten verändern kann. Der Ausschluß dieses

---

503 *Rose/Sauernheimer*, Theorie der Außenwirtschaft, S. 9.

504 Vgl. näher *Rose/Sauernheimer*, a.a.O., S. 189; *Jarchow/Rühmann*, Monetäre Außenwirtschaftstheorie, S. 259.

Wechselkursrisikos erfolgt durch sogenannte Swapgeschäfte, die eine Kombination aus Devisenkassa- und Devisenterminmarktgeschäften darstellen[505].

Die Einwirkungsmöglichkeiten der Zentralbank auf die Arbitragegeschäfte bestehen nun darin, daß sie entweder den inländischen Zinssatz ändert und dadurch unter Umständen eine Umkehr der Kapitaltransaktionen hervorruft, oder daß sie die Swapsätze ändert. Die internationale Zinsdifferenz ist von der Zentralbank nur über eine Änderung des eigenen Zinses herbeiführbar; eine solche Vorgehensweise zur Stimulierung der Geldim- bzw. Geldexporte kann aber mit konjunkturpolitischen Notwendigkeiten kollidieren, etwa daß die Senkung der Zinsen und die darüber ausgeweitete Geldschöpfung mit einer inflationsbekämpfenden Politik und eine Erhöhung der Zinsen mit daraus resultierender Geldmengenschrumpfung mit einer expansiven Beschäftigungspolitik nicht in Einklang steht. Wenn auch die EZB gemäß primärrechtlicher Festlegung lediglich der Preisstabilität verpflichtet ist, so wird sie nach Möglichkeit mit ihrer Politik auch Rücksicht auf konjunkturpolitische Überlegungen nehmen. Daher wird das Haupteinwirkungsinstrument der EZB hier im Swapsatz liegen.

bb) Die Anwendbarkeit der geldpolitischen Instrumente in einem Festkurssystem zwischen den Eurostaaten und einem Drittstaat

In der hier gegebenen Situation eines Festkurssystems der Staaten der gemeinsamen Währung mit einem Drittland gemäß Art. 109 Abs. 1 EGV, die oben bereits abstrakt anhand eines wirtschaftswissenschaftlichen Modells beleuchtet worden ist, stellt sich in erster Linie ein Problem mit den Devisenmarktinterventionen und möglicherweise auch mit den Mindestreserven. Dem Primat der Preisstabilität entsprechend ist die EZB vor allem darauf festgelegt, inflationäre Tendenzen im einheitlichen Währungsraum zu unterbinden. Gerade, wenn ein Festkurssystem aufgerichtet wird und merkliche Zinsunterschiede eintreten, ist die Gefahr gegeben, daß übermäßig viel Fremdkapital in den einheitlichen Währungsraum einfließt, so zu einer Aufstockung der umlaufenden Geldmenge führt und damit einen Zinsverfall einschließlich inflationärer Tendenzen bewirkt.

Wie gesehen[506], setzt dies die Eurowährung einem Aufwertungsdruck aus, der die EZB veranlassen muß, ihrerseits die ihr angeschlossenen nationalen Zentralbanken zu einem Geldexport zu bewegen, bzw. den Zufluß von Fremdkapital in die Eurostaaten zu unterbinden. Eine Senkung der Leitzinssätze des Euro würde zwar möglicherweise den Zufluß von Fremdkapital abbrechen lassen, hätte aber geldpolitisch nur wenig Erfolg, da sich die Geschäftsbanken nun vermehrt um eine Refinanzierung durch günstiges Zentralbankgeld bemühen, was der weiteren Geldschöpfung in die Hände arbeitet. Ist eine Wechselkursänderung, wie sie gemäß Art. 109 Abs. 1 S. 2 EGV durch den Rat der EG mit qualifizierter Mehrheit

---

505 S. zur konkreten Ausgestaltung *Jarchow*, Geldpolitik, S. 165 ff.; *Rose/Sauernheimer*, Theorie der Außenwirtschaft, S. 189 ff.

506 Vgl. oben b).

vorgenommen werden kann, kurzfristig nicht erreichbar, so bilden auch die geldpolitischen Instrumente der Zentralbanken zur Feinsteuerung auf Dauer keine ausreichende Alternative. Zu diesen Feinsteuerungsinstrumenten zählen u.a. die Wertpapierpensionsgeschäfte, die Devisenswapgeschäfte sowie die Offenmarktaktivitäten auf dem Geldmarkt. Das Beispiel des EWS I im Sommer 1993, als die internationalen Kapitalmärkte große Mengen von Spekulationskapital aus den schwachen Währungen abzogen und in die starken Währungen des EWS einführten[507], zeigt deutlich, daß notwendige Wechselkursanpassungen auf Dauer nicht mit geldpolitischen Maßnahmen umgangen werden können.

Als in dieser Situation erfolgversprechendes Instrument stellt sich daher wohl eine gewisse Form der Mindestreservepolitik dar, die in etwa der entspricht, die die Bundesbank vor allem in der zweiten Hälfte der siebziger Jahre praktizierte[508]. Mit einer Mindestreservepolitik, die die kurzfristigen Sichteinlagen ausländischer Kapitalquellen bei den Geschäftsbanken der Eurostaaten einer derart hohen Mindestreservepflicht unterstellt, daß die Banken gezwungen sind, die eigentlich aus der Zinsdifferenz zwischen beiden Partnern des Festkurssystems resultierenden Zinsgewinne aus eigenen Rentabilitätsgründen einzubehalten, würde sich der Anreiz für ausländische Anleger verringern, in den Staaten der Währungsunion anzulegen. Die rechtliche Möglichkeit einer derartigen Regelung ist der EZB in Art. 19 ESZB-Satzung eröffnet. Eine hiermit in Zusammenhang stehende Frage ist jedoch, inwiefern eine solche Maßnahme der EZB zur Verhinderung von Kapitalzufluß aus Drittstaaten mit der auch für diese Staaten geltenden Kapitalverkehrsfreiheit kollidiert.

cc) Die Kollision der Anwendung geldpolitischer Maßnahmen mit der Freiheit des Kapitalverkehrs im EG-Vertrag

Ausweislich der Vorschrift des Art. 73b Abs. 1, 2. Alternative EGV ist es verboten, zwischen Mitgliedstaaten und dritten Ländern Kapitalverkehrsbeschränkungen einzuführen. Begünstigte i.S.d. Art. 73b Abs. 1 EGV sind alle natürlichen und juristischen Personen, und zwar unabhängig davon, ob sie in einem Mitgliedstaat oder in einem Drittland ansässig sind[509]. Aus dem Wortlaut der Vorschrift ergibt sich darüber hinaus, daß mit ihr nicht lediglich eine Gebietsansässigengleichbehandlung von Personen innerhalb der Mitgliedstaaten gemeint ist, sondern vielmehr die Beseitigung aller Hindernisse für den freien Kapitalverkehr[510].

[507] Insgesamt flossen der Bundesbank von Ende August 1992 bis Ende September 1992 durch Stützungskäufe von EWS-Währungen Devisen in der Größenordnung von 92 Mrd. DM zu, vgl. Monatsberichte der *Deutschen Bundesbank*, Oktober 1992, S. 16; ein Jahr später, im Juli 1993, erhöhten sich die Auslandsaktiva der Deutschen Bundesbank in Folge von Stützungskäufen noch einmal um 60 Mrd. DM, vgl. Monatsberichte der *Deutschen Bundesbank*, September 1993, S. 13.

[508] Vgl. Monatsberichte der *Deutschen Bundesbank*, Februar 1978, S. 12.

[509] *Ress/Ukrow*, in: Grabitz/Hilf, Bd. I, Art. 73b, Rn. 28.

[510] So schon *Bleckmann*, EuR 1987, S. 28 ff. (32f.).

Daraus folgt, daß auch Drittstaatsangehörige sich auf den Schutz dieser Norm berufen können[511].

Damit ist die Kapitalverkehrsfreiheit im Vergleich zu den anderen Grundfreiheiten des EG-Vertrages insofern einzigartig[512], als sie den Rechtsschutz aus dieser Grundfreiheit - primärrechtlich festgelegt - im Grundsatz einschränkungslos auch auf Staatsangehörige von Drittstaaten ausdehnt. Dies ist Ausdruck der angestrebten globalen Dimension auch des europäischen Kapitalverkehrs, womit im übrigen die Absichtserklärung aus Art. 7 der Kapitalverkehrsrichtlinie 88/361/EWG erfüllt wird[513]. Adressat des Verbots sind nicht nur die Mitgliedstaaten, wiewohl sie es primär sind, sondern auch und mit zunehmender Integration immer mehr die Organe der Gemeinschaft[514]. Und auch wenn hier von den "Organen" der Gemeinschaft gesprochen wird, so ist doch einleuchtend, daß hiermit nicht "Organe" i.S.d. Art. 4 EGV gemeint sind, sondern schlicht alle Institutionen, die am Sekundärrechtsetzungsprozess in der einen oder anderen Form teilhaben, folglich auch die EZB.

Diese Anwendbarkeit auf Drittstaatsangehörige ist jedoch insoweit einschränkbar, als Art. 73f EGV die Einrichtung von kurzfristigen Schutzmaßnahmen auf dem Gebiet der Kapitalverkehrsfreiheit gestattet, wenn und soweit Kapitaltransaktionen aus dritten Ländern oder in dritte Länder das Funktionieren der Wirtschafts- und Währungsunion erheblich zu beeinträchtigen drohen. Kapitaltransaktionen von Drittstaatsangehörigen innerhalb der EG können diesen Maßnahmen gleichwohl nicht unterfallen, da Art. 73f EGV eindeutig auf solche Transaktionen abstellt, die entweder das Gemeinschaftsgebiet verlassen oder von außerhalb in dieses einfließen. Eine Beschränkung innergemeinschaftlicher Transaktionen von Drittstaatsangehörigen ist damit nicht vereinbar.

Die Maßnahmen des Art. 73f EGV bedürfen jedoch einer Verabschiedung durch den Rat der EG, so daß sich die EZB nicht auf diese Vorschrift berufen kann. Einer erweiternden Auslegung dieser Bestimmung des Art. 73f EGV steht die vom

---

511 *Ress/Ukrow*, in: Grabitz/Hilf, Bd. I, Art. 73b, Rn. 28; *Weber*, in Lenz, EG-Komm., Art. 73b, Rn. 19; dagegen behauptet *Jarass*, daß der personale Anwendungsbereich der Kapitalverkehrsfreiheit auf in der Gemeinschaft ansässige natürliche und juristische Personen beschränkt sei, EuR 1995, S. 202 ff. (208); Hiermit wird jedoch der besondere Charakter dieser Freiheit, die wegen des Zicles eines globalen freien Kapitalmarktes gerade nicht auf die Ansässigkeit in der Gemeinschaft abstellt, verkannt.

512 Zwar wird die Frage der uneingeschränkten Anwendbarkeit auf Drittstaatsangehörige auch im Rahmen des Art. 30 EGV diskutiert, doch könnte die Frage dort positiv nur durch Auslegung beantwortet werden, wohingegen im Rahmen der Kapitalverkehrsfreiheit der Vertrag selbst die unmittelbare Anwendbarkeit auch auf Drittstaatsangehörige ausdehnt, vgl. Art. 73b Abs. 1 und 2 jeweils a.E. Anders wohl nur *Jarass*, a.a.O., S. 208.

513 *Weber, S.*, EuZW 1992, S. 561 ff. (564).

514 *Ress/Ukrow*, in: Grabitz/Hilf, Bd. I, Art. 73b, Rn. 14.

EuGH in ständiger Rechtsprechung geübte Maxime der restriktiven Auslegung vertraglicher Ausnahmebestimmungen entgegen, so daß Art. 73f EGV auch nicht auf diese Weise für eine Kompetenz der EZB fruchtbar gemacht werden kann[515]. Eine Abhängigkeit der EZB in dieser Hinsicht, daß sie nur dann eine solche Geldpolitik, die effektiv den Kapitalverkehr einzuschränken geeignet ist, betreiben darf, wenn der EG-Rat zustimmt, ist einerseits nicht mit der ausschließlichen Aufgabenzuteilung der Geldpolitik an die EZB vereinbar, andererseits verstieße eine derartige Auslegung der einschlägigen Vorschriften aber auch gegen das Unabhängigkeitsgebot der EZB, wie es in Art. 107 EGV niedergelegt ist. Es stellt sich somit die Frage, ob die rein faktische Ausführung der der EZB übertragenen Geldpolitik der Wirtschafts- und Währungsunion mit den der EZB zu diesem Zweck in der ESZB-Satzung zur Verfügung gestellten Mitteln dann einen gerichtlich angreifbaren Verstoß gegen den EG-Vertrag darstellt, wenn diese Ausführung effektiv eine Grundfreiheit des EG-Vertrages einschränkt. Neben Art. 73f EGV sind im Rahmen der Vorschriften über die Kapitalverkehrsfreiheit noch weitere Einschränkungsmöglichkeiten vorgesehen, nämlich in Art. 73c und 73d EGV.

Art. 73c Abs. 1 EGV kann inhaltlich deswegen auf die vorliegende Frage keine Anwendung finden, weil diese Vorschrift Beschränkungen des Kapitalverkehrs auf dritte Länder nur insoweit über den 1.1.1994 hinaus zuläßt, als diese bereits am 31.12.1993 aufgrund einzelstaatlicher oder gemeinschaftsrechtlicher Rechtsvorschriften bestanden. Hier geht es jedoch um Beschränkungen, die erst nach dem 1.1.1999 von der EZB einzuführen sind. Dagegen sieht Art. 73c Abs. 2 EGV auch die Möglichkeit von erst später verabschiedeten Beschränkungen hinsichtlich einer Reihe von kapitalverkehrsbezogenen Bereichen vor; das Datum des Absatzes 1 ist erkennbar nicht auf Absatz 2 auszudehnen. Jedoch werden diese Beschränkungen ausschließlich vom Rat auf Vorschlag der Kommission eingeführt, wobei laut EG-Vertrag hier der EZB noch nicht einmal ein Anhörungsrecht zusteht. Art. 73c Abs. 2 S. 2 EGV bestimmt darüber hinaus, daß solche Maßnahmen, die einen Rückschritt im Hinblick auf die bereits erreichte Liberalisierung des Kapitalverkehrs darstellen, der Einstimmigkeit im Rat bedürfen.

Art. 73d EGV kann ebenfalls nicht für kapitalverkehrsbeschränkende Maßnahmen der EZB fruchtbar gemacht werden, denn in dieser Vorschrift sind ausschließlich die trotz der vollständigen Liberalisierung des Kapitalverkehrs noch möglichen einzelstaatlichen Beschränkungen niedergelegt, sofern in diesen keine willkürliche Diskriminierung oder eine verschleierte Beschränkung des freien Kapital- und Zahlungsverkehrs im Sinne des Art. 73b EGV zu sehen ist[516]. Die

---

[515] St. Rspr. des EuGH. Vgl. hierzu Rs. 7/68 - *Kommission/Italien* -, Slg. 1968, S. 633 ff. (644); Rs. 127/73 - *Belgische Radio en Televisie und Societé Belge des Auteurs, Compositeurs et Editeurs/SV SABAM und NV Fonior* -, Slg. 1974, S. 313 ff. (318); Rs. 2/74 - *Reyners/Belgien* -, Slg. 1974, S. 631 ff. (654); Rs. 36/75 - *Rutili/Minister des Innern* -, Slg. 1975, S. 1219 ff. (1231).

[516] Vgl. Art. 73d Abs. 3 EGV.

Vorschriften, die die nähere Ausgestaltung der EZB und des ESZB betreffen[517], enthalten ebenso keine Ermächtigung zur Einschränkung vertraglicher Grundfreiheiten wie die ESZB-Satzung. Es ist daher festzuhalten, daß eine ausdrücklich im EG-Vertrag niedergelegte Kompetenz der EZB zur Einschränkung von Grundfreiheiten nicht besteht.

(1) Ungeschriebene Einschränkungsmöglichkeiten der Kapitalverkehrsfreiheit - entsprechende Anwendung der Cassis-Formel ?

Nachdem soeben die ausdrücklich im EG-Vertrag verankerten Einschränkungsmöglichkeiten als für die EZB außer Betracht stehend klassifiziert wurden, bleibt als Möglichkeit zur Verhinderung der Gemeinschaftsrechtswidrigkeit der geldpolitischen Maßnahme die Annahme ungeschriebener Ausnahmen vom Verbot von Beschränkungen des freien Kapitalverkehrs. Derartige ungeschriebene Ausnahmen von Einschränkungsverboten hat der EuGH zuerst im Hinblick auf die Warenverkehrsfreiheit der Art. 30ff. E(W)GV entwickelt[518], nachdem er bereits bei der erstmaligen Behandlung der Maßnahmen gleicher Wirkung einer weiten Auslegung den Vorzug gegeben hatte[519]. In der erstgenannten Entscheidung, bekannt unter dem Namen *Cassis de Dijon,* hatte der EuGH festgestellt, daß Hemmnisse des Binnenhandels der Gemeinschaft durch Maßnahmen der Mitgliedstaaten hingenommen werden müssen, soweit die diese Hemmnisse aufstellenden Bestimmungen notwendig sind, um zwingenden Erfordernissen des Allgemeinwohls gerecht zu werden[520].

Damit diese Grundsätze auf die Kapitalverkehrsfreiheit anwendbar werden, müßten diese und die Warenverkehrsfreiheit miteinander vergleichbar sein, so daß eine Übertragung gerechtfertigt werden kann. Für die Vergleichbarkeit spricht zu-

---

[517] Art. 105 ff. EGV.

[518] Grundlegend EuGH, Rs. 120/78 - *Rewe/Bundesmonopolverwaltung für Branntwein* -, Slg. 1979, S. 649 ff.

[519] EuGH, Rs. 8/74 - *Staatsanwalt/Dassonville* -, Slg. 1974, S. 837 ff. Die in diesem Urteil geprägte *Dassonville-Formel* lautet: "Jede Handelsregelung der Mitgliedstaaten, die geeignet ist, den innergemeinschaftlichen Handel unmittelbar oder mittelbar, tatsächlich oder potentiell zu behindern, ist als Maßnahme gleicher Wirkung wie eine mengenmäßige Beschränkung anzusehen."

[520] EuGH, Rs. 120/78 - *Rewe/Bundesmonopolverwaltung für Branntwein* -, Slg. 1979, S. 649 ff. (662). Die *Cassis-Formel* lautet: "In Ermangelung einer gemeinschaftlichen Regelung der Herstellung und Vermarktung (einer Ware)... ist es Sache der Mitgliedstaaten, alle die Herstellung und Vermarktung (dieser Ware)... betreffenden Vorschriften für ihr Hoheitsgebiet zu erlassen. Hemmnisse für den Binnenhandel der Gemeinschaft, die sich aus den Unterschieden der nationalen Regelungen... ergeben, müssen hingenommen werden, soweit diese Bestimmungen notwendig sind, um zwingenden Erfordernissen gerecht zu werden, insbesondere den Erfordernissen einer wirksamen steuerlichen Kontrolle, des Schutzes der öffentlichen Gesundheit, der Lauterkeit des Handelsverkehrs und des Verbraucherschutzes."

nächst die Parallelität der Grundfreiheiten des EG-Vertrags, der auch eine Parallelität der ungeschriebenen Beschränkungsgründe korrespondieren muß[521]. Darüber hinaus sind aber auch Kapital und Waren direkt miteinander vergleichbar. Ihr einander entsprechender Charakter wird bereits dadurch deutlich, daß Kapital regelmäßig in Wertpapieren oder in Geld verkörpert ist und so wie eine Ware über die Grenzen gebracht werden kann; Kapital in unkörperlicher Form ist ohne weiteres materialisierbar[522]. Weiterhin müßten aber auch die Begünstigten vergleichbar sein, denn der EuGH hat mit der *Cassis-Formel* Maßnahmen der Mitgliedstaaten gerechtfertigt, wohingegen es hier um Maßnahmen einer gemeinschaftlichen Institution geht. Die Situation der EZB müßte daher vergleichbar sein mit der der Mitgliedstaaten im Sinne der *Cassis-Formel*.

Hieran scheitert jedoch die Anwendung der *Cassis-Formel* auf die vorliegende Frage. Im *Cassis*-Urteil geht der EuGH vom Fehlen einer gemeinschaftlichen, jedoch vom Bestehen unterschiedlicher nationaler Regelungen aus. Diese Situation ist aber von der hier gegebenen insoweit verschieden, als es hier zwar auch keine gemeinschaftliche Regelung gibt, aber ebenfalls keine andere Regelung besteht, aufgrund derer eine bestimmte Institution handeln könnte. Es fehlt folglich generell an einer Kompetenz. Die Begründung einer zusätzlichen, vielleicht implizit angelegten Kompetenz kann jedoch nicht im Wege der Auslegung eines Gerichtsurteils erfolgen, welchem ein insoweit gänzlich verschiedener Sachverhalt zugrunde lag. Der Versuch einer Begründung einer solchen Kompetenz muß vielmehr über die Auslegung des primären Gemeinschaftsrechts und darin anhand der implied-powers-Lehre vorgenommen werden.

(2) Ausweitung der EZB-Kompetenzen durch die implied-powers-Lehre

Die oben bereits durchgeführte Überprüfung[523] vom Verhältnis des Binnenmarktes zur Wirtschafts- und Währungsunion am Hierarchisierungsmodell von *Basedow* hatte gezeigt, daß die Währungsunion aufgrund ihrer größeren Integrationsdichte - und daraus resultierender höherer Integrationsstufe - dem Binnenmarkt und den ihn charakterisierenden Grundfreiheiten überzuordnen ist. Die sich aus diesem Verhältnis der Aufspaltung der wirtschafts- und währungspolitischen Befugnisse ergebenden Konflikte zwischen dem ESZB und den mehr ökonomisch ausgerichteten Organen der EG müßte der EuGH bei der Auslegung und Abgrenzung von währungspolitischen Kompetenzen des ESZB gemäß Art. 105 ff. EGV i.V.m. der ESZB-Satzung dahingehend zu lösen versuchen, daß auf eine Funktionsfähigkeit der Wirtschafts- und Währungsunion abgestellt wird[524].

---

521 *Ress/Ukrow*, in: Grabitz/Hilf, Bd. I, Art. 73b, Rn. 31; gegen eine Parallelität und für eine Spezialität der Grundfreiheiten *Ohler*, WM 1996, S. 1801 ff. (1802).

522 *Weber, S.*, EuZW 1992, S. 561 ff. (563).

523 S. o. II. 1. e).

524 *Weber, S.*, EuZW 1992, S. 561 ff. (563) sieht die Funktionsfähigkeit des Kapitalmarktes für ein mögliches zwingendes Erfordernis für behindernde Maßnahmen an.

In diesem Zusammenhang ist es denkbar, daß der EuGH auch auf Auslegungsgrundsätze wie die implied-powers-Lehre[525] zurückgreift, um eine aus dem Wortlaut der Art. 105 ff. EGV zwar implizit resultierende, aber nicht ausdrücklich genannte Kompetenzzuweisung an die EZB zu begründen. In Anlehnung an die Rechtsprechung des EuGH zur implied-powers-Lehre[526] wäre etwa ein Urteil dahingehend möglich, daß die in den Art. 105 ff. EGV bzw. der ESZB-Satzung aufgeführten Währungskompetenzen des ESZB auch solche ungeschriebenen Kompetenzen zur Verwirklichung der Geld- und Währungspolitik in der Währungsunion enthalten, bei deren Fehlen die aufgeführten Währungskompetenzen sinnlos wären oder nicht in vernünftiger und zweckmäßiger Weise zur Anwendung gelangen können[527]. Eine am Primat der Preisstabilität ausgerichtete Geld- und Währungspolitik für einen einheitlichen Währungsraum erfordert aber die Kompetenz der währungshütenden Institution, stabilitätsgefährdende Kapitalzuflüsse mit geeigneten Mitteln abzuwehren. Auf diese Weise müßte aus Funktionalitätsüberlegungen ein Vertragsverstoß der EZB bei Maßnahmen, die die Kapitalverkehrsfreiheit einschränken, vom EuGH verneint werden[528]. Die unterschiedliche Mindestreservesatzbelegung von Kapital aus Drittstaaten und Kapital aus den Staaten des einheitlichen Währungsraumes ist unter diesen Gesichtspunkten als mit dem Gemeinschaftsrecht vereinbar anzusehen.

dd) Verstoß gegen das Diskriminierungsverbot aus Art. 6 Abs. 1 EGV

Die unterschiedliche Mindestreservesatzfestlegung auf währungsunionsinternes und außergemeinschaftliches Kapital könnte jedoch gegen das primärrechtlich in Art. 6 Abs. 1 EGV niedergelegte Diskriminierungsverbot verstoßen. Adressaten dieses Verbotes sind, in Ermangelung eines einschränkenden Wortlauts der Vorschrift, die Mitgliedstaaten, Private und auch die Gemeinschaft mitsamt ihren Organen und Institutionen[529]. Problematisch ist in dieser Hinsicht, daß es sich bei den sich in der hier untersuchten Situation auf den gemeinschaftsrechtlichen Grundsatz des Diskriminierungsverbotes berufenden Personen um solche handelt, die selbst nicht in einem der Mitgliedstaaten der Gemeinschaft ansässig sind. Losgelöst von der Frage, ob der personale Anwendungsbereich des Art. 6 Abs. 1 EGV über die in den Mitgliedstaaten der Gemeinschaft ansässigen Personen hinausreicht, ist daher zunächst zu überprüfen, ob Art. 6 Abs. 1 EGV neben den besonderen freiheitseinschränkenden Normen des EG-Vertrages überhaupt Anwendung finden kann.

---

525 Vgl. dazu weiter unten 2.a)cc)(1).

526 Vgl. grundlegend EuGH, Rs. 8/55 - *Fédération Charbonnière de Belgique/Hohe Behörde* -,Slg. 1955/1056, S. 297 ff.

527 So für die Festsetzung der Preise für Kohle durch die Hohe Behörde gemäß Art. 8 EGKSV EuGH, Rs. 8/55 - *Fédération Charbonnière de Belgique/Hohe Behörde* -, Slg. 1955/1956, S, 297 ff. (312).

528 Vgl. auch *Koenig*, EuZW 1993, S. 661 ff. (665).

529 *v. Bogdandy*, in: Grabitz/Hilf, Bd. I, Art. 6, Rn. 28.

Der konkrete Anwendungsbereich des Art. 6 Abs. 1 EGV geht nach einer zu Beginn der achtziger Jahre etablierten Rechtsprechung des EuGH über die speziellen Diskriminierungsverbote im Rahmen der Regelungen der einzelnen Grundfreiheiten hinaus[530]. Dies ergibt sich insbesondere aus der systematischen Stellung des Art. 6 Abs. 1 EGV. Die Ansiedelung der Vorschrift im ersten Teil unter den Grundsätzen verleiht ihr besondere Bedeutung und qualifiziert sie als Grundsatznorm[531]. Gleichwohl ist die Anwendbarkeit von Art. 6 EGV nur "unbeschadet besonderer Regelungen des Vertrages" gegeben, wobei "unbeschadet" mit "vorbehaltlich" gleichzusetzen ist[532]. Dementsprechend findet Art. 6 Abs. 1 EGV keine Anwendung, wenn andere Bestimmungen des Vertrages die nach Art. 6 Abs. 1 EGV tatbestandliche Diskriminierung zulassen[533]. Die Sachverhalte, die Art. 6 Abs. 1 EGV über die speziellen Diskriminierungsverbote hinaus erfaßt, lassen sich daher nur unter Bestimmung des Anwendungsbereiches der besonderen Regelungen festlegen. Diese besonderen Regelungen, vorbehaltlich derer Art. 6 Abs. 1 EGV nur Anwendung findet, sind dabei solche, die auf Diskriminierungen hinsichtlich der Staatsangehörigkeit abzielen[534].

Hieraus folgt unmittelbar, daß Grundfreiheiten, die auf die Staatsangehörigkeit überhaupt nicht abzielen, auch durch nach Staatsangehörigkeit differenzierende Maßnahmen nicht diskriminierend eingeschränkt werden können. Wenn somit der Tatbestand der konkret betroffenen Grundfreiheit einschließlich seiner Einschränkungsmöglichkeiten nicht vor Diskriminierungen schützen kann, so ergibt sich hier neben der Grundfreiheit ein möglicher Anwendungsbereich des allgemeinen Diskriminierungsverbotes des Art. 6 Abs. 1 EGV. Genau diese eben geschilderte Situation liegt aber bei der Kapitalverkehrsfreiheit vor. Die Kapitalverkehrsfreiheit der Art. 73b ff. EGV stellt - in Abgrenzung zum alten Art. 67 EWGV - bewußt nicht auf die Ansässigkeit in einem Mitgliedstaat der Gemeinschaft ab sowie - in Abgrenzung zu Art. 52 EGV - ebenfalls bewußt nicht auf die Staatsangehörigkeit des Begünstigten ab[535]. Dies resultiert aus der verkehrsorientierten Betrachtungsweise der Kapitalverkehrsfreiheit, die auf einen globalen freien Kapitalmarkt gerichtet ist und sich daher nicht am Markt- oder Unionsbürger orientiert. Eine Anwendung des Art. 6 Abs. 1 EGV neben den Vorschriften der Art. 73b ff. EGV ist somit grundsätzlich möglich.

Nach der Feststellung der grundsätzlichen Anwendbarkeit des Art. 6 Abs. 1 EGV neben Normen, die die Einschränkung einer Grundfreiheit zulassen, ist zu überprüfen, ob die konkret betrachtete Personengruppe, hier Drittstaatsangehörige, sich auf das Diskriminierungsverbot des Art. 6 Abs. 1 EGV berufen kann, mit an-

---

[530] EuGH, Rs. 152/82 - *Forcheri und Marino/Belgischen Staat* -, Slg. 1983, S. 2323 ff. (2336).

[531] *v. Bogdandy*, in: Grabitz/Hilf, Bd. I, Art. 6, Rn. 2.

[532] EuGH, Rs. 8/77 - *Sagulo u.a.* -, Slg. 1977, S. 1495 ff. (1506).

[533] EuGH, Rs. C-112/91 - *Werner/FA Aachen Innenstadt* -, Slg. I 1993, S. 429 ff. (471).

[534] Vgl. hierzu näher *v. Bogdandy*, in: Grabitz/Hilf, Bd. I, Art. 6, Rn. 58.

[535] *Ress/Ukrow*, in: Grabitz/Hilf, Bd. I, Art. 73b, Rn. 28.

deren Worten, ob eine diskriminierende Maßnahme gegenüber Drittstaatsangehörigen den EG-Vertrag verletzt oder nicht. Dem Wortlaut des Art. 6 Abs. 1 EGV läßt sich zunächst lediglich die Anwendbarkeit auf die in den Staaten der Gemeinschaft ansässigen natürlichen und juristischen Personen entnehmen.

Der EuGH hatte soweit ersichtlich bisher noch keine Gelegenheit, sich zu dieser Frage zu äußern, wenn er auch in früheren Entscheidungen Diskriminierungen von Personen, die nicht in Mitgliedstaaten der EG ansässig waren, ausdrücklich als gemeinschaftsrechtkonform angesehen hat[536]. Die Literatur zu dieser Frage ist zweigeteilt; während einerseits in Anlehnung an den EuGH das Diskriminierungsverbot auf Drittstaatsangehörige nicht angewandt wird[537], wird andererseits eine differenzierende Sichtweise präferiert. Hiernach erscheine ein genereller Ausschluß der Anwendbarkeit des Diskriminierungsverbotes auf Drittstaatsangehörige nicht geboten, vielmehr sei eine Differenzierung im Hinblick auf den Anwendungsbereich des Vertrages vonnöten[538]. Diskriminierende Regelungen gegenüber Drittstaatsangehörigen seien dann verboten, wenn diese sich in einer gemeinschaftsrechtlich geregelten Situation befänden. In den Anwendungsbereich des Vertrages im Sinne von Art. 6 Abs. 1 EGV fielen demnach alle Sachverhalte, die der Tatbestand einer Norm des Gemeinschaftsrechts in irgend einer Weise erfaßte[539].

Dieser zweitgenannten, differenzierenden Sichtweise des Anwendungsbereiches von Art. 6 Abs. 1 EGV ist der Vorzug zu geben. Dies wird dadurch gerechtfertigt, daß dort, wo die Rechtsnormen des Gemeinschaftsrechts selbst so abgefaßt sind, daß die Staatsangehörigkeit einer handelnden natürlichen oder juristischen Person keine Rolle spielt, notwendigerweise der Schutz des Diskriminierungsverbotes nicht an den Grenzen der Nationalität der Mitgliedstaaten haltmachen kann. Dies gilt für den Warenhändler im Rahmen der Vorschriften der Art. 30 bis 34 EGV ebenso wie für den Kapitalemittenten im Rahmen der Vorschriften der Art. 73b ff. EGV. Hier wie dort wird nicht auf das Subjekt, welches die Handlung vornimmt, sondern auf das Objekt, mit dem die Handlung vorgenommen wird, abgestellt[540]. Es folgt somit hieraus, daß das Diskriminierungsverbot des Art. 6 Abs. 1 EGV dann auch auf Drittstaatsangehörige anwendbar ist, wenn die für den konkret zu beurteilenden Sachverhalt einschlägige Grundfreiheit des EG-Vertrages unabhängig von Staatsangehörigkeit und damit Mitgliedstaatenzugehörigkeit garantiert wird. Die Kapitalverkehrsfreiheit ist aber im Sinne des angestrebten Zieles eines globalen freien Kapitalmarktes nicht am Marktbürger orientiert, so daß Art. 6 Abs. 1 EGV hier grundsätzlich herangezogen werden kann.

---

[536] EuGH, verb. Rs. 50-58/82 - *Dorca Marina* -, Slg. 1982, S. 3949 ff. (3958); Schlußantrag des *GA Capotorti*, in verb. Rs. 13-28/82 - *Arantcamendi-Osa* -, Slg. 1982, S. 3927 ff. (3942 f.); Rs. 52/81 - *Faust/Kommission* -, Slg. 1982, S. 3745 ff. (3762).

[537] So *Herzog*, in: Smit/Herzog, The Law of the European Community, Art. 7, Anm. 7.06.

[538] v. *Bogdandy*, in: Grabitz/Hilf, Bd. I, Art. 6 Rn. 37.

[539] *v. Bogdandy*, a.a.O., Rn. 37.

[540] Ebenso *Zuleeg*, in: G/T/E, Bd. I, Art. 7, Rn. 17.

Nach den bisherigen Überlegungen erscheint eine Anwendbarkeit des Art. 6 Abs. 1 EGV auf die vorliegende Frage grundsätzlich möglich. In diesem Zusammenhang taucht nun jedoch die ratio des Art. 73f EGV erneut auf. Nach dieser Vorschrift ist es unter bestimmten Umständen zulässig, kapitalverkehrsbeschränkende Maßnahmen zwischen der Gemeinschaft und Drittstaaten einzuführen. Somit handelt es sich bei Art. 73f EGV um eine Norm, die grundsätzlich Einschränkungen aufgrund der Nationalität erlaubt, womit dann gleichzeitig die Grundfreiheit eingeschränkt und in der Folge der Grundsatz des Diskriminierungsverbotes relativiert wird. Zwar steht diese Einschränkungsmöglichkeit nur dem Rat der EG zu, jedoch kommt der EZB - wie gesehen[541] - über die implied-powers-Lehre in der Geldpolitik eine gleichgerichtete Kompetenz zu. Da sich aber selbstverständlich Drittstaatsangehörige dann nicht auf Art. 6 Abs. 1 EGV berufen können, wenn der Rat der EG entscheidet, kapitalverkehrsbeschränkende Maßnahmen zwischen der EG und dem Drittstaat einzuführen, was letztlich auf den Grundsatz des effet utile[542] zurückzuführen ist, muß aus der gleichen Überlegung heraus der effet utile auch im Rahmen der geldpolitischen Entscheidungen der EZB zur Anwendung gelangen. Hieraus aber folgt, daß sich Drittstaatsangehörige im vorliegenden Zusammenhang nicht auf das Diskriminierungsverbot aus Art. 6 Abs. 1 EGV berufen können, wenn die EZB zur Verhinderung eines stabilitätsgefährdenden Kapitalzuflusses aus Drittstaaten die Mindestreservesätze für dieses Kapital erhöht, um letztlich dem durch den Kapitalimport hervorgerufenen Aufwertungsdruck auf den Euro zu entgehen.

ee) Ergebnis

Als Ergebnis läßt sich somit festhalten, daß die EZB zur Verwirklichung der ihr übertragenen Aufgabe der Steuerung der Geldpolitik innerhalb der Eurostaaten im Rahmen eines Festkurssystems mit Drittstaaten auch solche Maßnahmen zur Sicherung der Preisstabilität anwenden kann, die effektiv eine Einschränkung der auch Drittstaatsangehörigen zuerkannten Kapitalverkehrsfreiheit nach sich ziehen. Ein Verstoß gegen den EG-Vertrag ist darin nicht zu erblicken und müßte auch vom EuGH notfalls unter Zuhilfenahme der implied-powers-Lehre zur Sicherung der Funktionsfähigkeit der Währungsunion verneint werden.

e) Einflußmöglichkeiten auf GASP-Aktionen seitens der EZB

Dadurch, daß die EZB mit Beginn der dritten Stufe der Wirtschafts- und Währungsunion die einzige Institution sein wird, die über die Ausgabe von Geldmitteln zu entscheiden hat und der damit eine nicht zu unterschätzende Einflußmöglichkeit auf alle die Politiken zukommt, zu deren Verwirklichung zusätzliche finanzielle Mittel erforderlich sind, stellt sich die Frage, ob die EZB Einfluß auf die Gemeinsame Außen- und Sicherheitspolitik der EU ausüben kann.

---

[541] S. o. Pkt. III.1.d)cc)(2).

[542] Vgl. näher *Nettesheim*, in: Grabitz/Hilf, Bd. I, Art. 4, Rn. 55.

aa) Die Zugehörigkeit von GASP-Aktionen zur Geldpolitik der EZB gegenüber Drittstaaten

Zunächst ist hier die Frage zu klären, inwieweit die Kapitalverkehrsfreiheit, die Geldpolitik der EZB und die Aktionen im Rahmen der GASP etwas miteinander zu tun haben können. Der EG-Vertrag stellt selbst einen solchen Zusammenhang her, indem er im Rahmen der Regelungen der Kapitalverkehrsfreiheit in Art. 73g auch auf mögliche Sanktionen aufgrund von GASP-Aktionen eingeht. Art. 73g Abs. 1 EGV spricht denn auch von notwendigen Sofortmaßnahmen, die der Rat nach dem Verfahren des Art. 228a EGV gegenüber dem von den Sanktionen betroffenen Drittland ergreifen kann. In Art. 228a EGV sind die die politischen Sanktionen der GASP begleitenden wirtschaftlichen Sanktionen geregelt, die der Rat auf Vorschlag der Kommission beschließt. Der Zusammenhang mit Art. 73g EGV macht deutlich, daß es sich bei letzterer Vorschrift um eine Möglichkeit handelt, den gemäß Art. 73b Abs. 1, 2. Alternative EGV auch gegenüber Drittstaaten vollständig liberalisierten Kapitalverkehr wieder einzuschränken und zwar - im Gegensatz zu anderen Beschränkungsmöglichkeiten - ohne jegliche zeitliche Begrenzung.

Von den Sanktionsmaßnahmen i.S.d. Art. 73g EGV[543] sind nur einzelne oder mehrere bestimmte Drittländer betroffen, im Gegensatz zu den generell wirkenden Schutzmaßnahmen des Art. 73f EGV. Gegenstand der Sanktionen, die auf Art. 73g EGV Bezug nahmen, waren bisher umzusetzende UN-Resolutionen, so im Falle Haitis oder im Falle der serbisch kontrollierten Gebiete Bosnien-Herzegowinas[544]. Zuständig für die Festlegung der Gemeinsamen Standpunkte gemäß Art. J.2 EUV sowie für den Entschluß zu einer Gemeinsamen Aktion i.S.v. Art. J.3 EUV ist der Rat der Außen- und Verteidigungsminister der Europäischen Union, der sich hierbei an den politischen Leitlinien des Europäischen Rates (Art. D EUV) orientieren muß. Erst dieser Entschluß des (Minister-) Rates auf EU-Ebene ist Grundlage für Möglichkeiten des Ergreifens von Sanktionsmaßnahmen im Rahmen von Art. 73g EGV. Freilich ist dieser GASP-Entschluß nicht nur notwendige Voraussetzung sondern zugleich bestimmendes Element der Entscheidungsfindung des Rates der Wirtschafts- und Finanzminister, die auf EG-Ebene für den Erlaß der Sanktionsmaßnahmen i.S.v. Art. 73g EGV zuständig sind. Bestimmendes Element ist der Beschluß des Unionsrates insofern, als die EG sowohl über Art. 228a EGV zu einer Umsetzung der geplanten Aktion verpflichtet ist als auch über das in Art. C Abs. 1 EUV niedergelegte Kohärenzgebot[545]. Verfahrensrechtlich handelt es sich dabei um das übliche Gemeinschaftsverfahren zum Erlaß von Rechtsakten, d.h. Vorschlag der Kommission und Entscheidung des Rates,

---

[543] S. ausführlich zur Verhängung von Wirtschaftssanktionen *Zeleny*, ZÖR 1997, S. 197 ff.

[544] Vgl. hierzu ABl.EG 1994 Nr. L 139, S. 1 ff. vom 30.5.1994 (Haiti), bzw. ABl.EG 1994 Nr. L 266, S. 1 ff. vom 10.10.1994 (Bosnien-Herzegowina).

[545] Zum näheren Ablauf der Entscheidungsfindung vgl. *Pechstein/Koenig*, Die Europäische Union, Rn. 267 ff. sowie *Kiemel*, in: Hdb. d. Europäischen Rechts, Bd. I A 29, Art. 73g, Rn. 1-5; zum Kohärenzgebot vgl. näher *Pechstein/Koenig*, a.a.O., Rn. 126 ff.

womit eben eine weitgehende Kohärenz im außenpolitischen und außenwirtschaftlichen Vorgehen erreicht werden soll[546].

bb) Die Verpflichtung der EG aus Art. 228a EGV im Rahmen der GASP

Art. 228a EGV beinhaltet einen von zwei ausdrücklich geregelten Fällen der Berührung vom Recht der EU und dem Recht der EG (der andere Fall findet sich in Art. 199 Abs. 2 EGV im Rahmen des Haushaltsverfahrens). Art. 228a EGV regelt die Verhängung von Embargomaßnahmen gegenüber Drittstaaten auf der Grundlage von Beschlüssen des Unionsrates im Rahmen der GASP. Konkret heißt es in Art. 228a EGV, daß dann, wenn in Gemeinsamen Standpunkten oder Gemeinsamen Aktionen, die nach den Bestimmungen des Vertrages über die Europäische Union betreffend die Gemeinsame Außen- und Sicherheitspolitik angenommen worden sind, ein Tätigwerden der Europäischen Gemeinschaften vorgesehen ist, um die Wirtschaftsbeziehungen zu einem oder mehreren dritten Ländern auszusetzen, einzuschränken oder vollständig einzustellen, der Rat (und zwar der Rat der EG, Anm. d. Verf.) die erforderlichen Sofortmaßnahmen trifft. Hierbei beschließt der Rat auf Vorschlag der Kommission. Diese Formulierung im letzten Teil - "so trifft der Rat die erforderlichen Sofortmaßnahmen" - ist unterschiedlich auslegbar.

Einerseits läßt sich eine konkrete Verpflichtung des EG-Rates und der EG-Kommission daraus herleiten, die Unionsratsbeschlüsse unbedingt umzusetzen[547], andererseits ist zu berücksichtigen, daß die Europäischen Gemeinschaften ihre rechtliche Eigenständigkeit durch die Errichtung der Europäischen Union nicht eingebüßt haben und auch der in Art. C Abs. 1 EUV niedergelegte einheitliche institutionelle Rahmen von Europäischer Gemeinschaft und Union kann eine Weisungsbefugnis des Unionsrates gegenüber den Organen der Gemeinschaft nicht begründen. Hält man sich dies vor Augen, so muß der Entscheidung des Rates der EG, wie sie in Art. 228a EGV niedergelegt ist, ein eigenständiger Regelungswert zukommen, die Entscheidung darf nicht lediglich eine bloß wiederholende Handlung der Entscheidung des Unionsrates sein[548].

Letztere Auffassung wird wie folgt begründet. Es solle zwar die Politik der Mitgliedstaaten der Gemeinschaft und der Gemeinschaft selbst mit einem von der Europäischen Union beschlossenen gemeinsamen Standpunkt in Einklang stehen und eine gemeinsame Aktion sei für die beteiligten Mitgliedstaaten sogar verbindlich, so daß die Mitgliedstaaten ihre Stellungnahmen und ihr Vorgehen daran auszurichten haben (vgl. Art. J.3. Ziffer 4 EUV). Jedoch sei schon den bisherigen Beschlüssen der Europäischen Politischen Zusammenarbeit keine verbindliche Wirkung für die Gemeinschaft zugekommen und auch die Formulierung in Art. 228a EGV "so trifft der Rat", die im Vergleich zu Art. 73g EGV ("kann der Rat")

---

546 *Deutscher Bundestag*, Denkschrift, in: BT-Drs. 12/3334, S. 81 ff. (109).

547 So *Pechstein/Koenig*, Die Europäische Union, Rn. 133.

548 So *Schneider*, in: Grabitz/Hilf, Bd. II, Art. 228a, Rn. 13.

eine gewisse Bindung des Rates der EG bei seiner Beschlußfassung nahelegt, kann dem Rat eine ausdrückliche nachteilige Veränderung der gemeinschaftlichen Abstimmungsmodalitäten nicht nehmen. Das schon in der EPZ vorhandene und nun in die GASP übertragene Prinzip der Einstimmigkeit solle lediglich eine Vetomöglichkeit gegen Wirtschaftssanktionen begründen, nicht aber auch eine Pflicht der Mitgliedstaaten zu deren gemeinschaftlicher Durchführung. Die in Art. 228a EGV genannte Ratsentscheidung mache daher nur Sinn, wenn ihr gegenüber der GASP-Entscheidung des Unionsrates Eigenständigkeit zukommt[549].

Demgegenüber stellt die erstgenannte Ansicht darauf ab, daß die GASP - und daneben auch die ZBJI - als intergouvernementale Kooperationsformen die originär politische Dimension verkörpern und die Europäische Gemeinschaft sich einer derartigen zeitlich vorgehenden politischen Vorgabe letztlich nur noch anschliessen könne. Diese Sicht wird durch Art. 228a EGV direkt unterstützt. Denn im Gegensatz zur oben genannten Ansicht, die in dieser Vorschrift lediglich die Fortführung der EPZ-Praxis erblickt, erkennt diese Ansicht, daß die Kodifizierung des EPZ-Verfahrens in Art. 228a EGV gerade den entscheidenden Fortschritt ausmacht. In dieser primärrechtlichen Festlegung der Instrumentalisierung der Europäischen Gemeinschaft aufgrund einer vorhergehenden politischen Entscheidung ist gleichzeitig die rechtliche Bindung der Gemeinschaft, ihrer Organe und damit auch der Mitgliedstaaten an die GASP-Entscheidung des Unionsrates festgelegt. Es folgt hieraus, daß die EG die notwendigen Umsetzungsmaßnahmen ergreifen muß[550].

Dies spricht allerdings nicht gegen eine substanzielle Eigenständigkeit der Entscheidung des Rates der EG gemäß Art. 228a EGV. Vielmehr ist hinsichtlich des Entscheidungsinhalts zu trennen. Während der Unionsrat zuerst die Frage des "Ob" einer gemeinsamen Maßnahme entscheidet und grob festlegt, in welchem Rahmen die Aktion ablaufen soll (vgl. Art. J.3. Ziffer 1 UAbs. 2 EUV), ist es Sache des Rates der EG im Rahmen des Art. 228a EGV, den von dem Unionsrat vorgegebenen Aktionsrahmen konkret auszufüllen. Eine derartige Trennung in die beiden Ebenen mit substanzieller Entscheidungsbefugnis des EG-Rates ist hierbei schon deshalb geboten, weil im Rahmen der GASP die Außenminister der Vertragsstaaten die Entscheidung fällen, wohingegen die nähere Ausgestaltung in das Ressort der jeweiligen Fachminister, also etwa der Wirtschafts- und Finanzminister fällt. Die Frage nach dem "Wie" der Aktion ist folglich der Regelung durch die EG vorbehalten. Die nähere Begründung der Bindung der Europäischen Gemeinschaft an die Entscheidung des Unionsrates erfolgt nach der hier verfolgten Ansicht über das in Art. C EUV niedergelegte Kohärenzgebot[551].

---

549 *Schneider*, a.a.O., Rn. 13.

550 *Pechstein/Koenig*, Die Europäische Union, Rn. 133.

551 So *Pechstein/Koenig*, a.a.O., Rn. 133.

cc) Das Kohärenzgebot gemäß Art. C EUV

Gemäß Art. C Abs. 1 EUV verfügt die Europäische Union über einen einheitlichen institutionellen Rahmen, der die Kohärenz und Kontinuität der Maßnahmen zur Erreichung ihrer Ziele unter gleichzeitiger Wahrung und Weiterentwicklung des gemeinsamen Besitzstandes sicherstellt. Gemäß Art. C Abs. 2 EUV obliegt es der Union, insbesondere auf die Kohärenz aller von ihr ergriffenen außenpolitischen Maßnahmen im Rahmen ihrer Außen-, Sicherheits-, Wirtschafts- und Entwicklungspolitik zu achten, wobei dies in den Verantwortungsbereich von Rat und Kommission (auf EU-Ebene, Anm. d. Verf.) fällt, die in ihrem jeweiligen Zuständigkeitsbereich die Durchführung der betreffenden Politiken sicherzustellen haben. Die Formulierung des Art. C Abs. 2 Satz 1 EUV macht deutlich, daß es sich in dieser Vorschrift um das Kohärenzgebot nach außen handelt. Dem steht Art. A Abs. 3 EUV gegenüber, der auch eine Regelung zur Kohärenz beinhaltet, diese jedoch - wie dem Wortlaut zu entnehmen ist - lediglich die Kohärenz zwischen den Mitgliedstaaten und ihren Völkern regelt; demnach handelt es sich hier um die innere, genauer um die gemeinschaftsinterne Kohärenz[552]. Kohärenz der Maßnahmen i.S.v. Art. C Abs. 1 und 2 EUV bedeutet grundsätzlich Stimmigkeit und Wahrung des Zusammenhangs zwischen den verschiedenen betroffenen Politiken. Es ergibt sich hieraus eine Abstimmungsgebot zwischen den an den Maßnahmen Beteiligten.

(1) Das Abstimmungsgebot des Art. C Abs. 2 EUV

Die gemäß Art. C Abs. 2 EUV zur Abstimmung, d.h. zur Wahrung der Kohärenz Verpflichteten, sind der Rat und die Kommission. Dadurch, daß Art. C Abs. 2 EUV Kohärenz sowohl in den Bereichen Außen- und Sicherheits- als auch in den Bereichen Wirtschafts- und Entwicklungspolitik fordert, damit aber sowohl Kompetenzbereiche der GASP als auch der EG angesprochen sind, müssen Rat und Kommission hier einerseits in ihrer Eigenschaft als Organe der Union[553] (Art. E EUV) und andererseits in ihrer Eigenschaft als Organe der EG (Art. 4 EGV) handeln. Es ergibt sich daraus eine materiell-rechtliche Bindung der Europäischen Gemeinschaften an das Kohärenzgebot. Da Abstimmung jedoch ein mehrseitiges Verfahren voraussetzt, muß es neben den Gemeinschaften, handelnd durch ihre Organe, noch weitere Verpflichtete geben. Mangels Völkerrechtssubjektivität der EU scheidet diese aus, gleiches gilt für den Rat der Europäischen Union als Vertragsorgan der Union[554], der gerade wegen der Organstellung nicht Träger von

[552] Zur Unterscheidung in innere und äußere Kohärenz vgl. *Müller-Graff*, integration 16 (1993), S. 147 ff. (147), der zudem auch noch die Kategorie der inhaltlichen Kohärenz verwendet, die auf beide erstgenannten Kategorien Anwendung findet.

[553] Vgl. zur Klassifizierung der Organe der EG als Organe der EU im Rahmen des Art. E EUV *Pechstein/Koenig*, Die Europäische Union, Rn. 181 ff., die zu dem Ergebnis gelangen, daß hinsichtlich des Unionsrates von einem Vertragsorgan und hinsichtlich der anderen genannten EG-Organe von Organleihe auszugehen ist.

[554] Vgl. *Pechstein/Koenig*, a.a.O., Rn. 188.

Rechten und Pflichten sein kann. Es bleiben somit nur die durch das Organ Rat der Europäischen Union handelnden Vertragsstaaten der EU als weitere Verpflichtete aus dem Kohärenzgebot neben den Gemeinschaften.

Die Abstimmungsverpflichtung zwischen den Vertragsstaaten der Union einerseits und den Europäischen Gemeinschaften andererseits wirkt sich in der Praxis wegen des zeitlichen Vorsprungs der Entscheidungen der Vertragsstaaten im Unionsrat dahingehend aus, daß die Gemeinschaften stets "hinterherhinken", da sie obendrein - wie gesehen - über Art. 228a EGV zur Umsetzung der Unionsratsbeschlüsse verpflichtet sind. Um durch diesen faktischen Vorsprung der GASP keine übermäßige Vernachlässigung und daraus resultierende faktische Nachrangigkeit von Gemeinschaftsbelangen hervorzurufen, hat es eine Fusionierung von Arbeitsgruppen gegeben, die bisher schon den Gremien der EPZ und denen der Gemeinschaft zuarbeiteten[555]. Hierzu gehört auch der Zusammenschluß des Sekretariats der EPZ mit dem Generalsekretariat des EG-Rates[556]. Es wird durch diese Fusionierungen zumindest die Möglichkeit der Berücksichtigung von Gemeinschaftsbelangen von Anfang an begründet.

Aus dem faktischen Vorsprung der Vertragsstaaten im Unionsrat im Rahmen der GASP vor den Europäischen Gemeinschaften hinsichtlich der Verpflichtung zur Umsetzung aus Art. 228a EGV können sich allerdings bei nicht ausreichender oder überhaupt nicht vorhandener Berücksichtigung der Gemeinschaftsbelange erhebliche Schwierigkeiten ergeben. Diese können darin bestehen, daß einseitige außenpolitische Aktionen der Unionsstaaten im Rahmen der GASP zu einer Gefährdung für längerfristig angelegte Handelskonzepte der Gemeinschaft werden können[557].

Eine derartige Gefährdung ist immer dann möglich, wenn die Unionsstaaten auf außenpolitische Umstände im Zusammenhang mit einem bestimmten Drittstaat zu reagieren sich genötigt sehen. Wenn eine solche Reaktion dann mit einem Handelskonzept der Gemeinschaft zwischen dieser und dem Drittstaat kollidiert, weil die Gemeinschaft die Handelsbeziehungen eventuell gänzlich aussetzen muß, so kann dies bei - wegen mangelnder zeitlicher Begrenzung der GASP-Maßnahmen (auch im Rahmen des Art. 73g EGV) - längerfristigen Aktionen auch zu Wohlfahrtseinbußen innerhalb der Mitgliedstaaten der Gemeinschaften führen. Solche Wohlfahrtsverluste entstehen vor allem dann, wenn Wirtschaftsunternehmen mit dem von der GASP-Aktion betroffenen Drittstaat bereits umfangreiche wirtschaftliche Verbindungen unterhalten oder im Begriff sind, solche zu knüpfen. Der Ausfall der mit den Geschäften mit Unternehmen in dem Drittstaat oder mit diesem selbst erwarteten Gewinne kann ab einer gewissen Größenordnung, die bei international operierenden Unternehmen regelmäßig erreicht sein wird, zu Verlusten dieser Unternehmen an den Wertpapierbörsen führen und dann, wenn an

---

555 *Krenzler/Schneider*, EuR 1994, S. 144 ff. (149 ff.).
556 *Pechstein/Koenig*, Die Europäische Union, Rn. 136.
557 *Pechstein/Koenig*, a.a.O., Rn. 137.

die Geschäfte mit dem Drittstaat auch innergemeinschaftliche Arbeitsplätze geknüpft sind, nach einem längeren Zeitraum zu deren Abbau führen. Hier nun stellt sich die Frage, wie die EZB in einer solchen Situation involviert ist.

(2) Die Einbeziehung der EZB in die GASP-Aktionen

Sofern die GASP-Aktionen sich auf den Einsatz des reinen handelspolitischen Instrumentariums beschränken, hat die EZB hier direkt keine Möglichkeit der Einflußnahme. Werden im Zusammenhang mit den handelspolitischen Sanktionen aber auch solche im Bereich des Kapital- und Zahlungsverkehrs gemäß Art. 73g EGV eingeführt, so ist die EZB über den in Art. 109c Abs. 2 EGV niedergelegten Wirtschafts- und Finanzausschuß an den vorbereitenden Arbeiten zur Einführung dieser Beschränkung gegenüber dem Drittstaat (Vgl. Art. 109c Abs. 2 UAbs. 1, 3. Gedankenstrich EGV) beteiligt. In diesen Wirtschafts- und Finanzausschuß entsendet die EZB ebenfalls Vertreter, die die Vorstellungen der EZB in die vorbereitenden Arbeiten hinsichtlich der GASP-Aktionen einbringen sollen. Fraglich hierbei ist, ob die EZB bei ihren Stellungnahmen in diesem Ausschuß ebenfalls an das Kohärenzgebot des Art. C Abs. 2 EUV gebunden ist und daher grundsätzlich zur Zusammenarbeit im Rahmen der GASP-Aktion verpflichtet werden kann, was darauf hinauslaufen könnte, daß im Hinblick auf die Aktionen gemäß Art. 73g EGV sie ihre Geld- und Stabilitätspolitik in dem Sinne darauf einzustellen hat, daß sie die Aktionen in ökonomischer Hinsicht unterstützt. Dies jedoch ist eindeutig zu verneinen. In jedem Fall verstieße eine solche Verpflichtung der EZB, die ihr von den Vertragsstaaten im Europäischen Rat auferlegt würde, gegen das Unabhängigkeitsgebot der EZB in Art. 107 EGV. Darüber hinaus gilt, daß - wie oben unter II.1.c) festgestellt - das ESZB und damit auch die EZB zwar innerhalb des EG-Vertrages ihre primärrechtliche Regelung gefunden haben, jedoch das ESZB als Ganzes als eine eigenständige Einheit neben dem Institutionengefüge des EG-Vertrages anzusehen ist. Da das ESZB und mit ihm die EZB folglich nicht in die Abstimmungsverpflichtung aus dem Kohärenzgebot des Art. C Abs. 2 EUV einbezogen sein kann, kann auch eine Unterstützungspflicht seitens der EZB im oben genannten Sinne nicht bestehen.

Wenn somit die EZB keiner aus dem Kohärenzgebot herzuleitenden Verpflichtung unterliegt, so ist auf der anderen Seite auch festzuhalten, daß sie eine über die Teilnahme am Wirtschafts- und Finanzausschuß hinausgehende Einflußmöglichkeit nicht besitzt, also etwa kein Anhörungsrecht oder ähnliches. Im Hinblick auf die Tatsache, daß in diesem Gremium den maximal zwei EZB-Vertretern bei heutigem Stand der Teilnehmerstaaten bis zu zweiunddreißig Vertreter der Staaten und der Kommission gegenübersitzen (vgl. Art. 109c Abs. 2 UAbs. 2 EGV), könnten Zweifel an der Effektivität des Mitwirkungsrechts der EZB aufkommen, wenn berücksichtigt wird, daß in den Reihen der zweiunddreißig Staaten- und Kommissionsvertreter der größte Teil in erster Linie nach ökonomischen Gesichtspunkten handelt, während auf der anderen Seite lediglich zwei Vertreter die stabilitätsorientierte Sicht repräsentieren.

Trotz der systematischen Nähe im EG-Vertrag zueinander besteht zwischen der EZB (Art. 105 ff. EGV) und dem Wirtschafts- und Finanzausschuß (Art. 109c Abs. 2 EGV) keine institutionelle Gleichrangigkeit. Während die EZB mit Rechtspersönlichkeit ausgestattet ist und somit Träger von Entscheidungs- und Beschlußkompetenz ist, obliegt es dem Ausschuß in erster Linie gegenüber dem Ministerrat, i.e. der EcoFin-Rat, berichtend und beratend tätig zu werden. Aus der ebenfalls in Art. 109c Abs. 2 EGV geregelten Zusammensetzung des Ausschusses, wonach es sich dabei um einen Treffpunkt nationaler, kommissionärer und EZB-administrativer Vertreter handelt, zu schließen, der Wirtschafts- und Finanzausschuß sei eine Art Wirtschaftsregierung oder ein wirtschaftspolitisches Korrelat zur EZB, wäre daher verfehlt. Gleichwohl hat er insofern eine herausgehobene Stellung inne, als er gemäß Art. 109c Abs. 2, 3. Gedankenstrich EGV an der Vorbereitung zu Maßnahmen gemäß Art. 73g EGV beteiligt ist, und dies unabhängig von der Zuständigkeit des Ausschusses der Ständigen Vertreter (COREPER) gemäß Art. 151 EGV in dieser Frage.

Gegen die o.g. Zweifel an der Durchsetzungsfähigkeit der EZB-Vertreter im Wirtschafts- und Finanzausschuß läßt sich jedoch folgendes anführen: Der Wirtschafts- und Finanzausschuß berät lediglich, er entscheidet nicht. Die endgültige Entscheidung liegt wie sonst auch beim Rat, was bedeutet, daß auch ein Übergewicht der EZB im Wirtschafts- und Finanzausschuß nicht die EZB-gemäße Entscheidung garantierte. Hierin mag ein Manko zu sehen sein, dies wird jedoch durch eine weitere Überlegung bereits wieder relativiert. Die Maßnahmen, um die es im Rahmen von Art. 73g EGV geht und an denen sich die EZB mehr oder weniger maßgebend beteiligt, haben zwar einerseits unmittelbare Auswirkungen auf den internationalen Kapitalverkehr und müssen daher eine an Stabilität orientierte Institution wie die EZB auf den Plan rufen, jedoch ist andererseits die Zielrichtung der Maßnahmen zu berücksichtigen. Das Anliegen der GASP-Aktionen mit Berührung der Kapital- und Zahlungsverkehrsfreiheit ist es in der Regel, denjenigen Staaten, die Adressat der GASP-Aktionen sind, den Zugriff auf in der EG vorhandene Konten zu versperren. Damit soll verhindert werden, daß auf den EG-Finanzmärkten Gewinne durch diese Staaten erwirtschaftet werden, die es ihnen nach Abzug der Gewinne aus der EG ermöglichen, die Politik auch gegenüber der EG, bzw. EU, fortzusetzen die Anlaß für die GASP-Aktionen war.

Gleichwohl sind es bei den Gemeinsamen Standpunkten des Art. J.2 EUV die Mitgliedstaaten und nicht die EG, die die Standpunkte mit ihrer Politik umsetzen. In diese Kategorie gehören auch die Gemeinsamen Standpunkte, die bisher mit der Kapitalverkehrsfreiheit in Berührung gekommen waren[558]. Die Gemeinsamen Standpunkte dienen dabei der Verwirklichung der Außenpolitiken der Mitgliedstaaten, wobei diesen Politiken durch das gemeinsame und geschlossene Auftreten der Mitgliedstaaten ein besonderes Gewicht verliehen werden soll[559]. Da es sich

---

[558] Vgl. die oben genannten Maßnahmen gegenüber Haiti und Bosnien-Herzegowina, in Fn. 544.

[559] *Emmert*, Europarecht, § 6, Rn. 19.

folglich auch bei den Wirtschaftssanktionen mit Kapitalverkehrsbezug um die Durchführung politischer Maßnahmen der Mitgliedstaaten handelt, ist eine weitergehende Einbeziehung der EZB hier nicht angezeigt. Sie ist darüber hinaus auch nicht erforderlich, da diese Einschränkungen der Kapitalverkehrsfreiheit als Folge von UN-Resolutionen anzusehen sind, so daß sich die EG mit ihrer Durchführung im Einklang mit der Weltgemeinschaft befindet. Da aus diesem Grund auch erhebliche stabilitätspolitische Bedenken der EZB an derartigen Gemeinsamen Standpunkten der GASP nicht zu erwarten sind, ist die Tatsache, daß die EZB sich mit ihren zwei Vertretern einer Übermacht von zweiunddreißig Vertretern aus Staaten und Kommission gegenübersieht, nicht unbedingt gravierend.

Von Bedeutung kann diese Tatsache nur dann werden, wenn sich die EU in ihren GASP-Aktionen einmal nicht auf die Umsetzung einer UN-Resolution berufen kann und sich die geplante Aktion einschließlich Kapitalverkehrsbeschränkungen gegen ein auf dem Weltmarkt sehr stark vertretenes Land, vielleicht sogar gegen einen Handelsblock richtet. In diesem Fall sind von einem wirtschaftlich hinreichend starken Gegner durchaus stabilitätsgefährdende Aktionen gegen die EU zu erwarten mit kaum absehbaren Folgen für die Preisstabilität. Kann sich dann die EZB nicht gegen die an rein ökonomischen Belangen ausgerichtete Politik der Staaten und der Kommission durchsetzen, so sind tatsächlich Konflikte vorprogrammiert. Gegenwärtig ist ein derartiges Szenario, das einem Handels-, bzw. einem Finanzkrieg gleichkäme, jedoch kaum zu erwarten, da obendrein vorausgesetzt werden müßte, daß die EZB mit keinem ihrer Argumente etwas bewegen könnte. Dies steht kaum zu erwarten und auch gäbe es dann bereits vorgeschaltete Lösungsmöglichkeiten, etwa im Rahmen der WTO[560], um den Konflikt der EU mit dem Gegner gar nicht erst entstehen zu lassen.

2. Materielle Verknüpfungen beim Kapitalfluß zwischen den Staaten, für die eine Ausnahmeregelung gilt und den Eurostaaten

Der Kapitalverkehr zwischen den Staaten, die nach Einführung der gemeinsamen Währung der Währungsunion am 1.1.1999 an dieser teilnehmen und denjenigen Mitgliedstaaten der EG, die dieser gemeinsamen Währung zumindest zu diesem frühen Termin noch fernbleiben, kann für beide Seiten erhebliche Konsequenzen nach sich ziehen und zwar unabhängig davon, ob sich der Kapitalverkehr aus den Staaten der gemeinsamen Währung heraus in die verbliebenen Mitgliedstaaten mit nationaler Währung bewegt oder aus diesen Staaten in jene hinein. Bei der

[560] Vgl. hierzu generell das Streitschlichtungsverfahren der WTO und die Einsetzung eines Streitschlichtungsausschusses durch den Generaldirektor der WTO im Streit zwischen den USA und der EU über das Helms-Burton-Gesetz der USA, das Drittstaatsunternehmen mit Strafsanktionen belegt, wenn sie auf Kuba in enteignete, vormals im US-Besitz befindliche Unternehmen investieren, s. hierzu Handelsblatt Nr. 37, v. 21./22.2.97, S. 1, 2, 3. Umfassend zum Streitschlichtungsverfahren der WTO *Petersmann*, CMLRev. 31 (1994), S. 1157 ff.

Verwendung des primären Mittels, den Kapitalverkehr zwischen den Staaten in kontrollierbare Bahnen zu lenken, des Wechselkurses, stehen die Währungsbehörden hier vor der Aufgabe, einen solchen Wechselkurs für das gesamte Gebiet der Eurostaaten im Verhältnis zu den nicht an der gemeinsamen Währung teilnehmenden Staaten zu errichten.

Hierbei kommt es prinzipiell wieder auf die Vermeidung von Meinungsverschiedenheiten bei der Wechselkursfestlegung zwischen dem EcoFin-Rat und der EZB an, genau wie bei der Wechselkursbestimmung gemäß Art. 109 EGV gegenüber Drittstaaten. Der Wechselkursbestimmung der Staaten der gemeinsamen Währung gegenüber den anderen Mitgliedstaaten der EG, die noch ihre nationale Währung behalten, geht zunächst die Bestimmung des Umrechnungskurses derjenigen nationalen Währungen gegenüber dem Euro voraus, die an der gemeinsamen Währung teilnehmen. Dies erfolgt gemäß Art. 109l Abs. 4 EGV durch den EcoFin-Rat aufgrund eines einstimmigen Beschlusses derjenigen Mitgliedstaaten, für die keine Ausnahmeregelung gemäß Art. 109k EGV gilt, am ersten Tag der dritten Stufe. Dabei kommt entsprechend dem gewöhnlichen Verfahren des EG-Vertrages der Vorschlag für diesen Beschluß von der Kommission, und es wird nun erstmalig auch die EZB, im Vollbesitz ihrer Kompetenzen[561], zu einem ihren Zuständigkeitsbereich betreffenden Rechtsakt der Gemeinschaft gehört.

Die Mitgliedstaaten, die nicht schon am 1.1.1999 die gemeinsame Währung eingeführt haben, die gemäß Art. 109k EGV somit Mitgliedstaaten sind, für die eine Ausnahmeregelung gilt, bestimmen ihre Wechselkurspolitik gemäß Art. 109m EGV weiterhin selbst, wenn auch unter Betrachtung der Wechselkurspolitik als Angelegenheit von gemeinsamem Interesse[562]. Das gemeinsame Interesse bezieht

561 Das ESZB einschließlich der EZB wird zwar bereits unmittelbar nach dem 1.7.1998 errichtet, vgl. Art. 109l Abs. 1, UAbs. 2, S. 1 EGV, jedoch nehmen ESZB und EZB ihre vollen Befugnisse erst mit dem ersten Tag der dritten Stufe der Wirtschafts- und Währungsunion wahr, vgl. Art. 109l Abs. 1, UAbs. 2, S. 2 EGV. Hierin könnte eine kleine terminliche Unstimmigkeit des Vertrages liegen, denn ausweislich Satz 1 der eben genannten Vorschrift trifft die EZB nach ihrer Errichtung lediglich Vorbereitungen zur Aufnahme ihrer Tätigkeiten nach dem EG-Vertrag und der ESZB-Satzung. Die Anhörung zu Rechtsakten, die den Zuständigkeitsbereich der EZB betreffen, ist aber bereits eine Tätigkeit der EZB i.S. des EG-Vertrages. Daher müßten Anhörung der EZB und Beschlußfassung des Rates gemäß Art. 109l Abs. 4 EGV beide am ersten Tag der dritten Stufe der Wirtschafts- und Währungsunion durchgeführt werden - eine wohl nur schwer einzuhaltende terminliche Vorgabe. Die Praxis wird sich wohl damit zu helfen wissen, daß der Vorschlag der Kommission, der ja bereits nach der Festlegung der Teilnehmerstaaten - also apätestens nach dem 1.7.1998 - ausgearbeitet werden kann, der ebenfalls ab diesem Zeitpunkt bestehenden EZB schon vor der Übernahme ihrer kompletten Kompetenzen zugeleitet wird, so daß diese ihre Stellungsnahme ausarbeiten kann und sie nur noch, gemäß dem Vertragswortlaut, am 1.1.1999 dem Rat zur Beschlußfassung zuleiten muß.

562 S. hierzu *Häde*, in: FS für Hugo J. Hahn, S. 141 ff. (150 f.).

sich dabei auf die bestehenden, bzw. neu zu schaffenden Mechanismen des EWS, bzw. des EWS II[563]. Rechtsgrundlage für diese Zusammenarbeit sind damit nach wie vor die Konvergenzentscheidung 90/141/EWG[564], Art. 3 des Ratsbeschlusses 64/300/EWG i.d.F. des Beschlusses 90/142/EWG[565] und die Aufgaben des EWI gemäß Art. 109f Abs. 4 EGV. Ob in diesem Zusammenhang auch die Vorschriften des Art. 109 EGV über die wechselkurspolitische Zusammenarbeit mit Drittstaaten Anwendung finden können[566], ist zumindest zweifelhaft, da es sich im hier zu untersuchenden Fall immerhin um eine innergemeinschaftliche Angelegenheit handelt, die auf den ersten Blick zumindest die Anwendung einer "Drittstaatenregelung" verbietet. Dies soll im folgenden näher untersucht werden.

a) Die Zuständigkeit zur Festlegung der Wechselkurse zwischen den Eurostaaten und den EG-Staaten, für die eine Ausnahmeregelung gilt

Im gesamten EG-Vertrag findet sich keine eindeutige Befugniszuweisung zur Festlegung der Wechselkurse zwischen den Eurostaaten und den EG-Staaten, für die eine Ausnahmeregelung gilt. Dies gilt sowohl für den Rat als auch für die EZB. Es ergibt sich damit die Frage, welche dieser beiden potentiell gleichqualifizierten Institutionen die Kompetenz zu dieser Regelung hat.

aa) Möglichkeit einer Zuständigkeit des Rates gemäß Art. 109 Abs. 1 EGV

Gemäß Art. 109 Abs. 1 EGV legt der Rat der EG die Wechselkurse des Euro gegenüber Drittlandswährungen fest, sofern zwischen den Teilnehmern an der gemeinsamen Währung, den Euroländern, und dem jeweiligen Drittland eine förmliche Vereinbarung über ein Wechselkurssystem besteht. *Schill*[567] sieht hierin ein System, das vor allem mit dem Festkurssystem von Bretton Woods vergleichbar ist. Gegen eine Anwendbarkeit von Art. 109 Abs. 1 EGV auf die Frage der Wechselkursfestlegung zwischen den Euroländern und den übrigen EG-Ländern spräche es bereits, wenn das EWS II, das u.a. dieses Wechselkursverhältnis regeln soll, mit dem System von Bretton Woods nicht vergleichbar wäre. Relativ knapp läßt sich jedoch sagen, daß das EWS II zwar keine absolut festgeschriebenen Wechselkurse enthält, bei denen es bei einer nur mäßigen Abweichung zu neuen Anpassungen kommen müßte. Die vereinbarten Schwankungsbreiten - hier von +/- 15% - erlauben gerade ein mäßiges Schwanken der Paritäten, jedoch ist das EWS II mit seinen bandfixierten Wechselkursen einem Festkurssystem eher angenähert als etwa einem System vollkommen freier Wechselkurse; auch ist das EWS II zweifellos eine förmliche Vereinbarung über ein Wechselkurssystem auch für den Euro. Eine derart gravierende Unterschiedlichkeit in *dieser* Hinsicht ist zwischen dem System von Bretton Woods und dem EWS II somit nicht auszu-

[563] *Müller-Ibold*, in: Lenz, EG-Komm., Art. 109m, Rn. 2.
[564] Entscheidung 90/141/EWG, ABl.EG 1990 Nr. L 78, S. 23 f.
[565] Ratsbeschluß 90/142/EWG, ABl.EG 1990 Nr. L 78, S. 25 f.
[566] *Müller-Ibold*, in: Lenz, EG-Komm., Art. 109m, Rn. 2.
[567] *Schill*, in: Lenz, EG-Komm., Art. 109, Rn. 3.

machen, so daß hierüber nicht die Anwendbarkeit von Art. 109 EGV auf die hier zu behandelnde Frage ausgeschlossen werden kann.

Gegen die Anwendbarkeit des Art. 109 Abs. 1 EGV auf die Festlegung der Wechselkurse zwischen den Euroländern der dritten Stufe und den Mitgliedstaaten der EG, für die gemäß Art. 109k EGV eine Ausnahmeregelung gilt, spricht jedoch die Bezugnahme des Art. 109 Abs. 1 EGV auf den Art. 228 EGV. Art. 228 EGV regelt das anzuwendende Verfahren innerhalb der Gemeinschaft, wenn diese mit Drittstaaten oder anderen internationalen Organisationen völkerrechtliche Verträge oder Abkommen abzuschließen gedenkt. Art. 109 Abs. 1 EGV schließt zwar dieses Verfahren nach Art. 228 EGV für die Wechselkursfestlegung gegenüber Drittstaaten gerade aus, wichtiger ist jedoch, daß die Herren der Verträge im Fall der Wechselkursfestlegung zwischen den Euroländern und Drittstaaten überhaupt im Grundsatz von der Anwendbarkeit der Vorschrift des Art. 228 EGV ausgingen, so daß sie für den Fall des Art. 109 Abs. 1 EGV ausgeschlossen werden mußte. Aus dieser Tatsache des Ausschlusses läßt sich nun aber gerade das entscheidende Argument für die Nichtanwendbarkeit des Art. 109 Abs. 1 EGV auf diesen Fall ableiten. Ersichtlich geht Art. 228 EGV von Verträgen und Abkommen mit Staaten aus, die selbst nicht Mitgliedstaat der EG sind; in diesem Sinne ist dann von den *Drittstaaten* die Rede. Auch wenn in anderen Vorschriften von diesen Drittstaaten die Rede ist, sind stets solche Staaten gemeint, die nicht Mitglied der EG sind, wie z.B. in Art. 73f EGV, der Schutzmaßnahmen bei zu hohen Kapitaltransferierungen von *Dritt*staaten in die EG, bzw. umgekehrt, vorsieht. Diese Schutzmaßnahmen können jedoch unzweifelhaft nicht gegenüber Mitgliedstaaten der EG ergriffen werden[568].

Würde jetzt angenommen, daß Art. 109 Abs. 1 EGV für die Wechselkursfestlegung zwischen den Euroländern und den nicht an der gemeinsamen Währung teilnehmenden Staaten der EG anwendbar sei, so würde dabei übersehen, daß auch Art. 109 Abs. 1 EGV ausschließlich von Drittlandswährungen ausgeht, somit von Währungen solcher Staaten, die nicht der EG angehören. Würde dies übergangen, so müßte dem entgegengehalten werden, daß dann der Begriff des "Drittstaates" im EG-Vertrag mit unterschiedlichen Bedeutungen belegt ist, denn die einheitliche Bedeutung dahingehend, daß mit "Drittstaat" alle Staaten außerhalb des Teilnehmerkreises der gemeinsamen Währung gemeint sein sollen, ist mit dem oben genannten Art. 73f EGV nicht vereinbar. Daß die Herren der Verträge aber eine derartige Doppeldeutigkeit des Begriffs "Drittstaat" bewußt in Kauf genommen hätten, ist kaum anzunehmen. Auch die Möglichkeit des einfachen Übersehens dieser Deutungsmöglichkeit ist nicht akzeptabel, gerade weil Art. 109 Abs. 1 EGV ausdrücklich Bezug nimmt auf Art. 228 EGV, der einer Anwendung auch auf Mitgliedstaaten der EG nicht zugänglich ist.

Die Anwendbarkeit des Art. 109 Abs. 1 EGV auf diesen zu regelnden Sachverhalt hätte auch die merkwürdige Konsequenz, daß der EcoFin-Rat sich aufteilen müß-

568 *Ress/Ukrow*, in: Grabitz/Hilf, Bd. I, Art. 73f, Rn. 4.

te, und zwar einerseits in die Gruppe der Ratsmitglieder der Eurostaaten und andererseits in die Gruppe derjenigen Ratsmitglieder, die Staaten vertreten, welche noch nicht daran teilnehmen. Selbst wenn diese Aufteilung als solche nicht als allzu gravierend erscheint, schließlich gibt es sie auch in anderen Bereichen der Währungsunion, so hätte diese Verhandlungskonstellation doch mit erheblichen Schwierigkeiten zu kämpfen, die darin bestehen, daß auf der Seite der Ratsmitglieder, die die Staaten der Einheitswährung repräsentieren, Staatenvertreter sich befinden, deren Staaten zu unterschiedlichen Nationalwährungsstaaten, also den Verhandlungspartnern der anderen Seite, auch unterschiedlich intensive Wirtschaftsbeziehungen unterhalten. Hierbei liegt es in der Natur der Sache, daß jeder der Ratsvertreter eines Eurostaates seinem außerhalb des Teilnehmerkreises an der gemeinsamen Währung stehenden besten Handelspartner auch die besten Wechselkurskonditionen für einen möglichst florierenden Handel bieten will. Folglich bleibt nur die Konsequenz, daß Art. 109 Abs. 1 EGV auf die Wechselkursfestlegung zwischen den Euroländern und den Staaten der EG, die noch nicht an der gemeinsamen Währung teilnehmen, nicht anwendbar ist[569].

bb) Möglichkeit einer Zuständigkeit der EZB gemäß Art. 109 Abs. 2 EGV

Fraglich ist, ob hieraus nun eine Kompetenz der EZB zur Wechselkursfestlegung zwischen den Euroländern und den übrigen EG-Staaten folgt. Art. 109 Abs. 2 EGV läßt sich eine Kompetenz der EZB für eine Wechselkurspolitik entnehmen. Jedoch besteht eine solche Kompetenz der EZB erstens nur dann, wenn keine förmliche Vereinbarung über ein Wechselkurssystem besteht, und das EWS II stellt gerade eine solche Vereinbarung dar, und zweitens spricht auch Art. 109 Abs. 2 EGV ausdrücklich nur von Drittlandswährungen. Die Währungen der Staaten, die noch nicht in die gemeinsame Währung übergegangen sind, d.h. die Währungen der Staaten, für die eine Ausnahmeregelung gemäß Art. 109k EGV gilt, sind aber im Verhältnis zu den Euroländern keine Drittlandswährungen, womit die gleiche Fragestellung auftaucht, wie bei der Kompetenz des Rates. Auch hier ist somit festzuhalten, daß aus Art. 109 Abs. 2 EGV keine Kompetenz der EZB zur Wechselkursfestlegung der Euroländer gegenüber den noch verbliebenen Mitgliedstaaten mit nationaler Währung resultiert.

Möglicherweise läßt sich eine Kompetenz der EZB zur Festlegung der Wechselkurse zwischen den Euroländern und den Staaten, die nicht an der gemeinsamen Währung teilnehmen, aus der Kompetenz der EZB zur Durchführung der Geldpolitik der Gemeinschaft (Art. 105 Abs. 2, 1. Gedankenstrich EGV) herleiten, wobei hier eindeutig von der Geldpolitik für die Staaten ausgegangen wird, die bereits an der gemeinsamen Währung teilnehmen und nicht etwa für die gesamte Gemeinschaft unabhängig von einer solchen Teilnahme. Die Frage, die sich hier stellt, ist also, ob die Wechselkurspolitik ein Bestandteil der Geldpolitik ist, womit sie dann gemäß Art. 105 Abs. 2 EGV der EZB zugewiesen wäre. Bei einem derartigen Verständnis müßte dann die Kompetenz des Rates in Art. 109 Abs. 1 EGV

[569] Vgl. *Häde*, in: FS für Hugo J. Hahn, S. 141 ff. (154).

zur Festlegung der Wechselkurse in einem Festkurssystem mit Drittlandswährungen als Ausnahmeregel zu der eigentlichen Kompetenz der EZB in diesem Bereich erscheinen.

Dies stößt jedoch auf erhebliche Bedenken[570]. Die praktische Auswirkung der Kompetenz des Rates zur Festlegung des Euro-Wechselkurses in einem Wechselkurssystem zu festen Paritäten gegenüber Drittlandswährungen im hier verstandenen Sinne mag zum gegenwärtigen Zeitpunkt relativ gering sein und sich auf absehbare Zeit auch nicht wesentlich ändern. Demgegenüber liegt die Kompetenz zur Wechselkurspolitik all jenen Staaten gegenüber, mit denen kein solches Wechselkurssystem besteht, eine Situation, die weitaus häufiger den derzeitigen Umständen entspricht, jedoch bei der EZB. Hieraus aber wird ein Wertigkeitsverhältnis der beiden in Art. 109 Abs. 1 und Abs. 2 EGV gegenübergestellten Situationen ersichtlich, das die Annahme eines Ausnahmecharakters der Ratskompetenz gerade nicht rechtfertigt. Vielmehr wird hieran die den Integrationsprozeß von Anfang an begleitende Tendenz der Mitgliedstaaten deutlich, in gewöhnlichen, wenigen Veränderungen ausgesetzten Verhältnissen jeglicher Art eine Übertragung der Befugnisse auf ein ihrer Einflußnahme entzogenes Organ zuzustimmen, bzw. dies zu respektieren, wohingegen dann, wenn es um Entscheidungen mit erheblichen Konsequenzen - in diesem Fall ökonomischer Art - geht, eine Rückbesinnung auf die nationale Souveränität stattfindet.

An dieser Tatsache ändert sich auch nichts dadurch, daß mit dem Rat ein Organ der EG mit der Wechselkursfestlegung beauftragt wird, handelt es sich hierbei doch um das Gremium der Staatenvertreter, in dem es primär um den Ausgleich staatlicher Interessen geht, bzw. um den Ausgleich staatlicher Interessen mit den Notwendigkeiten des Integrationsfortschritts. Ist infolgedessen die EZB zwar im Zustand des status quo mit der Wechselkurspolitik betraut, sie jedoch immer dann, wenn es um folgenschwere ökonomische Entscheidungen geht, auf ein Empfehlungs- bzw. Anhörungsrecht beschränkt (vgl. Art. 109 Abs. 1, S. 2 EGV), so ist hier viel eher von einer Ausnahmekompetenz der EZB zu sprechen. Dabei tritt der Ausnahmecharakter nicht so sehr durch die geringe Zahl der zu entscheidenden Situationen hervor, sondern durch die Einschränkung der Entscheidungsbefugnis auf die "alltägliche" Politik und den Ausschluß von den "Sonderfällen".

Wie nahezu einmütig die Ablehnung einer Wechselkurskompetenz der EZB in diesen "Sonderfällen" war und ist, zeigt ein Blick auf die Vorschläge zur Änderung des EWG-Vertrages im Hinblick auf die Wirtschafts- und Währungsunion, die neben dem *Delors*-Bericht[571] entstanden. Weder die Parlamentsentschließung zur Entwicklung der europäischen Währungsintegration[572], noch der CEPREM-

---

[570] Die Problematik der nur sehr grob ausgestalteten Wechselkurskompetenz in Art. 109 EGV ist auch der Kommission bewußt, die hier noch intensive Arbeiten anmahnt, vgl. Handelsblatt Nr. 79 v. 24.4.1997, S. 3

[571] Abgedruckt in: EA 1989 (D), S. 283 ff.

[572] ABl.EG C Nr. 120, v. 16.5.1989, S. 331 ff.

Entwurf[573] sehen eine diesbezügliche Währungskompetenz der EZB vor. Lediglich der *Delors*-Bericht sieht in Ziffer 32 die Wechselkurskompetenz der EZB gegenüber Drittstaaten vor[574]. Es ist somit davon auszugehen, daß dem EG-Vertrag eine wenn auch implizite Kompetenz der EZB zur Wechselkursfestlegung der Euroländer gegenüber den nicht an der gemeinsamen Währung der Währungsunion teilnehmenden Staaten der EG nicht zu entnehmen ist[575].

cc) Rechtsgrundlagen für eine Kompetenzzuweisung außerhalb von Art. 109 EGV

Wenn folglich die EZB gemäß dem EG-Vertrag nicht die vorgesehene Institution zur Festlegung eben genannter Wechselkurse ist, der EG-Rat hierzu aber gemäß Art. 109 Abs. 1 EGV ebenfalls nicht befugt ist, so stellt sich die Frage, wer gemäß welcher Norm die Kompetenz zur Festlegung der Wechselkurse zwischen Euroländern und übrigen EG-Ländern hat. Bevor hier jedoch eine Gemeinschaftskompetenz anzunehmen ist, ist zunächst der Frage nachzugehen, ob zur Regelung dieser Situation nicht eine Restkompetenz der Mitgliedstaaten besteht, also eine nicht an die Gemeinschaft übertragene Kompetenz, mit der Folge, daß nur die Mitgliedstaaten zur Regelung befugt sind.

(1) Restkompetenz der Mitgliedstaaten zur Regelung der Wechselkurse zwischen den Eurostaaten und den verbliebenen EG-Mitgliedstaaten mit nationaler Währung

Betrachtet man hierzu die Normen im EG-Vertrag, die sich mit den Wechselkursen befassen, so ist folgendes festzuhalten: Art. 109 EGV legt in seinen Absätzen 1 und 2 eine Kompetenz für den Rat bzw. für die EZB fest, sofern es sich um Drittstaaten handelt. Art. 109l Abs. 4 EGV bestimmt, daß am ersten Tag der dritten Stufe der Wirtschafts- und Währungsunion die Mitgliedstaaten, die die gemeinsame Währung einführen, unwiderruflich die Wechselkurse ihrer nationalen Währung in bezug auf den Euro festlegen. Gemäß Art. 109m Abs. 1 EGV sind die Mitgliedstaaten während der zweiten Stufe der Wirtschafts- und Währungsunion alleine kompetent zur Regelung der Wechselkursfragen, wenn sie auch die Wechselkurspolitik als Angelegenheit von gemeinsamem Interesse betrachten. Gemäß Art. 109m Abs. 2 EGV gilt die Regelung des Absatzes 1 in der dritten Stufe der Wirtschafts- und Währungsunion nur noch ausnahmsweise für die Mitgliedstaaten, die nicht an der gemeinsamen Währung teilnehmen. Aus alledem läßt sich eine Kompetenz einer Gemeinschaftsinstitution zur Regelung des Wechselkurses zwischen den Staaten, die die gemeinsame Währung bereits eingeführt haben und denen, die noch nicht daran teilnehmen, nicht ableiten.

---

573 Vgl. Börsenzeitung Nr. 137, v. 20.7.1989.

574 EA 1989 (D), S. 283 ff. (293).

575 *Vehrkamp*, in: Europäische Währungsunion und Kapitalmärkte, S. 154 ff. (158) sieht die daraus folgende Realignmentkompetenz der Regierungen als "unzeitgemäßes Relikt vergangener Zeiten" an, die dem Geist des Maastrichter Vertrages widerspreche.

Aus der Tatsache, daß eine diese Frage regelnde Norm nicht im EG-Vertrag enthalten ist, könnte der Schluß gezogen werden, daß etwa aufgrund des Prinzips der begrenzten Ermächtigung des Art. 3b Abs. 1 EGV hier eine Restkompetenz der Mitgliedstaaten vorliegt, die diese mit der Pflicht, zu einem einheitlichen Ergebnis zu gelangen, wahrnehmen können. Aus dem Prinzip der begrenzten Ermächtigung folgt, daß die Gemeinschaft nur auf der Grundlage einer Kompetenznorm des Vertrages tätig werden darf. Dabei fordert dieses Prinzip zwar nicht, daß die Gemeinschaft nur über im einzelnen positiv umschriebene Befugnisse verfügt, jedoch wird deutlich, daß die Gemeinschaft keine Allzuständigkeit zur Vornahme von Rechtshandlungen hat[576]. Auf die hier zu untersuchende Frage übertragen bedeutete dies, daß der Gemeinschaft eine Kompetenz zur Wechselkursfestlegung zwischen den Eurostaaten und den Staaten mit einer Ausnahmenregelung mangels Regelung im EG-Vertrag fehlt. Eine Zuweisung eigener Handlungsbefugnisse an die EG durch die Mitgliedstaaten hätte demnach hier nicht stattgefunden.

Art. 3b Abs. 1 EGV steht jedoch der Annahme von sogenannten impliziten Kompetenzen nicht entgegen[577]. Die Erweiterung einzelner Kompetenzbestimmungen nach Maßgabe der implied-powers-Lehre wird auch durch Art. 235 EGV nicht ausgeschlossen[578]. Die Möglichkeit, neben dem vertraglich festgelegten Verfahren des Art. 235 EGV eine weitere Handlungsmöglichkeit der EG zu schaffen, muß auch dem Willen der Vertragspartner entsprochen haben, da zu dem Zeitpunkt, als Art. 235 EGV aufgestellt wurde, ein Urteil des EuGH zu impliziten Kompetenzen bereits vorgelegen hat[579]. Die Annahme einer Gemeinschaftszuständigkeit in einem Bereich, der nicht explizit vom Wortlaut vorhandener Kompetenzen gedeckt ist, kommt dabei immer dann in Betracht, wenn es um den Erlaß von Vorbereitungs- oder Durchführungsmaßnahmen zu bereits erlassenen Rechtsakten geht (Annexkompetenz), wenn es um die Regelung einer benachbarten Materie geht (Kompetenz kraft Sachzusammenhangs) oder wenn es um die Zuständigkeit zur Regelung solcher Fragen geht, deren Regelung durch die Mitgliedstaaten offensichtlich unsinnig wäre (Kompetenz aus der Natur der Sache)[580].

Fraglich ist also, ob es neben der Gemeinschaftskompetenz in Art. 109 Abs. 1, 2 EGV zur Regelung der Wechselkurse der Eurostaaten im Verhältnis zu den Staaten, mit denen ein Wechselkurssystem besteht sowie zu jenen, mit denen ein solches System nicht besteht, auch eine Kompetenz geben muß, die es der Gemeinschaft erlaubt, den Wechselkurs zwischen Eurostaaten und den Mitgliedstaaten, für die eine Ausnahmeregelung gilt, festzulegen. Die Alternative wäre eine (gemeinschaftliche) Regelung der Mitgliedstaaten.

---

576 *v. Bogdandy/Nettesheim*, in: Grabitz/Hilf, Art. 3b, Rn. 3; a.A. etwa *Scholz*, NVwZ 1993, S. 817 ff. (818).

577 *v. Bogdandy/Nettesheim*, a.a.O., Art. 3b, Rn. 9.

578 Vgl. hierzu grundlegend *Nicolaysen*, EuR 1966, S. 129 ff.

579 EuGH, Rs. 8/55 - *Fédération Charbonnière/Hohe Behörde* -, Slg. 1955, S. 198 ff.

580 Vgl. hierzu nur *v. Bogdandy/Nettesheim*, in: Grabitz/Hilf, Art. 3b, Rn. 10.

Unter Berücksichtigung der o.g. Situationen, in denen implizite Kompetenzen der Gemeinschaft möglich sind, ist hier davon auszugehen, daß es sich bei der Festlegung der Wechselkurse zwischen den Eurostaaten und denen, die daran noch nicht teilnehmen um eine benachbarte Materie zu der in Art. 109 EGV geregelten handelt. Des weiteren ist eine Regelung dieser Frage durch die Mitgliedstaaten auch wenig sinnvoll, da viel zu zeitraubend und das Ergebnis betreffend zu unsicher wäre. Der Sachzusammenhang sowie die Natur der Sache sprechen hier folglich für eine Kompetenz der Gemeinschaft und gegen eine verbliebene Restkompetenz der Mitgliedstaaten.

(2) Gemeinschaftskompetenz zur Regelung der Wechselkurse zwischen den Eurostaaten und den übrigen Mitgliedstaaten

Für Situationen der hier gegebenen Art, in denen der Gemeinschaft gemäß dem Vertragswortlaut eine Kompetenz zur Erfüllung einer ihr übertragenen Aufgabe offensichtlich fehlt, sieht das Gemeinschaftsrecht zwei Lösungsmöglichkeiten vor. Hierbei handelt es sich einerseits um die sogenannte implied-powers-Lehre sowie andererseits um das Vertragslückenschließungsverfahren[581] gemäß Art. 235 EGV.

(a) Die implied-powers-Lehre

Nach der implied-powers-Lehre stehen der Gemeinschaft neben den im Vertrag ausdrücklich niedergelegten Kompetenzen auch solche Kompetenzen zu, die zwar im Gemeinschaftsvertrag nicht ausdrücklich erscheinen, d. h. nicht geschrieben sind, die aber gleichwohl erforderlich sind, damit die Gemeinschaft die ihr in den Verträgen gestellten Aufgaben erfüllen kann. Die stillschweigenden Zuständigkeiten kraft Sachzusammenhangs gewähren den Organen diejenigen Mittel, welche die vollständige und wirksame Ausführung einer ausdrücklich zugeteilten Kompetenz erfordert[582]. Mit anderen Worten muß eine Einrichtung, die rechtlich zulässig errichtet und handlungsfähig ist, auch handeln dürfen. Wo der entsprechende Normtext schweigt, muß eine implizite Handlungsermächtigung in den Grenzen der übrigen Verfassungsvorschriften (hier des EG-Vertrages) angenommen werden, eben implied powers[583]. Die Hauptanwendungsfälle dieser "Kompetenz kraft Sachzusammenhangs" sind einmal die Schaffung zusätzlicher, im Vertrag nicht vorgesehener Hilfsorgane[584] sowie weiterhin der Bereich der Außenkompetenzen der Gemeinschaft[585]. Implied powers erscheinen dabei auf zwei Ebenen

---

[581] Begriff bei *Schweitzer/Hummer*, Europarecht, Rn. 339.

[582] *Nicolaysen*, EuR 1966, S. 129 ff. (135).

[583] *Riedel*, in: FS für Schneider, S. 382 ff. (390).

[584] Z.B. die Verwaltungs- und Regelungsausschüsse oder der Sonderausschuß Landwirtschaft.

[585] Vgl. grundlegend EuGH, Rs. 22/70 - *AETR* -, Slg. 1971, S. 263 ff.; Rs. 3, 4 und 6/76 - *Kramer u.a.* -,Slg. 1976, S. 1279 ff. (1311); Gutachten 1/76 - *Stillegungsfonds* -, Slg. 1977, S. 741 ff. (762); einschränkend EuGH, Gutachten 1/94 - *WTO* -, Slg. I 1994, S. 5276 ff. (5410).

möglich. Zum einen auf der Ebene der Gesamtorganisation - des Verbandes -, wenn fraglich ist, ob die internationale Organisation überhaupt die in Rede stehende Kompetenz hat, zum anderen auf der Ebene des konkreten Organs, wenn zwar geklärt ist, daß der Verband zuständig ist, die Frage sich nun jedoch auf das zuständige Organ überträgt[586].

Hinsichtlich der EG ist jedoch nicht zweifelhaft, daß die die gemeinsame Währung bildenden Staaten in der dritten Stufe nicht mehr einzeln die Wechselkurse zu den EG-Staaten festlegen, für die eine Ausnahmeregelung gilt. Die Verbandszuständigkeit der dritten Stufe der Wirtschafts- und Währungsunion geht hier eindeutig aus Art. 109m Abs. 1 EGV hervor, in dem es heißt, daß bis zum Beginn der dritten Stufe der Wirtschafts- und Währungsunion die Mitgliedstaaten ihre Wechselkurspolitik als Angelegenheit von gemeinsamem Interesse behandeln. Art. 109m Abs. 2 EGV reduziert dies nach Beginn der dritten Stufe auf die Staaten, für die gemäß Art. 109k EGV eine Ausnahmeregelung gilt. Hieraus aber folgt im Umkehrschluß, daß ab der dritten Stufe der Wirtschafts- und Währungsunion die Staaten der Einheitswährung ihre vormalige Kompetenz zur eigenständigen Wechselkursfestlegung verloren haben. An die Stelle dieser Kompetenz ist die Kompetenz des Verbandes selbst getreten. Dies heißt nicht, daß die Staaten als Verband - gemeinschaftlich - für die Festlegung ihres Wechselkurses gegenüber den einzelstaatlichen Währungen der nicht an dem Verband teilnehmenden EG-Staaten zuständig sind, sondern daß der Verband selbst über eine bestimmte Institution die Kompetenz der Wechselkursfestlegung innehat. Zweifelhaft ist jedoch die Institution und deren Ermächtigungsgrundlage.

(b) Das Verfahren gemäß Art. 235 EGV

Mit dem Verfahren des Art. 235 EGV lassen sich die nicht vorhergesehenen oder vorhersehbaren und daher ungewollten Abstände zwischen den Zielen der Gemeinschaft und ihren Befugnissen beseitigen. Denn mit Art. 235 EGV wird verhindert, daß jedesmal dann, wenn eine Situation auftritt, in der der Gemeinschaft zur Verwirklichung eines ihrer Ziele eine ausdrückliche oder implizite Befugnis fehlt, ein neuer von den Mitgliedstaaten zu ratifizierender völkerrechtlicher Vertrag geschlossen werden muß. Gleichwohl gestattet Art. 235 nicht das Schließen von Vertragslücken im Wege der Neuschaffung von Kompetenzen für die Organe der Gemeinschaft[587]. Da Art. 235 EGV dazu bestimmt ist, in den Bereichen angewendet zu werden, die bereits im Vertrag geregelt, jedoch mit zur konkreten Zielverwirklichung ungenügenden Befugnissen ausgestattet sind, ist es wohl eher angebracht, hier von "Befugnislückenschließung" als von "Vertragslückenschliessung" zu sprechen[588]. Durch diese "Befugnislückenschließung verhindert Art. 235 EGV die aus dem dem EG-Vertrag zugrunde liegenden Prinzip der begrenzten

[586] *Köck*, in: FS für Seidl-Hohenveldern, S. 279 ff. (281).
[587] *Schwartz*, in: G/T/E, Bd. IV, Art. 235, Rn. 7, 8.
[588] Gegen den Begriff "Vertragslückenschließungsverfahren" wenden sich auch *Böhm*, S. 113 und *Lauwaars*, EuR 1976, S. 100 ff. (106).

Ermächtigung[589] möglicherweise resultierenden Diskrepanzen zwischen bestehender Zielzuständigkeit aus den Art. 2 - 3a EGV und teilweise oder ganz fehlender Zielverwirklichungszuständigkeit. Indem dem Rat in Art. 235 EGV diejenigen Befugnisse zur Verwirklichung der Ziele der Gemeinschaft übertragen wurde, die hierfür erforderlich sind und die dem Rat nach den übrigen befugniszuweisenden Vorschriften fehlen, bildet Art. 235 EGV zusammen mit den allgemeinen und besonderen Ermächtigungen des EG-Vertrages ein lückenloses System von Befugnissen zur Verwirklichung der der Gemeinschaft zugewiesenen Vertragsziele. Der Rat übt beim Gebrauchmachen von Art. 235 EGV somit bereits bestehende Befugnisse aus[590].

In dem Verfahren des Art. 235 EGV erläßt der Rat in den Fällen, in denen ein Tätigwerden der Gemeinschaft erforderlich erscheint, um im Rahmen des Gemeinsamen Marktes eines ihrer Ziele zu verwirklichen, dafür aber im Vertrag selbst die erforderlichen Befugnisse nicht vorhanden sind, einstimmig die geeigneten Vorschriften. Sind somit Anknüpfungspunkt der Vorschrift des Art. 235 EGV die Zielbestimmungen des EG-Vertrages, wird durch Art. 235 EGV nicht der Anwendungsbereich des EG-Vertrages erweitert, sondern der des sekundären Gemeinschaftsrechts zur Verwirklichung des Vertrages[591].

Damit, daß gerade durch das Abstellen auf die gemeinschaftsrechtlichen Zielbestimmungen lediglich bereits vorgesehene Kompetenzen wahrgenommen werden, läßt sich auch die in diesem Zusammenhang immer wieder auftauchende Frage, ob es sich aufgrund dieser "Kompetenz-", bzw. "Befugnisschaffung" durch den Rat im Rahmen des Art. 235 EGV um eine sogenannte "Kompetenzkompetenz" handelt, dahingehend beantworten, daß gerade nicht neue Kompetenzen auf die Europäische Gemeinschaft und von den Mitgliedstaaten weg verlagert werden. Es werden vielmehr nur die Möglichkeiten geschaffen, bereits seitens der Mitgliedstaaten auf die Gemeinschaft übertragene Kompetenzen sinnvoll auszuüben. Dies wird verkannt, wenn teilweise behauptet wird, daß es sich bei dem Verfahren des Art. 235 EGV um ein zu den Mitgliedstaaten konkurrierendes Kompetenzverhältnis handelt[592]. Auch kann dem nicht zugestimmt werden, daß mit dem Einstimmigkeitserfordernis in Art. 235 EGV auch die Kompetenzkompetenz der Mitgliedstaaten gewahrt bliebe, weil ein alle Staatsrepräsentanten einschließender Konsens gefunden werden müsse, so daß die Zustimmung aller Vertreter der Mitgliedstaaten gegeben sei. Hierbei wird nicht berücksichtigt, daß auch die Einstimmigkeit aller Staatsvertreter im Rat nicht die Ausschaltung der nationalen Parlamente überwinden kann[593].

---

589 *Ipsen*, Europ. GemR, S. 425 ff.; *ders.*, EuR 1987, S. 195 ff. (197, 202); *Everling*, EuR 1987, S. 214 ff. (217 ff.).

590 *Schwartz*, in: G/T/E, Art. 235, Rn. 13 ff.

591 *Schwartz*, in: G/T/E, Art. 235, Rn. 16.

592 Vgl. *Schweitzer/Hummer*, Europarecht, Rn. 340.

593 Vgl. *Häde/Puttler*, EuZW 1997, S. 13 ff. (14, in Fn. 17).

(c) Entscheidung zwischen beiden Verfahren

Hieraus ergibt sich nun die Frage, welches der beiden Verfahren, die implied-powers-Lehre oder das Verfahren des Art. 235 EGV, in der gegebenen Situation eine Kompetenz des Rates zur Regelung der Wechselkurse zwischen den Euroländern und den verbliebenen Mitgliedstaaten der EG, für die eine Ausnahmeregelung gilt, eröffnet. Betrachtet man hierzu die Anknüpfungspunkte beider Verfahren, bereits vorhandene Kompetenzen bei der implied-powers-Lehre sowie Rückgriff auf die vertraglichen Zielbestimmungen beim Verfahren nach Art. 235 EGV, so ergibt sich ein Ergebnis zugunsten des Befugnislückenschließungsverfahrens gemäß Art. 235 EGV. Dies ist in folgendem begründet: Wenn die Gemeinschaftsverträge eine bestimmte, zur Erreichung von Ziel und Zweck an sich notwendige Aufgabe keinem Organ zuweisen, dann liegt ein Fall des Art. 235 EGV vor. In diesem Fall ist es nicht gestattet, eine implizite Zuweisung der betreffenden Aufgaben an ein bestimmtes Organ aufgrund seiner größeren Sachnähe anzunehmen[594]. Eine implizite Zuweisung ist somit weder an die EZB wegen Art. 109 Abs. 2 EGV möglich, noch an den Rat selbst wegen Art. 109 Abs. 1 EGV. Hier greift vielmehr die Ersatzkompetenz des Rates aus Art. 235 EGV. Bestätigt wird dieses Ergebnis durch eine Prüfung der Voraussetzungen des Art. 235 EGV.

dd) Die Voraussetzungen des Befugnislückenschließungsverfahrens gemäß Art. 235 EGV

Der Erlaß von Vorschriften nach Art. 235 EGV ist nur zulässig, wenn im Vertrag die für die Vorschriften erforderlichen Befugnisnormen nicht vorgesehen sind. Art. 235 EGV gilt daher nur subsidiär[595]. Reicht eine ausdrückliche Befugnis in einer anderen Vorschrift nicht aus, so ist noch vor Art. 235 EGV zu prüfen, ob diese ausdrückliche Befugnis stillschweigende Befugnisse (implizit) einbezieht, d.h. ob in ihr implied-powers enthalten sind, durch deren Ausübung das Ziel erreicht werden kann. Denn auch implied-powers sind im EG-Vertrag vorgesehene Befugnisse i.S.d. Art. 235. Erst wenn auch mit implied-powers eine Zielverwirklichung nicht erreicht werden kann, ist Art. 235 EGV anwendbar[596]. Wie jedoch oben[597] gesehen, ist in diesem Fall eine ausdrückliche Kompetenz nicht gegeben, da eine Auslegung des Art. 109 Abs. 1 und 2 EGV dahingehend, daß der Rat (der Eurostaaten) bzw. die EZB auch die Wechselkurse zu den Staaten, für die eine Ausnahmeregelung gilt, festsetzen kann, bereits vom Wortlaut nicht mehr gedeckt ist und systematische wie auch teleologische Überlegungen hier keine Abhilfe schaffen können. Auch eine Zuweisung kraft implied-powers ist nicht zulässig[598]. Letzteres wird auch durch den EuGH bestätigt, der ausführt, daß Art.

---

594 *Köck*, in: FS für Seidl-Hohenveldern, S. 279 ff. (295).

595 *Gericke*, S. 107 ff.; *Böhm*, S. 113; *Nicolaysen*, EuR 1966, S. 129 ff. (136).

596 *Ipsen*, Europ. GemR, S. 436 f.; *Böhm*, S. 190; *Gericke*, S. 116; *Dörr*, EuZW 1996, S. 39 ff. (40).

597 Pkt. III.2.a)aa) und bb).

598 Pkt. III.2.a)cc)(2)(c).

235 EGV nur dann anwendbar ist, wenn keine andere Vertragsnorm den Gemeinschaftsorganen die zum Erlaß des Rechtsaktes erforderliche Befugnis verleiht[599]. Ein Rückgriff auf Art. 235 EGV ist somit zulässig.

Des weiteren müßte es sich bei der zu regelnden Materie um ein Ziel der Gemeinschaft i.S. des Art. 235 EGV handeln. Ziele des Vertrages i.S.v. Art. 235 EGV sind nur die in Art. 2 EGV genannten Aufgaben[600], i.e. die Errichtung des Gemeinsamen Marktes und einer Wirtschafts- und Währungsunion sowie die in Art. 3, 3a EGV genannten Tätigkeiten der Gemeinschaft, die jedoch im Zusammenhang mit Art. 2 EGV zu sehen sind und die Verwirklichung der dort genannten Aufgaben (Ziele) fördern sollen. Mit der Nennung der Erschaffung einer Wirtschafts- und Währungsunion als Aufgabe (Ziel) der Gemeinschaft gemäß Art. 2 EGV ist diese Voraussetzung somit auch erfüllt.

Darüber hinaus muß die Zielverwirklichung im Rahmen des Gemeinsamen Marktes erfolgen. Dies könnte zweifelhaft sein, weil die Wirtschafts- und Währungsunion nicht ein Teil dieses Gemeinsamen Marktes ist, sondern - wie bereits aus Art. 2 EGV deutlich wird - neben diesem steht. Ob es sich bei der Wortfolge "im Rahmen des Gemeinsamen Marktes" um ein den Anwendungsbereich des Art. 235 EGV einschränkendes Tatbestandmerkmal handelt[601] oder ob man dem insoweit keine wesentliche Bedeutung beimißt[602], kann hier dahinstehen, da der Gemeinsame Markt so, wie er in Art. 3 EGV näher ausgestaltet ist, ohne die Einführung einer gemeinsamen Währung nicht vollständig erschaffen werden kann. Die gemeinsame Währung stellt erst den notwendigen Abschluß des Gemeinsamen Marktes dar, so daß hinsichtlich der Zielverwirklichung "im Rahmen des Gemeinsamen Marktes" nicht zwischen diesem und der Wirtschafts- und Währungsunion getrennt werden kann.

Schließlich müßte ein Tätigwerden der Gemeinschaft, d.h. die zu ergreifende Maßnahme, auch erforderlich sein, womit sich eine Verhältnismäßigkeitsprüfung der erweiterten Ratskompetenz anschließt. Zu der anzustrebenden Verwirklichung des aufgegebenen Zieles der Errichtung einer Wirtschafts- und Währungsunion gehört dann, wenn - wie vorgesehen - nicht alle Staaten auf einmal diesen weiteren Integrationsschritt vollziehen, auch die Festlegung des Wechselkurses zwischen den beiden Integrationsstufen; ohne diese wäre die gemeinsame Währung nicht funktionsfähig. Diese Wechselkursfestlegung erfolgt im Rahmen des während des EU-Gipfels in Dublin im Dezember 1996 verabschiedeten EWS II. Wie schon beim EWS I aus dem Jahre 1979 ist Rechtsgrundlage des EWS II ebenfalls Art. 235 EGV. Während jedoch unter der Geltung des EWS I auch noch Art. 107 EWGV galt, der die Wechselkurskompetenz eindeutig und ausschließlich den Mitgliedstaaten überließ, gibt es eine derartige Regelung für die Zeit nach dem

---

599 EuGH, Rs. 45/86 - *Kommission/Rat* - Slg. 1987, S. 1493 ff. (1520).

600 *Grabitz*, in: Grabitz/Hilf, Bd. II, Art. 235, Rn. 26.

601 *Schwartz*, in: G/T/E, Art. 235, Rn. 140.

602 *Everling*, in: Everling/Schwartz/Tomuschat, EuR 1976, Sonderheft, S. 2 ff. (11).

Beginn der dritten Stufe der Wirtschafts- und Währungsunion nur noch eingeschränkt in Art. 109m Abs. 2 EGV. Folglich ergibt sich die Notwendigkeit einer anderen Zuständigkeitszuweisung.

Wie auch im nationalen Recht ist eine Maßnahme nach dem Recht der EG dann erforderlich, wenn Maßnahmen, die weniger einschneidende Beschränkungen - etwa der Kompetenzen der Mitgliedstaaten - mit sich bringen, nicht die gleichen Erfolgsaussichten haben. Alternativ zur Wechselkursfestlegung des Rates in diesem Fall bliebe nur die Festlegung der Kurse durch die Mitgliedstaaten. Dies stellt aber schon deswegen keine Alternative dar, weil die Eurostaaten der Währungsunion durch eine einheitliche Währung miteinander verbunden sind. Es erscheint daher wenig einleuchtend, wenn mehrere Mitgliedstaaten die Verhandlungen für etwas führen, an deren Ende immer nur ein Ergebnis stehen kann und darf[603]. Die Übernahme dieser Kompetenz durch ein Gemeinschaftsorgan ist somit allein schon aus Praktikabilitätsgründen zwingend erforderlich. Zwar soll einerseits der einmal aufgerichtete Gemeinsame Markt nicht durch neuerliche Wechselkursbarrieren wieder zerstört oder auch nur eingeschränkt werden, doch bringt die ebenfalls im Vertrag vorgesehene Errichtung einer Wirtschafts- und Währungsunion sowie die damit verbundene und ebenfalls im Vertrag geregelte unterschiedliche Geschwindigkeit der Mitgliedstaaten, mit der sie der darin vorgesehenen gemeinsamen Währung beitreten, notwendig auch währungstechnische Unterschiede mit sich.

Auch wenn der zwischenstaatliche Handel im Rahmen der Staaten der Einheitswährung reibungsloser vonstatten gehen wird als im Rahmen der verbliebenen Nationalwährungsstaaten untereinander und im Verhältnis zu den Teilnehmern der gemeinsamen Währung, so ist darin jedoch keine Beeinträchtigung des Gemeinsamen Marktes zu erblicken. Wäre dem so, so ließe sich jeder weitere Integrationsschritt nur mit allen EG-Staaten gleichzeitig verwirklichen. Dies widerspräche aber einerseits eindeutig dem Wortlaut des Vertrages selbst, konkret dem des Art. 109k EGV, andererseits würden damit die Bemühungen im Zusammenhang mit der Revisionskonferenz, gerade eine erweiterte Flexibilität[604] zu erlauben, ad absurdum geführt[605]. Ist aber mit der dritten Stufe keine Beeinträchtigung des Gemeinsamen Marktes verbunden, so erfordert es die Aufrechterhaltung der Funktionsfähigkeit dieses Gemeinsamen Marktes, eine Wechselkursfestlegung zwischen den unterschiedlichen Integrationsstufen vorzunehmen.

Als letzte Frage ist in diesem Zusammenhang zu klären, ob Art. 235 EGV alleine oder kumulativ neben einer weiteren Vorschrift anzuwenden ist. Die alleinige An-

603 S. hierzu schon oben (1).

604 S. dazu *Huber*, EuR 1996, S. 347 ff. (349 ff.).

605 Allerdings ist der Versuch, mehr Flexibilität zu erreichen, auf der Revisionskonferenz gescheitert, da sich die Konferenzteilnehmer nicht auf eine Umstrukturierung der EG-Organe und eine weitgehende Abkehr vom Prinzip der Einstimmigkeit verständigen konnten; s. dazu auch *Münch*, EWS 1997, S. 145 ff (149).

wendung des Art. 235 EGV setzt voraus, daß es überhaupt keine Einzelermächtigung zu dieser Materie gibt, ein Handeln der Gemeinschaft aber zur Zielverwirklichung erforderlich ist[606]. Einer derartigen Anwendung von Art. 235 steht jedoch die Regelung des Art. 109 EGV entgegen. Darin ist die Wechselkurspolitik grundsätzlich geregelt. Es bleibt daher die kumulative Anwendung des Art. 235 EGV. Diese setzt voraus, daß es zwar eine Einzelermächtigung zur jeweiligen Materie gibt, diese jedoch keine hinreichende Kompetenz für die konkrete Frage enthält[607]. Dabei werden zwei Fälle unterschieden. Im ersten Fall besteht die Kompetenz, sie ist jedoch sachlich zur Zielverwirklichung unzureichend; der zweite Fall sieht ebenfalls die Kompetenz vor, jedoch sind die darin zur Zielverwirklichung zur Verfügung gestellten Mittel nicht ausreichend, etwa daß die Kompetenznorm eine Richtlinie gestattet, obwohl eine Verordnung erforderlich wäre. Vorliegend handelt es sich um den ersten Fall. Zwar ist die Kompetenz zur Regelung der Wechselkurse mit Drittstaaten im EG-Vertrag niedergelegt, jedoch ist sie materiell unzureichend, um die Wechselkurse zwischen den Einheitswährungsstaaten und den verbliebenen Nationalwährungsstaaten innerhalb der EG zu regeln[608]. Folglich ist als Ergebnis festzuhalten, daß die kumulative Anwendung der Art. 109 Abs. 1 und 235 EGV zu einer Ratskompetenz zur Wechselkursfestlegung der hier fraglichen Art führt.

b) Auftretende Konflikte zwischen dem Rat und der EZB bei der Festlegung der Wechselkurse zwischen den Eurostaaten und den EG-Staaten, für die eine Ausnahmeregelung gilt

Dadurch, daß es auch in diesem Fall der Rat und nicht die EZB ist, der den Wechselkurs zwischen den Staaten der gemeinsamen Währung der Währungsunion und den verbliebenen EG-Staaten mit Nationalwährung festlegt, besteht wiederum die Gefahr, daß der Rat sich bei der Festlegung der Wechselkurse von ökonomischen Motiven mehr leiten läßt, als die EZB mit ihrem Primat der Preisstabilität vereinbaren kann. Die nur mangelhafte Einwirkungsmöglichkeit der EZB auf die Festlegung der Wechselkurse resultiert aus der kumulativen Anwendung von Art. 109 Abs. 1 EGV mit Art. 235 EGV, die zur Ratskompetenz führte. Mit der kumulativen Anwendung beider Vorschriften auf diesen Fall der Wechselkursbestimmung ist gleichzeitig das Verfahren zur Wechselkursbestimmung zwischen der einheitlichen Währung Euro und den Staaten, für die eine Ausnahmeregelung

---

[606] *Grabitz*, in: Grabitz/Hilf, Bd. II, Art. 235, Rn. 43

[607] *Grabitz*, a.a.O., Rn. 48.

[608] Die hier möglicherweise auftretende Frage nach dem Unterschied zwischen der kumulativen Anwendung des Art. 235 EGV und der implied-powers-Lehre ist dahingehend zu beantworten, daß letztere die konkret erforderliche Kompetenz als gegeben voraussetzt und nur die nicht ausdrückliche Regelung der zur Wahrnehmung der Kompetenz erforderlichenb Mittel kompensiert, wohingegen die kumulative Anwendung des Art. 235 EGV zwar eine grundsätzliche Kompetenz zur Regelung einer bestimmten Materie vorsieht, die konkret erforderliche Befugnis jedoch erst über Art. 235 EGV durch Auslegung der Ziele des EG-Vertrages begründet werden muß.

gilt, festgelegt, nämlich das des Art. 109 Abs. 1 EGV. Dies resultiert daraus, daß durch die kumulative Anwendung von Art. 109 Abs. 1 EGV und Art. 235 EGV die über Art. 235 EGV gefundene Kompetenz des Rates nicht ein gänzlich neues Verfahren ins Leben rufen kann, sondern sich dem bestehenden Wechselkursregime des EG-Vertrages anpassen muß, da hier bereits eine grundsätzliche Regelung in Art. 109 EGV geschaffen worden ist. Die Verhandlungen zur Festlegung des Wechselkurses zwischen den Staaten, die die gemeinsame Währung bereits eingeführt haben und denen, die noch nicht daran teilnehmen, führt für erstere somit der Rat.

Gemäß Art. 109 Abs. 1 EGV wird die EZB bei der Wechselkursfestlegung jedoch lediglich angehört oder sie kann eine Empfehlung abgeben, die den Rat aber nicht bindet. Wie bereits weiter oben gesehen[609], hat die EZB keine Möglichkeit, die per Verordnung des Rates ergangenen Wechselkurse mit eigenen Verordnungen, gestützt auf Art. 108a EGV, auszuschalten. Somit stellt sich die Frage, welche Instrumente der EZB zur Verfügung stehen, um eine von ihrem Standpunkt aus verfehlte Wechselkurspolitik des Rates zumindest teilweise zu kompensieren, und so zu einer bestmöglichen Erfüllung der ihr übertragenen Aufgabe der Wahrung der Preisstabilität zu gelangen. Hierzu stehen der EZB im Verhältnis zu EG-Staaten genausowenig die Mittel des Art. 73f EGV zur Verfügung wie im Verhältnis zu Drittstaaten, denn eine weite Auslegung der Ratskompetenzen auf die EZB ist auch hier nicht möglich. Daher entsteht wieder die Situation, daß eine mögliche Kompetenz der EZB zu Maßnahmen, die geeignet sind, Grundfreiheiten einzuschränken, lediglich aus ihrer Kompetenz zur Durchführung der Geldpolitik im Zusammenhang mit der implied-powers-Lehre hergeleitet werden könnte.

aa) Die zur Verfügung stehenden geldpolitischen Instrumente im Verhältnis der Eurostaaten zu den übrigen EG-Staaten

Wie bereits oben beim Verhältnis der Eurostaaten zu den Drittstaaten stehen der EZB auch im Verhältnis zu den EG-Staaten, für die eine Ausnahmeregelung gilt, geldpolitische Instrumente für die Durchführung der ihr übertragenen Aufgabe zur Verfügung. Für die Beziehung der Kapitalverkehrsfreiheit zur dritten Stufe der Wirtschafts- und Währungsunion sind die Geschäftstätigkeiten der EZB am offenen Markt sowie prinzipiell die Festlegung der dem Lombard- und Diskontsatz entsprechenden Leitzinsen von untergeordneter Rolle, wenngleich auch durch sie Rückschlüsse auf die genannte Beziehung gezogen werden können. Von herausragender Bedeutung für diese Beziehung ist jedoch die Behandlung von Kapital, welches von außerhalb der Staaten der Einheitswährung - im Gegensatz zur oben vorgenommenen Untersuchung hier jedoch nicht aus Drittstaaten, sondern von Staaten der EG, für die allerdings gemäß Art. 109k EGV eine Ausnahmeregelung gilt - in diese hineindrängt, bzw. aus den Staaten der Einheitswährung dorthin hinausdrängt. Betrachtungsgegenstand ist hier somit wiederum der Einsatz der Mindestreserve.

---

[609] S.o. III.1.c)bb).

bb) Der Einsatz der Mindestreserve als adäquates Mittel zur Steuerung des Kapitalverkehrs im Verhältnis von Eurostaaten zu den übrigen EG-Staaten mit nationaler Währung

Einer Wiederholung der näheren Umstände und Auswirkungen einer Erhebung bzw. Erhöhung einer Mindestreserve bedarf es hier nicht[610]. Es kann mithin gleich auf die mit ihrem Einsatz verbundene Problematik eingegangen werden. Diese Problematik ist im Verhältnis der Staaten der gemeinsamen Währung zu den EG-Staaten mit nationaler Währung in großen Teilen mit der des Verhältnisses von ersteren und Drittstaaten vergleichbar. Der Schwerpunkt liegt auch hier wiederum darin, daß mit der Erhebung der Mindestreserve möglicherweise ein Verstoß gegen die Kapitalverkehrsfreiheit bzw. gegen das Diskriminierungsverbot vorliegt.

Gemäß Art. 73b Abs. 1, 1. Alternative EGV ist es verboten, zwischen den Mitgliedstaaten der EG kapitalverkehrsbeschränkende Maßnahmen einzurichten oder aufrechtzuerhalten. Dieses Verbot gilt absolut spätestens seit dem 31.12.1995 (vgl. Art. 73e EGV), wobei diese Absolutheit auch nicht durch Art. 73c Abs. 1 EGV eingeschränkt werden kann, denn die in dieser Vorschrift vorgesehenen Beschränkungsmöglichkeiten, die darüber hinaus bereits am 31.12.1993 bestanden haben müssen, gelten nur für dritte Länder. Im Verhältnis der EG-Staaten untereinander ist eine Beschränkung somit unzulässig, mit Ausnahme der Vorschrift des Art. 73d EGV. Vor allem ist die Vorschrift des Art. 73f EGV nicht auf Mitgliedstaaten der EG anwendbar[611].

Wenn auch das Verbot sich in erster Linie an die Mitgliedstaaten wendet, die mit ihrer Gesetzgebung durchaus die Möglichkeit haben, indirekt die Kapitalfluktuation zu behindern, so gilt die Wahrung der uneingeschränkten Kapitalverkehrsfreiheit auch für die Organe der EG, einschließlich der Institution der EZB. Es stellt sich somit die Frage, ob es der EZB im Gemeinschaftsrecht möglich sein kann, durch lediglich aufgrund von implied-powers festgestellten Kompetenzen primärrechtlich niedergelegte Grundfreiheiten innerhalb der Gemeinschaft einschränken zu können. Der Unterschied zwischen dieser und der ähnlichen Frage im Verhältnis der Staaten der gemeinsamen Währung zu Drittstaaten besteht darin, daß in letzterem Verhältnis der Grundgedanke der Einschränkbarkeit der Kapitalverkehrsfreiheit ebenfalls bereits primärrechtlich in Art. 73f EGV niedergelegt ist, dies aber - wie gesehen - innerhalb der EG nicht der Fall ist. Einer problemlosen Einschränkungsmöglichkeit von Grundfreiheiten innerhalb der EG steht auch im Verhältnis zur nächsthöheren Integrationsstufe - der dritten Stufe der Wirtschafts- und Währungsunion - die Wahrung des acquis communautaire entgegen, der sich auch die Währungsunion beugen muß[612]. Wenn dem aber so ist, dann muß ein Weg gefunden werden, der die Einschränkung des acquis commun-

---

[610] Vgl. dazu die Ausführungen o. III.1.d)aa)(1).

[611] *Ress/Ukrow*, in: Grabitz/Hilf, Bd. I, Art. 73f, Rn. 4.

[612] Vgl. Art. B Abs. 1, 5. Gedankenstrich EUV.

autaire durch die EZB - wohlgemerkt ohne primärrechtlich explizit verankerte Kompetenz ! - rechtfertigen kann.

Wenn von der Wahrung des acquis communautaire gesprochen wird, die gemäß Art. B EUV zu den Zielen der Europäischen Union gehört, so ist damit jedoch nicht verbunden, daß der status quo in keinerlei Hinsicht verändert werden darf. Dagegen spricht sich bereits Art. B EUV aus, wenn im Anschluß an die Mahnung zur Wahrung des bisher erreichten acquis communautaire im gleichen Satz auch die Aufforderung zur Weiterentwicklung desselben genannt wird. Die Einbeziehung der Wirtschafts- und Währungsunion in den EU-Vertrag sowie in den EG-Vertrag stellt selbst eine solche Weiterentwicklung des acquis communautaire dar. Mit ihr betritt die europäische Integration eine neue Stufe, die nun ihrerseits ebenso zu schützen und weiterzuentwickeln ist, wie die vorher bereits im Gemeinschaftsrecht befindlichen Grundfreiheiten. Die Ratifizierung des Maastrichter Vertrages durch die Mitgliedstaaten der Gemeinschaft verpflichtet daher sie alle, an der fortschreitenden Entwicklung teilzunehmen. Dazu gehört ebenfalls die bereits im EG-Vertrag selbst vorgesehene unterschiedlich schnelle Verwirklichung dieses Integrationsschrittes in den und durch die einzelnen Mitgliedstaaten, wie sie aus Art. 109k EGV ersichtlich wird.

Mit der Ratifizierung des Maastrichter Vertrages akzeptieren alle Mitgliedstaaten, daß es zu Anfang nur einige, aber nicht alle Mitgliedstaaten sein werden, die diesen weiteren Schritt vollziehen. Damit aber geht einher, daß die Gruppe der schneller voranschreitenden Mitgliedstaaten zur Wahrung dieses nun erweiterten acquis communautaire Vorschriften und Regeln einführt, die exakt dieser Wahrung dienen. Hierzu gehört im Rahmen einer Wirtschafts- und Währungsunion mit einem einheitlichen Währungsraum auch eine effektive Geldpolitik, die in der Lage ist, geldpolitische Fehlentwicklungen durch eigenständige Maßnahmen wieder auszugleichen. Dabei dienen diese Maßnahmen nicht dazu, die Mitgliedstaaten, für die eine Ausnahmeregelung gilt, von der Weiterentwicklung auszuschliessen, sondern vielmehr die Bedingungen zu schaffen bzw. zu bewahren, daß die vorerst nicht teilnehmenden Staaten möglichst bald in eine funktionsfähige höhere Integrationsstufe eintreten können, wenn sie ihrerseits die Voraussetzungen dazu erfüllen. Dem Grundsatz der Wahrung des acquis communautaire widerspricht die Einführung von Regeln zur Sicherung der Funktionsfähigkeit einer nächsthöheren Integrationsstufe folglich nicht. Eine Verteuerung des Kapitalflusses von Staaten, für die eine Ausnahmeregelung gilt, in Staaten der gemeinsamen Währung aufgrund einer Erhebung bzw. Erhöhung einer Mindestreserve, womit die Kapitalverkehrsfreiheit faktisch einer Beschränkung unterworfen wird, ist unter diesen Gesichtspunkten somit zu rechtfertigen.

Der Vereinbarkeit mit den Vorschriften über die Kapitalverkehrsfreiheit korrespondiert jedoch nicht notwendig auch eine Vereinbarkeit mit dem Diskriminierungsverbot aus Art. 6 Abs. 1 EGV. Die grundsätzliche Anwendbarkeit des Diskriminierungsverbotes neben den Vorschriften über die Kapitalverkehrsfreiheit ist oben bereits erörtert worden, allein die Tatsache, daß es sich oben um Drittstaaten, hier aber um Mitgliedstaaten handelt, hat in diesem Fall keine Konsequenzen. Der personale Anwendungsbereich ist bei diesem rein innergemeinschaftsrechtlichen Sachverhalt ebenfalls gegeben. Es bleibt somit die Frage, ob die Anwendbarkeit von Art. 6 Abs. 1 EGV auch hier durch den Grundgedanken des Art. 73f EGV eingeschränkt werden kann. Diese Frage ist im Gegensatz zum Verhältnis zu Drittstaaten hier jedoch zu verneinen. War es dort[613] die Tatsache, daß mit der Vorschrift des Art. 73f EGV der Gedanke der vollständigen Kapitalverkehrsfreiheit mit Drittstaaten und vor allem für Drittstaatsangehörige wieder relativiert wurde, so gilt es hier zu bedenken, daß die Vorschrift des Art. 73f EGV in keiner Weise auch auf die Mitgliedstaaten der EG Anwendung finden kann. Damit aber scheidet auch eine Relativierung der vollständigen Kapitalverkehrsfreiheit im Verhältnis der Mitgliedstaaten untereinander aus, so daß der Anwendungsbereich des Art. 6 Abs. 1 EGV in diesem Verhältnis eröffnet ist. Die Berufung der EZB auf ihre implied-powers und deren effet utile zur Vermeidung der Berufung der Mitgliedstaaten auf den Grundsatz des Diskriminierungsverbotes kann hier somit nicht durchgreifen.

Damit Art. 6 Abs. 1 EGV überhaupt einschlägig ist, müßte eine Handlung vorliegen, die aufgrund der Staatsangehörigkeit differenziert. Wie bereits oben gesehen, ist es dabei gleichgültig, ob diese Handlung von einem Mitgliedstaat oder von einem Organ oder einer Institution der Gemeinschaft vorgenommen wird. Die hier in Rede stehende Handlung ist die Einführung bzw. Erhöhung der Mindestreservepflicht der Banken für Kapital, welches aus den Nationalwährungsstaaten in die Eurostaaten einfließt, seitens der EZB. Hierbei soll in erster Linie das Kapital getroffen werden, das im Verhältnis zu Drittstaaten unter den Anwendungsbereich des Art. 73f EGV fällt, nämlich das spekulative (kurzfristige) Kapital paritätsinduzierter Natur, aber auch das rein zinsinduzierter Natur, die sog. Zinsarbitrage[614].

Problematisch erscheint in diesem Zusammenhang jedoch das Kriterium der Staatsangehörigkeit. Die einschlägige Grundfreiheit - die Kapitalverkehrsfreiheit - stellt eindeutig nicht auf die Staatsangehörigkeit ab, da nicht Menschen durch sie befreit werden, sondern das Kapital als solches. Diesem Kapital aber eine Staatsangehörigkeit zu verleihen, wäre kaum nachvollziehbar, da der Begriff der Staatsangehörigkeit aus sich heraus nur auf Personen - im weitesten Sinne auch auf juristische Personen - anwendbar ist. Das Kapital selbst hat keine Staatsangehörigkeit. Kann somit eine Regelung, die sich mit dem Kapital befaßt und dieses bei einem bestimmten Grenzübertritt besonderen Regelungen unterwirft, sich schon rein sachlogisch nicht auf die Staatsangehörigkeit beziehen, so kann in der Regelung auch keine auf die Staatsangehörigkeit abzielende und damit diskriminierende Handlung zu sehen sein.

---

613 Vgl. oben III.1.d)dd).

614 *Ress/Ukrow*, in: Grabitz/Hilf, Bd. I, Art. 73b, Rn. 1.

Im Rahmen von Art. 6 Abs. 1 EGV wird jedoch unterschieden zwischen einerseits direkten Diskriminierungen, welche die Staatsangehörigkeit zum Tatbestandsmerkmal erheben und andererseits solchen Handlungen, die nicht mit diesem Tatbestandsmerkmal direkt arbeiten, indirekt aber die gleichen Wirkungen entfalten[615]. Die soeben dargestellte Situation besagt jedoch lediglich, daß in der differenzierenden Behandlung von Kapital aus Staaten der Einheitswährung und solchem aus den Nationalwährungsstaaten der EG, für die eine Ausnahmeregelung gilt, keine direkte Diskriminierung zu erblicken ist. Möglicherweise handelt es sich aber um eine indirekte Diskriminierung.

Indem die Regelung der EZB, Kapital, welches aus Staaten außerhalb der Teilnehmerstaaten der Einheitswährung stammt und in diese Staaten eingeführt werden soll, mit einem höheren Mindestreservesatz belegt als Kapital, welches innerhalb der Eurostaaten kursiert, stellt die EZB notwendigerweise auf die Herkunft des Kapitals ab. Damit kann sie zwar - wie gesehen - nicht das Kapital diskriminieren, wohl aber die durch die Kapitalverkehrsfreiheit Begünstigten, die Menschen in den EG-Staaten, für die eine Ausnahmeregelung gilt. Ohne daß die EZB auf die Staatsangehörigkeit der Kapitalemittenten abzustellen bräuchte, kann sie auf diese Weise den gleichen Erfolg erreichen, als wenn die von der EZB getroffene Regelung unmittelbar zum Inhalt hätte, daß das in die Staaten der Einheitswährung einfließende Kapital von Emittenten, die keine Staatsangehörigkeit eines an der gemeinsamen Währung teilnehmenden Staates besitzen und die nicht in einem solchen Staat ansässig sind, einem höheren Mindestreservesatz unterliegt als solches, das zu einem Anleger mit Ansässigkeit in einem Eurostaat und entsprechender Staatsangehörigkeit gehört. Gleiches gilt diesbezüglich für Kapital aus Drittstaaten, wenn es von Staatsangehörigen aus Eurostaaten stammt.

Bevor hier aber vom Vorliegen einer wie auch immer gearteten Diskriminierung gesprochen werden kann, ist folgendes zu beachten: Den Kapitalemittenten aus Drittstaaten wird der Zugang zu den Banken in keiner Weise technisch erschwert, ihr Zugang wird nicht kontingentiert und sie selbst müssen für den "Eintritt" in die Eurostaaten auch kein finanzielles Opfer erbringen. Dies gilt auch für die Kapitaleigner aus den Eurostaaten sind, die aus Drittstaaten fremdes Kapital in die Eurostaaten einführen. Dies ist zu beachten, weil der EuGH im Rahmen des Diskriminierungsverbotes die sog. de-minimis-Regel zur Anwendung gelangen läßt[616]. Diese Regel besagt, daß eine diskriminierende Handlung zwar als solche nicht gerechtfertigt werden kann, wenn sie sich auf die Staatsangehörigkeit des Betroffenen stützt, daß sie aber dann nicht vom EuGH geahndet wird, wenn sich aus ihr kein quantifizierbarer Schaden für den Betroffenen ergibt. Liegt allerdings ein solcher Schaden aufgrund einer differenzierenden Handlung vor, dann liegt in jedem Fall eine Diskriminierung im Sinne von Art. 6 Abs. 1 EGV vor[617].

---

615 *v. Bogdandy*, in: Grabitz/Hilf, Bd. I, Art. 6, Rn. 12.

616 Vgl. EuGH, Rs. 22/80 - *Boussac Saint Frères SA/Brigitte Gerstenmeier* -, Slg. 1980, S. 3427 ff. (3437).

617 EuGH, verb. Rs. 3 bis 18, 25 und 26/58 - *Barbara Erzbergbau u.a./Hohe Behörde* -,

Ein derartiger quantifizierbarer Schaden ist hier aber gegeben; er liegt darin, daß die Geschäftsbank innerhalb der Eurostaaten aufgrund des höheren Mindestreservesatzes für Kapital, das von außerhalb der Staaten der Einheitswährung kommt, an die EZB mehr Geld abführen muß als für Kapital aus einem Teilnehmerstaat der gemeinsamen Währung. Regelmäßig schlägt sich dies im angebotenen Zinssatz der Bank nieder und da dieser für inländisches Kapital nur aufgrund der Mindestreserve höher liegt als für ausländisches, liegt ein quantifizierbarer Schaden, hervorgerufen durch die differenzierende Behandlung, vor. Damit handelt es sich bei einer derartigen Regelung der EZB um eine mittelbare oder indirekte Diskriminierung von EG-Staatsangehörigen, deren Staaten noch nicht an der gemeinsamen Währung teilnehmen.

Im Gegensatz zu den ausschließlich auf das Merkmal der Staatsangehörigkeit abstellenden unmittelbaren oder direkten Diskriminierungen ist bei einer wie hier vorliegenden mittelbaren oder indirekten Diskriminierung eine Rechtfertigung der Ungleichbehandlung nicht per se ausgeschlossen. Im Rahmen dieser möglichen Rechtfertigung wird eine Vergleichbarkeitsprüfung vorgenommen, anhand derer das in Rede stehende Kriterium mit dem der Staatsangehörigkeit verglichen wird. Ergibt dieser Vergleich, daß das überprüfte Kriterium ebenso negativ zu bewerten ist wie eine differenzierende Behandlung aufgrund der Staatsangehörigkeit, dann ist die Differenzierung nicht gerechtfertigt und mit dem Gemeinschaftsrecht unvereinbar. Eine derartige Unvereinbarkeit ist gegeben, wenn die Differenzierung nicht von sachlichen Unterschieden der konkreten Lage getragen wird[618]. Somit hat eine Abwägung des konkreten Einzelfalles zu erfolgen. Wird ein Unterschied festgestellt, dann liegt keine Diskriminierung vor und die Regelung ist gerechtfertigt.

Die unterschiedliche Behandlung von Kapital aus EG-Staaten, die nicht den Eurostaaten angehören und solchen, die an der gemeinsamen Währung teilnehmen, ist zunächst durch die einfache Überlegung gerechtfertigt, daß unterschiedliche Währungsräume sich voneinander abgrenzen müssen, um Kapitalfluktuationen aufgrund der Unterschiedlichkeit - vor allem aufgrund von Zinsunterschieden und Paritätsgewinnerwartungen - wenigstens zu kontrollieren, um Schäden für die eigene Volkswirtschaft zu vermeiden. Diese Unterscheidung ist selbst aus dem Gemeinschaftsrecht heraus gerechtfertigt, denn wäre sie gemeinschaftsrechtswidrig, so käme damit jeder partikulare Integrationsfortschritt zum Erliegen, denn überall dort, wo nicht alle gleichzeitig einen Schritt vollziehen, müssen die an ihm Beteiligten Maßnahmen ergreifen, um diesen Schritt vor Rückschlägen abzusichern. Dazu gehört auch, daß bisherige Partner auf der soeben verlassenen Integrationsstufe so lange mit Benachteiligungen zu rechnen haben, wie sie selbst den nächsten Schritt nicht machen.

Slg. 1960, S. 373 ff. (411 f.).

618 EuGH, Rs. 152/73 - *Sotgiu/Deutsche Bundespost* -, Slg. 1974, S. 153 ff. (165); Rs. 237/78 - *CRAM/Toia* -, Slg. 1979, S. 2645 ff. (3654).

Die Öffnung der Eurostaaten für einen ungehinderten Zufluß von Kapital aus den EG-Staaten, die den Euro noch nicht eingeführt haben, hätte - Funktionsfähigkeit der Währungsunion vorausgesetzt - einerseits einen erheblichen Kapitalverlust der Nationalwährungsländer zur Folge, der diese Länder währungspolitisch vor erhebliche Abwertungsschwierigkeiten stellen könnte, vor allem auch im Hinblick auf das EWS II, das zwar wesentlich breitere Margen hat als sein Vorgänger, doch auch diese Grenzen sind zu einem gewissen Zeitpunkt erreicht. Auf der anderen Seite würde der Zustrom von Fremdkapital den Euro vor die entgegengesetzten Probleme stellen; hier ginge es um einen erheblichen Aufwertungsdruck auf den Euro mit all' den negativen Folgen für die Exportwirtschaft. Hinzu kämen aus dem EWS II heraus die Stützungskäufe der abwertungsbedrohten Währungen, zu denen die EZB bis zu einem gewissen Grad verpflichtet ist[619].

Dies aber hat einen Anstieg der umlaufenden Euro-Menge zur Folge, der sich negativ auf die Preisstabilität auswirken kann und damit dem Primat der EZB zuwiderläuft. All diese Gründe rechtfertigen es, das von außerhalb der Eurostaaten in diese hineinströmende Kapital einer - falls nötig - höheren Mindestreservepflicht zu unterwerfen, vor allem wenn dabei bedacht wird, daß längerfristige Investitionsanlagen o.ä. nicht von dieser Regelung betroffen wären, sondern tatsächlich nur das kurzfristige, rein auf Zinsgewinne ausgerichtete Spekulationskapital - wenn die Mindestreservepraxis der Bundesbank zugrunde gelegt wird. Überdies wird der Anwendungsbereich einer derartigen Regelung desto geringer, je mehr Staaten der EG den Sprung in die Währungsunion schaffen.

cc) Ergebnis

Es bleibt somit festzuhalten, daß die Einführung einer differenzierenden Mindestreservepflicht unter den Mitgliedstaaten der EG, für die eine Ausnahmeregelung gemäß Art. 109k EGV gilt, einerseits und denen, die bereits an der gemeinsamen Währung der Währungsunion teilnehmen, zwar eine mittelbare Ungleichbehandlung darstellt. Dies führt jedoch nicht zur Annahme einer gemeinschaftsrechtswidrigen Diskriminierung im Sinne von Art. 6 Abs. 1 EGV, da diese Ungleichbehandlung aufgrund der besonderen Situation des unterschiedlich schnell voranschreitenden Integrationsfortschrittes der einzelnen Mitgliedstaaten und dem Erfordernis der Funktionsfähigkeit der Währungsunion und ihrer gemeinsamen Währung gerechtfertigt ist.

---

619 S. hierzu Resolution of the European Council on the establishing of an exchange-rate mechanism in the third stage of economic and monetary union, in: Presidency Conclusions - Amsterdam 16 and 17 June 1997, Annex II, S. 15 ff. (18), Nr. 2.1.: Hier heißt es, daß die EZB und die nationalen Zentralbanken zwar innerhalb des EWS zur Intervention verpflichtet sind, sie diese Intervention jedoch suspendieren können, wenn sie sonst in Konflikt mit ihrer primären Aufgabe gelangen, der Wahrung der Preisstabilität.

3. Verknüpfungen beim Kapitalfluß zwischen EG-Staaten, die nicht an der gemeinsamen Währung teilnehmen, und Drittstaaten

In diesem nun folgenden Abschnitt ist eine Betrachtung des Kapitalverkehrs zwischen EG-Staaten, die (noch) nicht an der gemeinsamen Währung der Währungsunion teilnehmen, und Drittstaaten, i.e. solche Staaten, die außerhalb der EG stehen, vorzunehmen. Die auftauchende Frage, was der Kapitalverkehr in dieser Beziehung mit der gemeinsamen Währung zu tun hat, da doch offensichtlich alle Beteiligten entweder noch nicht an ihr teilnehmen, oder ihnen aufgrund ihrer geographischen Lage die Teilnahme ohnehin verwehrt ist, bzw. ein möglicher Beitritt noch nicht vollzogen ist, läßt sich dahingehend beantworten, daß es zumindest möglich erscheint, daß die Staaten, die in absehbarer Zeit an der gemeinsamen Währung der Währungsunion teilnehmen wollen, durch etwaige Maßnahmen im Rahmen dieses Kapitalverkehrs gegen ihre Verpflichtungen in bezug auf diese dritte Stufe verstoßen. Weiterhin wird zu zeigen sein, daß Kapitalverkehrsbeschränkungen der Nicht-Euro/EG-Staaten im Verhältnis zu Drittstaaten mit institutionellen Schwierigkeiten verbunden sind, die in dieser Form bei den Verhandlungen über den EG-Vertrag offensichtlich übersehen wurden.

a) Der Grundsatz der vollständigen Liberalisierung des Kapitalverkehrs auch gegenüber Drittstaaten gemäß Art. 73b Abs. 1, 2. Hs. EGV

Ausweislich der Vorschrift des Art. 73b Abs. 1 EGV gilt die Freiheit des Kapitalverkehrs nicht nur zwischen den Mitgliedstaaten der EG, sondern gemäß dem 2. Halbsatz der Vorschrift auch im Verhältnis zu Drittstaaten und damit erga omnes. Es ist dies Ausdruck der verkehrsorientierten Ausrichtung des Kapitalverkehrs im Hinblick auf die Schaffung eines globalen freien Kapitalmarktes, womit eine Orientierung am Markt- oder Unionsbürger unvereinbar ist. Hinsichtlich des Verhältnisses der Kapitalverkehrsvorschriften im EG-Vertrag zu solchen in Verträgen anderer internationaler Organisationen und den daraus resultierenden Anwendungserfordernissen sei auf die oben im 1. Kapitel gemachten Äußerungen verwiesen.

Die erga-omnes-Konzeption der Kapitalverkehrsfreiheit geht über die Zielbestimmung des Art. 3 lit. c) EGV hinaus, da diese nur die Liberalisierung zwischen den Mitgliedstaaten der EG vorsieht. Grundsätzlich ist die Regelung des Kapitalverkehrs gegenüber Drittstaaten nicht reziprok, d.h. auch Drittstaaten, die gegenüber den Mitgliedstaaten der EG Kapitalverkehrsbeschränkungen aufrecht erhalten oder Devisenbewirtschaftungsmaßnahmen durchführen, kommen in den Genuß der Kapitalverkehrsfreiheit des EG-Vertrages. Dies hat zur Folge, daß die Drittstaaten nach wie vor den Zufluß von Kapital aus der EG beschränken können, bzw. den Emittenten der Gemeinschaft erhöhte Kosten für den Kapitaltransfer auferlegen können. Gleiches gilt für die Regulierung des Kapitalabflusses aus dem Drittland in die EG[620]. Sollte es hierbei zu Schwierigkeiten in einem oder mehre-

[620] Vgl. zur asymmetrischen Liberalisierung des Kapitalverkehrs auch die Abkommen der

ren Mitgliedstaaten kommen, so bieten die Art. 73c ff. EGV hinreichende Möglichkeiten, diesen zu begegnen. Diese Vorschriften sind gleichzeitig Ausdruck dafür, daß mit der derzeitigen Regelung nicht der Endpunkt der Kapitalverkehrsfreiheit erreicht sein soll, sondern daß dieser Bereich auch weiterhin liberalisierenden Maßnahmen offensteht und vor allem im Verhältnis zu Drittstaaten ihrer auch bedarf[621].

b) Die Einschränkungsmöglichkeiten gemäß Art. 73c und 73f EGV

Im Gegensatz zum innergemeinschaftlichen Verhältnis der Mitgliedstaaten untereinander können die Mitgliedstaaten im Verhältnis zu Drittstaaten in besonderen Situationen Beschränkungsmöglichkeiten des freien Kapitalverkehrs entgegen dem Grundsatz vollständiger Liberalisierung auch in diesem Bereich wieder einführen und wahrnehmen. Eine Besonderheit bei Art. 73c EGV besteht in der in Absatz 1 enthaltenen standstill-Klausel, die besagt, daß nur solche Beschränkungen eingesetzt werden dürfen, die bereits am 31.12.1993 bestanden. Bei den Maßnahmen kann es sich handeln um Beschränkungen auf den Kapitalverkehr im Zusammenhang mit Direktinvestitionen, einschließlich Anlagen in Immobilien[622], mit der Niederlassung, der Erbringung von Finanzdienstleistungen oder der Zulassung von Wertpapieren zu den (nationalen, Anm. d. Verf.) Kapitalmärkten. Später in den Mitgliedstaaten eingeführte, den Kapitalverkehr beschränkende Regelungen lassen sich vor Art. 73c Abs. 1 EGV nicht mehr rechtfertigen, und auch eine Rückwirkung der Beschränkung auf das Datum des 31.12.1993 oder davor ist unzulässig, da gemäß den Auslegungsgrundsätzen des EuGH Ausnahmevorschriften eng auszulegen sind. Wenn auch Art. 73c II EGV keine gemeinschaftsrechtliche Verpflichtung dahingehend enthält, die noch bestehenden Beschränkungen abzubauen[623], so wird die weiter voranschreitende Integration auch auf dem Gebiet des Kapitalverkehrs die Staaten bald veranlassen, von den Beschränkungen Abschied zu nehmen. Aufgrund des den Gemeinschaftsorganen zustehenden Beurteilungsspielraums in Art. 73c II, 1 EGV können aus dieser Vorschrift jedoch weder für Drittstaaten noch für Individuen Rechte hergeleitet werden[624].

Um jedoch selbst bei der Einführung von Beschränkungen nach Art. 73c II EGV zu gewährleisten, daß nicht zu sorglos mit dieser Möglichkeit umgegangen wird, legt Art. 73c Abs. 2, S. 2 EGV fest, daß Maßnahmen, die einen Rückschritt im Verhältnis zum bereits erreichten Liberalisierungsstandard darstellen, im Rat nur

---

EG mit den mittel- und osteuropäischen Staaten, s.o. 1. Kapitel, II.2.f); vgl. zur mangelnden Reziprozität der Liberaliserung das EWR-Abkommen zwischen der EG und den EFTA-Staaten, s.o. 1.Kapitel, II.2.e).

621 *Ress/Ukrow*, in: Grabitz/Hilf, Bd. I, Art. 73b, Rn. 1.

622 Vgl. hierzu das 1. Protokoll zum Vertrag über die Europäische Union betreffend den Erwerb von Immobilien in Dänemark, BT-Drs. 12/3334, S. 1 ff. (50); BGBl. II 1992, S. 1251 ff. (1296).

623 *Seidel*, in: GS für Grabitz, S. 763 ff. (773).

624 *Kimms*, S. 205 f.

einstimmig verabschiedet werden können. Dabei ist ein Rückschritt in jedem unmittelbaren oder mittelbaren, aktuellen oder potentiellen Effekt zu sehen, der den erreichten Grad der Freiheit einschränkt.

Gemäß Art. 73f EGV kann der Rat mit qualifizierter Mehrheit unter Mitwirkung des Währungs-, bzw. Wirtschafts- und Finanzausschusses gemäß Art. 109c Abs. 1 und 2 EGV auf Vorschlag der Kommission und nach Anhörung der EZB, in der zweiten Stufe nach Anhörung des EWI, Art. 109f Abs. 8 EGV, dann, wenn Kapitalbewegungen nach oder aus Drittstaaten unter außergewöhnlichen Umständen das Funktionieren der Wirtschafts- und Währungsunion schwerwiegend stören oder zu stören drohen, Schutzmaßnahmen treffen, wenn diese unbedingt erforderlich sind. Die Geltungsdauer der Schutzmaßnahmen darf sechs Monate nicht überschreiten.

Art. 73f EGV stellt die eigentliche und wohl auch wirksamste kapitalverkehrsbezogene Regelung zum Schutz der Funktionsfähigkeit der dritten Stufe der Wirtschafts- und Währungsunion dar. Im Unterschied zu Art. 73c Abs. 1 und 2 EGV wird dem Rat - allerdings auch nur ihm - mit der Vorschrift des Art. 73f EGV die Möglichkeit gegeben, bei Gefahren für die Zielverwirklichung der Wirtschafts- und Währungsunion durch paritäts- oder zinsinduzierte Kapitalzu- oder -abflüsse die unbedingt erforderlichen Gegenmaßnahmen zu treffen. Der Zusatz "...oder zu stören drohen..." ermöglicht es dem Rat, bereits im Vorfeld einer tatsächlich eingetretenen Störung der Ziele der Wirtschafts- und Währungsunion, vor allem dauerhafte Konvergenz der Mitgliedstaaten im Hinblick auf Preisstabilität, Verschuldung der öffentlichen Haushalte, Wechselkursstabilität und die langfristigen Zinssätze, bzw. bei einheitlicher Geldpolitik im Hinblick auf unerwünschte Zinsentwicklungen[625], auch präventiv einzuschreiten.

Die oben bereits angedeutete Rechtsprechung des EuGH zu vertraglichen Ausnahmeklauseln gebietet jedoch auch hier eine enge Auslegung der drohenden Störung und führt nur dann zur Annahme einer solchen, wenn ein an Sicherheit grenzender Grad der Wahrscheinlichkeit besteht, daß ohne das Eingreifen von Schutzmaßnahmen die Funktionsfähigkeit der Wirtschafts- und Währungsunion schwerwiegend gestört wird. Aus dem Wortlaut der Vorschrift geht eindeutig hervor, daß innergemeinschaftliche Schwierigkeiten nicht Gegenstand solcher Maßnahmen sein dürfen[626]. Der einzige Grund für Schutzmaßnahmen gemäß Art. 73f EGV sind wirtschaftliche Entwicklungen; aus politischen Überlegungen heraus darf Art. 73f EGV - anders etwa als Art. 73g EGV - nicht angewandt werden.

Nur außergewöhnliche Umstände im Kapitalverkehr mit Drittstaaten können Schutzmaßnahmen gemäß Art. 73f EGV rechtfertigen. Wann aber ein Umstand außergewöhnlich i.S.d. Art. 73f EGV ist, darauf wird in den Vorschriften des EG-Vertrages nicht weiter eingegangen. Zur näheren Definition dieser außergewöhn-

[625] *Ress/Ukrow*, in: Grabitz/Hilf, Bd. I, Art. 73f, Rn. 1.
[626] *Kiemel*, in: Hdb. d. Europäischen Rechts, I A 29, Art. 73f, Rn. 1.

lichen Umstände ist ein Rückgriff auf die Kapitalverkehrsrichtlinie 88/361/EWG[627] vonnöten. Ein solcher Rückgriff auf das noch EWG-vertragliche Sekundärrecht ist möglich, weil der Maastricht-Vertrag diese Richtlinie nicht aufgehoben hat. Zwar ist der Regelungsbereich der neuen Art. 73b ff. EGV insbesondere in bezug auf den Kapitalverkehr zwischen EG- und Drittstaaten wesentlich umfassender als dies noch in der Richtlinie möglich war, jedoch gehört die Richtlinie zum gemeinschaftlichen Besitzstand, zum acquis communautaire, den zu schützen und fortzuentwickeln Art. B Abs. 1 EUV den Partnern in der Union aufgibt.

Wenn folglich die Art. 73b ff. EGV in einem speziellen Bereich nicht über den Anwendungsbereich der Kapitalverkehrsrichtlinie hinausgehen, dann bleiben in diesem Bereich die Regelungen der Richtlinie anwendbar[628]. Darüber hinaus kommt der Richtlinie auch im Anwendungsbereich der Art. 73b ff. EGV Interpretationsrelevanz zu, d.h. eine Auslegung der EG-vertraglichen Normen über den freien Kapitalverkehr darf nicht hinter den Stand zurückfallen, den die Kapitalverkehrsrichtlinie bereits erreicht hat. Zieht man daher die Richtlinie für diese Frage heran, so zeigt sich in ihrem Art. 3, der ebenfalls eine besondere Schutzklausel enthält, daß als wesentliche Voraussetzung der Schutzklausel Kapitalverkehr von außergewöhnlichem Umfang genannt ist. Zwar bezieht sich Art. 3 der Richtlinie 88/361/EWG lediglich auf kurzfristige und dabei auch nur auf innergemeinschaftliche Kapitalbewegungen, dies tut der Eignung der Vorschrift als Interpretationshilfe jedoch keinen Abbruch, da die Voraussetzungen für den Einsatz von Schutzmaßnahmen im Bereich des Kapitalverkehrs im wesentlichen vergleichbar sind. Damit außergewöhnliche Umstände i.S.d. Art. 73f EGV vorliegen, muß folglich ein Kapitalverkehr zwischen den EG- und Drittstaaten gegeben sein, der einen außergewöhnlichen Umfang erreicht hat.

Des weiteren sind Beschränkungen des Kapitalverkehrs gemäß Art. 73f EGV nur dann zulässig, wenn Kapitalbewegungen die Funktionsfähigkeit der Wirtschafts- und Währungsunion schwerwiegend zu stören drohen, bzw. wenn eine solche Störung bereits eingetreten ist. Auch der Begriff der schwerwiegenden Störung ist nicht weiter erläutert. Aus der restriktiven Auslegungsmaxime des EuGH bei Ausnahmevorschriften sowie aus der Tatsache der zur Verfügung stehenden "normalen" geldpolitischen Instrumente der nationalen Notenbanken in der zweiten Stufe, bzw. der EZB und den verbliebenen nationalen Notenbanken in der dritten Stufe, läßt sich jedoch schließen, daß eine schwerwiegende Störung, die den Einsatz von Kapitalverkehrsbeschränkungen erfordert, dann droht, wenn diese Störung mit den gewöhnlichen geld- und devisenpolitischen Instrumenten der jeweiligen Notenbanken nicht mehr abwendbar ist, bzw. im Falle einer bereits bestehenden schwerwiegenden Störung nicht mehr behoben werden kann.

Da ein funktionsfähiger europäischer Kapitalmarkt eine wesentliche Voraussetzung für die Errichtung und den Fortbestand der Wirtschafts- und Währungs-

---

[627] ABl.EG 1988 Nr. L 178, S. 5.

[628] *Ress*, JZ 1995, S. 1008 ff. (1009); *Ohler*, WM 1996, S. 1801 ff. (1801).

union darstellt, sind Störungen der Funktionsfähigkeit des gemeinsamen Kapitalmarktes als ausreichend zu erachten. Als Vergleichsmöglichkeit einer drohenden oder bestehenden schwerwiegenden Störung der Funktionsfähigkeit eines Währungsverbundes infolge außergewöhnlicher Umstände bei den internationalen Kapitalbewegungen läßt sich somit die EWS-Krise in den Jahren 1992 und 1993 heranziehen. Bezogen auf die Situation der bereits von einigen Mitgliedstaaten eingeführten gemeinsamen Währung im Rahmen der Währungsunion bedeutete dies, daß das vertraglich vorgesehene Voranschreiten der währungspolitischen Integration der noch verbliebenen EG-Staaten gefährdet wäre. Eine Gefahr für das Funktionieren der Wirtschafts- und Währungsunion dürfte darüber hinaus immer dann gegeben sein, wenn eines der in Art. 109j EGV genannten Konvergenzkriterien durch Kapitalbewegungen aus oder nach dritten Ländern in Gefahr geraten würde[629].

c) Das Entscheidungsverfahren im Rahmen des Art. 73f EGV

Hinsichtlich des Entscheidungsverfahrens über eine zu treffende Schutzmaßnahme im Rahmen des Kapitalverkehrs mit Drittstaaten ist der Wortlaut des Art. 73f i.V.m. Art. 109f Abs. 8 und 109c Abs. 1 und 2 EGV insoweit eindeutig, was die beteiligten Organe anbelangt, wenn die Schutzmaßnahmen im Stadium der eingeführten gemeinsamen Währung zu treffen sind. Unterschiedliche Ansichten bestehen jedoch dann, wenn Schutzmaßnahmen während der zweiten Stufe getroffen werden müssen oder dann, wenn erst nur ein Teil der Mitgliedstaaten die gemeinsame Währung der Währungsunion eingeführt hat, für die anderen aber gemäß Art. 109k EGV eine Ausnahmeregelung gilt.

Einerseits wird hierzu ausgeführt, daß bei den Ratsbeschlüssen über den Einsatz einer Schutzklausel i.S.v. Art. 73f EGV nur die Mitgliedstaaten teilnehmen dürfen, die der Währungsunion bereits beigetreten sind. Die Mitgliedstaaten hingegen, für die gemäß Art. 109k EGV eine Ausnahmeregelung gilt, bleiben hierbei außen vor[630]. Die Tatsache, daß Art. 73f EGV nicht in der Liste der gemäß Art. 109k Abs. 3 EGV nicht auf die Ausnahmestaaten anwendbaren Vorschriften aufgenommen sei, widerspräche dem Ausschluß nicht. Vielmehr erfordere es die Beschlußhoheit, die dem Rat gemäß Art. 73f EGV übertragen worden ist, daß nur die Mitgliedstaaten an der Beschlußfassung beteiligt wären, die selbst der gemeinsamen Währung bereits angehörten. Außerdem wäre es mit dem System der Regelungen über die abgestufte Währungsunion nicht zu vereinbaren, wenn Mitgliedstaaten an einer Beschlußfassung teilnähmen, die die Verantwortung für den entsprechenden Politikbereich nicht mittrügen und für die die Maßnahmen selbst keine unmittelbaren Wirkungen erzeugten[631].

Andererseits wird als Gegenansicht vertreten, daß die Mitgliedstaaten, für die eine

---

629 *Kimms*, S. 196.

630 *Seidel*, in: GS für Grabitz, S. 763 ff. (776).

631 *Seidel*, a.a.O., S. 763 ff. (776).

Ausnahmeregelung gilt, sehr wohl an der Beschlußfassung teilhaben können, und zwar mit dem Argument, daß der Wortlaut des Art. 73f EGV selbst eine Differenzierung in Ratsmitglieder der Staaten, die bereits an der Einheitswährung teilnehmen und solche der Mitgliedstaaten, für die eine Ausnahmeregelung gelte, nicht zulasse. Ebenfalls zieht diese Ansicht Art. 109k Abs. 3 EGV zur Begründung heran. Dort sei eindeutig die Vorschrift des Art. 73f EGV nicht in den Kreis der Normen aufgenommen worden, die nicht für die Staaten gelten sollten, die vorerst nicht an der Einheitswährung teilnähmen. Für eine Teilnahme der Staaten, für die eine Ausnahmeregelung gilt, spräche darüber hinaus, daß alle Mitgliedstaaten der EG über Art. 2 und 3a EGV zur Förderung der Funktionsfähigkeit der Wirtschafts- und Währungsunion verpflichtet sind. Dieser Verpflichtung könnten die Mitgliedstaaten, für die eine Ausnahmeregelung gilt, aber möglicherweise gerade dann nicht nachkommen, wenn vor allem spekulatives, kurzfristiges Kapital in großem Umfang aus Drittländern in einen dieser Mitgliedstaaten hinein- oder aus ihm in Drittländer hinausfließe. Eine Störung der Funktionsfähigkeit der Wirtschafts- und Währungsunion wäre in diesem Fall darin zu erblicken, daß der immense Kapitaltransfer ein erhebliches Hemmnis für die Erfüllung der Konvergenzkriterien durch den betroffenen Staat und damit für die Einführung der gemeinsamen Währung in diesem Staat darstellt[632].

Gegen die erstgenannte Ansicht von *Seidel* spricht zunächst der Wortlaut von Art. 109k Abs. 3 EGV, der nichts über einen Anwendungsausschluß des Art. 73f EGV bei den Staaten, für die eine Ausnahmeregelung gilt, aussagt. Wenn auch noch nachzuvollziehen wäre, daß die vertragsschließenden Parteien bei einer Norm, etwa bei Art. 73f EGV, eine klarstellende Regelung versäumt haben, so ist es doch ausgesprochen unwahrscheinlich, daß ihnen dieselbe Nachlässigkeit ein zweites Mal widerfährt. Des weiteren ist gegen *Seidel* ein teleologisches Argument anzuführen. Bei seiner Auslegung des Art. 73f EGV geht *Seidel* offensichtlich davon aus, daß diese Norm erst ab dem Beginn der dritten Stufe zur Anwendung gelangen soll, anders ist sein Hinweis auf Art. 109k Abs. 3 EGV, der nur für die Mitgliedstaaten eine Regelung enthält, die noch nicht an der Einheitswährung teilnehmen, nicht zu verstehen. Zwar spricht *Seidel* von der Wirtschafts- und Währungspolitik der "Gemeinschaft" und nicht von der der Währungsunion[633], jedoch geht er an keiner Stelle auf das EWI ein, das gemäß Art. 109f Abs. 8 EGV bis zum Beginn der dritten Stufe der Wirtschafts- und Währungsunion den Platz der EZB einnimmt.

Auch würde die Annahme der Anwendbarkeit des Art. 73f EGV in der zweiten Stufe *Seidel* vor das Problem stellen, daß bis zum 1.1.1999 Art. 73f EGV für alle Mitgliedstaaten gleichermaßen gilt, ab diesem Datum jedoch nur noch für die Staaten, die die gemeinsame Währung eingeführt haben. Diese im EG-Vertrag an keiner Stelle angedeutete Anwendbarkeitsreduzierung des Art. 73f EGV auf einige wenige Staaten ab dem 1.1.1999 ließe sich nur vermeiden, wenn generell

---

632 *Ress/Ukrow*, in: Grabitz/Hilf, Bd. I, Art. 73f, Rn. 8.
633 *Seidel*, in: GS für Grabitz, S. 763 ff. (775).

Art. 73f EGV erst ab dem 1.1.1999 gelten sollte. Dies jedoch steht eindeutig in Widerspruch zu der Regelung des Art. 73a EGV, wonach die Vorschriften der Art. 73b bis 73g mit Wirkung vom 1.1.1994 an die Stelle der alten Art. 67 bis 73 E(W)GV treten, mithin auch Art. 73f EGV.

Wenn weiterhin *Seidel* mit dem System der Vorschriften über die Wirtschafts- und Währungsunion argumentiert und Art. 73f EGV in dieses System einbezieht, so ist zwar korrekt, daß die Regelung des Art. 73f EGV sich mit einem Sachverhalt befaßt, der im Rahmen der Wirtschafts- und Währungsunion angesiedelt ist, jedoch ist primärer Regelungsgegenstand des Art. 73f EGV die Einführung von Schutzmaßnahmen bei außergewöhnlich umfangreichem Kapitalverkehr, was Art. 73f EGV eindeutig in das System der Normen über den Kapitalverkehr einbezieht. Gegen das Systemargument ist darüber hinaus einzuwenden, daß, wenn schon von einer Zugehörigkeit zu einem speziellen Normensystem ausgegangen wird, dann auch das gesamte System zugrundegelegt werden muß. Dies umfaßt bei der Wirtschafts- und Währungsunion aber nicht nur deren dritte Stufe, sondern auch die vorbereitenden Stufen, so daß die Funktionsfähigkeit der Wirtschafts- und Währungsunion - wie gesehen - auch dann schwerwiegend gestört ist, wenn den an der gemeinsamen Währung noch nicht teilnehmenden Staaten die Erfüllung der Teilnahmekriterien erheblich erschwert oder zeitweilig unmöglich gemacht wird.

Schließlich stützt auch der EG-Vertrag selbst *Seidels* Systemargument nicht. Denn wenn von einer Zugehörigkeit des Art. 73f EGV zum System der Normen über die Wirtschafts- und Währungsunion ausgegangen werden sollte und dabei vorausgesetzt werden müßte, daß Art. 73f EGV erst ab der dritten Stufe zur Anwendung gelangen sollte, um die oben genannten Schwierigkeiten mit einer Anwendbarkeit auch in Stufe zwei zu vermeiden, dann müßte Art. 73f EGV in Art. 109e Abs. 3 UAbs. 2 EGV genannt sein, denn hierin sind die Normen des Systems der Wirtschafts- und Währungsunion aufgeführt, die erst ab der dritten Stufe gelten sollen. Hieraus und aus den Argumenten der von *Ress* vertretenen Gegenansicht ergibt sich zunächst, daß Art. 73f EGV bereits in der zweiten Stufe der Wirtschafts- und Währungsunion zur Anwendung gelangen kann und weiter, daß mangels Differenzierung in Art. 73f EGV auch die Ratsmitglieder an der Beschlußfassung über den Einsatz von Schutzmaßnahmen im Kapitalverkehr beteiligt sind, für deren Staaten in der dritten Stufe eine Ausnahmeregelung gemäß Art. 109k EGV gilt, und nicht lediglich die Ratsmitglieder der Staaten, die bereits an der gemeinsamen Währung der Währungsunion teilnehmen.

d) Die Einbeziehung der Eurostaaten in die Schutzmaßnahmen des Art. 73 f EGV

Wenn am 1.1.1999 die dritte Stufe der Wirtschafts- und Währungsunion beginnt, dann gibt es innerhalb der Europäischen Gemeinschaft einen aus mehreren Staaten bestehenden Einheitswährungsblock und einige verbliebene nationale Einzelwährungen. Kommt es aufgrund von erheblichen Kapitalbewegungen bei einer oder mehrerer dieser nationalen Einzelwährungen zu Schwierigkeiten, die Schutzmaßnahmen gemäß Art. 73f EGV erforderlich machen, so muß, damit die Maßnahme auch ihre volle Wirksamkeit entfalten kann (effet utile), diese Schutzmaßnahme für den gesamten Gemeinschaftsraum gelten, denn innerhalb der Gemeinschaft fluktuierendes Kapital unterfällt nicht der Regelung des Art. 73f EGV. Folglich muß, um Spekulationskapital von dem von Schwierigkeiten betroffenen Mitgliedstaat fernzuhalten, auch die Möglichkeit eines Umwegs des Kapitals über einen anderen Mitgliedstaat der EG in diesen Mitgliedstaat ausgeschlossen werden. Soweit ersichtlich geht der EG-Vertrag auch nicht davon aus, daß Schutzmaßnahmen gemäß Art. 73f EGV lediglich regional eingesetzt werden, während dies bis zum 31.12.1993 unter der Geltung der Art. 67 bis 73 E(W)GV noch möglich war. Dort sah speziell Art. 70 Abs. 2 UAbs.1 E(W)GV bei innergemeinschaftlichen Unterschieden in den Devisenvorschriften, die von in den Mitgliedstaaten ansässigen Personen durch Inanspruchnahme der in Art. 67 E(W)GV niedergelegten Kapitalverkehrsliberalisierung umgangen wurden und so dem betreffenden Mitgliedstaat Nachteile zufügten, einzelstaatliche Maßnahmen zur Unterbindung dieser Handlungen vor. Auch Art. 73 E(W)GV sah einzelstaatliche Schutzmaßnahmen für den Fall vor, daß Kapitalbewegungen Störungen im Funktionieren des (nationalen, Anm. d. Verf.) Kapitalmarktes hervorriefen.

Da diese Regelungen seit dem 1.1.1994 nicht mehr gelten, ist davon auszugehen, daß Schutzmaßnahmen gemäß Art. 73f EGV für das gesamte Gemeinschaftsgebiet gelten. Ist aber die gesamtgemeinschaftliche Wirkung unvermeidbar, dann müßten auch die Staaten, für die die Einheitswährung bereits begonnen hat, von dieser Schutzmaßnahme betroffen sein, obwohl ihre Währung - der Euro - möglicherweise von den Schwierigkeiten überhaupt nicht betroffen ist. Derartige Schutzmaßnahmen werden jedoch gemeinhin als offenbare Schwäche der zu schützenden Währung gewertet mit den entsprechenden Reaktionen auf den internationalen Kapitalmärkten. Der Schaden, der sich daraus für die sich vielleicht gerade erst entwickelnde Euro-Währung ergeben kann, ist möglicherweise beträchtlich, vor allem dann, wenn ein Mitgliedstaat, für den eine Ausnahmeregelung gilt, sehr bald nach der Einführung des Euro in die besagten Schwierigkeiten gerät[634].

Wenn diese Situation vermieden werden soll, dann müßte ein Weg gefunden werden, die Teilnehmer der Einheitswährung von den Schutzmaßnahmen auszunehmen, um so den internationalen Kapitalmärkten das Vertrauen in die Stärke des Euro nicht zu nehmen. Unabhängig davon, wie dies zu realisieren wäre, stellt sich dann die Folgefrage, warum die EZB an der Beschlußfassung über eine Schutzmaßnahme beteiligt sein soll (vgl. Art. 73f EGV), wenn sie im Endeffekt davon nicht betroffen ist. Diese Frage jedoch läßt sich ungleich einfacher beantworten als die erste. Ausweislich des Art. 1091 Abs. 2 EGV wird das EWI, welches die die Währungspolitik der Mitgliedstaaten in der zweiten Stufe der Wirtschafts- und Währungsunion koordinierende Institution ist, liquidiert und zwar unabhängig

---

634 Hierauf weist *Seidel*, a.a.O., S. 775 zurecht hin.

davon, ob bereits alle Mitgliedstaaten in die Währungsunion eingetreten sind. Gemäß Art. 109l Abs. 3 EGV tritt an die Stelle des EWI sofern und solange es noch Mitgliedstaaten gibt, für die eine Ausnahmeregelung gilt, der in Art. 45 ff. ESZB-Satzung niedergelegte Erweiterte Rat der EZB. In diesem Gremium sind gemäß Art. 45.2 ESZB-Satzung neben dem Präsidenten und dem Vizepräsidenten der EZB auch die Präsidenten aller nationalen Notenbanken vertreten. Gemäß Art. 47.1 i.V.m. Art. 44 ESZB-Satzung nimmt der Erweiterte Rat die Aufgaben des EWI solange wahr, wie es noch Mitgliedstaaten gibt, für die eine Ausnahmeregelung gilt.

Dementsprechend und unter Berücksichtigung des Art. 109f Abs. 8 EGV ist in der Phase, in der noch nicht alle Mitgliedstaaten der EG an der gemeinsamen Währung der Währungsunion teilnehmen, Art. 73f EGV - und daneben auch alle anderen Vorschriften des EG-Vertrages, die eine Beteiligung der EZB vorsehen - so zu lesen, daß an die Stelle der "Anhörung der EZB" die Worte "Anhörung des Erweiterten Rates der EZB"[635] rücken. Auf diese Weise wird eine von den Mitgliedstaaten, für die eine Ausnahmeregelung gilt, sicher nicht akzeptierte Bevormundung durch die EZB vermieden und statt dessen eine gemeinsame Entscheidung aller Mitgliedstaaten ermöglicht, wobei den Vertretern der Staaten, die bereits in die Währungsunion eingetreten sind, auch keine Stimmenmajorität oder ähnliches zukommt.

Offen ist bisher noch die Frage, wie zu verhindern ist, daß auch das Euro-Gebiet in die Schutzmaßnahmen einbezogen wird, obwohl die Schwierigkeiten des Mitgliedstaates in seiner Währung begründet liegen, der Euro durch diese Vereinnahmung aber möglicherweise auf den internationalen Finanzmärkten einen schädlichen Vertrauensverlust hinnehmen muß. Aus der hier für richtig gehaltenen zweitgenannten Ansicht von *Ress* ergibt sich das Problem, daß der Vertragstext im Rahmen des Art. 73f EGV hinsichtlich dieser möglicherweise schädigenden Einbeziehung des Euro-Währungsraumes in die Beschränkungen so nicht sinnvoll praktikabel ist[636]. Mit der Ansicht von *Ress* entsteht hier somit eine Konsequenz, die nicht gewollt sein kann, die bestehende Regelung des Art. 73f EGV ist folglich für Sachverhalte der hier behandelten Art nicht geeignet, so daß für diese Frage ein regelungsfreier Raum besteht, der entweder durch Auslegung oder durch teleologische Reduktion ausgefüllt werden muß.

---

635 Vgl. Art. 44 Abs. 1 ESZB-Satzung i.V.m. Art. 45 Abs. 1 und 47 Abs. 1 ESZB-Satzung.

636 Nebenbei sei angemerkt, daß die oben abgelehnte Ansicht *Seidels* diesen Konflikt vermeidet, da danach Art. 73f EGV ohnehin erst ab der dritten Stufe der Wirtschafts- und Währungsunion gelten soll und dann auch nur für die an der gemeinsamen Währung teilnehmenden Staaten. Wenn auch diese offenkundige höhere Praktikabilität der Ansicht *Seidels* für sie spricht, so ist doch zu berücksichtigen, daß Praktikabilität allein die Objektivität des Rechts nicht verdrängen darf; so auch GA *Trabucchi*, EuGH Rs. 43/75 - *Defrenne/Société anonyme belge de navigation aérienne Sabena* -, Slg. 1976, S. 455 ff. (490).

aa) Die Auslegung des primären Gemeinschaftsrechts

Dem EuGH als dem gemäß Art. 164 EGV einzig zuständigen Organ zur Auslegung des Gemeinschaftsrechts stehen grundsätzlich die gleichen Auslegungskriterien[637] zur Verfügung wie den nationalen Gerichten, somit die Auslegung nach dem Wortlaut (grammatikalische Auslegung), nach der Stellung der Norm im Gesetzestext im Verhältnis zu anderen Normen (systematische Auslegung), nach dem Sinn und Zweck, bzw. den Zielen der Norm (teleologische Auslegung) und schließlich die nach den bei der Gesetzgebung verwendeten Materialien (historische Auslegung). Diese Auslegungskriterien lassen sich in subjektive und objektive trennen, wobei erstere das am Wortlaut sowie das an den historischen Materialien ausgerichtete Kriterium umfaßt, wohingegen das teleologische Kriterium als objektives, von unterschiedlichen Sprachregelungen und den früheren Intentionen der vertragschließenden Parteien losgelöstes Element anzusehen ist. Die Systematik läßt sich exakt hier nicht einordnen, gleichwohl tendiert sie eher zum teleologischen, demnach zum objektiven Kriterium.

Im primären Gemeinschaftsrecht werden vom EuGH - im Unterschied zum sekundären Gemeinschaftsrecht - die subjektiven Kriterien nicht angewandt[638], es herrschen die objektiven Kriterien vor. Auch bei der Auslegung der Verträge nach ihren Zwecken und Zielen wird zur Konkretisierung derselben nicht auf die Entstehungsgeschichte zurückgegriffen, sondern es werden dem Vertrag selbst die Ziele entnommen, von denen anzunehmen ist, daß die Vertragsgründer diese mit einer bestimmten Vorschrift vernünftigerweise verfolgen wollten[639]. Diese sich dem nationalen Recht annähernde, sich damit gleichzeitig vom Völkerrecht entfernende Handhabung der Auslegungskriterien in bezug auf das Primärrecht findet seine Rechtfertigung darin, daß einerseits die allen Rechtsordnungen gemeinsame Anpassungsfunktion des Rechts an neue Werte, d.h. an die der jeweiligen Situation am ehesten entsprechenden Zielbestimmungen, eine derart dynamische Auslegung erfordert und nicht etwa einer strikten Orientierung an in der Vergangenheit aufgestellten Zielbestimmungen bedarf, daß andererseits im Gegensatz zum Völkerrecht die weitaus umfassendere Gerichtsbarkeit des EuGH die Ausbildung eines von allen am Vertragswerk beteiligten Parteien zustimmungsfähigen neuen Konsenses gestattet, wenn im Laufe der fortschreitenden Integration eine neue Rechtsüberzeugung sich entwickelt[640].

---

637 Wenn hier nicht von Auslegungs*methoden*, sondern von Auslegungs*kriterien* gesprochen wird, dann um zu vermeiden, daß der Eindruck entsteht, es handele sich um alternative Möglichkeiten der Auslegung einer Norm. Bei den genannten Kriterien handelt es sich vielmehr um methodische Gesichtspunkte, die alle zu berücksichtigen sind, soll am Ende ein richtiges im Sinne von zutreffendes Ergebnis stehen; vgl. *Larenz/Canaris*, Methodenlehre, S. 319.

638 *Meyer*, Jura 1994, S. 455 ff. (455).

639 *Bleckmann*, NJW 1982, S. 1177 ff. (1178).

640 *Bleckmann*, EuR 1979, S. 239 ff. (241).

Wenn auch der EuGH selbst zu den von ihm präferierten Auslegungskriterien ausdrücklich keine Stellung bezieht, so scheint er zu einer teleologisch-systematischen Auslegung zu tendieren. Immerhin läßt sich dem Urteil *Continental Can*[641], in dem der EuGH die in Art. 3 EWGV niedergelegten Ziele über den Wortlaut des Art. 86 EWGV gestellt hat, ein Vorrang der vertraglichen Ziele und damit der teleologischen Auslegung vor der Wortlautauslegung entnehmen. In engem Zusammenhang mit dem teleologischen Auslegungskriterium steht der Grundsatz der nützlichen Wirkung, des effet utile einer Gemeinschaftsnorm (vgl. schon oben)[642].

Im Gegensatz zur Ansicht des BVerfG in der Maastricht-Entscheidung[643] ist damit jedoch nicht die größtmögliche Ausschöpfung der vorhandenen Gemeinschaftsbefugnisse mit daraus resultierendem schleichenden Kompetenzverlust der Mitgliedstaaten verbunden[644], sondern vielmehr die praktische Wirksamkeit des Gemeinschaftsrechts im vorhandenen Kompetenzgefüge[645]. Dabei handelt es sich beim Grundsatz des effet utile nicht um eine Auslegungsregel, sondern eher um eine Anwendungsregel des Gemeinschaftsrechts, die wesentlich mit dem Grundsatz der Funktionsfähigkeit der Gemeinschaft verbunden ist.

bb) Die teleologisch-systematische Auslegung des Art. 73f EGV

Auch wenn es sich hier um die Auslegung anhand rein objektiver Kriterien handelt, so ist doch bei jeder Form der Auslegung zu berücksichtigen, daß die erkennbare Regelungsabsicht und die der gesetzlichen Regelung zugrunde liegenden Wertentscheidungen nicht übergangen werden dürfen[646]. Die einzelne Bestimmung ist daher im Rahmen ihres möglichen Wortsinns und in Übereinstimmung mit dem Bedeutungszusammenhang des Gesetzes in dem Sinne auszulegen, der den Zwecken der gesetzlichen Regelung und dem Rangverhältnis dieser Zwecke optimal entspricht[647]. Dabei ist stets zu berücksichtigen, daß die durch den EG-Vertrag begründete Rechtsordnung ganz im Dienste der Integration steht, woraus folgt, daß die Erreichung der Integrationsziele bei einer derart zielorientierten Rechtsordnung wichtiger sein muß als der in den subjektiven Auslegungskriterien zum Ausdruck kommende ursprüngliche Parteiwille[648].

Eine Auslegung des Art. 73f EGV, die sich an seinem Sinn und Zweck, bzw. seinen Zielen orientiert, muß sich zwangsläufig auf die Kapitalverkehrsfreiheit be-

---

641 EuGH Rs. 54/72 - *Fonderie Officine Riunite "FOR"/Vereinigte Kammgarnspinnereien "VKS"* -, Slg. 1972, S. 193 ff. (209).
642 Pkt. III.1.d)dd) sowie III.2.b)bb).
643 BVerfGE 89, S. 155 ff.
644 BVerfG, a.a.O., S. 210.
645 *Everling*, EuR 1994, S. 127 ff. (128, Fn. 12).
646 *Larenz/Canaris*, Methodenlehre, S. 318.
647 *Larenz/Canaris*, a.a.O., S. 332.
648 *Bleckmann*, NJW 1982, S. 1177 ff. (1181); *Meyer*, Jura 1994, S. 455 ff. (456).

schränken. Ziel dieser Norm ist es, stabililtätsgefährdende zins- oder paritätsinduzierte Kapitalbewegungen von den Mitgliedstaaten fernzuhalten, bzw. die Attraktivität der Spekulation in die in Schwierigkeiten geratene Währung durch kapitalverkehrsbeschränkende Maßnahmen zu senken und so die für das Funktionieren der Wirtschafts- und Währungsunion erforderliche Stabilität und Konvergenz der an ihr teilnehmenden Staaten zu gewährleisten oder wieder herzustellen. Um dieses Ziel zu erreichen, werden Rückschritte in der Liberalisierung des freien Kapitalverkehrs hingenommen, und zwar gemeinschaftsweit, denn ersichtlich enthält der EG-Vertrag keine Regelung, in der von der regionalen Beschränkung der Schutzmaßnahmen ausgegangen wird. Gerade die gemeinschaftsweite Wirksamkeit der Schutzmaßnahmen ist aber erforderlich, um die nützliche Wirkung, den effet utile, der Vorschrift zu gewährleisten, denn die innergemeinschaftliche Beschränkung von Kapitalbewegungen ist gemäß Art. 73b EGV verboten, was insbesondere auch darin zum Ausdruck kommt, daß Art. 73f EGV eben nicht zwischen den Mitgliedstaaten der EG zur Anwendung gebracht werden kann. Um also die Umgehung von einzelstaatlichen Schutzmaßnahmen durch die Kapitalmärkte zu vermeiden, indem sie zunächst über andere Staaten in die Gemeinschaft gelangen und dort dann von der "inneren" Kapitalverkehrsfreiheit profitieren, erscheint es daher angebracht, die Schutzmaßnahmen in bezug auf die "äußere" Kapitalverkehrsfreiheit für die gesamte Gemeinschaft gelten zu lassen.

In systematischer Hinsicht ist zunächst wiederum zu bemerken, daß sich im näheren Normengefüge des Art. 73f EGV ausschließlich die Regelungen der vierten Freiheit des EG-Vertrages befinden. Erst in der Gesamtsystematik des Vertrages tritt der Zusammenhang mit den Vorschriften über die Wirtschafts- und Währungsunion deutlicher hervor. Hieraus läßt sich jedoch nur entnehmen, daß - wie oben bereits ausgeführt wurde[649] - die Vorschrift des Art. 73f EGV auch schon in der zweiten Stufe der Wirtschafts- und Währungsunion gilt und nicht erst in der dritten Stufe. Eine Regelung wie die hier geforderte, mit der die Staaten der gemeinsamen Währung von den Kapitalverkehrsbeschränkungen ausgenommen werden können, wenn diese Beschränkungen oder Schutzmaßnahmen einen erheblichen Nachteil für sie bedeuten, läßt sich auch in systematischer Hinsicht nicht aus der Norm ableiten. Auch ein Abstellen auf die Rangeinteilung der Ziele und Zwecke im Rahmen der teleologischen Auslegung[650] des EG-Vertrages, kann hier nicht zu einem anderen Ergebnis führen, da zwar oben im Rahmen einer Zielhierarchisierung die Integrationsstufe der Wirtschafts- und Währungsunion als die dem Binnenmarkt übergeordnete Stufe angesehen wurde, was auch einer gewissen vorrangigen Zielverwirklichung entspricht, jedoch kann dabei nicht so weit gegangen werden, daß das Primärrecht der Gemeinschaftsverträge im Wege der Auslegung eindeutig entgegen seinem Wortlaut abgewandelt wird. Dies würde den Rahmen der möglichen und zulässigen Auslegung sprengen.

---

[649] S.o. III.3.c).

[650] Vgl. dazu generell *Larenz/Canaris*, Methodenlehre, S. 332.

cc) Teleologische Reduktion des Art. 73f EGV

Wenn offenbar im Wege der Auslegung einer Norm nicht das anvisierte Ergebnis erreicht werden kann, weil das Ergebnis außerhalb des durch Auslegung ermittelbaren Normsinns liegt, so muß dann die Frage gestellt werden, ob über den Wortlaut hinaus ein praktikables Ergebnis gefunden werden kann. Es gibt folglich Fälle, für die das Gesetz zwar eine nach jedem möglichen Wortsinn anwendbare Regel enthält, auf die diese Regel aber ihrem Sinn und Zweck nach nicht paßt. Die gesetzliche Regel bedarf daher hier einer im Gesetz nicht enthaltenen, mit dem möglichen Wortsinn nicht zu vereinbarenden Einschränkung, deren Fehelen als "Lücke" angesehen werden kann[651]. Wenn der sprachlich eindeutige Wortlaut einer Vorschrift verlassen und auf den eigentlichen Sinn und Zweck der Norm abgestellt wird, handelt es sich um Lückenergänzung, Analogie oder teleologische Reduktion[652], wobei dann die Ebene der Auslegung des gegebenen Rechts verlassen und die Ebene der richterlichen Rechtsfortbildung betreten wird.

Um eine Analogie kann es im vorliegenden Fall ersichtlich nicht gehen, denn sie setzt voraus, daß ein ähnlicher Fall wie der zu untersuchende im Gesetzeswerk eine konkrete und praktikable Ausgestaltung gefunden hat, der zu untersuchende Fall jedoch aufgrund einer Besonderheit des Sachverhalts nicht unter die geregelte Norm zu subsumieren ist. Dabei muß aber die weitgehende Übereinstimmung und Ähnlichkeit der Sachverhalte wegen des Grundsatzes der Gerechtigkeit, der darin zum Ausdruck kommt, daß Gleiches auch gleich zu behandeln sei, auch vor dem Recht in gleicher Weise gehandhabt werden. Dies hätte zur Folge, daß der vom geregelten leicht unterschiedliche Fall trotz der Abweichung doch unter die gleiche Norm zu subsumieren ist, wenn auch diese Norm nur entsprechend, eben analog angewandt wird. Da es jedoch im EG-Vertrag an keiner Stelle eine Regelung gibt, die einen Sachverhalt behandelt, welcher dem hier gegebenen vergleichbar erscheint, kann es auch von vornherein keine analog anzuwendende Norm geben.

Es ist folglich von einer Regelungslücke auszugehen. Eine solche ist gegeben, wenn eine bestimmte auf den Sachverhalt grundsätzlich anwendbare Regelung im ganzen - im Gegensatz zur Unvollständigkeit lediglich eines einzelnen Rechtssatzes; dann handelt es sich um eine Normlücke[653] - für eine konkrete Frage, die nach der zugrunde liegenden Regelungsabsicht einer Regelung bedarf, keine Regel enthält[654]. Das Gesetz ohne die Ergänzung ermöglicht auch in diesem Fall eine Antwort auf die gestellte Rechtsfrage. Sie müßte allerdings lauten, daß die Frage nicht geregelt sei. So liegt es hier. Generell ist die Frage geregelt, wie in einer Situation verfahren werden kann, in der Kapitalbewegungen aus oder nach dritten Ländern unter außergewöhnlichen Umständen das Funktionieren der Wirtschafts- und Währungsunion schwerwiegend stören oder zu stören drohen. Hier-

---

651 *Larenz/Canaris*, a.a.O., S. 191; *Zippelius*, Juristische Methodenlehre, S. 59.
652 *Larenz/Canaris*, a.a.O., S. 322.
653 *Larenz/Canaris*, a.a.O., S. 193.
654 *Larenz/Canaris*, a.a.O., S. 372; *Canaris*, Die Feststellung von Lücken... , S. 82.

für sieht Art. 73f EGV eine befriedigende Lösung vor. Nicht geregelt ist hier aber die oben aufgeworfene Frage, wie zu verfahren ist, wenn innerhalb der EG-Staaten, für die eine Ausnahmeregelung gilt, Schwierigkeiten infolge der genannten Kapitalbewegungen auftreten. Um schwerwiegende Nachteile für die Eurostaaten zu vermeiden, ist aber auch für diese Situation eine Regelung erforderlich. Ob tatsächlich eine Lücke vorliegt, ist vom Standpunkt des Gesetzes selbst, der ihm zugrunde liegenden Regelungsabsicht, der mit ihr verfolgten Zwecke und des gesetzgeberischen Plans zu beurteilen. Die Feststellung der Lücke erfolgt durch den Nachweis, daß die ratio legis einer Norm auf einen bestimmten Ausnahmetatbestand nicht paßt[655]. Dabei ist eine Regelungslücke nicht mit einer Gesetzeslücke gleichzusetzen. Diese ist eine planwidrige Unvollständigkeit im Gesamtsystem des Gesetzes[656], jene ist lediglich eine Lücke innerhalb des Regelungszusammenhangs des Gesetzes selbst. An die Grenze der Zulässigkeit stößt die teleologische Reduktion dort, wo mit ihr nicht mehr die Norm nur durch einen Ausnahmetatbestand eingeschränkt, sondern in Wahrheit gänzlich außer Kraft gesetzt werden soll[657].

Der Situation unterschiedlicher Integrationsstufen und vor allem der Situation, daß einige Staaten im Rahmen der dritten Stufe der Wirtschafts- und Währungsunion ihre eigenen nationalen Währungen zugunsten einer einheitlichen aufgegeben, andere Mitgliedstaaten diesen Schritt jedoch noch nicht getan haben, wird die Regelung des Art. 73f EGV offenkundig nicht gerecht. Hinsichtlich dieser Frage, die - bezieht man vor allem die Regelung des Art. 109k EGV in die Betrachtung mit ein - bei unterschiedlich schnellem Voranschreiten im Rahmen der weiteren Integration hätte geregelt werden müssen, was wohl auch dem gesetzgeberischen Plan der vertragschließenden Parteien entsprach, besteht folglich eine Lücke im Regelungswerk.

Darüber hinaus ist im Rahmen der Regelungslücken zu unterscheiden zwischen offenen und verdeckten Lücken. Bei den offenen Lücken handelt es sich um solcherart Unvollständigkeiten, daß ein Gesetz für eine bestimmte Fallgruppe, hier Schutzmaßnahmen der Nicht-Eurostaaten im Bereich der Kapitalverkehrsfreiheit gegenüber Drittstaaten bei Vorliegen einer bereits teilweise eingeführten gemeinsamen Währung, keine Regelung enthält, obwohl dies nach der Teleologie des Gesetzes eigentlich der Fall sein sollte. Demgegenüber wird von verdeckten Lükken im Gesetz gesprochen[658], wenn das Gesetz zwar eine auf Fälle dieser Art anwendbare Regelung grundsätzlich enthält, die aber ihrem Sinn und Zweck nach nicht auf eine bestimmte Art dieser Fälle paßt, weil sie deren für die Wertung relevante Besonderheit außer acht läßt. In diesem Fall besteht die Lücke in einer nicht vorhandenen Einschränkung der Anwendbarkeit der fraglichen Norm auf

---

655 *Canaris*, a.a.O., S. 83; dazu auch *Zippelius*, Juristische Methodenlehre, S. 63.

656 *Canaris*, a.a.O., S. 73.

657 *Canaris*, a.a.O., S. 189.

658 Gegen diese Begriffswahl, wie gegen die Existenz "verdeckter Lücken" überhaupt, *Brandenburg*, Die Teleologische Reduktion, S. 65.

den besonderen Sachverhalt[659]. Letzteres ist hier gegeben. Zwar enthält der EG-Vertrag mit seinem Art. 73f eine Regelung hinsichtlich der Schutzmaßnahmen im Bereich der Kapitalverkehrsfreiheit auch für den Fall einer gemeinschaftsweit eingeführten Einheitswährung. Eine Regelung der Frage, wie bei unterschiedlichen Integrationsstufen zu verfahren ist, läßt der Vertrag jedoch vermissen, denn Art. 73f EGV geht nur von einer einheitlichen Integrationsstufe aller Mitgliedstaaten aus.

Derartige verdeckte Lücken einer Regelung werden durch Hinzufügen der fehlenden Einschränkung des Anwendungsbereichs der Norm ausgefüllt. Die hierin zum Ausdruck kommende Rückführung der im Gesetz zu weit gefaßten Regel auf den ihr nach dem Regelungszweck und dem Sinngehalt zukommenden Anwendungsbereich ist die teleologische Reduktion[660]. Diese Möglichkeit der "Korrektur" einer Norm nach Maßgabe pragmatischer Kriterien wird auch vom EuGH implizit anerkannt[661]. Ihre Rechtfertigung liegt in dem Grundsatz der Gerechtigkeit, Ungleiches ungleich zu behandeln, d.h. die von der Wertung der einzelnen zu beurteilenden Sachverhalte her erforderlichen Differenzierungen vorzunehmen[662]. Diese Differenzierungen sind hier geboten durch den - im Gegensatz zur Situation bei der Auslegung hier zur Geltung kommenden - vorrangigen Zweck der Normen über die Wirtschafts- und Währungsunion, und vor allem deren dritter Stufe. Andernfalls, bei Einbeziehung der Staaten in die Schutzmaßnahmen des Art. 73f EGV, die die gemeinsame Währung bereits eingeführt haben, würde dieser Zweck nicht erreicht, bzw. wäre die Zweckerreichung aus den genannten Gründen - wie Vertrauensverlust in den Euro - erheblich gefährdet. Es ist mithin festzuhalten, daß aus Gründen der Sicherung der Funktionsfähigkeit der im hier betrachteten Fall bereits teilweise begonnenen Einheitswährung die an ihr teilnehmenden Staaten von den Schutzmaßnahmen des Art. 73f EGV ausgenommen sind, wenn sie vom Rat der EG nach Vorschlag der Kommission und Anhörung des Erweiterten Rates der EZB getroffen werden.

---

[659] *Larenz/Canaris*, Methodenlehre, S. 377; so auch *Fikentscher*, Methoden des Rechts, S. 286 f.

[660] *Canaris*, Die Feststellung von Lücken im Gesetz, S. 83. *Brandenburg* spricht hier von der wörtlichen Nichtanwendung einer sich anbietenden Norm, etwa im Sinne einer Einschränkung durch Fallgruppenexemtion. Es sei hier von einer "Anomalie" der wörtlichen Nichtanwendung trotz Tatbestandserfüllung zu sprechen, Die teleologische Reduktion, S. 70.

[661] *Potacs*, Auslegung im öffentlichen Recht, S. 241; s. dazu auch EuGH Rs. 31/70 - *Getreide- und Futtermittel Handelsgesellschaft/Hauptzollamt Hamburg-Altona* -, Slg. 1970, S. 1055 ff. (1062), wo der EuGH zwar eine Reduktion ablehnt, dies jedoch erst nach eingehender Untersuchung des Textzusammenhanges und teleologischer Erwägungen. Hieran aber ist zu erkennen, daß der EuGH Reduktionen grundsätzlich für zulässig erachtet.

[662] *Canaris*, Die Feststellung von Lücken im Gesetz, S. 82.

dd) Konsequenzen der Nichteinbeziehung der Eurostaaten in die Schutzmaßnahmen gemäß Art. 73f EGV

Die Nichteinbeziehung der Eurostaaten in die Schutzmaßnahmen des Art. 73f EGV bringt jedoch vor allem ein nicht zu vernachlässigendes Folgeproblem mit sich. Die durch die Nichteinbeziehung vorgenommene faktische Trennung von Staaten, die bereits die gemeinsame Währung eingeführt haben, und EG-Staaten, die noch ihre nationale Währung haben, hat auch eine Trennung der Kapitalmärkte zur Folge, wie sie im Gemeinschaftsgebiet längst überwunden sein sollte. Das Problem besteht hier darin, daß dann, wenn die Eurostaaten nicht an den Schutzmaßnahmen gegenüber Drittstaaten beteiligt sind, Kapital aus den Drittstaaten zunächst in diese Staaten und danach von dort wegen der in Art. 73b Abs. 1 EGV niedergelegten und de lege lata nicht einschränkbaren Kapitalverkehrsfreiheit zwischen den Staaten der EG genau in den Staat oder die Staaten gelangen kann, der oder die vor dem Spekulationskapital geschützt werden sollten.

Damit ein derartiges Unterlaufen der Schutzmaßnahmen nicht möglich ist, muß eine Regelung gefunden werden, wie trotz des primärrechtlichen Ausschlusses der Kapitalverkehrsbeschränkungen zwischen den Staaten der EG hier ein Kapitalfluß in die gefährdeten Staaten verhindert werden kann. Möglich wären hier sicherlich auch Hilfsaktionen der EZB, etwa indem sie den Zufluß des Drittstaatskapitals mit geldpolitischen Instrumenten eindämmt. Dies geht jedoch nur soweit und solange, wie dies mit der primären Aufgabe der EZB, der Wahrung der Preisstabilität in dem Gebiet der einheitlichen Währung, vereinbar ist. Effizienter wäre allerdings eine notwendigerweise primärrechtliche Regelung, die für diesen Fall die Möglichkeit der Vornahme von Einschränkungen der Kapitalverkehrsfreiheit zwischen den Mitgliedstaaten der EG ermöglichte.

Im Anschluß an eine solche Regelung könnten dann zugunsten des EG-Staates, dessen nationale Währung von den Schwierigkeiten bedroht oder bereits betroffen ist, Schutzmaßnahmen dergestalt eingeführt werden, wie sie unter der Regelung des Art. 70 E(W)GV möglich waren, d.h. mit innergemeinschaftlich regional eingeschränktem Wirkungsbereich[663]. Ebenfalls müßte Art. 73 E(W)GV herangezogen werden, auch wenn diese Vorschrift letztlich dem Schutz der noch weitgehend in nationaler Verantwortung verbliebenen Wirtschafts- und Währungspolitik diente[664], es hier aber um den Schutz gerade der Staaten geht, die diese Verantwortung hinsichtlich der Währungspolitik vergemeinschaftet haben. Dies ist insoweit hier nicht von Bedeutung, als es nach wie vor um Maßnahmen geht, die von den Mitgliedstaaten eingeführt werden, deren Währungspolitik noch national verantwortet wird. Eine solche Schutzmaßnahme setzt voraus, daß Art. 73f EGV inhaltlich an diese Erfordernisse angepaßt ist. Es müßte folglich eine Zusammenführung der Regelungsgehalte des Art. 73f EGV und der Art. 70, 73 E(W)GV vorgenommen werden. Zu denken wäre daran, daß an den bisherigen Art. 73f

---

[663] S. dazu Pkt. III.3.d);

[664] *Kiemel*, in: G/T/E, Bd. I, Art. 73, Rn. 2.

EGV ein Satz 2 angehängt wird, in dem etwa niedergelegt wird, daß dann, wenn die in Satz 1 genannten Schwierigkeiten einen Mitgliedstaat betreffen, für den gemäß Art. 109k EGV eine Ausnahmeregelung gilt, die Kommission diesen Mitgliedstaat nach Anhörung der EZB sowie des Wirtschafts- und Finanzausschusses ermächtigt, für die Dauer von maximal sechs Monaten auf dem Gebiet des Kapitalverkehrs Schutzmaßnahmen zu treffen, deren Bedingungen und Einzelheiten sie festlegt. Die erhöhte Brisanz einer solchen Regelung ist darin zu sehen, daß sie einen eindeutigen Rückschritt vom bisherigen Stand der Integration bedeutete, womit auch in den gemäß Art. B Abs. 1, 5. Gedankenstrich EUV zu wahrenden gemeinschaftlichen Besitzstand eingegriffen würde.

Zugunsten einer solchen Regelung ist aber zu bedenken, daß sie lediglich in den ohnehin als letzte Ausnahme gedachten Fällen der Schutzmaßnahmen gemäß Art. 73f EGV zur Anwendung gelangte und darüber hinaus diese Regelung selbst nur so lange von Bestand sein müßte, wie es Staaten gäbe, für die gemäß Art. 109k EGV eine Ausnahmeregelung gilt[665]. Schließlich könnte wegen des nur temporären Charakters der Schutzmaßnahmen des Art. 73f EGV diese Zusatzregelung auch nur für die Dauer von sechs Monaten zur Anwendung gelangen. Daher wäre bei dem Nutzen, der von dieser Regelung für die Mitgliedstaaten der Gemeinschaft - und hier vor allem für die Eurostaaten - ausginge, doch zu überlegen, ob nicht der Preis dafür - Einschränkung der Kapitalverkehrsfreiheit zum Nutzen der Mitgliedstaaten - bezahlbar ist. Auch gilt für Art. 73f EGV das Gleiche wie für Art. 73 E(W)GV: Sobald mit Störungen auf dem Kapitalmarkt auch Zahlungsbilanzschwierigkeiten einhergehen, sind die Art. 109h, i EGV (vormals Art. 108, 109 EWGV) einschlägig, da diese umfassender sind[666]. Ein - wie vorgeschlagen - geänderter Art. 73f EGV könnte daher lediglich Maßnahmen umfassen, die ausschließlich oder zusätzlich im Hinblick auf den Kapitalmarkt zu treffen wären.

Hier sind dann die Staats- und Regierungschefs gefordert, die eine solche Regelung aushandeln und im Wege des Vertragsänderungsverfahrens gemäß Art. N EUV in den EG-Vertrag einbeziehen müßten. Die relative Länge dieses Verfahrens ist dabei ein weiteres Manko, denn der so geänderte Vertrag müßte wieder sämtliche Ratifizierungshürden in allen Mitgliedstaaten nehmen. Alternativ ließe sich eventuell an eine Verordnung des Rates der EG denken, deren Problem jedoch ihre sekundärrechtliche Natur ist, so daß sie nur schwer eine primärrechtlich niedergelegte Grundfreiheit des EG-Vertrages in dieser Form einschränken kann, es sei denn, der EuGH würde sich die hier gezeigte Möglichkeit der teleologischen Reduktion des Art. 73f EGV mit allen Folgeproblemen zu eigen machen. Wird die Reduktion streng an der dem Gesetz eigenen Teleolgie ausgerichtet, die - wie gezeigt - eine solche Einschränkung erfordert, dann ist die teleologische Reduktion einer Norm genauso mit dem Gesetzeswerk vereinbar wie jede andere teleologische Auslegung und Interpretation auch.

---

665 Dies kann jedoch abhängig davon, über welchen Zeitraum sich der anvisierte Beitritt der gesamten mittel- und osteuropäischen Staaten hinzieht, durchaus länger sein.

666 Vgl. zum alten Recht *Kiemel*, in: G/T/E, Bd. I, Art. 73, Rn. 4.

IV. Normative Verknüpfungen von Kapitalverkehrsfreiheit und Währungsunion im Bereich von Handlungen seitens der internationalen Kapitalmärkte

Schon mehrmals wurde im bisherigen Verlauf der Arbeit am Rande auf Handlungen der internationalen Kapitalmärkte eingegangen, jedoch geschah dies im Rahmen der Darstellung ihrer Reaktionen auf fiskalpolitische Maßnahmen oder auf die Geldpolitik der Zentralbank. In dem nun folgenden Abschnitt soll es darum gehen, die Aktionen der internationalen Kapitalmärkte und die möglichen Reaktionen der europäischen und/oder der nationalen Institutionen bei der Einführung der gemeinsamen Währung und damit des Beginns der Währungsunion zu untersuchen.

1. Entstehung des Problems

Die Berechtigung zur näheren Untersuchung dieser Fragen ergibt sich daraus, daß die internationalen Kapitalmärkte vor allem zu Beginn der dritten Stufe der Wirtschafts- und Währungsunion zur Vermeidung von Verlusten eine nach ihrem Dafürhalten sicherere Währung im Vergleich zum Euro vorziehen und der weiteren Entwicklung der gemeinsamen Währung abwartend gegenüberstehen können. Daß diese Handlungsweisen der Kapitalmärkte nicht erst mit dem 1.1.1999, dem anvisierten Anfangstermin der dritten Stufe der Wirtschafts- und Währungsunion, einsetzen, zeigten bereits zu Beginn des Jahres 1997 die Entwicklungen auf den Kapitalmärkten, die bei bestehender Unsicherheit über die Festigkeit der gemeinsamen Währung Euro[667], welche vor allem in Abhängigkeit von den Teilnehmerstaaten der ersten Generation gesehen wurde, bei der damaligen Diskussion daher eher zurückhaltend beurteilt wurde.

Dies führt dazu, daß als primäre Alternative natürlich der US-Dollar gehandelt wird[668], aber auch die Währungen der Staaten, die sich in jedem Fall - also auch bei ihrerseitiger Erfüllung der Kriterien und dementsprechender Teilnahmemöglichkeit an der gemeinsamen Währung von Beginn an - die Option einer nationalen Entscheidung vorbehalten haben, bzw. schon frühzeitig klargestellt haben, daß sie nicht zur ersten Generation der Eurostaaten gehören werden. Gemeint sind hiermit die sogenannten "opting-out-Länder" Großbritannien und Däne-

---

667 Vgl. nur Handelsblatt Nr. 30, v. 12.2.97, S. 31.

668 Siehe hierzu die beständige Aufwärtsentwicklung des US-Dollars, die dazu geführt hat, daß die US-amerikanische Währung ihren höchsten Kurs seit Jahren gegenüber der DM erreicht hat, vgl. nur Handelsblatt Nr. 141, v. 25./26.7.1997, S. 1 und 24. Dies mag auch daran liegen, daß erstmals seit nahezu 20 Jahren in den USA kein Etatdefizit erwartet wird, vgl. ebd. S. 9, doch spiegelt sich in der Entwicklung des US-Dollars auch die gestiegene Nachfrage nach der Weltleitwährung zu Zeiten, da die Qualität des Euro nicht absehbar ist.

mark[669], wobei vor allem Großbritannien derzeit eine erhebliche Pfundaufwertung zu vergegenwärtigen hat. Dieser Entwicklung korrespondiert auf der anderen Seite eine bemerkenswerte Abwertung der D-Mark, der bisherigen Ankerwährung im EWS, gerade gegenüber den oben genannten Währungen[670].

Es besteht - neben diesen zum jetzigen Zeitpunkt zu registrierenden Aktionen der Kapitalmärkte - aber auch die entgegengesetzte Alternative, die für das Funktionieren der dritten Stufe der Wirtschafts- und Währungsunion von existenzieller Bedeutung ist, nämlich das für die Währungsunion notwendigerweise schon kurz nach ihrer Begründung einsetzende Vertrauen der Kapitalmärkte in die gemeinsame Währung. Schon früher wurde darauf hingewiesen, daß die gemeinsame Währung nur dann erfolgreich und auf Dauer von Bestand sein kann, wenn es ihr gelingt, dieses Vertrauen auch zum Nachteil der Mitgliedstaaten, für die eine Ausnahmeregelung gilt, zu gewinnen, um so (wieder) in eine konkurrenzfähige Position zu den oben genannten alternativen Anlagewährungen, zu denen des weiteren - trotz der im Herbst 1997 begonnenen Asienkrise - der japanische Yen zu zählen ist, zu gelangen.

Von den Kapitaltransaktionen im Zusammenhang mit der gemeinsamen Währung der Währungsunion nicht zu trennen sind die Bewegungen des internationalen Kapitals in bezug auf die verbleibenden Mitgliedstaaten der EG, für die nach der Einführung der gemeinsamen Währung eine Ausnahmeregelung gilt. Die Situation eines Kapitalabzugs aus diesen Staaten der Europäischen Gemeinschaft soll daher zunächst Gegenstand der Betrachtung sein. Im Anschluß daran wird eine Untersuchung der Kapitaltransaktionen innerhalb der Eurostaaten sowie des Abzugs von Kapital aus den Teilnehmerstaaten der gemeinsamen Währung in Drittstaaten erfolgen.

2. Die Kapitalflucht aus den Nicht-Eurostaaten

Die Kapitalflucht - oder anders gesagt der Abzug von Investitionskapital - aus Ländern, die nicht zur ersten Generation der Teilnehmerstaaten der gemeinsamen

---

669 Vgl. hierzu die entsprechenden Zusatzprotokolle, i.e. für Großbritannien das 11. Protokoll zum Vertrag über die Europäische Union über einige Bestimmungen betreffend das Vereinigte Königreich Großbritannien und Nordirland, BT-Drs. 12/3334, S. 1 ff. (66); BGBl. II 1992, S. 1251 ff. (1312) sowie das 12. Protokoll zum Vertrag über die Europäische Union über einige Bestimmungen betreffend Dänemark, BT-Drs. 12/3334, S. 1 ff. (67); BGBl. II 1992, S. 1251 ff. (1313).

670 Vgl. Handelsblatt Nr. 37, v. 21./22.2.1997, S. 9. Wenn die DM-Abwertung und damit korrespondierende Aufwertungen anderer Währungen auch lediglich als Korrekturmaßnahmen der Finanzmärkte dargestellt werden, um die bestehende und nicht gerechtfertigte Aufwertung der DM auszugleichen, vgl. *Deutsche Bundesbank,* Monatsbericht April 1997, S. 17 ff., ist doch nicht von der Hand zu weisen, daß der Termin der Korrekturmaßnahmen einen engen Zusammenhang zur Diskussion um den Euro aufweist.

Währung gehören, kann in zwei Richtungen erfolgen. Die erste Richtung ist die oben bereits angeführte, die Übertragung des Kapitals in die Staaten der Einheitswährung, womit ein für das Bestehen der Währungsunion notwendiges Vertrauen der internationalen Kapitalmärkte in die gemeinsame Währung Euro zum Ausdruck kommt.

Daneben besteht jedoch die Möglichkeit, daß das Kapital zwar wiederum aus den Nicht-Teilnehmerstaaten abgezogen wird, aber mangels Vertrauen in die gemeinsame Währung auch nicht in die Eurostaaten übertragen wird, sondern gänzlich das Gebiet der EU verläßt. Diese für die gesamte wirtschaftliche Entwicklung in der EU äußerst negative Option ist beim Vorliegen bestimmter Voraussetzungen sogar als die wahrscheinlichere anzusehen. Die hier aufgezeigten unterschiedlichen Handlungsalternativen der internationalen Kapitalmärkte machen auch eine voneinander getrennte Betrachtung vonnöten, wobei die Alternative des Abzugs des Investitions- und Anlagekapitals aus der gesamten EU zunächst untersucht werden soll und daran anschließend die Übertragung des Kapitals von den Nicht-Teilnehmer- in die Teilnehmerstaaten der gemeinsamen Währung.

a) Die Kapitalflucht aus den nicht an der gemeinsamen Währung der Währungsunion teilnehmenden Staaten in Drittstaaten

Zunächst gilt es hier, die ökonomischen und politischen Voraussetzungen für eine Kapitalflucht zu ermitteln und daran anschließend mögliche Gegenmaßnahmen der EG insgesamt, aber auch der Staaten der Einheitswährung alleine, deren Koordination einschließlich rechtlicher Grundlage im EG-Vertrag zu untersuchen und schließlich das innergemeinschaftliche Kohärenzgebot des Art. A Abs. 3, Satz 2 EUV für eine Lösungsmöglichkeit heranzuziehen.

aa) Die ökonomischen und politischen Voraussetzungen für eine Kapitalflucht aus den Staaten der EU zu Beginn der dritten Stufe der Wirtschafts- und Währungsunion

Die Frage nach den Voraussetzungen für eine Kapitalflucht aus den Nicht-Teilnehmerstaaten setzt zwingend die heute auch wohl nicht mehr ernsthaft bezweifelte Situation eines Europas der zwei oder mehr Geschwindigkeiten voraus. Durch die Frage wird weiter impliziert, daß weder in den Teilnehmer- noch in den Nichtteilnehmerstaaten die wirtschaftlichen Daten für Anleger und Investoren attraktiv sind. Dies setzt voraus, daß die gemeinsame Währung Euro sich zu einer schwachen Währung entwickelt. Die Gründe für die Kapitalflucht sind dann vielfältiger Natur. Zunächst ist folgendes zu berücksichtigen: Die seit dem Jahre 1996 verstärkt in den Blick der Öffentlichkeit gerückten Anstrengungen (fast)[671] aller Staaten, von Beginn an zur ersten Generation der Währungsunion zu gehören, hat

[671] Nur Griechenland geht wohl selbst definitv von einer Teilnahme an der gemeinsamen Währung erst zu einem späteren Zeitpunkt aus, weil die Kriterien noch nicht erreichbar sind, vgl. Handelsblatt Nr. 34, v. 18.2.97, S. 7.

auch die Frage immer lauter werden lassen, ob die Währungsunion mit beinahe allen Staaten der EG, folglich auch mit solchen, denen noch bis vor kurzem eine frühe Teilnahme aufgrund ihrer wirtschaftlichen Lage nicht zugemutet wurde[672], bzw. deren Teilnahme an der gemeinsamen Währung zum Schutz der anderen daran teilnehmenden Staaten nicht für empfehlenswert gehalten wurde, tatsächlich eine feste Währung zu garantieren imstande ist[673].

Bei der Entscheidung des Rates in der Zusammensetzung der Staats- und Regierungschefs vom 1.5.1998 gemäß Art. 109j Abs. 4 EGV sind - aus welchen Gründen auch immer - auch die Länder zur ersten Generation der Eurostaaten gezählt worden, die 1997, dem Referenzjahr für die Entscheidung darüber, ob die Staaten die Kriterien erfüllt haben[674], nur unter großen Anstrengungen die Konvergenzkriterien einhalten konnten, oder doch in einem Bereich sich bewegten, der den bestehenden Auslegungsspielraum bei den Kriterien nicht zu arg strapazierte[675]. Dabei muß bedacht werden, daß es in diesen Ländern möglicherweise 1997 zum ersten Mal zu einer solchen Einhaltung bzw. vertretbaren Überschreitung der Kriterien gekommen ist, wobei hier teilweise auch nicht wiederholbare fiskalpolitische Maßnahmen ergriffen worden sind, um vor allem das Kriterium der Haushaltslage zu erfüllen. Diese einmalige Einhaltung der Kriterien ist sicher keine stabilitätsbewußte Grundlage für eine gemeinsame Währung. Dieser Ansicht werden auch die internationalen Kapitalmärkte sein, da zu erwarten ist, daß die Länder, die es lediglich kurzfristig schaffen, die Kriterien zu erfüllen und nicht eine langfristige Konvergenz aufweisen, schon sehr bald nach dem Beginn der dritten Stufe der Wirtschafts- und Währungsunion die Erfüllung der Kriterien in ihrem

---

672 Zu denken ist hier etwa an Italien, dem noch im Herbst 1995 von Bundesfinanzminister *Waigel* die Geeignetheit zur frühen Teilnahme abgesprochen wurde, vgl. o. 2. Kapitel, II.1.a), aber auch andere südeuropäische Staaten, die sich entschieden dagegen verwahren, bereits Anfang 1997 von der ersten Generation ausgeschlossen zu werden, vgl. Handelsblatt Nr. 26, v. 6.2. 1997, S. 9 (Spanien) sowie Handelsblatt Nr. 32, v. 14./15.2.97, S. 8 (Portugal).

673 S. hierzu auch *Deutsche Bundesbank*, in: Handelsblatt Nr. 62 v. 30.3.98, S. 7; demgegenüber die Frühjahrsgutachten der deutschen Wirtschaftsforschungsinstitute, die überwiegend davon ausgehen, daß der Euro trotz der Teilnahme hoch verschuldeter Länder eine starke Währung wird, Handelsblatt Nr. 91, v. 13.5.98, S. 9.

674 Vgl. Art. 109j Abs. 4, Satz 2 EGV, wo es heißt, daß der Rat in der Zusammensetzung der Staats- und Regierungschefs vor dem 1.Juli 1998 die Bestätigung der Teilnehmerstaaten vornimmt, was bedeutet, daß er bei dieser Bestätigung die Konvergenzwerte des Jahres 1997 zur Grundlage machen muß.

675 Vgl. zur Grenze der vertretbaren Auslegung des Defizitkriteriums *Herdegen*, in: Handelsblatt, Nr. 130, v. 10.7.1997, S. 5, der darauf hinweist, daß dann, wenn mehr als 3,5% noch als für den Beitritt zur gemeinsamen Währung ausreichend angesehen würden, die Grenzen des allgemeinen Sprachgebrauchs gesprengt würden. Als tatsächlich problematisch hat sich das Gesamtschuldenstandskriterium erwiesen: Mit Belgien und Italien gehören zwei Staaten zur ersten Generation des Euro, die das diesbezügliche Kriterium um mehr als das Doppelte übersteigen!

Gebiet nicht mehr garantieren können. Unter diesen Voraussetzungen stellt der Euro allerdings eine nicht als stabil einzustufende Währung dar, derer sich die internationalen Kapitalmärkte nicht als Anlagewährung bedienen werden.

Wenn dann - wie hier unterstellt (und seit Mai 1998 tatsächlich beschlossen) - nahezu alle EU-Staaten bereits an der gemeinsamen Währung teilhaben, dann sind die EU-internen Alternativen gering. Ausweislich der auch bei nur kurzfristiger Konvergenzerfüllung nicht erreichbaren Teilnahme Griechenlands an der gemeinsamen Währung, was auf erhebliche finanzpolitische Schwierigkeiten deutet, wird die griechische Drachme als EU-interne Alternative kaum in Betracht kommen; auch die dänische Krone hat - bei einer Entscheidung Dänemarks, vorerst nicht an der gemeinsamen Währung teilzunehmen - nicht den Charakter einer Alternativanlage, ebensowenig wie die schwedische Krone.

Es bliebe - eine entsprechende Entscheidung der britischen Regierung vorausgesetzt - somit innergemeinschaftlich nur das britische Pfund Sterling übrig. Seit jedoch im Dezember 1996 die Mitgliedstaaten sich auf dem EU-Gipfel in Dublin auf die Errichtung eines Stabilitätspaktes geeinigt haben und auch bereits dessen konkrete Ausgestaltungen präsentierten, wodurch eine Verschiebung des Beginns der dritten Stufe noch unwahrscheinlicher wurde, hat die britische Währung eine erhebliche Aufwertung erlebt[676]. Bei einer Fortsetzung dieses Aufwertungsprozesses wird eine Intervention der Bank of England zum Schutz der britischen Exportindustrie nicht mehr lange auf sich warten lassen. Sind somit die EG-europäischen Einheits- oder nationalen Währungen als Anlage oder deren Gebiete als Investitionsstandorte nicht mehr attraktiv, so werden außereuropäische Währungen - und vielleicht die Schweiz - noch stärker in den Mittelpunkt des Interesses gelangen. Dies wirkt sich darüber hinaus auch auf die Kapitalvergabepraxis der Kapitalmärkte aus, indem diese bei Krediten für die Staaten höhere Risikoaufschläge verlangen[677], was insgesamt zu einer ökonomisch schwierigeren Situation der EG führt. Es bleibt die Frage, wie diesen Entwicklungen entgegengewirkt werden kann.

bb) Die Koordination von Gegenmaßnahmen seitens der EG insgesamt und / oder den Eurostaaten alleine

Der Abzug von internationalem Investitions- und Anlagekapital seitens der in den EG-Staaten ansässigen, wie auch der außereuropäischen Kapitaleigner kann erhebliche ökonomische und daraus resultierende politische Konsequenzen nach

676 Vgl. Handelsblatt Nr. 1, v. 2.1.97, S. 23 sowie Nr. 37, v. 21/22.2.97, S. 9, wo es heißt, daß der Außenwert des Pfund Sterlings in den letzten Monaten insgesamt um 16,5% und gegenüber der D-Mark als bisheriger Ankerwährung im EWS, deren Aufgehen im Euro jedoch als sicher vorausgesehen wird, sogar um 19% gestiegen ist; vgl. dazu auch *Horn*, ZBB 1997, S. 314 ff. (314, 316).

677 *Kratz/Thieme*, in: Gröner/Schüller (Hrsg.), S. 237 ff. (249); *Hamacher/Klein*, in: Gröner/Schüller (Hrsg.), S. 173 ff. (182).

sich ziehen. Im Interesse einer - unter den hier genannten Vorbedingungen ohnehin nur eingeschränkt möglichen - stabilen Entwicklung der dritten Stufe der Wirtschafts- und Währungsunion, der EG und darüber auch der einzelnen Mitgliedstaaten, ist es Aufgabe der Gemeinschaft, einem einsetzenden Kapitalabzug schnellstmöglich und effektiv entgegenzuwirken, um nachhaltige Fehlentwicklungen zu vermeiden und Zahlungsbilanzschwierigkeiten zu verhindern.

Wird nationales und internationales Kapital aus einem Staat abgezogen, so sieht dieser sich über kurz oder lang genötigt, zur Deckung seines Finanzbedarfs vermehrt Kredite auf den internationalen Kapitalmärkten aufzunehmen. Wenn die Kapitalmärkte jedoch zu den bisherigen Bedingungen sich aus dem betroffenen Land zurückgezogen haben, so werden sie nur unter ungleich besseren Bedingungen bereit sein, wieder Kapital für das Land zur Verfügung zu stellen. Diese besseren Bedingungen schlagen sich nieder in erhöhten Risikoaufschlägen, die die Märkte für ihre Kredite von dem Empfängerland verlangen, wobei die konkrete Höhe der jeweiligen Aufschläge von der Bonität des betroffenen Landes abhängig ist, die sich wiederum daraus ergibt, wie hoch das kreditsuchende Land bereits verschuldet ist. Hierdurch erhöht sich aber die Neuverschuldung des betroffenen Landes neben der gewöhlichen Kreditaufnahme zusätzlich um die damit verbundene erhöhte Zinslast. Wird bei einem bestimmten Punkt ein Sättigungsgrad bei den potentiellen Abnehmern von Staatstiteln erreicht, so kann die zur Tilgung der Zinsen der bereits verkauften Titel erforderliche Kapitalmenge nur über einen Anstieg der Geldmenge erreicht werden, was unmittelbar der Inflation Vorschub leistet[678].

(1) Die Koordination gemäß dem EG-Vertrag

Da es sich hier um Staaten handelt, die noch nicht die gemeinsame Währung der Währungsunion eingeführt haben, es somit solche Staaten sind, für die gemäß Art. 109k Abs. 1 EGV eine Ausnahmeregelung gilt, stehen ihnen bei der Bekämpfung der oben dargestellten Kapitalflucht mehr Möglichkeiten zur Verfügung als den Staaten, die bereits die gemeinsame Währung eingeführt haben. Zwar sind auch die Staaten, für die eine Ausnahmeregelung gilt, gemäß Art. 104c Abs. 1 EGV verpflichtet, ein übermäßiges öffentliches Defizit zu vermeiden, doch haben die Absätze 9 und 11 dieser Vorschrift gemäß Art. 109k Abs. 3 EGV für diese Staaten noch keine Wirkung, d.h. bei der Erwirtschaftung eines übermäßigen Defizits drohen ihnen keine Sanktionen.

Im Vorfeld einer solchen Situation obliegt es der Kommission im Rahmen des Überwachungsverfahrens gemäß Art. 104c Abs. 2 EGV, den Mitgliedstaat frühzeitig auf die Gefahren eines übermäßigen Defizits hinzuweisen[679]. Gemäß Absatz

[678] *Hamacher/Klein*, a.a.O., S. 181.

[679] Vgl. zur näheren Auslegung der Begriffe "übermäßiges öffentliches Defizit" und "übermäßiges Defizit" *Häde/Hartmann*, EWS 1994, S. 409 ff. (415 f.), die hierzu unterschiedliche Auffassungen vertreten.

3 derselben Vorschrift hat die Kommission dann einen Bericht zu erstellen, dem der Wirtschafts- und Finanzausschuß (Art. 109c Abs. 2 EGV) gemäß Art. 104c Abs. 4 EGV eine Stellungnahme hinzufügt. Gelangt die Kommission dann unter Berücksichtigung der näheren Ausgestaltung der maßgeblichen Referenzwerte in dem Protokoll über ein übermäßiges Defizit[680] zu der Erkenntnis, daß sich ein übermäßiges Defizit in einem Staat entwickeln könnte oder sich bereits entwickelt hat, so legt sie gemäß Art. 104c Abs. 5 EGV dem Rat der EG eine Stellungnahme vor. Entscheidet der Rat gemäß dem Verfahren des Art. 104c Abs. 6 EGV, daß in dem betreffenden Staat ein übermäßiges Defizit vorliegt, so ist es an ihm, dem Rat, gemäß Absatz 7 derselben Vorschrift dem Staat Empfehlungen zur Überwindung der schwierigen Haushaltslage zu geben. Weiter oben[681] ist bereits detailliert auf die Verknüpfungen des Art. 104c Abs. 7 EGV mit den Vorschriften über die Kapitalverkehrsfreiheit eingegangen worden, so daß hier auf diese Ausführungen verwiesen werden kann. Im Gegensatz zur dort betrachteten Situation handelt es sich hier jedoch um einen Staat, der sich noch nicht innerhalb des Teilnehmerkreises der Eurostaaten befindet und nicht um einen, der bereits die gemeinsame Währung eingeführt hat.

Mußte daher in den hier in Bezug genommenen obigen Ausführungen konstatiert werden, daß die Einführung von Kapitalverkehrsbeschränkungen nur in einem einmütigen Übergehen der EZB seitens des Rates und der Kommission möglich war, so ist hier zu bedenken, daß für den Mitgliedstaat, für den eine Ausnahmeregelung gilt, nicht der EZB-Rat, sondern der Erweiterte Rat der EZB zur Anhörung zuständig ist. Hierin sind aber alle Staaten vertreten und es geht in dieser Situation auch nicht primär um die von der EZB zu wahrende Preisstabilität in dem Raum der einheitlichen Währung. Es erscheint somit durchaus im Bereich des Möglichen, daß sich Rat, Kommission und der Erweiterte Rat der EZB in dieser Situation zur kurzfristigen Einführung von Kapitalverkehrsbeschränkungen zugunsten des von haushaltspolitischen Schwierigkeiten betroffenen Mitgliedstaates entschließen. Auch hier ist allerdings zu berücksichtigen, daß der Rat eine solche Entscheidung nicht im Rahmen der Empfehlungen des Art. 104c Abs. 7 EGV treffen kann, da die Vorschriften über die Kapitalverkehrsfreiheit leges speciales sind und daher Art. 73f EGV die hier einschlägige Norm ist.

Aufgrund des Wortlauts von Art. 104c Abs. 3 UAbs. 2 EGV könnte man zu dem Schluß gelangen, daß rein wirtschaftspolitische Empfehlungen des EcoFin-Rates auch dann an einen Mitgliedstaat möglich sind, wenn der Staat zwar alle Kriterien erfüllt, gleichwohl die Kommission aber von der bestehenden Gefahr eines sich entwickelnden Defizits ausgeht. Auch in dieser Situation kann die Kommssion einen Bericht erstellen, den sie gemäß Art. 104c Abs. 5 EGV ebenfalls dem EcoFin-Rat vorlegt. Ausweislich des Art. 104c Abs. 7 EGV gibt der Rat aber nur dann eine Empfehlung an den Mitgliedstaat, wenn er, der Rat, ein (bestehendes)

---

680 5. Protokoll zum Vertrag über die Europäische Union über das Verfahren bei einem übermäßigen Defizit, BT-Drs. 12/3334, S. 1 ff. (63), BGBl. II 1992, S. 1251 ff. (1309).

681 S. o. II.1.a)

übermäßiges Defizit festgestellt hat. Rein wirtschaftspolitische Empfehlungen des Rates zur Aufrechterhaltung einer soliden Haushaltslage sind somit von Art. 104c EGV nicht gedeckt. Da die Wirtschaftspolitik auch in der dritten Stufe der Wirtschafts- und Währungsunion im Kompetenzbereich der Mitgliedstaaten verblieben ist, kommt die Kompetenz der Gemeinschaft, stabilisierende Empfehlungen abzugeben, erst dann zum Zuge, wenn die Währungsunion insgesamt und damit die gemeinsame Stabilitätspolitik gefährdet ist.

Die Mitwirkungsmöglichkeit der EZB als "institutionelle Vertreterin der Währungsunion" an der Einführung dieser Kapitalverkehrsbeschränkungen beschränkt sich in dem Fall eines Staates, für den eine Ausnahmeregelung gilt, auf das Anhörungsrecht im Rahmen des Art. 73f EGV, aber auch - nicht zu vergessen - auf die Teilnahme zweier Vertreter der EZB an den Beratungen des Wirtschafts- und Finanzausschusses, der gemäß Art. 109c Abs. 2, 3. Gedankenstrich EGV[682] an den Vorarbeiten für die Entscheidungen des Rates im Rahmen von Art. 73f EGV beteiligt ist. Es besteht hier folglich eine doppelte Möglichkeit für die EZB, ihre Interessen in den Entscheidungsfindungsprozess einzubringen. Über den Wirtschafts- und Finanzausschuß ist die EZB darüber hinaus auch an den Entscheidungen des Art. 104c EGV beteiligt.

Neben diesen gemeinschaftsrechtlichen Maßnahmen stehen dem betroffenen Staat selbst auch Maßnahmen zur Verfügung, wie sie die Staaten, die die gemeinsame Währung bereits eingeführt haben, nicht mehr anwenden können. Zu diesen Maßnahmen zählen einmal die langfristigen Zinsen, durch die der betroffene Staat dem internationalen Kapital einen erhöhten Anreiz zur Investition in dem und zur Kreditvergabe an den Staat geben kann, wenn der Zinssatz eine solche Höhe erreicht, daß die internationalen Kapitalmärkte ihn als ausreichende Risikoprämie für eine Investition oder einen Kredit ansehen. Beschreitet der vom Kapitalabfluß betroffene Mitgliedstaat diesen Weg, so sieht er sich jedoch dem Problem gegenüber, daß in der Erhöhung der langfristigen Zinssätze ein Verstoß gegen das vierte Konvergenzkriterium des EG-Vertrages zu sehen ist. Gemäß Art. 109j Abs. 1, 4. Gedankenstrich EGV ist zur Qualifikation eines Mitgliedstaates für die Teilnahme an der gemeinsamen Währung erforderlich, daß dieser Mitgliedstaat die Dauerhaftigkeit der von ihm erreichten Konvergenz und seiner Teilnahme am Wechselkursmechanismus des Europäischen Währungssystems unter Beweis stellt, der durch das Niveau der langfristigen Zinssätze erbracht wird.

---

682 Auch wenn Art. 109c Abs. 2 EGV erst ab Beginn der dritten Stufe der Wirtschafts- und Währungsunion gilt, vgl. Art. 109e Abs. 3 UAbs. 2 EGV, und es sich hier um den Fall eines Mitgliedstaates handelt, für den eine Ausnahmeregelung gilt, so wird aus Art. 109c Abs. 4 EGV deutlich, der gemäß Art. 109e Abs. 3 UAbs. 2 EGV auch erst ab der dritten Stufe gelten soll, daß es hier nicht auf die Zugehörigkeit des betreffenden Staates zu einer Stufe ankommt, sondern auf die Frage, ob die dritte Stufe überhaupt schon begonnen hat. Denn der Währungsausschuß der zweiten Stufe der Wirtschafts- und Währungsunion wird unwiderruflich mit Beginn der dritten Stufe durch den Wirtschafts- und Finanzausschuß ersetzt.

Zu diesem Kriterium führt das Konvergenzprotokoll[683] in seinem Art. 4 näher aus, daß das Kriterium der langfristigen Zinsen bedeutet, daß im Verlauf von einem Jahr vor der Prüfung in einem Mitgliedstaat der durchschnittliche langfristige Nominalzinssatz um nicht mehr als zwei Prozentpunkte über dem entsprechenden Satz in jenen - höchstens drei - Mitgliedstaaten liegt, die auf dem Gebiet der Preisstabilität das beste Ergebnis erzielt haben. Dabei werden die Zinssätze anhand langfristiger Staatsschuldverschreibungen oder vergleichbarer Wertpapiere gemessen. Sieht sich der Mitgliedstaat somit gezwungen, zur Deckung seines Haushalts auf Kredite der internationalen Kapitalmärkte zurückzugreifen und muß er zur Erlangung dieser Kredite einen Zinssatz anbieten, der jenseits der Zwei-Prozent-Grenze des Art. 4 des Konvergenzprotokolls liegt, so begibt er sich damit der Möglichkeit, zum nächsten Prüfungstermin durch den EcoFin-Rat gemäß Art. 109k Abs. 2 EGV für die gemeinsame Währung der Währungsunion zugelassen zu werden.

Neben den langfristigen Zinssätzen kann der noch nicht an der gemeinsamen Währung teilnehmende Mitgliedstaat auf das Instrument des Wechselkurses zurückgreifen, das ihm gemäß Art. 109m Abs. 2 EGV auch dann noch zusteht, wenn die dritte Stufe bereits begonnen hat und einige Mitgliedstaaten bereits die gemeinsame Währung eingeführt haben. Er könnte über eine Abwertung seiner Währung im Verhältnis zur Referenzwährung Euro versuchen, zum einen den Wert seiner Schulden in ausländischer Währung zu senken, zum anderen aber auch die Wettbewerbsposition seiner Exporte auf dem Weltmarkt zu fördern, um so zu einem Abbau des Defizits zu gelangen. Zwar gilt dann im Verhältnis der Eurostaaten zu den Staaten, die noch nicht an der gemeinsamen Währung teilnehmen, das EWS II mit seinen festgelegten Bandbreiten von +/- 15%, doch könnte bereits eine Abwertung der nationalen Währung in die Nähe des untersten Randes - also ohne daß die Zentralbanken der EWS-Partnerländer und die EZB eingreifen müßten - eine erhebliche reale Schuldenreduzierung bewirken. Zu einer solchen Abwertung ist der Mitgliedstaat alleine befugt, er benötigt dazu kein Einvernehmen mit den Partnern des EWS II. Prinzipiell stellt sich hier das gleiche Problem wie bei einer Anhebung der langfristigen Zinsen, denn zur Qualifikation für die gemeinsame Währung der Währungsunion gehört gemäß Art. 109j Abs. 1, 3. Gedankenstrich EGV auch die Einhaltung der normalen Bandbreiten des EWS für einen Zeitraum von mindestens zwei Jahren ohne Abwertung gegenüber der Währung eines anderen Mitgliedstaates.

Das oben bereits genannte Konvergenzprotokoll führt zur Bedeutung dieses Kriteriums in seinem Art. 3 näher aus, daß der betreffende Mitgliedstaat die im EWS vorgesehenen normalen Bandbreiten mindestens in den letzten beiden Jahren vor der Prüfung - hier gemäß Art. 109k Abs. 2 EGV (Anm. d. Verf.) - ohne starke Spannungen eingehalten haben muß. Dies bedeutet insbesondere, daß er den bi-

[683] 6. Protokoll zum Vertrag über die Europäische Union über die Konvergenzkriterien nach Art. 109j des Vertrags zur Gründung der Europäischen Gemeinschaft, BT-Drs. 12/3334, S. 1 ff. (63 f.); BGBl. II 1992 S. 1251 ff. (1309 f.).

lateralen Leitkurs seiner Währung innerhalb des gleichen Zeitraums gegenüber der Währung eines anderen Mitgliedstaates *nicht von sich aus*[684] abwerten darf. Art. 3 des Konvergenzprotokolls ist entsprechend auf den hier gegebenen Fall anzuwenden, daß bereits einige Mitgliedstaaten die gemeinsame Währung eingeführt haben, andere dagegen noch nicht. Für diesen Fall ist Art. 3 Satz 2 des Konvergenzprotokolls dahin auszuweiten, daß der betreffende Mitgliedstaat den bilateralen Leitkurs seiner Währung weder gegenüber der Währung eines anderen noch nicht an der gemeinsamen Währung teilnehmenden Mitgliedstaates abwerten darf noch gegenüber der gemeinsamen Währung Euro. Es ist in diesem Zusammenhang jedoch eine Besonderheit zu berücksichtigen.

Auf dem EU-Gipfeltreffen in Dublin am 13./14.12.1996 hat der EcoFin-Rat der EG ein Konzept für ein EWS II vorgelegt, das auf dem Amsterdamer Gipfel im Juni 1997 vom Europäischen Rat verabschiedet worden ist[685]. Dieses EWS II soll in Kraft treten am Tage des Beginns der dritten Stufe der Wirtschafts- und Währungsunion und für das Verhältnis der Euro-Staaten zu den Nicht-Teilnehmerstaaten sowie für diese untereinander gelten. Wichtig im vorliegenden Zusammenhang ist dabei, daß das EWS II Bandbreiten vorsieht, wie sie für das erweiterte EWS I gelten, also +/- 15%. Die Vereinbarung engerer bilateraler Bandbreiten zwischen einem Nicht-Teilnehmerstaat und dem Euro-Block ist lediglich eine "Kann-Bestimmung"[686]. Hier stellt sich nun die Frage, ob unter Umständen für die Teilnahmekandidaten der zweiten oder noch späteren Generation die Einhaltung dieser sehr breiten Margen zur Qualifikation für die Währungsunion ausreichen soll[687].

Abgesehen davon, daß dies eine erhebliche Ungleichbehandlung im Vergleich zu den Staaten der ersten Generation bedeutete, die - wie gesehen - eine Bandbreite von +/- 2,25% einhalten müssen, würde daneben auch von der Forderung nach weitestgehender Konvergenz Abschied genommen, wenn die Staaten der späteren Generationen von einer weniger stabilen nationalen Währung ausgehend in die gemeinsame Währung eintreten können, da in der stärkeren Abweichung der nationalen Währung von dem dann bereits eingeführten Euro auch eine geringere Substituierbarkeit dieser Währung auf den internationalen Kapitalmärkten zu sehen wäre. Dies aber hieße nichts anderes, als daß die Kapitalmärkte der wirt-

---

[684] Hervorhebung nicht im Original.

[685] Presidency Conclusions - Amsterdam 16 and 17 June 1997, Annex II, S. 15 ff.

[686] Vgl. Presidency Conclusions - Amsterdam 16 and 17 June 1997, Annex II, S. 15 ff. (19), Punkt 2.4.

[687] Hierzu nun Presidency Conclusions, a.a.O., S. 15 ff. (19), Punkt 2.5; s. hierzu auch *Häde*, in: FS für Hugo J. Hahn, S. 141 ff. (151 f.), der aufgrund dieser Tatsache und dem Erfordernis der Gleichbehandlung mit den Eurostaaten der ersten Generation eine Geltung des Wertes von +/- 2,25% auch für die Staaten fordert, die erst später die gemeinsame Währung einführen. Ob dies auch noch gelten kann, nachdem Italien zur ersten Generation gehört, obwohl die Lira nicht mit der genannten Schwankungsbreite am EWS I teilnimmt, ist fraglich.

schaftlichen Entwicklung und der Geldwertstabilität dieses Staates nicht das nötige Vertrauen entgegenbringen, zumindest ein geringeres als den Währungen gegenüber, die vormals mit der geringeren Bandbreite in die gemeinsame Währung eingetreten sind.

Das EWS II ist bisher noch nicht in die Praxis umgesetzt worden. Der EcoFin-Rat der EG soll auf der Tagung des Europäischen Rates im Juni 1997 eine Entschliessung mit den grundlegenden Bestandteilen des EWS II vorbereiten, parallel soll das EWI eine Vereinbarung für die Zusammenarbeit zwischen der EZB und den verbleibenden nationalen Zentralbanken ausarbeiten. Es ist zu hoffen, daß der EcoFin-Rat sich der eben aufgezeigten Problematik annimmt und in das Regelwerk des EWS II eine Bestimmung etwa dahingehend aufnimmt, daß nur die Staaten in die (dann bereits bestehende) gemeinsame Währung aufgenommen werden können, die verbindlich von der oben genannten "Kann-Bestimmung" Gebrauch machen und ihre Währung mit einem bilateralen Leitkurs an den Euro mit einer Marge von +/- 2,25% anbinden. Hieraus folgt, daß trotz des Inkrafttretens des EWS II zumindest die Grundbewertung der normalen Margenbreiten des EWS I in irgend einer Form weiterbestehen muß[688].

Darüber hinaus gilt es zu bedenken, daß dann, wenn sich eine Auslegung des Begriffs der "normalen Bandbreiten des EWS" - des EWS I wohlgemerkt - in Art. 109j Abs. 1, 3. Gedankenstrich EGV dahingehend durchsetzt, daß damit die Breite von +/- 2,25% gemeint ist, eine Zulassung von Staaten zur gemeinsamen Währung, die lediglich im EWS II die dortige "normale Bandbreite" erfüllt haben, einen Vertragsverstoß bedeuten würde. Denn trotz des dem Rat der EG in der Zusammensetzung der Staats- und Regierungschefs bei der Überprüfung der Einhaltung der Konvergenzkriterien eingeräumten Beurteilungsspielraumes, vgl. Art. 109j Abs. 3 EGV, wonach ebengenannter Rat lediglich unter gebührender Berücksichtigung der entsprechenden Berichte von Kommission und EWI die Konvergenzeinhaltung der Mitgliedstaaten prüft (im Verfahren nach Art. 109j Abs. 4 EGV müssen diese Berichte nur noch berücksichtigt werden), ist eine derart gravierende Abweichung nicht mehr als von diesem Spielraum gedeckt anzusehen.

Auch wenn in Art. 109k Abs. 2 EGV nicht direkt auf Art. 109j Abs. 3 und 4 EGV Bezug genommen wird, so dürften beide Verfahren sich doch sehr ähneln, denn es werden auch im Rahmen der Prüfung des Art. 109k Abs. 2 EGV Berichte von Kommission und - dann - EZB erstellt (unter Bezugnahme auf die Praxis des Art. 109j Abs. 1 EGV) und diese Berichte werden wiederum zur Grundlage der Entscheidung des EcoFin-Rates über die Aufhebung der Ausnahmebestimmung des betreffenden Mitgliedstaates.

---

688 *Häde*, Finanzausgleich, S. 539; *ders.*, WM 1993, S. 2031 ff. (2035); *Tietmeyer*, in: Bofinger/Collingnon/Lipp, Währungsunion oder Währungschaos, S. 25 ff. (40); *Kees*, S. 19 ff. (28).

Als Ergebnis festzuhalten bleibt somit, daß die Staaten, die noch nicht die gemeinsame Währung eingeführt haben und die nach Beginn der dritten Stufe einen erheblichen Kapitalabfluß in Drittstaaten zu vergegenwärtigen haben, auf gemeinschaftsrechtlicher Basis - theoretisch - nur auf die Verhängung von Kapitalverkehrsbeschränkungen gemäß Art. 73f EGV hoffen können. In Anbetracht der damit verbundenen organisatorischen und institutionellen Schwierigkeiten ist eine solche Maßnahme zur Haushaltssanierung eines Mitgliedstaates kaum zu erwarten, nicht ratsam und wegen der aufgezeigten vorhandenen Möglichkeiten des einzelnen Mitgliedstaates auch nicht erforderlich.

Da die Geld- und Währungspolitik der Mitgliedstaaten, für die gemäß Art. 109k EGV eine Ausnahmeregelung gilt, noch nicht zum ausschließlichen Zuständigkeitsbereich der Gemeinschaft zählt, wäre in einer solchen Maßnahme tatsächlich ein Verstoß gegen Art. 3b UAbs. 2 EGV zu sehen. Die dem Mitgliedstaat zur Verfügung stehenden Möglichkeiten, zu denen auch damit einhergehende geldpolitische Maßnahmen durch die nationale Zentralbank gehören, führen zwar dazu, daß er sich möglicherweise weiter von der Erfüllung der Konvergenzkriterien entfernt, sie dienen jedoch in erster Linie der Konsolidierung des angeschlagenen Haushalts, dessen Überschuldung eine Teilnahme an der gemeinsamen Währung ebenfalls ausschließt. Da diese Maßnahmen somit mittelfristig den Mitgliedstaat an die Teilnahme an der gemeinsamen Währung heranführen, ist auch davon auszugehen, daß der EcoFin-Rat gemäß Art. 104c Abs. 7 EGV Empfehlungen diesen Inhalts an den Mitgliedstaat abgeben darf, was in Anbetracht der Tatsache, daß damit ein Gemeinschaftsorgan einem Mitgliedstaat wissentlich Maßnahmen empfiehlt, die den für die Teilnahme an der dritten Stufe der Wirtschafts- und Währungsunion einzuhaltenden Konvergenzkriterien widersprechen, zumindest problematisch im Hinblick auf die Verpflichtung der Gemeinschaft aus Art. 2 EGV, u.a. eine Wirtschafts- und Währungsunion zu errichten sowie im Hinblick auf den Grundsatz der loyalen Zusammenarbeit aus Art. 5 EGV, der auch für die Gemeinschaft in bezug auf die Mitgliedstaaten gilt, sein könnte.

(2) Die Koordination gemäß dem EU-Vertrag

Gemäß Art. A Abs. 3, Satz 2 EUV ist es Aufgabe der Union, die Beziehungen zwischen den Mitgliedstaaten sowie zwischen ihren Völkern kohärent [...] zu gestalten. Aus dem Wortlaut dieser Vorschrift und im Vergleich mit Art. C EUV wird deutlich, daß in Art. A Abs. 3, Satz 2 EUV die Kohärenz nach innen gemeint ist und zwar speziell die innergemeinschaftliche. Kohärenz bedeutet dabei das Bemühen um ein aufeinander abgestimmtes, zusammenhängendes Verhalten, das die gleiche Zielsetzung mit vergleichbaren Mitteln in verschiedenen Bereichen verfolgt und dadurch eine widerspruchsfreie Politik ermöglicht[689]. Ferner ist zu berücksichtigen, daß der EG-Vertrag in den Art. 130a ff. EGV konkrete Ausgestaltungen des wirtschaftlichen und sozialen Zusammenhalts zwischen den Mit-

[689] *Hilf*, in: Grabitz/Hilf, Bd. I, Art. A, Rn. 22; ähnlich *Müller-Graff*, integration 1993, S. 147 ff. (150).

gliedstaaten der EG enthält, worunter vor allem der in Art. 130d EGV niedergelegte Kohäsionsfonds fällt[690].

Wie beim äußeren Kohärenzgebot des Art. C EUV sind es auch beim innergemeinschaftlichen Kohärenzgebot des Art. A Abs. 3, Satz 2 EUV die Mitgliedstaaten, die zur Abstimmung verpflichtet sind. Zwar ist diese Abstimmungsverpflichtung wohl in erster Linie im Zusammenhang mit Maßnahmen der ZBJI im Verhältnis zu EG-Maßnahmen zu sehen[691], jedoch läßt die EG-vertragliche konkrete Ausgestaltung in den Art. 130a ff EGV den Schluß zu, daß auch innerhalb der Gemeinschaft selbst, also ohne Bezug zur GASP oder ZBJI, eine kohärente Handlungsweise geboten sein soll. Es liegt daher nahe, Art. A Abs. 3, Satz 2 EUV zumindest teilweise[692] als unionsvertragliche Ausgestaltung des dem Art. 5 EGV entnommenen Gebots zur loyalen Zusammenarbeit sowohl von den Mitgliedstaaten in Richtung auf die Gemeinschaft als auch in umgekehrter Richtung aufzufassen[693].

Aus der Nennung vor allem des Kohäsionsfonds in Art. 130d EGV lassen sich dann Rückschlüsse darauf ziehen, in welcher Hinsicht die innergemeinschaftliche Kohärenz hergestellt werden soll. Aus der Plazierung im Titel XIV des EG-Vertrages über den wirtschaftlichen und sozialen Zusammenhalt und dessen Eingangsnorm, Art. 130a EGV, in der es heißt, daß die Gemeinschaft weiterhin eine Politik verfolgt und entwickelt, die auf die Stärkung ihres wirtschaftlichen und sozialen Zusammenhalts ausgerichtet ist, um eine harmonische Entwicklung der Gemeinschaft *als Ganzes* zu fördern, wird deutlich, daß Kohärenz im Rahmen des EG-Vertrages als gemeinschaftliche Entwicklung hin zu einem höheren wirtschaftlichen und sozialen Standard zu verstehen ist. Nimmt man des weiteren die Titelüberschrift des Titels XIV des EG-Vertrages, den wirtschaftlichen und sozialen Zusammenhalt, so ist festzustellen, daß sich die Verpflichtung zu dessen Förderung bereits in den in Art. 2 EGV beschriebenen Aufgaben der Gemeinschaft befindet. Hierdurch und durch die Bindung der Gemeinschaft einschließlich ihrer Organe an das Kohärenzgebot[694] des Art. A Abs. 3, Satz 2 EUV sind die Gemein-

---

690 *Pechstein*, EuR 1995, S. 247 ff. (254).

691 *Pechstein*, a.a.O., S. 254.

692 Eine nur teilweise Übereinstimmung des Kohärenzgebotes des Art. A Abs. 3, Satz 2 EUV mit dem Loyalitätsgebot des Art. 5 EGV ist deshalb zu konstatieren, weil Art. A Abs. 3, Satz 2 EUV eben vor allem die Kohärenz der gemeinschaftlichen Maßnahmen mit solchen im Rahmen der ZBJI gewährleisten soll, diese aber zweifellos nicht mehr von Art. 5 EGV gedeckt sind.

693 So *Krenzler/Schneider*, EuR 1994, S. 144 ff. (156 f.).

694 Vgl. zur Begründung für diese Bindung eingehend *Pechstein/Koenig*, Die Europäische Union, Rn. 97 ff., insbes. Rn. 29 sowie *Pechstein*, EuR 1995, S. 247 ff. (254 ff.); gegen eine solche (implizite) Bindung der Gemeinschaft durch das Kohärenzgebot ohne entsprechende Bindungsübernahmeklausel ausdrücklich das BVerfG in seiner *Maastricht*-Entscheidung, E 89, 155 ff. (196). Die Möglichkeit impliziter Bindungen der EG durch Akte der EU ist jetzt jedoch im Amsterdamer Vertrag niedergelegt durch die Änderung

schaftsorgane verpflichtet, eine dem Gebot des wirtschaftlichen und sozialen Zusammenhalts genügende Politik zu betreiben.

In institutioneller Hinsicht ist anzumerken, daß es den Organen der Gemeinschaft - in erster Linie dem Rat und der Kommission - und dem EZB-Rat, bzw. dem Erweiterten Rat der EZB, obliegt, diese kohärente Politik zu gewährleisten. Dabei stehen den genannten Institutionen in verschiedenen Normen des EG-Vertrages Möglichkeiten der Zusammenarbeit zur Verfügung, um vor allem dem Ansehen der gemeinschaftsrechtlichen Institutionen sowie dem der Institutionen des ESZB abträgliche Kompetenzkonflikte von vornherein zu vermeiden[695]. Hierzu gehören beispielsweise Art. 105 Abs. 4 EGV, wonach die EZB zu allen Vorschlägen gehört werden muß, die den Zuständigkeitsbereich der EZB berühren; darüber hinaus kann sie den zuständigen Organen gegenüber Stellungnahmen zu allen Fragen abgeben, die in ihren Zuständigkeitsbereich fallen. Des weiteren ist Art. 109b EGV zu nennen, der detailliert Teilnahmerechte von Mitgliedern einer Institution an den Sitzungen einer anderen Institution festlegt; nicht zu vegessen sind schließlich die übrigen Vorschriften, die ein Anhörungsrecht der EZB in sie betreffenden Fragen aufstellen. Diese Fülle von Vorschriften, die einen interinstitutioellen Meinungsaustausch teilweise ermöglichen, teilweise aber auch verbindlich festschreiben, sollte ausreichen, Kompetenzstreitigkeiten bei der Einführung von Maßnahmen zur Überwindung von Haushaltsschwierigkeiten in einem Mitgliedstaat der EG zu verhindern und statt dessen eine zügige Beschlußfassung zu gewährleisten.

Was die tatsächliche Ausformung der gemeinschaftsrechtlichen Unterstützungsmaßnahmen anbelangt, so ist im Rahmen der hier geschilderten Situation eines nicht vorhandenen Vertrauens in die noch bestehenden nationalen Währungen, daneben aber auch eines fehlenden Vertrauens in die gemeinsame Währung Euro, davon auszugehen, daß im kurzfristigen Bereich lediglich Kapitalverkehrsbeschränkungen ein schnell größer werdendes Handelsbilanzdefizit in dem betroffenen Mitgliedstaat verhindern können. Langfristig ist diesem Staat dann vermehrt Unterstützung aus den verschiedenen Fonds zu gewähren, wobei hier der Regionalfonds an erster Stelle zu nennen ist, da er mit seiner strukturell intendierten Hilfe darauf abzielt, rückständige Gebiete an das Niveau der höher entwickelten Gebiete heranzuführen (vgl. Art. 130c EGV). Daneben ist dann, wenn das Pro-Kopf-BSP in diesem Staat auf weniger als 90% des Gemeinschaftsdurchschnitts absinkt, der Kohäsionsfonds zu nennen. Dieser Unterstützungsfonds greift jedoch nur dann ein, wenn der betroffene Staat ausweislich eines vorzulegenden Konvergenzprogramms nachweisen kann, daß er nunmehr eine Wirt-

des Art. L EUV im Hinblick auf Art. F Abs. 2 EUV, vgl. Konferenz der Vertreter der Regierungen der Mitgliedstaaten, Dok. CONF 4004/97, S. TA/d 36; s. dazu auch schon oben II. 1. c).

695 Vgl. zu bereits aufgetauchten Kompetenzkonflikten zwischen dem EWI und der Kommission der EG im Zusammenhang mit der Wirtschafts- und Währungsunion *Häde*, EuZW 1994, S. 685 ff.

schaftspolitik verfolgen will, mit der er die in Art. 104c EGV aufgestellten Kriterien erreichen kann[696].

b) Die Übertragung von Kapital aus den Nichtteilnehmerstaaten der gemeinsamen Währung in die Eurostaaten

Bereits mehrmals wurde darauf hingewiesen, daß die dritte Stufe der Wirtschafts- und Währungsunion nur dann erfolgreich sein wird, wenn sie sich in der Zeit des Übergangs, d.h. in der Zeit, in der es noch Staaten gibt, für die eine Ausnahmeregelung gilt, auf Kosten dieser Staaten profilieren kann. Ist diese Situation gegeben, so ist die Funktionsfähigkeit der Währungsunion gesichert; anders mag es hingegen für den Binnenmarkt und die Gemeinschaft als Ganzes aussehen.

aa) Die ökonomischen und politischen Voraussetzungen einer Kapitalflucht aus den Nichtteilnehmerstaaten in die Eurostaaten

Die ökonomischen Voraussetzungen eines Szenarios dieser Art liegen klar auf der Hand. Damit die internationalen Kapitalmärkte die Gemeinschaftswährung Euro als Anlagewährung akzeptieren und den Raum der gemeinsamen Währung als Investitionsgebiet nutzen, muß die Währung zunächst stabil sein und - damit einhergehend - die Wirtschaft der teilnehmenden Staaten eine ausreichende Konvergenz aufweisen, so daß Transferleistungen innerhalb des Gebietes nicht zu gewärtigen sind. Diese ökonomischen Grunddaten setzen auf politischer Ebene voraus, daß es bei der Bestätigung des Rates gemäß Art. 109j Abs. 4 EGV, der in der Zusammensetzung der Staats- und Regierungschefs tagt, hinsichtlich der an der gemeinsamen Währung teilnehmenden Mitgliedstaaten Ergebnisse gibt, die aus ökonomischen Gesichtspunkten von den internationalen Kapitalmärkten nachzuvollziehen sind und die gleichzeitig dazu beitragen, vorhandenes Mißtrauen in die Stabilitätsabsichten der Teilnehmerstaaten zu zerstreuen und neues gar nicht erst entstehen zu lassen.

Dazu ist es erforderlich, daß der EcoFin-Rat, der gemäß Art. 109j Abs. 4, S.2 EGV zur Bestimmung der an der gemeinsamen Währung teilnehmenden Staaten das Verfahren nach Art. 109j Abs. 1 und 2 EGV, mit Ausnahme des Absatzes 2, 2. Gedankenstrich, wiederholt, sich in seinen Entscheidungen nicht von nationalen Prestigegedanken leiten läßt. Zu einem für die internationalen Kapitalmärkte akzeptablen Ergebnis gehört in erster Linie, daß entsprechend den bisherigen Verlautbarungen der maßgeblichen politischen Kreise die Entscheidung über die Teilnahme eines Mitgliedstaates an der gemeinsamen Währung streng nach den im EG-Vertrag festgelegten Konvergenzkriterien vonstatten geht, mit anderen Worten, daß die viel befürchtete "Aufweichung der Kriterien" nicht Realität wird. In diesem Zusammenhang ist eine genaue "Punktlandung" auf den Werten der

---

[696] Vgl. Art. 130d UAbs. 2 EGV sowie das 16. Protokoll zum Vertrag über die Europäische Union über den wirtschaftlichen und sozialen Zusammenhalt, BT-Drs. 12/3334, S. 1 ff. (70); BGBl. II 1992, S. 1251 ff. (1314 f.).

Kriterien nicht erforderlich, dies widerspräche dem vom EG-Vertrag selbst eingeräumten Entscheidungsspielraum des EG-Rates bei der Entscheidung über den Teilnehmerkreis.

Jedoch darf dieser Entscheidungsspielraum nicht über Gebühr strapaziert werden, nur um eine möglichst breite Teilnehmerbasis zu bekommen[697]. In diesem hier aufgezeigten Rahmen - nicht vorhandenes Erfordernis einer "Punktlandung" und Gebot des maßvollen Ausnutzens des Entscheidungsspielraumes - muß sich die letzten Endes politische Übereinkunft über den Kreis der Teilnehmer an der gemeinsamen Währung abspielen. Hierbei ist die Einbeziehung von politischen Opportunitätserwägungen in den Entscheidungsfindungsprozeß ebenso schädlich wie das Beharren auf einer punktgenauen Erfüllung der Kriterien, ohne die die Währungsunion angeblich zum Scheitern verurteilt wäre[698].

Werden all diese aufgezeigten Fehlentwicklungen im Entscheidungsfindungsprozeß außen vor gelassen und statt dessen die Entscheidung über die Teilnahme eines Mitgliedstaates an der gemeinsamen Währung ausschließlich aufgrund seiner wirtschaftlichen Konvergenzleistungen getroffen, wobei die Konvergenz - wie im übrigen der EG-Vertrag selbst fordert (Art. 109j Abs. 1, 4. Gedankenstrich EGV) - von einiger Dauer sein muß, was bedeutet, daß ein einmaliger Kraftakt eines Mitgliedstaates, womit er das Kriterium erfüllt, nicht ausreichen kann und darf[699], dann steht einer positiven ökonomischen Entwicklung der Wirtschafts- und Währungsunion nichts im Wege.

---

[697] Die Einbeziehung von Belgien und Italien mit einer Gesamtschuldenstandsquote von jeweils über 120% des BIP, was eine Überschreitung um mehr als das Doppelte des vom EG-Vertrag vorgesehenen Wertes bedeutet, stellt eine solche Überstrapazierung eindeutig dar. Gerechtfertigt werden kann dies nur, wenn die Erfüllung bestimmter Kriterien für wichtiger erachtet wird als die Erfüllung der anderen. Vorausgesetzt würde hierbei allerdings eine Rangfolge der Konvergenzkriterien, die politisch möglicherweise gewünscht war, die sich dem EG-Vertrag in keiner Weise entnehmen läßt.

[698] Vgl. hierzu *Herdegen*, in Handelsblatt Nr. 130, v. 10.7.1997, S. 5, der in diesem Zusammenhang darauf hinweist, daß eine Abweichung von den Konvergenzkriterien ab einer gewissen Größenordnung als nicht mehr vom Vertragswortlaut gedeckt angesehen werden kann. Hinsichtlich des Neuverschuldungskriteriums sieht er diese Auslegungsgrenze bei 3,5 %.

[699] So auch das EWI hinsichtlich der Erfüllung der Konvergenzkriterien beim Eintritt in die dritte Stufe der Wirtschafts- und Währungsunion. EWI-Präsident *Lamfalussy*: "Es kann durchaus sein, daß wir feststellen werden, daß die geplante Haushaltskonsolidierung nicht glaubwürdig ist." Es komme nicht nur darauf an, daß die Mitgliedstaaten ihre Haushaltsdefizite auf unter drei Prozent drückten, "es kommt vielmehr darauf an, wie dies geschieht". Vgl. Handelsblatt Nr. 34, v. 18.2.1997, S. 35.

bb) Die ökonomischen und politischen Gegenmaßnahmen der Europäischen Gemeinschaft

Mit der soeben dargestellten Möglichkeit, einen starken Euro zu etablieren und ökonomische Erfolge für die Teilnehmerstaaten der gemeinsamen Währung zu realisieren, geht jedoch zwangsläufig ein ökonomischer Rückgang in den Staaten einher, die erst zu einem späteren Zeitpunkt die Einheitswährung einführen, d.h. in den Staaten, für die gemäß Art. 109k EGV eine Ausnahmeregelung gilt. Unter der Voraussetzung eines starken Euros werden die internationalen Kapitalmärkte das Kapital in dem dann als sicher angesehenen einheitlichen Währungsgebiet anlegen und es aus den verbliebenen Mitgliedstaaten, die noch nicht zum gemeinsamen Währungsraum gehören, abziehen oder - darauf wurde bereits hingewiesen - es nur zu hohen Risikoaufschlägen, die sich in erhöhten und nicht gerechtfertigten Zinsen widerspiegeln, in dem Land belassen. Der ohnehin schwache Haushalt dieses Staates sieht sich dadurch noch höheren Zinsforderungen ausgesetzt, um das notwendige Investitionskapital zu halten, so daß er weitere Schuldverschreibungen ausgeben muß, um mehr Geld für die Zinstilgung zu erhalten und, wenn ein gewisser Sättigungsgrad der Schuldverschreibungen erreicht ist, muß der Staat um Kredite auf den Kapitalmärkten nachsuchen, die wiederum nur mit hohen Zinsen verbunden sind.

Um dieser Verschuldungsspirale zu entgehen, ist es erforderlich, frühzeitig haushaltsstabilisierende Maßnahmen zu ergreifen. Hierzu gehören dann, wenn der einzelne Staat der Belastung nicht mehr gewachsen ist, auch Unterstützungsleistungen aus den Gemeinschaftsfonds. Auf diese Möglichkeit wird bereits im *Delors*-Bericht hingewiesen, in dem es heißt, daß die regionale Förderpolitik zur Absicherung der Währungsunion eingesetzt werden muß[700]. Selbst der *Delors*-Bericht geht jedoch bereits davon aus, daß die einheitliche Währung nicht zu einem einzigen Zeitpunkt in allen Staaten gleichzeitig eingeführt werden kann[701]. Auch hier ist also bereits ein Europa der mehreren Geschwindigkeiten niedergelegt und in der sich heute tatsächlich darstellenden Situation eines Europa der mehreren Geschwindigkeiten hat die Förderungsnotwendigkeit der schwächeren Regionen gerade der Staaten, die nicht von Anfang an der gemeinsamen Währung angehören werden, nichts von ihrer Aktualität verloren, will man nicht auf Dauer die europaweite Währungsunion gefährden. Ganz im Sinne *Delors* ist damit der Einsatz der Fonds zur Absicherung der Währungsunion erforderlich.

Neben der Inanspruchnahme der Unterstützungsfonds für die schwächeren Regionen bleibt diesen aber auch eine weitere, eigenständige Möglichkeit, ihre defizitäre Haushaltslage selbst zu verbessern. Diese Möglichkeit besteht darin, daß diese Staaten, die noch nicht die gemeinsame Währung der Währungsunion eingeführt haben, gemäß Art. 109m EGV nach wie vor über den Wechselkurs ihrer Währung zu anderen Währungen selbst entscheiden. Zwar sind sie nach dem

---

700 Vgl. *Delors*-Bericht, Ziffer 10, EA 1989 (D), S. 283 ff. (285).

701 *Delors*-Bericht, a.a.O., S. 283 ff. (297 f.).

einheitlichen Beginn der dritten Stufe der Wirtschafts- und Währungsunion und der nur durch einen Teil der Mitgliedstaaten eingeführten gemeinsamen Währung in dem dann zu errichtenden erweiterten EWS II mit den Euro-Staaten verbunden, das EWS II bedeutet jedoch lediglich, daß der einmal ausgehandelte und festgelegte Wechselkurs nicht um mehr als die vereinbarten +/- 15% schwanken darf.

Es ist in dieser Situation an den Mitgliedstaaten mit nationalen Währungen, in den Verhandlungen über die Wechselkurse mit den Euro-Staaten eine Unterbewertungssituation für ihre bestehen bleibenden nationalen Währungen auszuhandeln. Gelingt dies, so erhalten sie eine Ausgangsposition, die es ihnen erlaubt, auf dem Weltmarkt inklusive dem Markt der Euro-Staaten ihre Produkte derart anzubieten, daß sie trotz bestehendem Wechselkurs günstiger sind als andere Produkte. Es war genau diese Unterbewertungskonstellation der eigenen Währung gegenüber den (damaligen) Leitwährungen, die es Japan und Deutschland erlaubte, nach dem Zweiten Weltkrieg trotz umfangreichster Zerstörung ihrer Industrien zu den Staaten mit dem weltweit größten Wirtschaftswachstum zu werden[702]. Die auf diese Weise zu realisierenden Paritätsgewinne der Staaten, die noch nicht der Einheitswährung angehören, gehen selbstverständlich auch und gerade zu Lasten der Staaten dieser Einheitswährung. Zur Förderung der Entwicklungschancen der Nationalwährungsstaaten, damit diese schnell den Sprung in die gemeinsame Währung der Währungsunion schaffen, sollte den ohnehin ökonomisch stärkeren Staaten diese Einbuße aufgebürdet werden[703]. Daneben ließe sich - dies aber wohl nur auf der politischen Ebene - auch daran denken, den ausweislich ihrer Nichtteilnahme an der gemeinsamen Währung schwächeren Staaten selektive protektionistische Maßnahmen zu erlauben, was zusätzlich ihre Exportchancen natürlich vor allem in den einheitlichen Währungsraum erhöhen würde.

3. Die Kapitalbewegungen innerhalb der Eurostaaten

Abhängig von der Zusammensetzung der Teilnehmergruppe der ersten Generation der gemeinsamen Währung wird es auch im Rahmen dieser Gruppe zu Kapitalumschichtungen kommen, die nun zwar nichts mehr mit Gewinnerwartungen aus Paritätsunterschieden zu tun haben, die jedoch - trennt man sie in Investitionskapital und Spekulationskapital - einerseits mit der Stabilität der nationalen Haushaltspolitik, andererseits mit der Höhe der Risikozinsen, resultierend aus einer verfehlten Haushaltspolitik einzelner Eurostaaten, zusammenhängen. Es soll nun zunächst eine Untersuchung der ökonomischen und politischen Voraussetzungen für eventuelle Allokationsänderungen des für die Staaten wichtigen Anlage- und Investitionskapitals sowie der Konsequenzen einer Allokationsverlagerung angestellt werden und daran anschließend der währungsunionsinterne Stabilitätspakt als Lösungs- bzw. Verhinderungsmöglichkeit betrachtet werden.

---

[702] Vgl. *Herr*, in: Thomasberger (Hrsg.), Europäische Geldpolitik, S. 199ff. (206).

[703] *Herr/Westphal,* in: Westphal/Herr/Heine/Busch (Hrsg.), Wirtschaftspolitische Konsequenzen der deutschen Vereinigung, S. 75 ff. (98).

Schließlich stellt sich hier die Frage, ob der Haftungsausschluß der Gemeinschaft bzw. der übrigen Mitgliedstaaten gegenüber einem überschuldeten Mitgliedstaat - die sog. "No-bail-out-Klausel" - tatsächlich so eindeutig ist, wie fortwährend behauptet wird.

a) Die ökonomischen und politischen Voraussetzungen und Konsequenzen von Kapitalbewegungen innerhalb der Eurostaaten

Unter der Voraussetzung einer international akzeptierten Euro-Währung, d.h. eines Verbleibs des wesentlichen Anteils des internationalen Investitionskapitals in den Eurostaaten, werden sich Anleger und Investoren naturgemäß die Regionen zur Geldanlage und Investition heraussuchen, die das größte Maß an Rentabilität aber auch an Sicherheit bieten. In diesem Zusammenhang ist die Frage nach dem Lohnniveau und der damit zusammenhängenden Inflationsanfälligkeit der Region von entscheidender Bedeutung. Verkürzt läßt sich dies wie folgt darstellen: Mit der Aufgabe der Wechselkurshoheit verzichten die Staaten, die die gemeinsame Währung einführen, endgültig auf das Scharnier, mit dem sie bisher nationale Unterschiede bei Inflation, Produktivität oder Dynamik der Staatsverschuldung zwischen den Ländern abfedern konnten. Ist der Handlungsspielraum der nationalen Finanzpolitik aber erst einmal erschöpft, liegt bei unterschiedlicher Produktivitätsentwicklung die Last des erforderlichen Anpassungsprozesses fast allein bei den Arbeitskosten[704]. Das kann nicht nur zu ausgeweiteten Lohnkonflikten, sondern auch zu mehr Arbeitslosigkeit und einer Überlastung der Sozialsysteme führen[705]. Dies soll nun näher untersucht werden.

Dazu ist zunächst eine Unterteilung der Wirtschaftsgebiete in ökonomisch starke (Metropolen) und ökonomisch schwache Gebiete (Peripherien) vorzunehmen. Peripherien zeichnen sich im Vergleich zu Metropolen durch eine längerfristige unterdurchschnittliche Wachstumsrate, eine geringere Innovationskraft, eine niedrigere Wertschöpfung pro Kopf, geringere Reallöhne, eine höhere Arbeitslosenquote und Abwanderung von Arbeitskräften aus. Metropolen erreichen durch ein Bündel der entgegengesetzten Faktoren eine höhere Produktivität und Innovationskraft. Im internationalen Vergleich wird durch geringere Reallöhne und höhere Arbeitslosigkeit vor allem die Gefahr der Abwanderung qualifizierter Arbeitskräfte erzeugt und gefördert, was die Entwicklungsbedingungen in den Peripherien weiter verschlechtert. Weiterhin haben die Metropolen dadurch einen Vorteil, daß aufgrund der verstärkten Ansiedelung von Industrien das Steueraufkommen hier höher ist und diese Steuereinnahmen von dem Staat in den ökonomisch ohnehin stärkeren Gebieten zur weiteren Verbesserung der Infrastruktur, zur Forschungsförderung sowie zur Unterstützung der ansässigen Industrien durch öffentliche Aufträge etc. eingesetzt werden[706].

---

704 *Berthold*, FLF 1996, S. 221 ff. (226).

705 *Tietmeyer*, in: Dt. Bundesbank, Auszüge aus Presseartikeln, Nr. 12, v. 28.2.1997, S. 1 ff. (3); auch *Bender*, EWS 1996, S. 1 ff. (5).

706 *Herr*, in: Thomasberger, S. 199 ff. (200 f.).

Betrachtet man unter diesem Aspekt die Frage nach den Teilnehmerstaaten der ersten Generation der gemeinsamen Währung, so ist wohl festzustellen, daß - vielleicht abgesehen von der Möglichkeit eines Kerneuropas in seiner kleinsten Konstellation (Deutschland, Frankreich und die Benelux-Staaten) - ökonomische Unterschiede desto häufiger anzutreffen sein werden, je größer die Anzahl der Staaten in der Startergruppe ausfällt. Potentiell kann bei derartigen wirtschaftlichen Unterschieden der Wechselkurs in der Form einer globalen Protektion ein Land mit einer geringeren Produktivitätsentwicklung und Innovationskraft gegenüber einem diesbezüglich überlegenen Land schützen. Es stellt sich somit die Frage, welches Instrument den Mitgliedern einer Währungsunion an die Hand gegeben werden kann und soll, damit sie bei nicht mehr vorhandenem Wechselkurs der Gefahr einer Peripherisierung entgehen.

Die Situation in einer Währungsunion stellt sich so dar, daß aufgrund einheitlicher Verkaufspreise überregional handelbarer Güter und Dienstleistungen zu erwarten ist, daß bei auch überregional einheitlichen Löhnen die Produzenten in den Regionen mit geringerer Produktivitätsentwicklung und Innovationskraft langsam aber fortschreitend aus dem Markt gedrängt werden. Hieraus ergibt sich, daß diese Verdrängung nur durch eine unterdurchschnittliche Reallohnentwicklung in den weniger starken Gebieten verhindert werden kann, d.h. als Substitut für den entfallenden Wechselkurs kommt lediglich eine an den Bedürfnissen der einzelnen Regionen ausgerichtete Lohnpolitik in Frage. Unterschiedlich entwikkelte Regionen müssen dann auch ein unterschiedliches Lohnniveau akzeptieren[707].

Hierbei entsteht jedoch das Problem, daß die Lohnpolitik nicht in die Gemeinschaftskompetenz übertragen worden ist, sondern auch in der dritten Stufe der Wirtschafts- und Währungsunion für jeden einzelnen Mitgliedstaat von den Tarifvertragsparteien ausgehandelt wird. Hiermit einher geht die zu erwartende Lohnangleichungstendenz der Gewerkschaften im währungseinheitlichen Europa, d.h. die Lohnabschlüsse in den ökonomisch starken Gebieten haben für die Abschlüsse in den schwächeren Gebieten möglicherweise Signalfunktion[708]. Eine Orientierung der weniger stark entwickelten Regionen an dem Lohnniveau der stärkeren Regionen ist jedoch auf Dauer wegen der Diskrepanz zur Produktivitätsentwicklung nicht haltbar und muß mittelfristig zu Betriebsstillegungen und erhöhter Arbeitslosigkeit führen[709]. Die entgegengesetzte Situation, in der die ökonomisch schwächsten Gebiete hinsichtlich der Tarifvereinbarungen Signalfunktionen haben, führte zu erheblichen Wohlfahrtsverlusten in den Hochlohnländern, was politisch kaum durchzuhalten wäre.

---

[707] *Berthold*, FLF 1996, S. 221 ff. (222).

[708] *Berthold*, a.a.O., S. 226.

[709] *Smeets*, in: Gröner/Schüller, S. 97 ff. (126); *Berthold*, in: Gröner/Schüller, S. 147 ff. (150).

Andererseits fordern aufrechterhaltene Lohndifferenzen in einer die Vergleichbarkeit der Löhne ermöglichenden Währungsunion gerade die mobilitätsbereiten Arbeitskräfte, welche in der Regel die besser ausgebildeten sind, zur Abwanderung in die Metropolen auf, was ebenfalls der Peripherisierung der schwächeren Regionen Vorschub leistet. Da jedoch das Gros der Arbeitskräfte diese Wanderungen nicht mitmachen dürfte, ist nicht von einer nach regionalen Gesichtspunkten erforderlichen Reallohnentwicklung auszugehen, sondern vielmehr von einer drastisch erhöhten Arbeitslosigkeit in den Peripherien[710]. Durch diese erhöhte Arbeitslosigkeit in einer Region mit relativ niedriger Wettbewerbsfähigkeit entstehen dann zwangsläufig die Lohndifferenzen, die im Vergleich zu den wettbewerbsstärkeren Regionen innerhalb der Währungsunion zu niedrigeren Nominallohnsteigerungen führen. Sind hier Differenzen in einer ausreichenden Größenordnung erreicht, so sind ausreichende Profitabilität und langfristig durchschnittliches Wachstum auch in der produktivitätsschwächeren Region möglich. Eine derartige Entwicklung setzt jedoch voraus, daß im einheitlichen Währungsraum neben einem einheitlichen Zinssatz auch die Preise für überregional gehandelte Waren und Dienstleistungen einheitlich sind. Denn nur dann, wenn Waren und Dienstleistungen aus den produktivitätsschwächeren Gebieten zu den gleichen Preisen verkauft werden wie die aus den produktivitätsstärkeren Gebieten, kann über die geringeren Geldlöhne in ersteren Gebieten ein ökonomischer Vorteil und damit ein Wachstumsschub gegenüber den stärker entwickelten Gebieten erreicht werden[711].

b) Konsequenzen für den internationalen Kapitalverkehr

Die eben geschilderte Situation wirkt sich auch auf den internationalen Kapitalverkehr aus. Die ökonomisch stärker entwickelten Metropolen sind durch erhöhtes Steueraufkommen in der Lage, Investoren weit bessere Anreize zu bieten als die Peripherien. Entscheidend für das internationale Kapital dürfte darüber hinaus die in Metropolen ebenfalls verbesserte Absatzmöglichkeit ihrer Produkte sein, die infolge der nicht so stark ausgeprägten Arbeitslosigkeit und der daraus resultierenden größeren Verfügbarkeit von Konsumkapital den Metropolen wiederum einen Vorteil gibt[712]. Peripherien sind in dieser Situation gezwungen, internationales Anlagekapital mit höheren Zinsen und Investitionskapital mit niedrigeren Steuern und verbesserten Abschreibungsmöglichkeiten anzulocken. Die höheren Zinsen einerseits und die geringeren Steuereinnahmen einschließlich des Verlustes aus den Abschreibungen andererseits vermindern jedoch wiederum das verfügbare Kapital der betroffenen Staaten. Es wiederholt sich in dieser Konstellation also die Situation der oben bereits geschilderten Kapitalflucht aus den Nicht-Teilnehmerstaaten in die Teilnehmerstaaten.

---

710 *Herr*, in: Thomasberger, S. 199 ff. (211).

711 *Herr/Westphal*, in: Westphal/Herr/Heine/Busch (Hrsg.), Wirtschaftspolitische Konsequenzen der deutschen Vereinigung, S. 75 ff. (93 ff.).

712 *Herr*, in: Thomasberger, S. 199 ff. (200 f.).

c) Maßnahmen zur Gegensteuerung seitens der Europäischen Gemeinschaft und der Eurostaaten

Wenn auch die Situation der Peripherien in einer Währungsunion mit der der Staaten vergleichbar ist, die noch nicht an der Währungsunion teilnehmen und die einen Abzug internationalen Kapitals aus ihren Gebieten zu vergegenwärtigen haben, so sind die zur Verfügung stehenden Gegenmaßnahmen nur teilweise vergleichbar. Augenfälligster Unterschied ist, daß den Peripherien keine selektiven protektionistischen Maßnahmen zur Verfügung gestellt werden können, denn Paritätsunterschiede bestehen nicht mehr und unterschiedliche Exportregelungen für einzelne Regionen in einer Währungsunion sind ebenfalls nicht möglich. Was bleibt, sind die Förderfonds, wobei dann, wenn sich die hier geschilderte Situation einstellt, der Kohäsionsfonds eine sehr viel tragendere Rolle spielen wird, als ihm ursprünglich zugedacht worden ist, denn eine von hoher Arbeitslosigkeit betroffene Region ohne mittelfristige Aussichten auf eigenständige ökonomische Verbesserungen wird relativ schnell bei einer durchschnittlichen Pro-Kopf-Wertschöpfung von weniger als 90% des durchschnittlichen BSP der Europäischen Gemeinschaft[713] angelangt sein. Angesichts leerer öffentlicher Kassen sind Transferleistungen zur Stützung wirtschaftlich schwächerer Länder und der geringen Bereitschaft dazu sicher keine Alternative zur rein stabilitätsorientierten Geldpolitik von Anfang an[714]. Erscheinen diese die Mitgliedstaaten und die Gemeinschaft treffenden Finanzierungspflichten - auch vor dem Hintergrund der angestrebten Haushaltskonsolidierung - nicht als tragbar, so bliebe nur eine inflationistische europäische Vollbeschäftigungspolitik, die jedoch mit dem Primat der Preisstabilität der EZB nicht zu vereinbaren wäre[715]. Aus diesen Überlegungen heraus wird die Richtigkeit der Aussagen derjenigen deutlich, die eine Währungsunion nur zwischen solchen Staaten fordern, die sich in ökonomisch vergleichbaren Situationen befinden.

aa) Die Sanktionsmaßnahmen gemäß Art. 104c EGV

Mit der Einführung des Euro werden für die Staaten, die diesen Schritt mitmachen, auch die Sanktionsmöglichkeiten wirksam, die der EG-Vertrag in Art. 104c Abs. 9 und 11 vorsieht, vgl. Art. 109e Abs. 3 EGV. Bei einem festgestellten öffentlichen Defizit kann der EcoFin-Rat zunächst gemäß Art. 104c Abs. 9 EGV den betreffenden Mitgliedstaat, der sich den bisherigen Empfehlungen des Rates gemäß Art. 104c Abs. 7 und 8 EGV verschlossen hat, mit der Maßgabe in Verzug zu setzen, ein wirksames Maßnahmenpaket zur Überwindung des Haushaltsdefizits in einer bestimmten Frist vorzulegen. Kommt der Staat dieser Aufforderung

[713] Vgl. 16. Protokoll zum Vertrag über die Europäische Union über den wirtschaftlichen und sozialen Zusammenhalt, BT-Drs. 12/3334, S. 1 ff. (70), BGBl. II 1992, S. 1251 ff. (1314 f.).

[714] *Tietmeyer*, in: Dt. Bundesbank, Auszüge aus Presseartikeln, Nr. 12, v. 28.2.1997, S. 1 ff. (3); *Smeets*, in: Gröner/Schüller, S. 97 ff. (126).

[715] *Smeets*, ebd.; *Tietmeyer*, ebd.

nicht nach, so kann der Rat zum Sanktionenkatalog des Art. 104c Abs. 11 EGV greifen.

Nach diesem Katalog kann der Rat von dem Mitgliedstaat verlangen, vor der weiteren Emission von Schuldverschreibungen und sonstigen Wertpapieren vom Rat näher bezeichnete Angaben zu veröffentlichen, der Rat kann die EIB ersuchen, ihre Darlehenspolitik gegenüber diesem Staat zu überprüfen, er kann verlangen, daß der Staat eine unverzinsliche Einlage in angemessener Höhe bei der Gemeinschaft hinterlegt, bis das übermäßige Defizit korrigiert worden ist und schließlich kann der Rat gegenüber dem Staat eine angemessene Geldbuße verhängen. Die Entscheidung über die Verhängung dieser Sanktionen erfolgt mit Zwei-Drittel-Mehrheit derjenigen Staaten im Rat, die an der gemeinsamen Währung teilnehmen, mit Ausnahme des Staates, der von den Sanktionen betroffen wäre.

Die Auswirkungen für den betroffenen Staat bei einer tatsächlichen Verabschiedung auch nur einer dieser Sanktionen wären auf den internationalen Kapitalmärkten erheblich. Der ohnehin angeschlagene Staatshaushalt müßte nun etwa bei der weiteren Emission von Schuldverschreibungen fundamentale Wirtschaftsdaten offenlegen, die jedem Kreditgeber die Möglichkeit eröffnen, sich vom genauen Ausmaß des staatlichen Defizits in Kenntnis zu setzen. Das Resultat wäre unweigerlich eine weiter erhöhte Risikoprämie und darüber hinaus weitere Zinserhöhungen. Trotz dieses möglicherweise einschneidenden Sanktionskatalogs[716] sind Befürchtungen aufgekommen, daß die effektive Anwendung dieser Sanktionen so gut wie ausgeschlossen sei. Anknüpfungspunkt für diese Bedenken ist das langwierige Verfahren auf Rats- und Kommissionsebene, bevor es zur Sanktionsverhängung kommt, sowie die nicht von der Hand zu weisende Gefahr, daß bei diesen Entscheidungen politische Erwägungen nicht außen vor bleiben und so einen Einsatz der Sanktionen auch einmal verhindern können[717].

Darüber hinaus besteht ein recht großer Spielraum bei der Wahl des jeweiligen Sanktionsmittels, allein oder im Verbund mit mehreren, und auch die konkrete Ausgestaltung ist in das Ermessen des EcoFin-Rates gestellt. Dies gilt sowohl für die näheren ökonomischen Daten bei der weiteren Emission von Schuldverschreibungen als auch und vor allem bei der Bemessung der "angemessenen" Höhe der zu hinterlegenden unverzinslichen Einlage sowie bei der Geldbuße. Daß es unter dem Einfluß politischer Opportunitätserwägungen hier zur Verhängung lediglich mehr oder weniger symbolischer Sanktionen kommt, ist eine nicht unrealistische Gefahr. Aus diesen Gründen sind Zweifel darüber angebracht, ob die Sanktionsregelungen des Art. 104c EGV geeignet sind, finanzpolitische Disziplin auch nach dem Eintritt in die dritte Stufe der Wirtschafts- und Währungsunion aufrechtzuerhalten[718].

---

716 *Zeitler*, WM 1995, S. 1609 ff. (1611).

717 *Hartmann*, EuZW 1996, S. 133 ff. (136); *Häde*, EuZW 1996, S. 138 ff. (139); *Zeitler*, a.a.O., S. 1611.

718 *Ensthaler*, ZRP 1992, S. 426 ff. (430); *Hahn*, Der Vertrag von Maastricht als völker-

bb) Der Stabilitäts- und Wachstumspakt von Dublin

Zur Überwindung der an der Durchsetzungsfähigkeit der in Art. 104c EGV genannten Sanktionen bei Überschreitung der Referenzwerte für die Staatsverschuldung geäußerten Bedenken der internationalen Kapitalmärkte und zur Manifestation des Stabilitätsbewußtseins aller EG-Staaten ist auf dem EU-Gipfel in Dublin vom 13./14.12.1996 der sogenannte Stabilitäts- und Wachstumspakt politisch verabschiedet worden[719]. Auf dem Gipfeltreffen von Amsterdam im Juni 1997 wurde dieser Pakt bestätigt und der Rat der EG aufgefordert, die Vorschläge der Kommission[720] zur Umsetzung des Paktes unverzüglich anzunehmen[721].

Zu diesem Zeitpunkt blickte der Stabilitätspakt bereits auf eine eineinhalbjährige Geschichte zurück. Erstmals hatte Bundesfinanzminister *Waigel* einen solchen Stabilitätspakt als finanzpolitisches Disziplinierungsinstrument für die dritte Stufe der Wirtschafts- und Währungsunion im November 1995 gefordert[722], im September 1996 einigten sich der deutsche und der französische Finanzminister grundsätzlich auf einen Stabilitätspakt, dessen wesentlicher Inhalt es sein sollte, die Sanktionen für ein Übertreten der Referenzwerte für die Staatsverschuldung durch ein Land, das an der gemeinsamen Währung teilnimmt, straffer und glaubwürdiger zu gestalten, als dies nach dem EG-Vertrag geschehen war[723]. Wesentliches Ziel hierbei war von deutscher Seite ein Sanktionsautomatismus, d.h. die Verhängung von Sanktionen für den der Überschreitung der Kriterien überführten Mitgliedstaat hinge nicht mehr von dem zustimmenden Urteil eines politischen Gremiums ab, etwa dem EcoFin-Rat oder dem Rat in der Zusammensetzung der Staats- und Regierungschefs, sondern ergäbe sich direkt aus dem verabschiedeten Pakt.

Bei der endgültigen Beschlußfassung in Dublin konnte sich Bundesfinanzminister *Waigel* mit dieser Form des Stabilitätspaktes nicht durchsetzen und auch während des Gipfeltreffens von Amsterdam ging es nicht mehr um einen Sanktionsautomatismus[724]. Die unterschiedlichen nationalen Traditionen hinsichtlich der Geld-

---

rechtliche Übereinkunft und Verfassung, S. 80; *ders.*, JZ 1997, S. 1133 ff. (1134). *Horn*, ZBB 1997, S. 314 ff. (318 f.); *Kuschnick*, DZWir 1997, S. 315 ff. (318).

719 S. dazu Bull.EU 12-1996, S. 44 f; vgl. dazu u.a. *Lienemeyer*, EWS 1997, S. 257 ff.; *Hahn*, JZ 1997, S. 1133 ff.; *Horn*, a.a.O., S. 318; *Glomb*, DStR 1997, S. 129 ff.

720 Geänderter Vorschlag der Kommission für eine Verordnung (EG) des Rates, ABL.EG Nr. C 130 v. 26.4.1997, S. 12 ff.

721 S. hierzu Presidency Conclusions - Amsterdam 16 and 17 June 1997, S. 5 ff. Mittlerweile hat der Rat am 7. Juli 1997 zwei Verordnungen erlassen, und zwar die VO Nr. 1466/97, ABl.EG 1997, Nr. L 209, S. 1 ff. sowie die VO Nr. 1467/97, ABl.EG Nr. L 209, S. 6 ff.

722 Bundesministerium der Finanzen, Mitteilung vom 10.11.1995.

723 Vgl. SZ vom 18.9.1996, S. 2.

724 Die Einführung eines dem deutschen Vorschlag entsprechenden Sanktionsautomatismus' wäre mit den nun zugrunde gelegten Ermächtigungsgrundlagen nicht durchführ-

politik namentlich zwischen Frankreich und Deutschland verhinderten einen reinen Stabilitätspakt mit automatischer Sanktionseinführung. Die von politischer Seite nicht beeinflußbare, demnach vom Staat völlig unabhängige Notenbank ist für Frankreich nur schwer zu akzeptieren gewesen. Deutlich wird dies vor allem daran, daß auf Drängen Frankreichs die zu treffende Vereinbarung den Namen "Stabilitäts- und Wachstumspakt" bekommen hat[725]. Hiermit wird die Verpflichtung der europäischen Geldpolitik zum Ausdruck gebracht, nicht nur für eine reine Preisstabilität zu sorgen, sondern daneben sich auch für wirtschaftspolitische Belange einzusetzen[726]. Die mit Vehemenz geführte Diskussion zwischen Frankreich und Deutschland um die Unabhängigkeit der EZB und die Rolle eines Stabilitätsrates als wirtschaftspolitisches Gegengewicht zur EZB, wie es von Frankreich gefordert wurde, verdeutlichen die unterschiedlichen geldpolitischen Ausgangspositionen[727]. Im wesentlichen haben der EcoFin-Rat und der Rat in der Zusammensetzung der Staats- und Regierungschefs folgendes vereinbart[728]:

(1) Die Konkretisierung des Überwachungsverfahrens des Art. 104c Abs. 1 bis 10 EGV

Die einzelnen Mitgliedstaaten verpflichten sich, mittelfristig einen nahezu ausgeglichenen oder einen Überschuß aufweisenden Haushaltssaldo anzustreben[729]. Dies wird es gegebenenfalls ermöglichen, die automatischen Stabilisatoren ohne Überschreitung des Referenzwertes von 3% für das Defizit auf den gesamten Konjunkturzyklus anzuwenden. Überschreitet ein Staat diesen Wert, so führt dies unweigerlich zum Eintritt in den Sanktionsablauf. Möglich ist jedoch auch eine ausnahmsweise Zulässigkeit des Überschreitens des Referenzwertes. Als Ausnahme wird ein Überschreiten angesehen, wenn es auf ein außergewöhnliches Ereig-

---

bar gewesen. Um einen Automatismus einzuführen hätte es einer Vertragsänderung gemäß Art. N EUV bedurft. Vgl. *Kuschnick*, DZWir 1997, S. 315 ff. (320); *Weber, A.*, in: FS für Hugo J. Hahn, S. 273 ff. (277); *Lienemeyer*, EWS 1997, S. 257 ff. (260). Zur Frage des Stabilitäts- und Wachstumspaktes in der Form eines völkerrechtlichen Vertrages s. insbesondere *Blumenwitz/Schöbener*, S. 74 ff. Auf die mit dieser Form einhergehenden Probleme weist auch *Häde*, EuZW 1996, S. 138 ff. deutlich hin.

[725] Dazu *Horn*, ZBB 1997, S. 314 ff. (319); *Hahn*, JZ 1997, S. 1133 ff. (1141).

[726] Vgl. Handelsblatt Nr. 244, vom 17.12.1996, S. 8.

[727] Vgl. dazu nur Dt. Bundesbank, Auszüge aus Presseartikeln Nr. 78, vom 18.12.1996, S. 11 f. (12) sowie S. 13 f. Deutschland und Frankreich haben sich nun jedoch darauf geeinigt, daß an die Stelle des von Frankreich geforderten Stabilitätsrates ein informelles Koordinierungsforum der Euro-Teilnehmer tritt, das dem Austausch wirtschaftlicher Informationen, der Vorabmitteilung von Daten und der Überwachung der gesamtwirtschaftlichen Lage dienen soll; vgl. Handelsblatt Nr. 198, v. 15.10.1997, S. 3.

[728] Der Text des verabschiedeten Stabilitäts- und Wachstumspaktes ist abgedruckt im Bull.BReg. 1997, S. 189-216.

[729] Hierin kommt die ursprüngliche Forderung *Waigels* zum Ausdruck, daß die Mitgliedstaaten der gemeinsamen Währung in wirtschaftlichen Normallagen ein Defizit von lediglich 1% anstreben sollen, vgl. Handelsblatt Nr. 244, v. 17.12.1996, S. 8.

nis zurückzuführen ist, das sich der Kontrolle des betreffenden Mitgliedstaates entzieht und erhebliche Auswirkungen auf die Finanzlage des Staates hat, oder auf einen Wirtschaftsrückgang zurückzuführen ist. Jedoch wird ein Wirtschaftsrückgang nur dann als Ausnahme akzeptiert, wenn ein realer BIP-Rückgang auf Jahresbasis von mindestens 2% zu verzeichnen ist[730].

Kommt die Kommission unter Zugrundelegung dieser Werte zu dem Ergebnis, daß ein Defizit in einem Mitgliedstaat vorliegt, so erstellt sie den in Art. 104c Abs. 3 EGV erwähnten Bericht. Hier nun taucht zum ersten Mal eine die Zeitspanne der Sanktionseinführung verkürzende Klarstellung im Verhältnis zum EG-Vertrag auf. Heißt es noch in Art. 104c Abs. 4 EGV, der in Art. 109c bezeichnete Ausschuß (der Wirtschafts- und Finanzausschuß in der dritten Stufe der Wirtschafts- und Währungsunion) gibt eine Stellungnahme zu dem Bericht der Kommssion ab, so wird dies dahingehend konkretisiert, daß besagter Ausschuß innerhalb von zwei Wochen seine Stellungnahme abzugeben hat. Aufgrund der dann folgenden Empfehlung der Kommssion an den Rat gelangt dieser zu der Entscheidung, ob ein übermäßiges Defizit vorliegt oder nicht. Vor der Entscheidung ist der Staat zu hören, der hier Gelegenheit hat zu beweisen, daß ein realer BIP-Rückgang von weniger als 2% auf Jahresbasis dennoch als Ausnahme anzusehen ist, womit er den Einsatz der Sanktionen verhindern kann. Beläuft sich der BIP-Rückgang jedoch nur auf bis zu 0,75%[731], so haben sich die Mitgliedstaaten verpflichtet, die definierten Ausnahmen insbesondere der Plötzlichkeit des Rückgangs oder der kumulierten Produktionseinbußen nicht geltend zu machen. Dies aber sind Punkte, die gemäß Art. 104c Abs. 3 EGV im Bericht der Kommission "als sonstige einschlägige Faktoren" zu berücksichtigen gewesen wären.

Gelangt der Rat zu dem Ergebnis, daß trotz des Vorbringens des Staates ein übermäßiges Defizit vorliegt, so richtet er die in Art. 104c Abs. 7 EGV genannten Empfehlungen an den betreffenden Staat. Hier findet sich die zweite zeitliche Straffung. Wird in Art. 104c Abs. 7 EGV noch lediglich davon gesprochen, daß der Staat das Defizit "innerhalb einer bestimmten Frist" abzubauen hat, so konkretisiert die Vereinbarung von Dublin/Amsterdam dies dahingehend, das der Staat erstens innerhalb von vier Monaten wirksame Maßnahmen zu ergreifen hat und zweitens die Korrektur des Defizits in dem auf die Feststellung des Vorliegens eines solchen folgenden Jahres zu erfolgen hat, wenn nicht besondere Umstände entgegenstehen. Die Feststellung des Rates gemäß Art. 104c Abs. 8 EGV, daß keine wirksamen Maßnahmen auf seine Empfehlung hin ergriffen wurden, trifft der Rat somit nach Ablauf von vier Monaten. Im Anschluß hieran erfolgt die nächste und wichtigste zeitliche Konkretisierung. Sie bezieht sich auf die Frist in Art. 104c Abs. 9 EGV, in dem die Inverzugsetzung des Mitgliedstaates durch den Rat geregelt ist. Es ist hierin die ultimative Aufforderung des Rates an den Staat zu sehen, innerhalb einer weiteren Frist geeignete Maßnahmen zum Defizitabbau zu ergreifen, wobei das Verstreichenlassen der Frist das Einsetzen des Sanktions-

---

730 ABl.EG Nr. C 130 v. 26.4.1997, S. 12 ff., Art. 2 Abs. 2.

731 Kritisch zu diesem Wert *Kuschnick*, DZWir 1997, S. 315 ff. (321).

mechanismus bedeutet. Dabei setzt der Mechanismus nach zehn Monaten ein, und zwar nicht zehn Monate nach dem Verstreichenlassen der ersten Frist, sondern zehn Monate, nachdem die Zahlen zur Notifizierung des Defizits vorgelegt worden sind[732].

Es ergibt sich hieraus, daß der gesamte Zeitraum von der Empfehlung der Kommission an den Rat bis zur tatsächlichen Verhängung von Sanktionen lediglich zehn Monate dauern darf. Die Bedenken dahingehend, daß der Einsatz der Sanktionen sich unter Umständen um Jahre infolge der schleppenden Beschlußfassung der maßgeblichen Organe hinziehen könnte, dürften damit aus der Welt sein[733]. Es bleiben jedoch die grundsätzlichen Bedenken, ob im Rahmen eines politischen Entscheidungsverfahrens, welches auch der Stabilitäts- und Wachstumspakt nicht abgeschafft hat, die Sanktionen überhaupt eingesetzt werden[734]. Für den Fall, daß der Mitgliedstaat in seiner Haushaltsplanung vorsätzlich ein den 3%-Wert überschreitendes Defizit eingeplant hat, so ist ein noch weiter beschleunigtes Verfahren vorgesehen[735].

(2) Die Konkretisierung der Sanktionen des Art. 104c Abs. 11 EGV

Art. 104c Abs. 11 EGV sieht vor, daß der Rat unter Umständen auch einmal nur eine der vorgesehenen Sanktionen verhängen kann, er also etwa die EIB ersuchen kann, ihre Darlehenspolitik gegenüber dem Mitgliedstaat zu überprüfen (vgl. Art. 104c Abs. 11, 2. Gedankenstrich EGV), was wohl als die am wenigsten einschneidende Sanktion zu betrachten ist, zumal selbst diese nicht veröffentlicht zu werden braucht, was sich aus Art. 104c Abs. 12 EGV ergibt. Demgegenüber wurde in Dublin vereinbart und in Amsterdam bestätigt, daß zu jeder ersten Verhängung von Sanktionen in der Regel eine unverzinsliche Einlage gehören soll[736], und selbst diese soll nach zwei Jahren in eine Geldbuße umgewandelt werden, wenn der betreffende Staat es nicht schafft, sein Defizit als nicht mehr übermäßig erscheinen zu lassen.

---

732 Die Straffung des Verfahrens von ursprünglich prognostizierten 3-4 Jahren, so *Kuschnick*, a.a.O., auf 10 Monate wird als ein wesentliches Ergebnis der Verhandlungen über den Stabilitäts- und Wachstumspakt angesehen; vgl. nur *Lienemeyer*, EWS S. 257 ff. (259). S. dazu auch *Hahn*, JZ 1997, S. 1133 ff. (1139).

733 S. dazu *Häde*, Finanzausgleich, S. 544; zu den Bedenken selbst s. *Rometsch*, ZKredW 1993, S. 662 (664 ff.).

734 *Zeitler*, WM 1995, S. 1609 ff. (1611); Bedenken auch bei Kuschnick, DZWir 1997, S. 315 ff. (321). Demgegenüber äußert Hahn, JZ 1997, S. 1133 ff. (1140) die Erwartung, daß vor allem wegen der Verpflichtung des EcoFin-Rates in der Entschließung des Europäischen Rates zum Stabilitäts- und Wachstumspakt die Anordnung von Sanktionen gegenüber Mitgliedstaaten mit zu hoher Neuverschuldung "in den Bereich hoher Wahrscheinlichkeit, ja Gewißheit" geraten sei.

735 Art. 7 der VO 1467/97, ABl.EG v. 2.8.1997 Nr. L 209, S. 6 ff. (9).

736 Art. 11 der VO 1467/97, a.a.O., S. 9.

Für den Fall, daß das übermäßige Defizit daher rührt, daß der Regierungsreferenzwert für das Haushaltsdefizit nicht beachtet worden ist, wird der Betrag der Einlage oder Geldbuße - in Konkretisierung des Begriffes "angemessener Höhe" in Art. 104c Abs. 11, 3. und 4. Gedankenstrich EGV - durch eine feste Komponente, die 0,2% des BIP des betreffenden Mitgliedstaates entspricht, und durch eine variable Komponente, die einem Zehntel des Betrags entspricht, um den das Defizit den Referenzwert von 3% des BIP des Mitgliedstaates übersteigt, bestimmt[737, 738].

(3) Die Frage der gemeinschaftsrechtlichen Zulässigkeit eines Stabilitäts- und Wachstumspaktes

Der in Dublin politisch verabschiedete und vom Gipfeltreffen in Amsterdam übernommene Stabilitäts- und Wachstumspakt ist als solcher zum bisherigen Zeitpunkt (August 1998) noch nicht gemeinschaftsrelevantes Recht. Es bestehen seit Sommer 1997 jedoch die beiden Verordnungen des Rates der EG, die den Stabilitäts- und Wachstumspakt bilden sollen[739]. Zusätzlich hat der Europäische Rat eine Entschließung verabschiedet, worin sich die "feierliche politische Verpflichtung der Kommission, des Rates und der Mitgliedstaaten zur strikten, rechtzeitigen Anwendung des Paktes" befindet[740]. Beide Verordnungen und die Entschließung bilden Stabilitäts- und Wachstumspakt. Vor allem die Rechtsgrundlage für die beiden Verordnungen der Kommission ist fraglich, während sich die Entschliessung des Europäischen Rates als zwar nicht rechts- aber doch politisch verbindliche Leitlinie im Sinne des Art. D UAbs. 1 EUV einordnen läßt.

Eine ausdrückliche Ermächtigung für die Kommission, einen Vorschlag für einen Rechtsakt auszuarbeiten, der sowohl die Kriterien des Art. 104c EGV als auch seinen Sanktionenkatalog einschränkt bzw. verschärft, findet sich im EG-Vertrag nicht. Möglich erscheint hingegen ein Verständnis des Art. 104c Abs. 14 UAbs. 2 EGV dahingehend, einen Stabilitäts- und Wachstumspakt vorzuschlagen[741]. Nach

[737] Art. 12 Abs. 1 der VO 1467/97, a.a.O., S. 10.

[738] Vgl. insgesamt zu den Vereinbarungen von Dublin hinsichtlich des Stabilitäts- und Wachstumspaktes: Dt. Bundesbank, Auszüge aus Presseartikeln Nr. 78, vom 18.12. 1996, S. 6 ff.

[739] Verordnungen 1466/97 und 1467/97, ABl.EG v. 2.8.1997 Nr. L 209, S. 1 ff., wobei die VO 1466/97 gemäß ihrem Art. 13 am 1. Juli 1998 in Kraft getreten ist. Die VO 1467/97 tritt gemäß ihrem Art. 18 erst mit Beginn der dritten Stufe der Wirtschafts- und Währungsunion am 1.1.1999 in Kraft.

[740] Schlußfolgerungen des Vorsitzes der Tagung des Europäischen Rates in Dublin, in: Dt. Bundesbank, Auszüge aus Presseartikeln, Nr. 78, vom 18.12.1996, S. 6 ff. (7). Der Europäische Rat hat diese Entschließung auf dem Gipfeltreffen in Amsterdam vom 16./ 17.Juni 1997 getroffen, vgl. ABl.EG v. 2.8.1997, Nr. C 236, S. 1 f.

[741] Dies ist die Ermächtigungsgrundlage, die die Kommission für ihre beiden Verordnungsvorschläge herangezogen hat. Nach ihrer Ansicht sind durch diese Norm *alle* Aspekte des "Verfahrens bei einem übermäßigen Defizit" abgedeckt, vgl. KOM (96) 496,

eben genannter Vorschrift ist der EcoFin-Rat ermächtigt, einstimmig auf Vorschlag der Kommission und nach Anhörung des Europäischen Parlaments sowie der EZB (gemäß Art. 109f Abs. 8 UAbs. 1 EGV ist vor der Errichtung der EZB hiermit das EWI gemeint) die geeigneten Bestimmungen zu verabschieden, die sodann das Protokoll über das Verfahren bei einem übermäßigen Defizit[742] ablösen. Der Rat kann folglich gemäß Art. 104c Abs. 14 UAbs. 2 das Protokoll, somit die darin festgelegten und näher konkretisierten Referenzwerte für die Bewertung der staatlichen Haushaltsdefizite ändern und durch andere ersetzen. Die Regelungen des Art. 104c EGV selbst kann der Rat dagegen mit dieser Vorschrift nicht ändern[743].

Als problematisch erweist sich in dieser Hinsicht bereits die im Stabilitäts- und Wachstumspakt niedergelegte Verpflichtung der Mitgliedstaaten, nicht mehr nur eine Neuverschuldungsquote von weniger als 3% ihres jeweiligen BIP zu realisieren, sondern darüber hinaus einen nahezu ausgeglichenen oder gar einen Überschuß aufweisenden Haushalt anzustreben. Zweifellos ist hierin eine verschärfte Anforderung an die Mitgliedstaaten zu sehen, die so an sich nicht mehr vom Wortlaut des Art. 104c EGV gedeckt ist. Gleichwohl läßt sich dies noch dahingehend auflösen, daß die in Art. 104c Abs. 14 UAbs. 2 EGV genannten geeigneten Bestimmungen nicht notwendig nur einen bestimmten Wert an die Stelle des bisherigen Referenzwertes setzen dürfen, sondern der Wortlaut dieser Vorschrift auch unterschiedliche Referenzwerte für unterschiedliche Situationen deckt. Damit aber sind die nahezu ausgeglichenen Staatshaushalte in wirtschaftlichen Normallagen durchaus vereinbar[744]. Ökonomisch gesehen ist die Forderung nach einem weitaus besseren Defizit als 3% durchaus gerechtfertigt. Liegt nämlich der Gesamtschuldenstand eines Mitgliedstaates oberhalb der 60%-Marke, die der EG-Vertrag als Maximum ansieht, so ist bei einer veranschlagten Neuverschuldung von 3% des BIP eine Annäherung an den 60%-Wert nur dann möglich, wenn die reichlich unwahrscheinliche Prognose eines BIP-Wachstums von 5% in die Rechnung mit einbezogen wird. Bei realistischer Wachstumsprognose müßte die Neuverschuldung folglich weit unter 3% liegen[745].

Hinsichtlich des Sanktionenkatalogs gilt jedoch etwas anderes. Hier sind es nicht die zeitlichen Konkretisierungen, die auf Bedenken stoßen. Diese Konkretiserungen sind vielmehr für ein zügiges Handhaben und vor allem für die Glaubwürdig-

---

S. 3. Die VO des Rates 1466/97 beruht dagegen auf Art. 103 Abs. 5 EGV. Die VO des Rates 1467/97, die die Veränderungen des Art. 104c EGV enthält, beruht nach wie vor auf Art. 104c Abs. 14 EGV, vgl. ABl.EG v. 2.8.1997, Nr. L 209, S. 1 ff.

742 5. Protokoll zum Vertrag über die Europäische Union über das Verfahren bei einem übermäßigen Defizit, BT-Drs. 12/3334, S. 1 ff. (63); BGBl. II 1992, S. 1251 ff. (1309).

743 *Kuschnick*, DZWir 1997, S. 315 ff. (320 f.); *Lienemeyer*, EWS 1997, S. 257 ff. (259); *Häde*, EuZW 1996, S. 138 ff. (140).

744 *Häde*, a.a.O., S. 140.

745 Wissenschaftlicher Beirat beim Bundesministerium für Wirtschaft, S. 74. Ziffer 86, zit. nach *Häde*, Finanzausgleich, S. 531.

keit der Sanktionsmöglichkeiten von tragender Bedeutung. In der in Amsterdam verabschiedeten Vereinbarung finden sich jedoch jedenfalls zwei direkte Verschärfungen des Sanktionenkatalogs, die auf den ersten Blick so nicht mit dem Wortlaut des Art. 104c EGV vereinbar ist. Die erste Verschärfung liegt hier in der Klausel, wonach zu jeder ersten Verhängung von Sanktionen in der Regel eine unverzinsliche Einlage des betroffenen Mitgliedstaates an die Gemeinschaft gehören soll[746]. Die zweite Verschärfung findet sich in der Entschließung des Europäischen Rates zum Stabilitäts- und Wachstumspakt vom 17.6.1997[747], wo es heißt, daß die Mitgliedstaaten bei der Prüfung, ob der Wirtschaftsrückgang schwerwiegend ist, in der Regel als Referenzpunkt einen Rückgang des realen BIP um mindestens 0,75% auf Jahresbasis zugrunde legen werden[748].

Der Katalog des Art. 104c Abs. 11 EGV sieht die erste Verschärfung nicht vor, sondern behandelt die Verhängung einer unverzinslichen Einlage bzw. einer Geldbuße nur als eine von mehreren möglichen Sanktionen bei Überschreitung des Referenzwertes. Die Forderung einer Geldsumme aus dem ohnehin defizitären Haushalt trifft den davon betroffenen Mitgliedstaat härter als etwa die Forderung nach Veröffentlichung besonderer Daten vor der weiteren Emission von Schuldverschreibungen oder das Ersuchen an die EIB, ihre Darlehenspolitik diesem Staat gegenüber zu überprüfen[749]. Ist somit die Geldsummenforderung die härteste Sanktion ist, so verlangte es der Grundsatz der Verhältnismäßigkeit, diese gravierende Sanktion auch nur in gravierenden Fällen der Übertretung des Referenzwertes oder der beharrlichen Weigerung des Staates, die Empfehlungen des Rates umzusetzen, zur Anwendung gelangen zu lassen. Ob die Beachtung dieses Grundsatzes dem Rat nach der Feststellung des Vorliegens eines übermäßigen Defizits noch möglich ist, kann hier durchaus zweifelhaft sein, da nach dem Wortlaut des Art. 11 der VO 1467/97 eine unverzinsliche Einlage verlangt wird. Während die früheren Vorschläge der Kommission es bei dieser absoluten Vorgabe beließen, sieht Art. 11 der VO 1467/97 nun jedoch vor, daß die unverzinsliche Einlage zwar nach wie vor verlangt werden soll, dies aber nur "in der Regel"[750]. Mit dieser

[746] Art. 11 der VO 1467/97, ABl.EG v. 2.8.1997 Nr. L 209, S. 6 ff. (9); vgl. dazu *Hahn*, JZ 1997, S. 1133 ff. (1140).

[747] ABl.EG v. 2.8.1997 Nr. C 236, S. 1 ff.

[748] A.a.O., S. 2 Pkt. 7.

[749] *Häde*, Finanzausgleich, S. 545, betont die Zweifelhaftigkeit daran, daß Geldbußen einen Mitgliedstaat auf den Pfad der haushaltspolitischen Tugend zurückführen können und nennt daneben auch das Problem der Vollstreckung der verhängten Geldbußen; zum ersteren vgl. *Koenig/Pechstein*, Die Europäische Union, 1. Aufl., Kap. 7, Rn. 16.

[750] Was mit dem auf diese Weise von der Gemeinschaft einegnommen Geld geschehen soll, regelt die VO 1467/97 in Art. 16: "[...] Geldbußen im Sinne [...] dieser Verordnung stellen sonstige Einnahmen gemäß Art. 201 des Vertrages dar und werden unter den teilnehmenden Mitgliedstaaten, die kein übermäßiges Defizit [...] aufweisen, im Verhältnis zu ihrem Anteil am gesamten BSP [...] aufgeteilt." Vgl. ABl.EG v. 2.8.1997 Nr. L 209, S. 6 ff. (10). Kritisch zu dieser Regelung und mehrere Alternativen nennend: *Lienemeyer*, EWS 1997, S. 257 ff. (260 ff.).

Formulierung eröffnet sich der Rat nun den notwendigen Entscheidungsspielraum, um auch auf besondere Situationen einzelner Mitgliedstaaten adäquat reagieren zu können.

Die zweite direkte Verschärfung, die Art. 104c EGV durch den Stabilitäts- und Wachstumspakt erfahren hat, besteht in dem Ausschluß der Berücksichtigung der neben dem konkreten Defizit wichtigen sonstigen Faktoren der Wirtschaftslage eines Mitgliedstaates, wenn dessen Defizit auf einem Rückgang des BIP von weniger als 0,75% beruht. Da die ausgeglichene Haushaltslage auch im Stabilitäts- und Wachstumspakt lediglich angestrebt werden soll, nicht aber eine solche verbindlich als weitere Teilnahmebedingung festgeschrieben ist, was auch schwerlich möglich wäre, so besteht für die einzelnen Mitgliedstaaten auch nach Einführung der gemeinsamen Währung die Möglichkeit, ein Haushaltsdefizit zwischen 2,5 und 3% des BIP aufzuweisen. Schrumpft im folgenden Jahr das BIP in einem solchen Mitgliedstaat, so sinkt zwingend auch der Wert, der als Referenz für die Bestimmung der höchstzulässigen Neuverschuldungsquote herangezogen wird.

In diesem Fall aber hat sich der Mitgliedstaat sogar der Möglichkeit begeben, auf besondere Umstände in seiner Wirtschaft, etwa die Plötzlichkeit des Rückgangs oder kumulierte Produktionseinbußen im Vergleich zu früheren Trends hinzuweisen, die nach dem Wortlaut des Art. 104c Abs. 3 UAbs. 2 Satz 1 EGV von der Kommission "von Amts wegen" zu berücksichtigen gewesen wären. Geht mit dem Rückgang des BIP auch ein Einnahmeverlust des Staates einher und muß dieser sich zur Bestreitung der anfallenden Ausgaben höher verschulden, so ist der diesbezügliche Wert sehr schnell jenseits der 3%-Marke. Hinzu kommt hier, daß sich die Kommission in der Entschließung des Europäischen Rates verpflichten soll, einen Bericht vorzulegen, "wann immer das geplante oder tatsächliche öffentliche Defizit eines Mitgliedstaates den Referenzwert von 3% überschreitet und somit das Verfahren nach Artikel 104c Abs. 3 EGV ausgelöst wird"[751]. Wie schon bei der unverzinslichen Geldeinlage ist auch diese Regel letztendlich jedoch dahingehend relativiert worden, daß die 0,75%-Regel nur "in der Regel" zur Anwendung gelangen soll. Unter besonderen Umständen ist also auch hier eine Berücksichtigung nationalstaatlicher Besonderheiten möglich.

Fraglich ist, ob es sich bei diesen Änderungen noch um solche handelt, die von Art. 104c Abs. 14 EGV gedeckt sind, oder ob hier bereits von einer Änderung des Primärrechts zu sprechen ist, die nur durch Art. N EUV vorgenommen werden darf. Ausweislich des Vorschlags der Kommission für die Verordnung über die Klärung und Beschleunigung des "Verfahrens bei einem übermäßigen Defizit"[752] befaßte sich die Kommission zum Zeitpunkt der Vorschlagsausarbeitung mit einer Verbesserung zur zügigen Durchführung des Verfahrens von Art. 104c EGV und auch mit einer Klärung der weitgehend unbestimmten Begriffe in dieser Norm.

---

[751] Dt. Bundesbank, Auszüge aus Presseartikeln Nr. 78, v. 18.12.1996, S. 8.

[752] KOM (96) 496, S. 12 ff.; gleiches gilt für den geänderten Vorschlag der Kommission vom 26.4.1997, ABl.EG Nr. C 130, S. 12 ff.

Wenn ein Mitgliedstaat sich im Rahmen des Art. 104c EGV weigert, die Empfehlungen des EG-Rates umzusetzen und so verhindert, daß sich sein defizitärer Haushalt wieder Werten annähert, die zur Aufrechterhaltung der Konvergenz innerhalb der Eurostaaten erforderlich ist, so ist die Pflicht zur Einzahlung einer Geldeinlage ein geeignetes Mittel, um den Mitgliedstaat von dem Ernst der Situation zu überzeugen. Dadurch, daß diese Sanktion durch den Zusatz "in der Regel" relativiert worden ist, bleibt dem Rat genügend Entscheidungsspielraum, so daß er auf besondere Situationen auch einmal ohne die Forderung der Geldeinlage reagieren kann. Ist damit ein Sanktionsautomatismus nicht mehr gegeben, so stellt diese Veränderung von Art. 104c Abs. 11 EGV aber auch keine unumgängliche Folge einer haushaltspolitischen Fehlentwicklung in einem Land dar. Insofern stellt die Regelung der VO 1467/97 einen Kompromiß dar zwischen dem ursprünglich aus Gründen der Glaubwürdigkeit des Haushaltsüberwachungsverfahrens geforderten Sanktionenautomatismus und dem, was an Konkretsisierungen und Verschärfungen ohne Vertragsrechtsänderungsverfahren gemäß Art. N EUV im Rahmen sekundärrechtlicher Gemeinschaftsakte mit dem Vertragswortlaut noch vertretbar ist[753]. Festzuhalten bleibt somit, daß die Verordnung des Rates der EG 1467/97 inhaltlich von der Ermächtigungsgrundlage des Art. 104c Abs. 14 UAbs. 2 EGV gedeckt ist.

Dies sagt allerdings noch nichts aus über die Zulässigkeit der zweiten Veränderung im Rahmne des Verfahrens gemäß Art. 104c EGV, der 0,75%-Klausel. Es findet sich in dem Vorschlag der Kommission einschließlich seiner Erwägungsgründe jedenfalls nichts, was auf die 0,75%-Klausel hinwiese[754]. In dem entsprechenden Artikel des Verordnungsvorschlags der Kommission wird sogar ausdrücklich nicht auf eine solche oder ähnliche Klausel abgestellt. In Art. 2 Abs. 3 des Vorschlags heißt es, daß ein Mitgliedstaat bei einem BIP-Rückgang von bis zu 2% ausnahmsweise geltend machen kann, daß es sich hierbei um eine ausnahmsweise Überschreitung des Defizitwertes handelt. Gründe hierfür können sein ein jäher Abschwung oder ein gegenüber den vorausgegangenen Trends insgesamt sehr starker Rückgang der Produktion[755]. Ausweislich des eindeutigen Wortlauts dieser Vorschrift des Vorschlags sind diese Entschuldigungsgründe auch bei einem BIP-Rückgang von lediglich 0,75% oder gar weniger anzuführen. Hierbei ist immer zu beachten, daß es auf die Entschuldigungsgründe nur dann ankommt, wenn mit dem niedrigeren BIP-Wert die Referenzwerte für die Verschuldungskriterien niedriger werden und damit eine Überschreitung der Kriterien einhergeht. Erst die Entschließung des Europäischen Rates beinhaltet über die Verordnungen des EG- Rates hinaus die 0,75%-Klausel[756].

---

[753] Vgl. zu dieser Frage *Häde*, in: Europäische Währungsunion und Kapitalmärkte, S. 46 ff. (51); *Kuschnick*, DZWir 1997, S. 315 ff. (320 f.); näher dazu auch *Blumenwitz/ Schöbener*, S. 17 ff.

[754] Gleiches gilt für die schließlich vom Rat verabschiedete Verordnung 1467/97, ABl.EG v. 2.8.1997, Nr. L 209 S. 6 ff. (8), s. dort Art. 2 Abs. 3.

[755] ABl.EG v. 26.4.1997, Nr. C 130, S. 12 ff. (14).

[756] Vgl. ABl.EG v. 2.8.1997, Nr. C 236, S. 1 f.

In dieser Entschließung ist die Verpflichtung der Mitgliedstaaten enthalten, daß sie bei der Prüfung der Frage, ob der zur Annahme eines übermaßigen Defizits führende Wirtschaftsrückgang schwerwiegend ist, in der Regel als Referenzpunkt einen Rückgang des realen BIP um mindestens 0,75% auf Jahresbasis zugrunde legen[757]. Diese Entschließung des Europäischen Rates bildet ausweislich ihres Erwägungsgrundes III zusammen mit zwei Verordnungen des Rates der EG sowie den Vorschriften des Art. 104c EGV den Stabilitäts- und Wachstumspakt. Da - wie bereits festgestellt[758] - den wie auch immer gearteten Äußerungen des Europäischen Rates innergemeinschaftlich keine Rechtsverbindlichkeit zukommt, kann auch diese Entschließung die Mitgliedstaaten gemeinschaftsrechtlich nicht binden. Problematisch erscheint daher, wie dieser Teil des Stabilitäts- und Wachstumspaktes zur Geltung gelangen kann.

Zunächst stellt sich die Frage, warum die 0,75%-Klausel nicht ebenfalls im Rahmen der Verordnungsvorschläge der Kommission bzw. der schließlich verabschiedeten Verordnung des Rates behandelt worden ist. Da die Überlegungen hinsichtlich dieser Klausel nicht erst mit der Entschließung des Europäischen Rates bekannt geworden sind, erscheint als einzig logische Antwort, daß Rat und Kommission der EG diese Regel als nicht mehr von Art. 104c Abs. 14 UAbs. 2 EGV gedeckt angesehen haben. Daß diese Regel tatsächlich nicht von eben genannter Ermächtigungsgrundlage gedeckt ist, ergibt sich daraus, daß Art. 104c Abs. 6 EGV eine Entscheidung des Rates vorsieht, nachdem dieser die Gesamtlage des betroffenen Mitgliedstaates geprüft hat. Art. 2 Abs. 3 der VO 1467/97 schränkt diese Prüfung dann, wenn der BIP-Rückgang in dem Mitgliedstaat weniger als 2% beträgt, auf die Fälle ein, wenn insbesondere ein jäher Abschwung oder ein insgesamt sehr starker Rückgang der Produktion den BIP-Rückgang trotzdem als außergewöhnlich erscheinen läßt. Mag die Einschränkung der den Mitgliedstaaten zugute kommenden Prüfung ihrer wirtschaftlichen Gesamtlage in diesen Fällen mit den Erfordernissen einer strikt auf Haushaltsdisziplin bedachten Währungsunion zu rechtfertigen sein, der vollständige Verzicht auf diese primärrechtlich vorgesehene Prüfung - auch unter besonderen Umständen - läßt sich nicht mehr lediglich als Modifikation und Anpassung an neue Gegebenheiten darstellen.

Dies wäre in der Tat eine Änderung des Primärrechts, zu deren Rechtmäßigkeit das Verfahren des Art. N EUV hätte herangezogen werden müssen. Um gleichwohl dem Bedürfnis der internationalen Märkte nach mehr Glaubwürdigkeit im Haushaltsüberwachungsverfahren der Eurostaaten nachzukommen, ohne den langen und vor nationalen Sonderwünschen nicht gefeiten[759] Weg über Art. N EUV mit Ratifizierung in allen Mitgliedstaaten gehen zu müssen, wurde der Weg über

---

757 Punkt 7 des die Mitgliedstaaten regelnden Abschnitts der Entschließung des Europäischen Rates, a.a.O., S. 2.

758 S. o. II.1.c).

759 Aus diesem Grunde, meint *Zeitler*, WM 1995, S. 1609 ff. (1611), sollte diese "Pandorabüchse" nicht geöffnet werden.

eine gemeinschaftsrechtlich nicht verbindliche Entschließung des Europäischen Rates gewählt. Hiermit wird das Primärrecht des EGV nicht angetastet, da der Europäische Rat gemäß Art. D EUV lediglich Impulse gibt und allgemeine politische Zielvorstellungen festlegt.

Damit aber wird deutlich, daß die Entschließung des Europäischen Rates - und hier vor allem die 0,75%-Klausel - zwar zum Stabilitäts- und Wachstumspakt gehört, die Eurostaaten jedoch nicht gemeinschaftsrechtlich binden kann. Diese Einschätzung wird bestätigt durch die Entschließung selbst. In Punkt IV. heißt es, daß der Europäische Rat alle Parteien (des Stabilitäts- und Wachstumspaktes, Anm. d. Verf.) *ersucht*, den Stabilitäts- und Wachstumspakt strikt und fristgerecht umzusetzen und daß diese Entschließung (des Europäischen Rates, Anm. d. Verf.) den Parteien, die den Pakt umsetzen, feste *politische Leitlinien* an die Hand gibt[760]. Die 0,75%-Klausel ist folglich nicht Bestandteil des verpflichtenden Gemeinschaftsrechts und kann daher auch nicht an der Ermächtigungsgrundlage des Art. 104c Abs. 14 UAbs. 2 EGV gemessen werden. Ein Verstoß gegen gemeinschaftsrechtliches Primärrecht liegt auch darin nicht vor. Gleichwohl wird der Entschließung des Europäischen Rates, entsprechend ihrem hohen politischen Gewicht, die tatsächliche Verpflichtung der Staaten entnommen, bei einer Überschreitung der Defizitgrenze unverzüglich den Aufforderungen des EcoFin-Rates nachzukommen[761].

Hätten die Vertragsparteien die gleiche innergemeinschaftliche Wirkung aller Bestandteile des Stabilitäts- und Wachstumspaktes gewollt, dann hätten sie entweder auf das Verfahren des Art. N EUV ausweichen müssen oder den Pakt insgesamt als völkerrechtlichen Vertrag verabschieden müssen. Das nun gewählte Verfahren hat gegenüber den beiden genannten Alternativen den Vorteil, wesentlich schneller zu sein, da die nationalen Parlamente nicht beteiligt werden müssen. Daß auf diese Weise nur eine Einschränkung des als zu wenig konkret empfundenen Haushaltsüberwachungsverfahren erreicht und nicht etwa eine Sanktionsautomatismus vereinbart werden konnte, führt jedoch dazu, daß im Zweifelsfall nicht von einem wesentlichen Gewinn an Glaubwürdigkeit ausgegangen werden kann. Die angesprochenen Relativierungen, die Verschärfungen nur "in der Regel" anzuwenden, eröffnet unter Umständen ein großes Auslegungsfeld. Ob die jetzt gefundene Regelung von den internationalen Märkten akzeptiert werden wird, muß sich erst noch zeigen.

d) Der Haftungsausschluß der Gemeinschaft und der Mitgliedstaaten gegenüber einem überschuldeten Mitgliedstaat

In engem systematischen Zusammenhang zur Vorschrift über die Haushaltsdisziplin (Art. 104c EGV) findet sich in Art. 104b Abs. 1 EGV eine Haftungsausschlußklausel für Verbindlichkeiten der Mitgliedstaaten und deren nachgeordne-

---

[760] Vgl. ABl.EG v. 2.8.1997 Nr. C 236 S. 1 ff., Hervorhebungen nicht im Original.

[761] Vgl. nur *Blumenwitz/Schöbener*, S. 52 f.

ter Körperschaften. Kernaussage des Art. 104b EGV ist, daß weder die Gemeinschaft noch ein Mitgliedstaat für die Verbindlichkeiten eines anderen Mitgliedstaates oder ihm zurechenbarer regionaler oder lokaler Gebietskörperschaften oder anderer öffentlich-rechtlicher Körperschaften haftet bzw. in diese Verbindlichkeiten eintritt[762]. In der aktuellen Diskussion wird diese Kernaussage mit dem Begriff der "No-bail-out-Klausel" (i.e. "kein Einstehen für die Schulden anderer") belegt. Sowohl für die Gemeinschaft als auch für die Mitgliedstaaten wird dies sogleich wieder eingeschränkt, indem der Ausschluß nur unbeschadet der gegenseitigen finanziellen Garantien für die gemeinsame Durchführung eines bestimmten Vorhabens gilt.

aa) Die "No-bail-out-Klausel" des Art. 104b Abs. 1 EGV

Für die Reputation der gemeinsamen Währung Euro wird dieser Klausel eine immense Bedeutung zugesprochen[763], garantiere sie doch den internationalen Kapitalmärkten, daß ein sich nicht an den Grundsätzen einer stabilen Haushaltspolitik orientierender Mitgliedstaat, der sich infolgedessen überschuldet hat, nicht damit zu rechnen hat, daß seine Partner in der gemeinsamen Währung ihm mit finanziellen Mitteln unter die Arme greifen und letztlich auf diese Weise seine stabilitätswidrige Politik wenn nicht gutheißen, so doch kein Mittel haben, um sie effektiv zu sanktionieren und zu unterbinden[764]. Diese dem Art. 104b Abs. 1 EGV zugedachte Bedeutung bedarf näherer Untersuchung, denn es erscheint zumindest zweifelhaft, ob die Gemeinschaft einen Mitgliedstaat, der aus welchem Grunde auch immer ein erhebliches Haushaltsdefizit erwirtschaftet hat und bei dem die Sanktionsmechanismen des Art. 104c EGV nicht mehr wirken, tatsächlich aus der gemeinsamen Währung entläßt bzw. ihn ausschließt, denn dies scheint die einzig logische letzte Konsequenz der "No-bail-out-Klausel" zu sein, will die Gemeinschaft die Sanktionen nach erwiesener Ungeeignetheit im konkreten Fall nicht ad infinitum fortführen und so dem angeschlagenen Haushalt des Mitgliedstaates Belastungen aufbürden, denen dieser offensichtlich nicht gewachsen ist[765].

Die bisherige Untersuchung der "No-bail-out-Klausel" in der Literatur zeigt eine recht unterschiedliche Bewertung des Art. 104b Abs. 1 EGV. Einerseits wird mit der Klausel die durchaus bestehende Möglichkeit verbunden, daß im Zusammenspiel mit dem Verbot der Notenbankfinanzierung öffentlicher Defizite (Art. 104 EGV), mit der irreversiblen Beseitigung der Kapitalverkehrskontrollen in der EG, welche den öffentlichen Kreditnehmer dem Wettbewerb mit allen anderen Kredit-

---

762 *Bandilla,* in: Grabitz/Hilf, Art. 104b, Rn. 3.

763 *Fuest,* Wirtschaftsdienst 1993, S. 539 ff. (542).

764 Wie bereits gezeigt, fordern die internationalen Kapitalmärkte bei der Kredtivergabe an überschuldete Staaten erhöhte Risikoaufschläge, um die Gefahr eines Forderungsausfalls bei einem Staatsbankrott durch eine höhere Gewinnchance zu kompensieren, s. o. Pkt. II.1.a)bb).

765 Die Möglichkeit eines Ausschlusses aus der gemeinsamen Währung führt auch *Bender,* EWS 1996, S. 1 ff (4) an, ohne jedoch näher darauf einzugehen.

nehmern aussetzt, schließlich mit dem Verlust der nationalen Geldpolitik, womit die Möglichkeit entfalle, eine bestehende Staatsschuld durch Inflation real zu entwerten, die Fiskalpolitik der einzelnen Mitgliedstaaten insgesamt besonnener betrieben wird. Hieraus folge, daß die Fiskalpolitik innerhalb der Eurostaaten nur dann aus dem Ruder laufen könnte, wenn ein Staat bewußt in den Bankrott getrieben würde[766].

Andererseits wird befürchtet, daß die Mitgliedstaaten der gemeinsamen Währung erwarten, daß trotz der primärrechtlich festgelegten Haftungsausschlußklausel bei einer gravierenden Staatsverschuldung die Gemeinschaft nicht tatenlos zusähe, wie sich in einem Mitgliedstaat eine ernsthafte Krise entwickelte. Infolgedessen könne der Haftungsausschluß allein nicht beruhigen, denn in der Tat könne niemand garantieren, daß angesichts einer schweren Finanzkrise, die darüber hinaus alle Staaten der Einheitswährung in Mitleidenschaft ziehen könnte, die Gemeinschaft um des erreichten integrationspolitischen Fortschritts in der Europäischen Union willen nicht doch zu Transferleistungen greift, um die Krise abzuwenden[767], wobei der Weg hierfür bereits geebnet sei in den bisher schon bestehenden Fonds, vor allem aber in dem durch den Maastrichter Vertrag neu gegründeten Kohäsionsfonds (Art. 130d UAbs. 2 EGV)[768]. Dieser eingerichtete Kohäsionsfonds, der Zahlungen nur an solche Staaten vorsieht, deren Pro-Kopf-BSP unter 90% des Gemeinschaftsdurchschnitts liegt (derzeit Spanien, Portugal, Griechenland und Irland), hat tatsächlich Ähnlichkeiten mit einem bundesstaatlichen Finanzausgleich, denn durch den Fonds werden ausschließlich schwächere Staaten unterstützt[769].

Der bestehende Unterschied zum Finanzausgleich ergibt sich jedoch aus der Orientierung des Fonds an der Wirtschafts- und nicht an der Finanzkraft der Staaten. Des weiteren sind die Leistungen des Kohäsionsfonds nicht - wie beim Finanzausgleich - ungebundene Zuweisungen, sondern es handelt sich um zweckgebundene und regelmäßig von Eigenleistungen der Empfängerstaaten abhängige Unterstützungen[770]. Transferleistungen der ökonomisch stärkeren Mitgliedstaaten an solche mit temporalen Schwierigkeiten, resultierend aus den bereits früher dargelegten unterschiedlichen ökonomischen Entwicklungen innerhalb der einzelnen Mit-

---

[766] *Bofinger*, in: Hrbek (Hrsg.), Der Vertrag von Maastricht..., S. 77 ff. (82); *ders.*, Wirtschaftsdienst 1997, S. 12 ff. (14).

[767] Nach *Horn*, ZBB 1997, S. 314 ff. (319), glaubt an den Finanzmärkten niemand daran, daß ein in Finanzschwierigkeiten steckendes Land von der Gemeinschaft allein gelassen wird. *Kuschnick*, DZWir 1997, S. 315 ff. (317), führt an, daß es im Endeffekt günstiger sei, die betreffenden Mitgliedstaaten zu unterstützen, als das Projekt der Währungsunion insgesamt scheitern zu lassen.

[768] *Berthold*, FLF 1996, S. 221 ff. (224 f.); *Horn*, ZBB 1997, S. 314 ff. (319); dazu auch *Kuschnick*, DZWir 1997, S. 315 ff. (317).

[769] *Häde*, Finanzausgleich, S. 499.

[770] *Häde*, in: Hahn, (Hrsg.), Das Währungswesen in der europäischen Integration, S. 153 ff. (156).

gliedstaaten mit der Folge regional unterschiedlich hoher Arbeitslosigkeit, Investitionstätigkeit und den sich daraus für den Staatshaushalt ergebenden unterschiedlichen Kosten, können zum Ausgleich derartiger regionaler Disparitäten beitragen und in der Folge auch zu einer politischen Stabilisierung unter den Eurostaaten führen[771]. Zweifellos besteht die Möglichkeit, daß diese vermehrten Ausgaben um den Preis der Preisstabilität erkauft werden müssen[772] oder die bereits heute nicht mehr uneingeschränkt vorhandene Solidaritätsbereitschaft in den Mitgliedstaaten weiter belasten muß[773].

Überzeugungsfähig sind auf den ersten Blick beide Ansichten. Für die erstgenannte Sichtweise spricht durchaus, daß die Staaten sich innerhalb der gemeinsamen Währung wie private Kreditnehmer um das Vertrauen der Kreditgeber bemühen und daher eine einigermaßen solide Haushaltsführung vorweisen können müssen. Auch die den demokratisch legitimierten Regierungen häufig nachgesagte Tendenz, ihre Wiederwahl durch kreditfinanzierte Ausgaben quasi zu erkaufen[774], wie sie auch von der zweitgenannten Ansicht befürchtet wird, hat wohl spätestens dort ein Ende, wo die Regierung das Land in den Bankrott gewirtschaftet hat, denn im Anschluß daran dürfte ihre Wiederwahl für einen langen Zeitraum ausgeschlossen sein[775].

Auf den zweiten Blick spricht jedoch einiges dafür, daß die alleinige Haftungsausschlußklausel in Art. 104b Abs. 1 EGV als nicht ausreichend angesehen werden kann. Zum ersten ist die Disziplinierung der Staatshaushalte durch das Kapitalmarktgeschehen, wie sie u.a. von *Bofinger* vorhergesehen wird, bereits dann nicht mehr in dem erwarteten Maße möglich, wenn der Kapitalmarkt deshalb nicht zwischen soliden und unsoliden öffentlichen Schuldnern zu differenzieren braucht, weil entweder ein bail-out doch im Erwartungsbereich liegt[776] oder weil alternativ - in der Konsequenz jedoch eigentlich kumulativ - die Gemeinschaft einer unsoliden Haushaltspolitik im vorhinein dadurch Unterstützung zukommen

---

[771] *Zeitel*, FS für Pohmer, S. 343 ff. (349, 355).

[772] *Berthold*, Außenwirtschaft 1992, S. 175 ff. (192 ff.).

[773] *Tietmeyer*, in: Dt. Bundsbank, Auszüge aus Presseartikeln, Nr. 12, v. 28.2.1997, S. 1 ff. (3); *ders.*, FS für Klein, S. 33 ff. (41).

[774] Vgl. nur *Fuest*, Wirtschaftsdienst 1993, S. 539 ff. (541); diese Gefahr sehen auch *Herr/Westphal*, in: Westphal/Herr/Heine/Busch (Hrsg.), Wirtschaftspolitische Konsequenzen der deutschen Vereinigung, S. 75 ff. (89).

[775] *Bofinger*, in: Hrbek, Der Vertrag von Maastricht..., S. 77 ff. (82).

[776] *Fuest*, Wirtschaftsdienst 1993, S. 539 ff. (542); ähnlich sehen auch *Herr/Westphal*, in: Westphal/Herr/Heine/Busch (Hrsg.), Wirtschaftliche Konsequenzen der deutschen Vereinigung, S. 75 ff. (91), entgegen *Bofinger* die Gefahr, daß die mit der gemeinsamen Währung verbundene Tendenz zur Herausbildung eines EG-Staates (zumindest im ökonomischen Bereich, Anm. d. Verf.) den Konkurs eines Staates der dritten Stufe der Wirtschafts- und Währungsunion als ausgeschlossen erscheinen läßt; Bedenken gegen die Disziplinierungsmöglichkeiten des Marktes äußert auch *Gäckle*, Wirtschaftsdienst 1992, S. 264 ff. (266 f.).

läßt, daß Mittel aus den verschiedenen Strukturfonds in erhöhtem Maße verwendet werden, um die Krise gar nicht erst entstehen zu lassen[777]. Zu bedenken ist auch, daß ein bevorstehender Staatsbankrott von dem betroffenen Staat auch als Drohung gegen die Gemeinschaft gerichtet werden kann, um höhere Zuwendungen aus den Strukturfonds zu erhalten. Dagegen, Art. 104b Abs. 1 EGV als eine ausreichende Regelung anzusehen, spricht auch, daß mangels eines besonderen Verfahrens für diesen speziellen Krisenfall im EG-Vertrag Art. 104b Abs. 1 von den anderen Mitgliedstaaten verlangt, daß sie sich im konkreten Fall, um die Glaubwürdigkeit der "No-bail-out-Klausel" zu untermauern, ohne eine Form der Hilfe von dem betroffenen Mitgliedstaat abwenden, ihn also seinem Schicksal überlassen[778].

bb) Das Erfordernis eines gemeinschaftsrechtlichen Staatenfinanzausgleichs

Diese Reaktion ist innerhalb der Europäischen Gemeinschaften allerdings kaum zu erwarten und könnte zudem auch auf erhebliche rechtliche Bedenken stoßen, denn es ist durchaus fraglich, wie ein derartiges "Sich-selbst-Überlassen" in einer schweren Krisensituation mit dem übergeordneten Ziel der Solidarität zwischen den Mitgliedstaaten zu vereinbaren ist, welches sich sowohl in den Aufgaben der Europäischen Gemeinschaft, niedergelegt in Art. 2 EGV, als auch in den Grundlagen der Europäischen Union, dort in Art. A UAbs. 3 EUV, wiederfindet. Die Einrichtung eines Staatenfinanzausgleichs zwischen den Mitgliedstaaten der EG, die an der gemeinsamen Währung teilnehmen, könnte den internationalen Finanzmärkten ein Signal dahingehend geben, daß eine spekulative Anlage- und Investitionspolitik innerhalb der Staaten der gemeinsamen Währung, die zu einer Vernachlässigung der ärmeren Staaten mit Kapital führte, von den Eurostaaten nicht hingenommen werden würde. Es könnte sich daraus ein Anreiz für die internationalen Kapitalmärkte ergeben, auch den ärmeren Staaten innerhalb des Einheitswährungsblocks Kredite zu auch von diesen Staaten annehmbaren Konditionen zu gewähren, womit dort weitere Anreize zur Investition geschaffen werden könnten. Ein derart gestalteter Staatenfinanzausgleich könnte auf diese Weise folglich erheblich zur Stabilisierung innerhalb der Eurostaaten beitragen.

Zweifellos dient die "No-bail-out-Klausel" zur Abschreckung vor übermäßiger Verschuldung, jedoch ist diese Klausel ebenfalls geeignet, erhebliche Auswirkungen auf die Kreditwürdigkeit einzelner Länder zu haben, wodurch es zu einem stetig wachsenden Zinsgefälle zwischen armen und reichen Mitgliedsstaaten der gemeinsamen Währung kommen kann, was die wirtschaftliche Konvergenz dieser Staaten weiter erschwert. In der Folge könnte es zu Zahlungsschwierigkeiten bei

---

[777] Diese Möglichkeit sieht auch *Issing*, in: Duwendag/Siebke (Hrsg.), Europa vor dem Eintritt in die Wirtschafts- und Währungsunion, S. 181 ff. (186 f.).

[778] So *Matthes*, in: Gerken (Hrsg.), Europa zwischen Ordnungswettbewerb und Harmonisierung, S. 153 ff., wenn er sagt, daß ausreichende Risikoprämien sich wohl nur dann herausbilden, wenn überschuldete Regionen des künftigen Währungsverbundes im Ernstfall allein gelassen würden. A.a.O., S. 158.

den ärmeren Staaten kommen, die sich dann nur durch ein Einfrieren ihrer Leistungen an den EG-Haushalt zu helfen wissen, was als Reaktion seitens der EG ebenfalls eine Streichung der Fondszuweisungen bedeuten könnte mit Folgen auch für private Unternehmer, die an möglicherweise zahlungsunfähige Staaten geleistet haben. Über kurz oder lang ist daher nicht auszuschließen, daß der öffentliche Druck auf die Regierungen zunehmen wird, entgegen der "No-bail-out-Klausel" des EG-Vertrages Haushaltssündern aus ihren Schwierigkeiten zu helfen, auch um ein Auseinanderbrechen der Gemeinschaft mit immensen wirtschaftlichen Schäden zu vermeiden[779].

Auch wenn man diese letzte Konsequenz in dieser Schärfe für einigermaßen unwahrscheinlich hält, so ist zu bedenken, daß selbst in der Bundesrepublik Deutschland nur aufgrund des Beistands seitens des Bundes und durch den Länderfinanzausgleich die einzelnen Bundesländer zu nahezu identischen Konditionen Kredit auf den internationalen Kapitalmärkten erhalten[780]. Zwar ist es richtig, wenn eingewandt wird, daß die einer staatenverbundlichen Struktur ähnelnde Europäische Union - und mit ihr die Währungsunion - mit dem Bundesstaat Bundesrepublik Deutschland nicht gleichzusetzen ist[781], die Möglichkeit eines Staatenfinanzausgleichs jedoch als sinn- und systemwidrigen Anreiz zur Vermeidung von erforderlichen Strukturanpassungen abzutun[782], verkennt die mögliche Sprengkraft finanzpolitischer Schwierigkeiten gerade von den Staaten, die seit Ende 1996 verstärkt darauf hinarbeiten, entgegen bisherigen Erwartungen zur ersten Generation der Teilnehmerstaaten der gemeinsamen Währung zu gehören.

Zwar will das EWI in seinem Bericht an den Rat der EG nur solche Staaten für den Eintritt in die gemeinsame Währung der Währungsunion empfehlen, die be-

---

779 Vgl. *Gaude*, in: Dickertmann, Lehmann (Hrsg.), Europäische Währungsunion und finanzpolitische Konvergenz, S. 1 ff. (12).

780 Vgl. *Gaude*, a.a.O, S. 12; *Zeitler*, Stabilitätspakt für Stabilitätsunion, in: Handelsblatt Nr. 245, v. 18.12.1996, S. 35, führt aus, daß der Renditeunterschied zwischen den höchstverschuldeten Bundesländern Bremen und Saarland einerseits sowie dem wenig verschuldeten Bundesland Bayern andererseits auf den internationalen Kapitalmärkten lediglich 0,10 Prozentpunkte beträgt.

781 Hinzuzufügen ist, daß der horizontale Finanzausgleich etwas spezifisch deutsches ist. Andere Bundesstaaten kennen vergleichbares nicht (siehe Kanada, USA, Schweiz). Es ist daher noch nicht einmal davon auszugehen, daß der Finanzausgleich zwingend zum Bundesstaat gehört, geschweige denn zur Europäischen Union, vgl. *Carl*, NVwZ 1994, S. 947 ff. (951); *Häde*, in: Hahn, Das Währungswesen in der europäischen Integration, S. 153 ff. (167).

782 So *Matthes*, in: Gerken (Hrsg.), Europa zwischen Ordnungswettbewerb und Harmonisierung, S. 153 ff. (156), auf diesen Anreiz stellt auch *Berthold*, Außenwirtschaft 1992, S. 175 ff. (192 ff.) ab; dagegen *Herr/Westphal*, in: Westphal/Herr/Heine/Busch (Hrsg.), Wirtschaftspolitische Konsequenzen der deutschen Vereinigung, S. 75 ff. (88f.), die ebenfalls etwas vergleichbares zum nationalstaatlichen intraregionalen Finanzausgleich auf EG-Ebene fordern.

reits eine längere Phase der Konvergenz mit anderen Mitgliedstaaten erreicht haben[783], gleichwohl entscheidet der Rat ausweislich des Art. 109j Abs. 4 i.V.m. Abs. 2 EGV lediglich auf Grundlage dieser Berichte. Gerade dann, wenn bei den als unbedingt erforderlich angesehenen ersten Teilnehmerstaaten der gemeinsamen Währung bereits Zugeständnisse in der Erfüllung der Konvergenzkriterien gemacht werden müssen, ist es politisch aber nicht mehr durchsetzbar, diesen "aufstrebenden" Staaten mit dem Hinweis auf die zu kurze Phase der Konvergenz den Eintritt in die gemeinsame Währung zu verwehren.

Gleichwohl besteht die Gefahr, daß diejenigen Staaten, die im Referenzjahr 1997 zum ersten Mal die Kriterien erfüllen, dies nur unter kaum wiederholbaren Anstrengungen geschafft haben, womit eine Dauerhaftigkeit der Konvergenz in keiner Weise erreicht ist, was sich spätestens bei dem nächsten Konjunktureinbruch offenbaren dürfte. Soll in dieser Situation das Auseinanderbrechen der gemeinsamen Währung vermieden werden, so ist es erforderlich, wenn auch aus stabilitätspolitischen Überlegungen heraus nicht unbedingt wünschenswert, daß den bisher schwächeren Staaten, die alle ihnen zumutbaren Anstrengungen zur Erfüllung der Kriterien gemacht haben, durch einen in seiner konkreten Ausgestaltung noch auszuhandelnden - eventuell degressiven - Staatenfinanzausgleich Unterstützung bei der Aufrechterhaltung der ihrerseitigen Erfüllung der Konvergenzkriterien in der dritten Stufe der Wirtschafts- und Währungsunion zu gewähren[784]. Selbst die Deutsche Bundesbank betont, daß eine Währungsunion eine unkündbare Solidargemeinschaft ist, die für ihren dauerhaften Bestand eine umfassende Politische Union benötigt[785]. Solidargemeinschaft und Politische Union beinhalten aber auch solidarische Finanzpolitik und das bedeutet Finanzausgleich[786]. Angesichts leerer öffentlicher Kassen und der kaum vorhandenen Bereitschaft der Bevölkerung sind jedoch Transferleistungen zur Stützung wirtschaftlich schwächerer Länder politisch nicht durchsetzbar und stellen damit keine gangbare Alternative dar[787].

Wenn eingangs auf die in den Grundlagen des EG-Vertrages niedergelegten Grundsätze der Solidarität und auch der Gemeinschaftstreue hingewiesen wurde, woraus sich eventuell ein "Anspruch"[788] der ärmeren Staaten auf zwischenstaat-

[783] So der EWI-Präsident *Lamfalussy*, in: Handelblatt Nr. 34, v. 18.2.1997, S. 35; diese Haltung findet auch in der juristischen Literatur Zustimmung, vgl. nur *Hahn*, BayVBl. 1996, S. 353 ff. (355).

[784] *Steindorff*, EuZW 1996, S. 1 ff. (7).

[785] *Deutsche Bundesbank*, Monatsberichte, Nr. 10/1990, S. 41 ff.

[786] *Gaude*, in: Dickertmann, Lehmann (Hrsg.), Europäische Währungsunion und finanzpolitische Konvergenz, S. 1 ff. (14); für einen Finanzausgleich auf Gemeinschaftsebene bereits *Franzmeyer/Seidel*, Überstaatlicher Finanzausgleich und europäische Integration, S. 167 ff. (176 ff.).

[787] So auch *Tietmeyer*, in: Deutsche Bundesbank, Auszüge aus Presseartikeln, Nr. 12 v. 28.2.1997, S. 1 ff. (3) und *ders.*, in: FS für Klein, S. 33 ff. (41).

[788] Einen Anspruch der ärmeren gegenüber den reicheren Ländern der BRD auf Finanzkraftausgleich leitet das BVerfG aus dem Bundesstaatsprinzip ab, wenn es ausführt,

liche Transferleistungen herleiten ließe, so ist anzumerken, daß mit einer solchen Herleitung die spezielle Norm des Art. 104b Abs. 1 EGV übergangen würde. Diese verbietet ein Füreinandereinstehen der Mitgliedstaaten. Art. 104b Abs. 1 EGV begrenzt folglich den Anwendungsbereich der allgemeinen Prinzipien des Gemeinschaftsrechts. Wenn aus Gründen der zwischenstaatlichen Solidarität auch politisch ein Finanzausgleich zwischen den Mitgliedstaaten der gemeinsamen Währung wünschens- und erstrebenswert sein mag, gerade weil er verstärkt zur politischen Stabiliserung beitragen könnte, so ist doch festzuhalten, daß ein Finanzausgleich sich nach geltendem Recht dem EG-Vertrag nicht entnehmen läßt, sich nach ihm sogar verbietet[789].

Gerade weil in der EG das oben angeführte Bundesstaatsprinzip, aus dem das BVerfG den Anspruch auf Finanztransfers innerhalb Deutschlands ableitet, nicht auf die EG übertragbar ist, sind nur die Normen für die mögliche Begründung eines Finanzausgleichs heranzuziehen, die im Rechtssystem des konkreten Betrachtungsgegenstandes enthalten sind. Für den EG-Vertrag ist dies insbesondere Art. 5 EGV sowie die in Art. 2 EGV niedergelegte Verpflichtung zu wirtschaftlichem und sozialem Zusammenhalt zwischen den Mitgliedstaaten einschließlich der Solidarität. Hinzu kommt jedoch die Norm des Art. 104b EGV, die bei einem Staatenfinanzausgleich ihre Bedeutung weitgehend verlöre. Die Mitgliedstaaten haben hier unmißverständlich klargestellt, daß es einen Finanzausgleich und ein gegenseitiges Füreinandereinstehen zwischen den Mitgliedstaaten nicht geben soll. Wegen des Fehlens tatsächlicher bundesstaatlicher oder bundesstaatsähnlicher Strukturen in der EG würde ein Finanzausgleich hier nicht zu der erhofften Stabilisierung, sondern eher zum Gegenteil, im Rahmen der gemeinsamen Währung ansonsten souveräner Staaten zu Funktionsstörungen und Instabilität führen[790].

Die oben angeführte Aussage der Bundesbank, daß die Währungsunion ein unkündbare Solidargemeinschaft darstelle, die für ihren dauerhaften Bestand eine umfassende Politische Union benötige, ist zwar durch diese letzten Ausführungen nicht zu widerlegen, jedoch dahingehend zu konkretisieren, daß, solange eine umfassende Politische Union im Rahmen der EU nicht realisiert ist, auch an einen

---

daß das bundesstaatliche Prinzip seinem Wesen nach nicht nur Rechte, sondern auch Pflichten begründet. Eine dieser Pflichten bestehe darin, daß die finanzstärkeren Länder den schwächeren Ländern in gewissen Grenzen Hilfe zu leisten hätten, vgl. BVerfGE 1, S. 117 (131). Hieraus ergibt sich sogleich der Grund für die Ablehnung einer Pflicht zum Finanzkraftausgleich innerhalb der EG, denn daß sich die EG bereits als Bundesstaat darstellt, ist nach bisherigem Integrationsstand wohl nicht anzunehmen.

[789] *Häde*, in: Hahn (Hrsg.), Das Währungswesen in der europäischen Integration, S. 153ff. (168); *ders.* Finanzausgleich, S. 564. Zu einem Verbot des Staatenfinanzausgleichs nach geltendem EG-Recht gelangt auch *Thomas*, Weltwirtschaft 1994, S. 472 ff., jedoch begründet er dies mit dem in Art. 3b EGV verankerten Subsidiaritätsprinzip, a.a.O., S. 481 ff.

[790] *Häde*, Finanzausgleich, S. 563.

Staatenfinanzausgleich nicht zu denken ist. Die "unkündbare Solidargemeinschaft" Währungsunion hat mit der Einführung der gemeinsamen Währung eben noch nicht ihren höchsten Stand erreicht und bedarf daher weiterer Entwicklung.

cc) Ein institutionalisertes Verfahren zur Abwicklung von Staatsinsolvenzen als Alternative zum Staatenfinanzausgleich

Wird ein Finanzausgleich zwischen den Mitgliedstaaten der gemeinsamen Währung abgelehnt, so bleibt als Alternative lediglich ein primärrechtlich institutionalisiertes Verfahren zur verbindlichen Regelung der Abwicklung von Staatsinsolvenzen. Ein solches Verfahren ist dann erforderlich, um die alleine unzureichende Festlegung eines Haftungsausschlusses vor den internationalen Kapitalmärkten zu bekräftigen. Gleichzeitig machte eine solche Regelung den potentiellen Schuldenmachern unter den Mitgliedstaaten der gemeinsamen Währung wesentlich eindeutiger klar, daß es der Gemeinschaft mit dem Haftungsausschluß ernst ist, zugleich verhindert ein geregeltes Verfahren, wenn es denn einmal zum Einsatz kommen muß, daß aus der Zahlungsunfähigkeit eine auf die gesamte Gemeinschaft sich ausweitende Krise wird. Auf diese Weise wird ebenfalls wenn nicht verhindert so doch weniger wahrscheinlich gemacht, daß sich die übrigen Partner innerhalb der gemeinsamen Währung durch eine Zweckentfremdung der Fondsmittel genötigt sehen, einen drohenden Staatsbankrott eines Mitglieds abzuwenden.

Die Frage, ob ein solches Verfahren über die Ermächtigungsgrundlage des Art. 104b Abs. 2 EGV in das Vertragswerk im Wege der Verordnung eingefügt werden könnte, ist wohl eher zu verneinen, da es sich bei einem solchen Verfahren nicht lediglich um eine Definition des in Art. 104b Abs. 1 EGV niedergelegten Verbots der Solidarhaftung handelt, sondern um eines, das an die Stelle der Solidarhaftung treten soll. Als korrektes Verfahren käme daher nur das Vertragsänderungsverfahren gemäß Art. N EUV in Betracht. Ansätze für den Inhalt eines solchen Verfahrens, insbesondere für die dem betroffenen Mitgliedstaat drohenden Konsequenzen, finden sich bei *Fuest*[791].

Die ebenfalls von *Fuest*[792] und auch von *Bender*[793] alternativ ins Feld geführte Möglichkeit eines Ausschlusses des übermäßig defizitären Mitgliedstaates der gemeinsamen Währung aus derselben findet im EG-Vertrag keine rechtliche Grundlage. Nach bisherigem Recht ist allerdings dann, wenn infolge fortdauernden vertragswidrigen Verhaltens eines Mitgliedstaates das Festhalten am Vertrag für die übrigen Mitgliedstaaten nicht mehr zumutbar ist, ein Rückgriff auf die völkerrechtliche clausula rebus sic stantibus, den Wegfall der Geschäftsgrundlage, gemäß Art. 60 Abs. 2 WVK möglich[794].

---

[791] *Fuest*, Wirtschaftsdienst 1993, S. 539 ff. (545).

[792] *Fuest*, a.a.O.

[793] *Bender*, EWS 1996, S. 1 ff. (4).

[794] *Pechstein/Koenig*, Die Europäische Union, Rn. 485; *Thinam-Jakob*, S. 182 f.

Sobald der Amsterdamer Vertrag jedoch in Kraft tritt, ist die Anwendbarkeit von Art. 60 Abs. 2 WVK jedoch noch weiter begrenzt, denn Art 7 Abs. 1 des Amsterdamer Vertrages ermächtigt den Rat nach einem bestimmten Verfahren, einstimmig eine schwerwiegende und anhaltende Vertragsverletzung eines Mitgliedstaates festzustellen. Im Anschluß daran kann der Rat nun mit qualifizierter Mehrheit gemäß Art. 7 Abs. 2 UAbs. 1 des Amsterdamer Vertrages bestimmte Rechte des Mitgliedstaates aussetzen[795]. Erst im Anschluß an die Suspendierung dieser mitgliedstaatlichen Rechte, wenn der betreffende Mitgliedstaat sich auch weiterhin vertragsbrüchig verhält, ist auch hier ein Rückgriff auf Art. 60 WVK möglich[796].

Diese Möglichkeit als ernsthafte Option zu betrachten, bedeutete den Bruch der Integration billigend in Kauf zu nehmen, denn der ausgeschlossene Staat sähe sich vor immense Probleme gestellt, die bereits damit begännen, daß er wieder eine eigene Währung einführen, seine gesamte Staatsverwaltung auf diese neue/alte Währung umstellen und an den internationalen Kapitalmärkten eine neue Reputation für diese Währung aufbauen müßte. Selbst wenn die ersten beiden Konsequenzen noch unter großen Schwierigkeiten und vor allem großen Kosten zu erreichen wären, eine Reputation für die eigene Währung würde ein wegen Staatsbankrott aus einer Währungsunion ausgeschlossenes Land über Jahre nicht aufbauen können, was die Inkonvertibilität seiner Währung zur Folge hätte.

Ließe sich ein Ausschluß nur aus der Währungsunion möglicherweise noch rechtfertigen, wenn lediglich stabilitätspolitische Erwägungen Berücksichtigung fänden, so ließe sich dieser Ausschluß ökonomisch hinsichtlich der Gemeinschaftsbelange bereits nicht mehr rechtfertigen, wenn nicht zugleich damit auch ein Ausschluß aus der Gemeinschaft verbunden wäre. Da dies aber - wie gesagt - den Bruch der Integration bedeutete, ist ein solcher Ausschluß aus der Gemeinschaft nahezu als außer Betracht stehend anzusehen. Auch ist der Ausschluß aus der Währungsunion nicht als hinreichender Grund für den Ausschluß aus der Gemeinschaft insgesamt anzusehen Ein Ausschluß nur aus der Währungsunion aber bedeutete, daß die Gemeinschaft aufgrund des in ihren Grundlagenbestimmungen niedergelegten Solidaritätsgebotes über Jahre ein Mitgliedsland mit inkonvertibler Währung und kaum Aussicht auf wirtschaftliche Erholung unterstützen müßte. Die aus den jeweiligen Fonds zu gewährenden Transferleistungen kämen dann wohl einem bail-out auf Gemeinschaftsebene gleich. Hier ist eine Kosten-Nutzen-Rechnung angebracht, die recht schnell zeigen dürfte, daß ein Ausschluß eines Staates aus der Währungsunion mit erheblich mehr Kosten für die Gemeinschaft verbunden ist, als ein rechtzeitiger sanktionsgesteuerter Eingriff in die stabilitätswidrige Haushaltspolitik eines Mitgliedstaates.

---

[795] Vgl. hierzu *Pechstein/Koenig*, a.a.O., Rn. 487 ff.

[796] *Pechstein/Koenig*, a.a.O., Rn. 486.

4. Die Kapitalflucht aus den Eurostaaten

Die Folgen einer Kapitalflucht aus den Eurostaaten insgesamt und hinein in Drittstaaten hat die gleichen Konsequenzen für jene Staaten wie ein zu starker eurostaateninterner Kapitalverkehr, nur mit der Folge, daß - mit unterschiedlichem Ausmaß in den Regionen - das gesamte Gebiet der Staaten der gemeinsamen Währung zu einem peripheren Gebiet würde. Eine gesonderte Darstellung dieser Situation erübrigt sich folglich.

V. Verknüpfungen bei Zahlungsbilanzschwierigkeiten von Nicht-Teilnehmerstaaten infolge von Kapitalflucht aus diesen Staaten in die Eurostaaten

Im nun folgenden Abschnitt steht die Entstehung von Zahlungsbilanzschwierigkeiten in den Staaten, für die eine Ausnahmeregelung gilt, im Mittelpunkt der Betrachtung. Näher untersucht werden soll, mit welchen Maßnahmen die Europäische Gemeinschaft und die Institutionen der dritten Stufe der Wirtschafts- und Währungsunion auf die Situation reagieren können, daß infolge des Beginns der dritten Stufe das internationale Kapital sich aus den Staaten, die noch nicht an der gemeinsamen Währung teilnehmen, zurückzieht. Die Maßnahmen müßten zunächst geeignet sein, dem betroffenen Staat zu helfen, einem übermäßigen Defizit seines Haushalts infolge gestiegener Belastungen etwa im Sozialbereich zu begegnen, welche durch investitionsausfallbedingte Arbeitsplatzverluste hervorgerufen werden. Der Staat sieht sich darüber hinaus aber auch durch fortwährenden Devisenverlust einem drohenden oder bereits bestehenden Zahlungsbilanzungleichgewicht gegenüber. Hierzu soll zunächst das Wesen der Zahlungsbilanz etwas näher untersucht werden, bevor auf die gemeinschaftsrechtlich vorgesehenen Vorbeugungs- bzw. Gegensteuerungsmaßnahmen der Art. 109h und 109i EGV eingegangen wird.

1. Aufbau und Wesen einer Zahlungsbilanz

Die systematische, in Währungseinheiten eines Landes ausgedrückte Aufzeichnung aller ökonomischen Transaktionen eines bestimmten Zeitraumes (in der Regel ein Jahr) zwischen Inländern und Ausländern, folglich die Gesamtdarstellung der Güter-, Dienstleistungs- und Kapitalströme zwischen einem Land und dem Rest der Welt, bezeichnet man als Zahlungsbilanz[797]. Entsprechend den möglichen Gegenständen internationaler Transaktionen wird unterschieden zwischen Handels-, Dienstleistungs- und Übertragungsbilanz (zusammengefaßt als Leistungsbilanz oder als Bilanz der laufenden Posten bezeichnet), sowie zwischen

---

[797] *Rose/Sauernheimer*, Theorie der Außenwirtschaft, S. 3.

Kapitalbilanz und Devisenbilanz. Für die vorliegend anzustellende Betrachtung sind einzig die Kapital(verkehrs-)bilanz und die Devisenbilanz interessant.

In der Kapitalbilanz sind Forderungen und Verbindlichkeiten zwischen In- und Ausland erfaßt, soweit sie in der Bilanzperiode entstehen oder getilgt werden. Hierbei handelt es sich sowohl um Kredite, die von Privaten an Private und an ausländische Regierungen gewährt oder von diesen aufgenommen werden, als auch um solche, die von Regierungen an Private oder an ausländische Regierungen gewährt oder von diesen aufgenommen werden. Nicht in der Kapitalverkehrsbilanz erfaßt werden Forderungen und Verbindlichkeiten der Zentralbank; diese werden in der Devisenbilanz ausgewiesen. Eine weitere Unterscheidung in der Kapitalverkehrsbilanz ist die Trennung in lang- und kurzfristigen Kapitalverkehr. Zum ersteren zählen Direktinvestitionen, Finanzinvestitionen, Kredite und Darlehen, zum letzteren zählen in erster Linie Handels- und Finanzkredite von Privaten und von der öffentlichen Hand[798]. Wenn eben bereits die Devisenbilanz angeführt wurde, so ist noch festzuhalten, daß diese zusammen mit der Kapitalverkehrsbilanz im engeren Sinne (zu der die oben genannten Aspekte zählen) die Kapitalverkehrsbilanz im weiteren Sinne ausmacht[799]. Im folgenden meint Kapitalverkehrsbilanz stets Kapitalverkehrsbilanz im engeren Sinne.

In der Devisenbilanz werden die Veränderungen der bei der nationalen Zentralbank gehaltenen Währungsreserven aufgeführt. Diese Währungsreserven bestimmen das Ausmaß der Zahlungsfähigkeit einer Volkswirtschaft gegenüber dem Ausland. Die Währungsreserven setzen sich zusammen aus den Devisenbeständen der Zentralbank, i.e. die Fremdwährungsguthaben bei ausländischen Banken, Geldmarktanlagen im Ausland und den Beständen an ausländischem Bargeld. Des weiteren zählen zu den Währungsreserven die Goldbestände, die Reservepositionen des Landes im IWF einschließlich sogenannter Sonderziehungsrechte sowie die Forderungen an den EFWZ. Veränderungen dieser Währungsreserven können auftreten durch Interventionen der nationalen Zentralbank auf den internationalen Devisenmärkten zur Stützung der eigenen oder einer ausländischen Währung; weiterhin kann der Wert des Devisenvorrats infolge von Auf- oder Abwertungen der eigenen Währung gegenüber anderen Währungen schwanken[800].

Wenn trotz des Grundsatzes, daß Bilanzen stets ausgeglichen zu sein haben, von unausgeglichenen Zahlungsbilanzen die Rede ist, i.e. von Überschuß oder Defizit, so ist dies nur möglich, wenn diese Wertungen die einzelnen Teilbilanzen betreffen. Hierbei läßt sich gut an die Veränderungen der zentralen Währungsreserven anknüpfen. Aktiv, d.h. mit einem Überschuß versehen, ist die Zahlungsbilanz dann, wenn der Gold- und Devisenbestand der Währungsbehörden zunimmt. Dies ist jedoch nur dann möglich, wenn die mit Zahlungseingängen verbundenen

---

[798] Vgl. hierzu *Woll*, Allgemeine Volkswirtschaftslehre, S. 563 ff.

[799] *Rose/Sauernheimer*, Theorie der Außenwirtschaft, S. 9.

[800] Vgl. *Rose/Sauernheimer*, a.a.O., S. 9; *Heubes*, Grundlagen der modernen Makroökonomie, S. 424f.

Transaktionen (etwa Warenverkäufe an das Ausland) größer sind als die mit Zahlungsausgängen verbundenen Transaktionen (wie etwa Wareneinkäufe aus dem Ausland). Der so dargestellte Überschuß der Leistungs- und Kapitalbilanz wird dann durch Zuflüsse von Gold und Devisen ausgeglichen. Da die Zunahme ausländischer Währungsreserven eine Erhöhung der Auslandsverbindlichkeiten mit sich bringt, wird in der Devisenbilanz dieser Vorgang mit einem negativen Vorzeichen versehen. Die Devisenbilanz ist folglich negativ. Gleichwohl wird die Zahlungsbilanz insgesamt als aktiv, also positiv bezeichnet, was daher rührt, daß die Beurteilung der Zahlungsbilanz dahin, ob sie positiv oder negativ ist, davon abhängt, ob der Saldo der Transaktionen mit dem Ausland (sämtliche laufenden Posten einschließlich Kapitalverkehr) positiv oder negativ ist. Für den umgekehrten Fall einer passiven, negativen oder defizitären Zahlungsbilanz gilt das Gesagte entsprechend[801].

Hieraus wird deutlich, daß eine dauerhaft defizitäre Leistungs- und Kapitalbilanz eines Staates, d.h. ein fortwährendes Überschreiten der Kosten der Importe gegenüber den Einnahmen aus den Exporten, zu einer positiven Devisenbilanz, d.h. zu einem Abfluß der Währungsreserven an das Ausland führt. Die überhöhten Importausgaben des Landes lassen sich nur durch einen Netto-Kapitalimport ausgleichen, der wiederum nur durch unterschiedliche Zinssätze in den betrachteten Ländern induziert werden kann[802]. Je größer das Leistungsbilanzdefizit infolge der Importüberschüsse ist, desto stärker müssen die Zinsen steigen, um genügend Kapital importieren zu können. Ist ein Land zu einer solchen Zinssatzsteigerung nicht in der Lage, so entsteht eine dauerhaft defizitäre Zahlungsbilanz mit beständigem Aufzehren der Währungsreserven[803].

In einem System fester Wechselkurse sind die ausländischen Zentralbanken verpflichtet, die ausgegebenen Devisenüberschüsse aufzukaufen, um so den Kurs der Währung zu halten; in einem System flexibler Wechselkurse besteht eine solche Verpflichtung nicht, so daß bei einem kontrollierten Floaten der Wechselkurse nur die heimische Zentralbank steuernd in das Wechselkursgeschehen eingreift, und beim freien Floaten die Kurse gänzlich durch das Marktgeschehen bestimmt werden. Das für das Verhältnis der Wechselkurse zwischen den Teilnehmerstaaten der gemeinsamen Währung und den Staaten, für die eine Ausnahmeregelung gilt, geplante EWS II sieht hingegen bandfixierte Wechselkurse vor, d.h. innerhalb bestimmter Margen über und unter dem festgelegten Wechselkurs - hier +/- 15% - besteht keine Interventionsverpflichtung. Obwohl diese Marge um ein Vielfaches höher ist als die des EWS I, ist ein Zusammenbruch auch des EWS II im Verhältnis zu einem Staat nicht ausgeschlossen, wenn - wie 1993 - die benötigte Interventionsmenge so groß ist, daß die verpflichteten Zentralbanken sie nicht erfüllen können. Nebenbei sei bemerkt, daß das EWS II genau für diesen Fall vorsieht, daß die EZB als auf seiten der Währungsunion zur Intervention verpflich-

801 *Rose/Sauernheimer*, a.a.O., S. 16; *Woll*, Allgemeine Volkswirtschaftslehre, S. 567.

802 Vgl. hierzu bereits die Ausführungen o. 1. Kapitel, II 3.b).

803 *Heubes*, Grundlagen der modernen Makroökonomie, S. 440.

tete Zentralbank die Interventionsleistungen aussetzen kann, wenn sie aus ihrer Sicht zu einer Gefährdung des eigenen geldpolitischen Primats werden[804].

Führt dieser Devisenverlust infolge des Zahlungsbilanzungleichgewichts so weit, daß der amtliche Devisenvorrat erschöpft ist, bzw. nur noch inkonvertible Devisen zur Verfügung stehen, so bleibt dem Staat zur Finanzierung der notwendigen Importe, eventuell auch zur Bedienung aufgestauter Kreditschulden, nurmehr der Rückgriff auf die eigene Währung. Da dieser Rückgriff aber mit der Erhöhung der Geldmenge einherginge, hätte er sofort inflationäre Tendenzen zur Folge, die den Wechselkurs des Staates bedrohten. Sobald diese Schwierigkeiten der Zahlungsbilanz erkennbar werden, ist ein Eingreifen der Art. 109h und 109i EGV vorgesehen und geboten.

2. Die Regelungen der Art. 109h und 109i EGV

Die Art. 109h und 109i EGV sind im wesentlichen inhaltsgleich mit den alten Art. 108 und 109 EWGV. Neu sind vor allem die jeweiligen Absätze 4, die eine Beschränkung der Geltungsdauer der Art. 109h und 109i EGV bis zum Eintritt in die gemeinsame Währung des jeweiligen Staates festlegen. Dies ist logisch, denn das Entstehen eines Zahlungsbilanzungleichgewichts, wie überhaupt das Bestehen einer Zahlungsbilanz, setzt das Vorhandensein einer eigenen, nationalen Währung voraus. Da dies mit Beginn der dritten Stufe der Wirtschafts- und Währungsunion für die an der gemeinsamen Währung teilnehmenden Staaten nicht mehr der Fall ist, kann eine Regelung wie die Art. 109h und 109i EGV ab diesem Zeitpunkt keine Gültigkeit mehr haben. Die Regelungen der Art. 109h und 109i EGV haben mit der eigentlichen Währungsunion, der Einführung der gemeinsamen Währung, somit nur noch insofern etwas zu tun, als sich Staaten, für die nach Beginn der dritten Stufe gemäß Art. 109k EGV eine Ausnahmeregelung gilt, auf diese Normen berufen. Gleichwohl kann ein Teilnehmerstaat der gemeinsamen Währung auch nach deren Beginn in finanzielle Schwierigkeiten geraten, die seine Zahlungsfähigkeit bedrohen. Hierfür sieht der EG-Vertrag eine Regelung in Art. 103a Abs. 2 vor, auf die jedoch erst später eingegangen werden soll.

a) Das Gemeinschaftsverfahren gemäß Art. 109h EGV

Im Rahmen des in Art. 109h EGV geregelten Verfahrens gehen alle Maßnahmen von den Gemeinschaftsorganen aus, selbst die Abweichung vom Gemeinschaftsrecht durch den Mitgliedstaat geschieht nur nach Ermächtigung durch die Kommission; es ist daher gerechtfertigt, in diesem Fall vom Gemeinschaftsverfahren zu sprechen[805]. Das Verfahren selbst ist in drei Abschnitte gegliedert, wobei die

---

804 S. dazu auch Resolution of the European Council on the establishment of an exchange-rate mechanism in the third stage of economic and monetary union, in: Presidency Conclusions - Amsterdam 16 and 17 June, Annex II, S. 15 ff. (18).

805 Begriff des "Gemeinschaftsverfahrens" bei *Gleske*, in: KSE 11, S. 236 ff. (241).

beschlossenen Maßnahmen mit jeder Phase an Intensität zunehmen. Werden in der ersten Phase dem von Zahlungsbilanzschwierigkeiten betroffenen Mitgliedstaat von der Kommission lediglich Maßnahmen empfohlen, die der Mitgliedstaat selbst umzusetzen hat, um seiner Schwierigkeiten Herr zu werden, wobei diese Maßnahmen jedoch streng am EG-Vertrag selbst ausgerichtet sein müssen, also dem Mitgliedstaat keine Sonderbehandlung zuteil wird (Art. 109h Abs. 1 UAbs. 1 EGV), so sind in der zweiten Phase Maßnahmen im Rahmen des gegenseitigen Beistands vorgesehen (Art. 109h Abs. 1 UAbs.2, Abs. 2 EGV). In der dritten Phase schließlich (Art. 109h Abs. 3 EGV) erlaubt die Kommission dem Mitgliedstaat das Abweichen vom acquis communautaire, d.h. es dürfen Schutzmaßnahmen auch im Rahmen der bereits vollständig liberalisierten Grundfreiheiten ergriffen werden.

Zu beachten ist, daß in die jeweils höhere Phase nur dann eingetreten werden darf, wenn die Maßnahmen der vorhergehenden Phase nicht ausreichend waren, um die Schwierigkeiten des Mitgliedstaates zu beheben, oder - zwischen Phase zwei und Phase drei - wenn der Rat entgegen dem Vorschlag der Kommission nicht den gegenseitigen Beistand beschließt, dann darf die Kommission die Ermächtigung zu vertragsabweichenden Maßnahmen an den Mitgliedstaat erteilen. Auch hier hat der Rat jedoch gemäß Art. 109h Abs. 3 UAbs. 2 EGV das Letztentscheidungsrecht. Von besonderem Interesse für die hier angestellte Untersuchung sind die Maßnahmen der Phase zwei und drei, die beide als Ausnahmeverfahren bezeichnet werden können, wohingegen in Phase eins der Mitgliedstaat lediglich auf eine seiner Zahlungsbilanz zuträglichere Wirtschaftspolitik im Rahmen des EG-Vertrages von der Kommission hingewiesen wird. Im folgenden soll daher auf eine nähere Auseinandersetzung mit der ersten Phase des Gemeinschaftsverfahrens verzichtet werden.

aa) Der gegenseitige Beistand gemäß Art. 109h Abs. 1 UAbs. 2, Abs. 2 EGV

Voraussetzung für den Eintritt in die zweite Phase ist ein Scheitern der Bemühungen um Konsolidierung der Zahlungsbilanz des betroffenen Mitgliedstaates in der ersten Phase. Das zuvor von der Kommission festgestellte Zahlungsbilanzungleichgewicht des Mitgliedstaates besteht nach wie vor. In dieser Situation empfiehlt die Kommission dem Rat nach Anhörung des - nach dem Beginn der dritten Stufe der Wirtschafts- und Währungsunion - Wirtschafts- und Finanzausschusses (Art. 109c EGV) einen gegenseitigen Beistand, unter gleichzeitiger Nennung der von ihrer Seite für geeignet angesehenen Methoden (Art. 109h Abs. 1 UAbs. 2 EGV). Die Methoden, die der EG-Vertrag insbesondere, d.h. nicht ausschließlich, für geeignet erachtet, sind in Art. 109h Abs. 2 lit.a) - c) EGV niedergelegt.

Von besonderem Interesse ist hier die in Art. 109h Abs. 2 lit.c) EGV geregelte Möglichkeit einer Bereitstellung von Krediten durch andere Mitgliedstaaten; diese Form des gegenseitigen Beistands stellt gleichzeitig die wichtigste Form dar[806].

[806] Vgl. *Zuleeg/Amphoux*, in: Hdb. d. Europäischen Rechts, I A 54, Art. 109h, Rn. 38.

Seit 1971 ist das Verfahren zur Kreditbereitstellung vereinfacht[807], gleichwohl ist nach wie vor das Verfahren des Art. 109h Abs. 1 EGV zu durchlaufen[808]. Die Kreditgewährung erfolgt hier zwar in Form eines Gemeinschaftsrechtsaktes, ausdrücklich wird jedoch in Art. 109h Abs. 2 lit. c) a.E. EGV auf das Einverständnis der anderen Mitgliedstaaten als potentielle Kreditgeber abgestellt, da sie sonst durch eine Richtlinie oder Entscheidung des Rates zur Kreditgewährung gezwungen werden könnten (vgl. Art. 189 UAbs. 3, 4 EGV). Neben der Entscheidung 71/143/EWG ist als weitere gemeinschaftsrechtliche Stütze der mitgliedstaatlichen Zahlungsbilanzen das System der Gemeinschaftsanleihen anzuführen, das seine Rechtsgrundlage in der VO (EWG) Nr. 682/81 hat[809]. Durch diese Verordnung wird es der Kommission ermöglicht, unter Ausnutzung der Kreditwürdigkeit der Gemeinschaft, entweder direkt bei Drittstaaten oder auf dem freien Kapitalmarkt Anleihen aufzunehmen, um sie innerhalb bestimmter Grenzen und unter bestimmten Bedingungen an die Mitgliedstaaten zu verleihen, die sich in Zahlungsbilanzschwierigkeiten befinden. Sowohl die vereinfachte Kreditbereitstellung als auch das Anleihesystem wurden im Zuge der Kapitalverkehrsrichtlinie 88/361/EWG[810] zur VO (EWG) Nr. 1969/88[811] zusammengefaßt. Hieran wird deutlich, daß beide Systeme seit dem 1.7.1990, dem Tag des Inkrafttretens der Kapitalverkehrsrichtlinie, in erster Linie dazu gedacht waren, die mit der Kapitalverkehrsliberalisierung verbundenen Risiken für einzelne Mitgliedstaaten zu kompensieren.

Die Voraussetzungen für die Inanspruchnahme von Gemeinschaftsanleihen sind dabei - im Verhältnis zur ursprünglichen Fassung - verringert worden, gleichzeitig soll der gegenseitige Beistand der Mitgliedstaaten nur als Ergänzung der Anleihen angesehen werden. Denn nur dann, wenn die Kommission die Anleihen auf dem freien Kapitalmarkt nicht aufnehmen kann oder wenn der zur Verfügung stehende Rahmen des Kreditplafonds in Höhe von 14 Mrd. Ecu (Euro) nicht ausreicht, dann können die übrigen Staaten zum gegenseitigen Beistand veranlaßt werden, d.h. daß sie an die Seite der Kommission treten, wenn der Rahmen des Plafonds nicht ausreicht, oder daß sie gar an die Stelle der Kommission treten, wenn diese die Anleihen nicht aufnehmen kann[812]. In verfahrensrechtlicher Hinsicht ist zu bemerken, daß es sich bei der Empfehlung der Kommission an den Rat, den gegenseitigen Beistand zu gewähren, nicht um einen "Vorschlag" der Kommission im technischen Sinne handelt. Die in Art. 109h Abs. 2 EGV zur Verabschiedung des gegenseitigen Beistands erforderliche qualifizierte Mehrheit im Rat muß sich somit gemäß Art. 148 Abs. 2, 2. Alternative EGV aus minde-

807 Vgl. Entscheidung des Rates Nr. 71/143/EWG, ABl.EG 1971, Nr. L 73, S. 15.

808 *Zuleeg/Amphoux*, in: Hdb. d. Europäischen Rechts, I A 54, Art. 109h, Rn. 8, 38, sowie zur Zulässigkeit der Entscheidung *dies.*, a.a.O., Rn. 6 f.

809 ABl.EG 1981, Nr. L 73, S. 1.

810 ABl.EG 1988, Nr. L 178, S. 5.

811 ABl.EG 1988, Nr. L 178, S. 1.

812 Vgl. näher *Zuleeg/Amphoux*, in: Hdb. d. Europäischen Rechts, I A 54, Art. 109h, Rn. 39.

stens 62 Stimmen zusammensetzen, die von mindestens zehn Mitgliedstaaten kommen.

Gelangt somit ein Mitgliedstaat, für den gemäß Art. 109k EGV eine Ausnahmeregelung gilt, durch erheblichen Devisenverlust in eine für seine Zahlungsbilanz bedrohliche Lage und reichen seine wirtschaftspolitischen Möglichkeiten nicht aus, die Krise abzuwenden, so gewährt die Kommission unter Umständen den eben geschilderten gegenseitigen Beistand. Bemerkenswert ist, daß somit in der zweiten Stufe der Wirtschafts- und Währungsunion ein bail-out sehr wohl noch besteht und zwar primär sogar einer der Gemeinschaft zugunsten des betroffenen Mitgliedstaates, denn wie oben gesehen, haben die Gemeinschaftsanleihen Vorrang vor dem gegenseitigen Beistand. Dabei wird ein bail-out noch eher in Kauf genommen als das Abweichen vom bisher erreichten Integrationsstand, denn erst, wenn die übrigen Mitgliedstaaten zum bail-out nicht mehr bereit oder in der Lage sind, dann kann dem Mitgliedstaat der Erlaß von dem Gemeinschaftsrecht eigentlich zuwider laufenden nationalen Normen erlaubt werden.

bb) Das Abweichen vom erreichten Integrationsstand, Art. 109h Abs. 3 EGV

Nachdem der gegenseitige Beistand und die getroffenen Maßnahmen des Mitgliedstaates gemäß Art. 109h Abs. 1 EGV[813] die Zahlungsbilanzschwierigkeiten des Mitgliedstaates nicht beheben konnten, ermächtigt die Kommission den Staat, Schutzmaßnahmen zu treffen, deren Bedingungen und Einzelheiten sie festlegt. Mit dieser Ermächtigung werden Abweichungen des Mitgliedstaates vom erreichten Integrationsstand, einschließlich des Primärrechts[814], gerechtfertigt. Da es sich um eine Schutzklausel nach Ermächtigung durch ein Gemeinschaftsorgan handelt, spricht man in diesem Zusammenhang von einer mittelbaren Schutzklausel[815]. Hier stellt sich die Frage, wie dies im Zusammenhang mit der Kapitalverkehrsfreiheit ausgestaltet werden kann. Gefordert wird von der Gemeinschaft hier folglich eine Abweichung von dem Grundsatz der einheitlichen und zeitlich in allen Mitgliedstaaten gleichermaßen geltenden Regelungen[816]. Als problematisch erweist sich hier jedoch die Gefahr der damit möglicherweise verbundenen Auseinanderentwicklung der Mitgliedstaaten, was schließlich zu einer Gefährdung des acquis communautaire führen könnte[817]. Hierin liegt eventuell auch ein Verstoß gegen die Grundsatznormen der Art. 1 - 7c EGV sowie gegen Art. B EUV.

Um des Integrationsfortschritts willen sind von der Gemeinschaft bereits mehrmals Differenzierungen in Kauf genommen worden, die anhand sonstiger Krite-

[813] Vgl. *Zuleeg/Amphoux*, in: Hdb. d. Europäischen Rechts, I A 54, Art. 109h, Rn. 41.

[814] *Oppermann*, EuR 1969, S. 231 ff (231, 238); *Seidel*, Schutzmaßnahmen, in: KSE 28, S. 29 ff. (61).

[815] *Zuleeg/Amphoux*, in: Hdb. d. Europäischen Rechts, I A 54, Art. 109h, Rn. 10.

[816] Zum Grundsatz der Rechtseinheitlichkeit vgl. *Grunwald*, in: Röttinger/Weyringer, S. 15 ff. (20).

[817] *Eiden*, EA 1984, S. 365 ff. (368).

rien (Unterschiedlichkeit der sich gegenüberstehenden Situationen) nicht zu rechtfertigen waren[818]. Von besonderer Bedeutung ist in diesem Zusammenhang vor allem der Verhältnismäßigkeitsgrundsatz. Hier ist er insbesondere bei der Frage nach der Zulässigkeit befristeter und unbefristeter Ausnahmen relevant. Zum Ausdruck kommt dieser Grundsatz darin, daß im Falle der vorläufigen Nichtteilnahme eines Mitgliedstaates etwa an einer Harmonisierungs- oder Liberalisierungsmaßnahme eine Abwägung zwischen den einer Differenzierung zugrunde liegenden wirtschaftlichen und sozialen Problemen eines Mitgliedstaates und den nachteiligen Auswirkungen der Differenzierung auf die Realisierung der jeweils betroffenen Gemeinschaftsziele vorzunehmen ist[819].

Problematisch mag dies im Hinblick auf die Zulässigkeit unbefristeter sekundärrechtlicher Ausnahmen ohne primärrechtliche Ermächtigungsgrundlage sein. Dazu wird teilweise vertreten[820], daß sie zulässig seien, solange die Gründe für die Abstufung fortbestehen. Die Praxis der Kommission hierzu ist uneinheitlich, der EuGH hat sich zu dieser Frage noch nicht geäußert. Die Kommission hat bereits unbefristete Ausnahmen zugelassen[821]. Diese bezogen sich auf ein Abweichen vom bereits erreichten gemeinschaftlichen Besitzstand aufgrund einer plötzlichen Krisenlage. Die Begründung dieser unbefristeten Ausnahme lautete u.a., daß die Sanierung der griechischen Zahlungsbilanzsituation es erforderlich mache, über den 31.12.1985 hinaus die Kapitalverkehrstransaktionen griechischer Gebietsansässiger vorübergehend einzuschränken. Die konkret zugestandene Abweichung vom erreichten Stand der Kapitalverkehrsliberalisierung war jedoch ausweislich des Art. 6 dieser Entscheidung auf einen Zeitraum von drei Jahren beschränkt, so daß sowohl eine zeitlich befristete Ausnahme als auch eine primärrechtliche Rechtsgrundlage zu einer solchen Entscheidung der Kommission vorlag. Die hierbei bestehende Problematik ist der der abgestuften Integration vergleichbar[822].

Unbefristete Ausnahmen vom erreichten gemeinschaftlichen Besitzstand können in konsequenter Anwendung des Verhältnismäßigkeitsgrundsatzes nur zulässig sein, wenn sie erforderlich und angemessen sind. Da dies hinsichtlich der Unbefristetheit zum Entscheidungszeitpunkt kaum abzusehen sein dürfte, sind befristete Ausnahmen mit Verlängerungsmöglichkeit wohl das eher als zulässig anzusehende Mittel. Auch hier wäre von einer Vergleichbarkeit beim Abweichen vom bereits erreichten Integrationsstand mit der hier zu behandelnden Frage einer vorübergehenden Wiedereinführung von innergemeinschaftlichen Beschränkungen auszugehen. Läßt sich somit das nachträgliche Abweichen vom bereits erreichten Integrationsstand mit dem Prinzip der abgestuften Integration im Fall des unter-

818 Vgl. hierzu die Nachweise bei *Krämer*, in: Grabitz/Hilf, Art. 109h, Rn. 28f.

819 *Beck*, S. 189; *Pipkorn*, in: G/T/E, Art. 8c, Rn. 15.

820 *Langeheine*, EuR 1983, S. 227 ff. (241); *ders.*, Europäisches Gemeinschaftsrecht und abgestufte Integration, S. 139 f.

821 Vgl. Entscheidung 85/894/EWG, v. 22.11.1985 zugunsten Griechenlands wegen erheblicher Zahlungsbilanzschwierigkeiten, ABl.EG 1985 Nr. L 373, S. 9.

822 *Beck*, S. 190.

schiedlich schnellen Einführens der gemeinsamen Währung der Währungsunion durch die einzelnen Mitgliedstaaten vergleichen, so stellt sich die Frage, ob dies auch im Rahmen der Art. 73b ff. EGV gelten kann. Der erste Anschein spricht auch hier dafür.

Grundsätzlich kommt hier ein "Wiederaufleben" der eigentlich infolge Zeitablaufs bereits obsolet gewordenen Vorschriften des Art. 73c Abs. 1 EGV in Betracht (Fortgeltung nur der am 31.12.1993 bestehenden Beschränkungen). Einführungen neuer Beschränkungen bedürfen gemäß Art. 73c Abs. 2 Satz 2 EGV der Einstimmigkeit im Rat, da sie zweifellos einen Rückschritt darstellen. Des weiteren könnte Art. 73e EGV "reaktiviert" werden, dessen Beschränkungsmöglichkeiten längstens bis zum 31.12.1995 Bestand hatten. Die Besonderheit der hier zu behandelnden Frage besteht jedoch darin, daß die Staaten, die noch nicht die gemeinsame Währung eingeführt haben, Kapitalverkehrsbeschränkungen auch benötigen, um den Abfluß des Kapitals in die Eurostaaten zu unterbinden. Dies jedoch widerspricht zunächst eindeutig Art. 73b Abs. 1, 1. Alt. EGV. Aber auch die eben genannten Einschränkungsmöglichkeiten, zuzüglich des Art. 73f EGV, erlauben gemäß ihres Wortlauts nur Einschränkungen des freien Kapitalverkehrs gegenüber Drittstaaten. Lediglich Art. 73e EGV erlaubte auch noch in der zweiten Stufe der Wirtschafts- und Währungsunion Kapitalverkehrsbeschränkungen einzelner Mitgliedstaaten gegenüber anderen Mitgliedstaaten, sofern diese bereits am 31.12. 1993 bestanden, d.h. primär- oder sekundärrechtlich niedergelegt waren. Nach dem 31.12.1995 ist gemäß dem Vertragswortlaut der erreichte Integrationsstand zumindest innergemeinschaftlich nicht mehr reduzierbar.

Dem könnten jedoch unter der außergewöhnlichen Situation eines Mitgliedstaates, für den gemäß Art. 109k EGV im Rahmen der Wirtschafts- und Währungsunion eine Ausnahmeregelung gilt, existentielle ökonomische Fehlentwicklungen in seiner Wirtschaft aufgrund von Kapitalabflüssen zu Beginn der gemeinsamen Währung in die daran teilnehmenden Mitgliedstaaten entgegenstehen. Die hiergegen möglicherweise zu erhebenden Einwände sind nur im kurzfristigen Rahmen gedacht. Von diesem Rahmen aus betrachtet ist zwar zuzugeben, daß mit der eben geschilderten Maßnahme der vorübergehenden Wiedereinführung bereits überwundener Freiheitsbeschränkungen der erreichte Stand der Grundfreiheiten und damit der Binnenmarkt als solcher angegriffen wird, jedoch geschieht dies zu dem Zweck, die betroffenen Staaten auf die nächsthöhere Integrationsstufe, die Währungsunion, vorzubereiten und ihnen dafür die notwendigen Hilfestellungen zu geben.

Die den Mitgliedstaaten, für die gemäß Art. 109k EGV eine Ausnahmeregelung gilt, zu Beginn der dritten Stufe der Wirtschafts- und Währungsunion durch die Kommission im Rahmen des Art. 109h Abs. 3 EGV[823] zugestandenen Schutzklau-

[823] Gemäß Art. 109k Abs. 6 i.V.m. Art. 109h Abs. 4 EGV gilt Art. 109h EGV für Mitgliedstaaten, für die eine Ausnahmeregelung gilt, auch über den Beginn der dritten Stufe der Wirtschafts- und Währungsunion hinaus. Führt der betreffende Mitgliedstaat

seln, die auch und gerade bereits überwundene Freiheitsbeschränkungen wieder einführen, bewirken in der hier betrachteten Situation einer Kapitalflucht aus den Staaten, für die eine Ausnahmeregelung gilt, in die Staaten, die bereits an der gemeinsamen Währung teilnehmen, überhaupt nichts, wenn nicht auch ein temporaler Rückschritt vor den Beginn der zweiten Stufe, d.h. vor den Beginn der endgültigen Kapitalverkehrsliberalisierung, mit anderen Worten vor den Stand vom 1.1.1994, möglich und zulässig ist; konkret würde dies ein Wiederaufleben der Vorschrift des Art. 73 E(W)GV bedeuten. Die in dieser Vorschrift vorgesehenen Maßnahmen könnten von den Mitgliedstaaten ohne Einhaltung des in Art. 73 E(W)GV selbst geregelten Verfahrens ergriffen werden, denn, wie der EuGH entschieden hat, sind die in Art. 73 E(W)GV vorgesehenen Verfahren nicht auf Entscheidungen und Maßnahmen anwendbar, die ein Mitgliedstaat oder die Kommission aufgrund von Art. 108 EWGV erläßt[824].

Der EuGH hat hierzu ausgeführt, daß Art. 73 E(W)GV Konsultationen und gegebenenfalls Schutzmaßnahmen für den Fall vorsah, daß Kapitalbewegungen Störungen im Funktionieren des Kapitalmarktes eines Mitgliedstaates zur Folge hatten. Zu prüfen waren jedoch Maßnahmen aufgrund von Entscheidungen, die die Kommission gemäß Art. 108 EWGV (109h EGV) getroffen hatte. In diesem Artikel waren (sind) Konsultationen, ein gegenseitiger Beistand und gegebenenfalls Schutzmaßnahmen für den Fall vorgesehen, daß ein Mitgliedstaat hinsichtlich seiner Zahlungsbilanz von Schwierigkeiten betroffen oder ernstlich bedroht ist, die sich entweder aus einem Ungleichgewicht seiner Gesamtzahlungsbilanz oder aus der Art der ihm zur Verfügung stehenden Devisen ergeben. Diese Gegenüberstellung zeigt, daß die materiellen Tatbestandsmerkmale des Art. 73 E(W)GV andere sind als die des Art. 108 EWGV (109h EGV) und daß die Entscheidungen, die getroffen oder zugelassen werden können, nicht in beiden Fällen dieselben sind. Daraus folgt, daß dies auch für die einzuhaltenden Verfahren gilt. Diese sind deshalb nicht als kumulativ anzusehen. Folglich gilt, daß die in Art. 73 E(W)GV vorgesehenen Verfahren nicht auf Entscheidungen und Maßnahmen anwendbar sind, die ein Mitgliedstaat oder die Kommission aufgrund von Art. 108 EWGV erläßt[825].

Durch die Umwandlung der Vorschriften der Art. 108/109 EWGV in Art. 109h/i EGV hat sich an dieser Sichtweise nichts geändert. Dies bedeutet, daß die Kommission im Rahmen des Art. 109h EGV Schutzmaßnahmen nach Art. 73 E(W)GV zulassen könnte, ohne sich nochmals den in dieser Vorschrift vorgesehenen Konsultationen aussetzen zu müssen. Anzumerken ist hier jedoch, daß bei Art. 73 E(W)GV der Währungsausschuß - i.e. der Wirtschafts- und Finanzaus-

---

dann die gemeinsame Währung ein, so verliert Art. 109h EGV für ihn seine Gültigkeit. Gleiches gilt im übrigen für Art. 109i EGV, siehe dort Absatz 4 i.V.m. Art. 109k Abs. 6 EGV.

824 EuGH, Rs. 157/85 - *Luigi Brugnoni und Roberto Ruffinengo/Cassa di risparmio di Genova e Imperia* -, Slg. 1986, S. 2013 ff. (2033).

825 EuGH, Rs. 157/85, a.a.O., S. 2031f.

schuß nach Beginn der dritten Stufe der Wirtschafts- und Währungsunion, vgl. Art. 109c Abs. 2 EGV - anzuhören ist, bevor die Schutzmaßnahmen nach dieser Vorschrift getroffen werden dürfen. Dagegen ist im Rahmen von Art. 109h EGV der in Art. 109c genannte Ausschuß nur bei der Entscheidung der Kommission über die Empfehlung des gegenseitigen Beistands zu hören, die Ermächtigung zum Erlaß von Schutzmaßnahmen seitens des Mitgliedstaates erfolgt jedoch ohne Hinzuziehung des Ausschusses (vgl. 109h Abs. 3 EGV), wobei es auch die Kommission ist, die die Bedingungen und Einzelheiten der Maßnahmen festlegt.

Dies ist insoweit bemerkenswert, als nach Beginn der dritten Stufe auch die EZB zwei Vertreter in den Währungs- und Finanzausschuß entsendet (vgl. Art. 109c Abs. 2 UAbs. 3 EGV) und folglich dort ihren Ansichten Gehör verschaffen kann. Dieser Einflußnahme auf die Empfehlungen der Kommission, die gerade in der hier vorliegenden Situation primär ökonomisch und nicht so sehr stabilitätsorientiert geprägt sein dürften, ist die EZB im Verfahren nach Art. 109h Abs. 3 EGV beraubt. Zwar kann der Währungs- und Finanzausschuß - und damit auch die EZB - gemäß Art. 109c Abs. 2 UAbs. 2, 1. Gedankenstrich EGV auch von sich aus Stellungnahmen an den Rat oder die Kommission abgeben, doch ist dies nicht mit einem obligatorischen Anhörungsrecht des Ausschusses in einem geregelten Verfahren zu vergleichen. Während im geregelten Verfahren die Nicht-Anhörung einen den Rechtsakt unwirksam machenden Verfahrensfehler darstellt, hat der Ausschuß über Art. 109c Abs. 2 UAbs. 2, 1. Gedankenstrich EGV keine Handhabe gegen die Kommission, wenn diese die Stellungnahme noch nicht einmal zur Kenntnis nimmt. Die Wahrnehmung stabilitätsorientierter Interessen seitens der EZB im Verfahren nach Art. 109h Abs. 3 EGV ist somit sehr stark eingeschränkt, wenn nicht gar ausgeschlossen.

Würde somit ein Mitgliedstaat, der von der Kommission zur Abweichung vom erreichten Integrationsstand ermächtigt worden ist, Kapitalverkehrsbeschränkungen, etwa in Form von Devisenbewirtschaftungsmaßnahmen, auch zwischen den Mitgliedstaaten der EG wieder einführen, so bräuchte er dazu nicht erneut eine Ermächtigung der Kommission gemäß Art. 73 E(W)GV einzuholen, obwohl gerade die Einführung derartiger Beschränkungen zwischen den Mitgliedstaaten der EG explizit in dieser Vorschrift geregelt ist. Möglich ist diese "Vernachlässigung" der Verfahrensvorschriften des Art. 73 E(W)GV durch die o.g. EuGH-Rechtsprechung, die die kumulative Anwendung der Verfahrensregeln der Art. 109h EGV (bzw. 108 EWGV) und Art. 73 E(W)GV für nicht erforderlich hält, da die von der Kommission erteilte Ermächtigung gemäß Art. 109h Abs. 3 EGV eine solche Vorgehensweise zur Einführung von Devisenbewirtschaftungsmaßnahmen deckt. Neben diesem Argument aus der EuGH-Rechtsprechung ist nach dem Ratstreffen von Amsterdam im Juni 1997, auf dem der Revisionsentwurf zum Maastrichter Vertrag verabschiedet wurde und der mittlerweile unterzeichnet ist[826], noch ein weiteres zu berücksichtigen: Auf diesem Treffen haben sich die Vertreter der Mitgliedstaaten darauf verständigt, u.a. die Art. 67 bis 73a E(W)GV aufzuheben, sie

[826] Bull.EU 10-1997, S. 7.

demnach vollständig aus dem Vertragstext zu entfernen[827]. Eine Inanspruchnahme von Verfahrensvorschriften aus Normen, die definitiv nicht mehr im Vertragstext enthalten sind, ist aber selbst im Wege der Analogie nicht möglich und im vorliegenden Fall auch nicht erforderlich, da der EG-Vertrag in Art. 109h Abs. 3 eine auf den konkreten Fall anwendbare Norm enthält. Da die gleiche Norm allerdings auch die ratio des alten Art. 73 E(W)GV beinhaltet, steht einer Einführung von Maßnahmen, die bisher direkt in letzterer Vorschrift geregelt waren, nach den Regelungen des neuen Art. 109h Abs. 3 EGV nichts im Wege.

Gegen eine Wiederauflebung von Kapitalverkehrsbeschränkungen selbst dieser Tragweite kann die Vorschrift des Art. 109h nicht angeführt werden. Ihr läßt sich eine Beschränkung der zulässigen temporalen Liberalisierungsrückschritte auf den Stand nach dem 1.1.1994 nicht entnehmen. Eine im Rahmen der Verhältnismäßigkeitsprüfung einer solchen Maßnahme anzustellende Abwägung zwischen den aus der temporalen Differenzierung hinsichtlich eines bestimmten Bereichs des acquis communautaire folgenden ökonomischen Vorteilen für den von Zahlungsbilanzschwierigkeiten betroffenen Mitgliedstaat und den Nachteilen für die anderen Mitgliedstaaten hinsichtlich der Suspendierung des gemeinsamen Zieles, dürfte eindeutig zugunsten der Differenzierung sprechen, vor allem wenn dabei bedacht wird, daß die eventuell zu vergegenwärtigenden ökonomischen Nachteile bei den Staaten auftauchen, die ausweislich ihrer Teilnahme an der gemeinsamen Währung ohnehin zu den ökonomisch stärksten in der Gemeinschaft gehören.

b) Das autonome Verfahren gemäß Art. 109i EGV

Gemäß Art. 109i EGV ist ein Mitgliedstaat berechtigt, im Falle einer plötzlichen Zahlungsbilanzkrise selbständig, d.h. ohne vorher von der Kommission dazu ermächtigt worden zu sein, Schutzmaßnahmen zu erlassen. Insofern ist hier von einem autonomen Verfahren zu sprechen, wohingegen bei Art. 109h EGV der Erlaß von Schutzmaßnahmen seitens des Mitgliedstaates nur nach vorheriger Ermächtigung durch die Kommission erfolgen darf. Durch die Tatsache, daß der Rat und die Kommission in Art. 109i Abs. 2 und 3 EGV genannt werden und ihnen dort die Kompetenz zusteht, das Verfahren an sich zu ziehen und es in den Rahmen des Art. 109h EGV zu überführen, wird das Verfahren des Art. 109i EGV nicht zum Gemeinschaftsverfahren[828]. Voraussetzung für die Anwendbarkeit des Art. 109i EGV ist, daß im Unterschied zu Art. 109h EGV der Mitgliedstaat bereits von einer Zahlungsbilanzkrise betroffen sein muß. Dabei wird eine Zahlungsbilanzkrise dann angenommen, wenn ohne den Eingriff des Staates eine wesentliche Verschlechterung der wirtschaftlichen Leistungsfähigkeit der nationalen Volkswirtschaft zu erwarten ist[829].

---

827 S. hierzu Konferenz der Vertreter der Regierungen der Mitgliedstaaten, Dok. CONF 4004/ 97, v. 25. Juli 1997, S. TA/Anhang/d 5.

828 Anders *Magiera*, in: Hailbronner, Klein, Magiera, Müller-Graff (Hrsg.), Art. 109, Rn. 1.

829 *Zuleeg/Amphoux*, in: Hdb. d. Europäischen Rechts, I A 54, Art. 109, Rn. 55.

Des weiteren ist erforderlich, daß die Krise der Zahlungsbilanz plötzlich eingetreten ist und daß darüber hinaus eine Entscheidung des Rates zur Gewährung des gegenseitigen Beistands gemäß Art. 109h Abs. 2 EGV nicht unverzüglich erfolgt ist. Die Plötzlichkeit des Eintretens der Krise wird dahingehend konkretisiert, daß eine Krise dann als plötzlich anzusehen ist, wenn sie so überraschend eintritt, daß die Einleitung des Verfahrens nach Art. 109h EGV ohne schwerwiegende Störungen des Wirtschaftsablaufs des betroffenen Mitgliedstaates nicht mehr durchgeführt werden kann. Damit ist der Anwendungsbereich der Norm stark eingeschränkt, wenn die Kommission, wie es ihre Aufgabe gemäß Art. 104c EGV ist, die Überwachung der mitgliedstaatlichen Haushaltslage genau nimmt und bei entstehenden Schwierigkeiten rechtzeitig auf das Verfahren des Art. 109h EGV zurückgreift[830]. Auch die dritte Voraussetzung, die nicht erfolgte Gewährung des gegenseitigen Beistands durch den Rat gemäß Art. 109h Abs. 2 EGV, führt zu einer Reduzierung der praktischen Anwendungsmöglichkeiten von Art. 109i EGV seit es die Kreditmechanismen des EWS[831] sowie den kurzfristigen unbegrenzten Beistand zwischen den mitgliedstaatlichen Zentralbanken[832] gibt.

Sind gleichwohl einmal die Voraussetzungen gegeben, so ist der von der Zahlungsbilanzkrise betroffene Mitgliedstaat berechtigt, alle erforderlichen Schutzmaßnahmen zu ergreifen, die geeignet sind, zu einer Konsolidierung der Zahlungsbilanz beizutragen. Zu beachten ist, daß die Maßnahmen nicht dazu führen können müssen, bzw. dazu führen dürfen, die Zahlungsbilanz vollständig auszugleichen. Entsprechend dem Notcharakter des Verfahrens nach Art. 109i EGV sollen die Maßnahmen lediglich einer weiteren Verschlechterung der Bilanzsituation vorbeugen[833].

Auch hierbei ist zu berücksichtigen, daß die Maßnahmen nur ein Mindestmaß an Störungen für den Gemeinsamen Markt bedeuten dürfen. Sie dürfen lediglich zur Bekämpfung der konkret bestehenden Notlage herangezogen werden. Da es sich um derogatorische Maßnahmen handelt, gelten sie nur solange, bis die Gemeinschaftsorgane sie auf ihre Begründetheit überprüft und gegebenenfalls Maßnahmen gemäß Art. 109h EGV erlassen haben[834]. Inhaltlich können die Schutzmaßnahmen, die der Mitgliedstaat gemäß Art. 109i EGV erläßt, genauso ausgestaltet sein wie die Schutzmaßnahmen, zu deren Erlaß er gemäß Art. 109h Abs. 3 EGV seitens der Kommission ermächtigt werden muß, solange sie den strengen Anforderungen, die hier an die Erforderlichkeit zu stellen sind, genügen. Grundsätzlich ist somit auch hier ein Abweichen vom gemeinschaftlich erreichten Integrationsstand gestattet.

---

830 *Krämer*, in: Grabitz/Hilf, Bd. I, Art. 109i, Rn. 7.

831 Vgl. in diesem Zusammenhang auch das Abkommen über den mittelfristigen Beistand, Vorschlag der Kommission in ABl.EG 1970, Nr. C 148, S. 6 ff.

832 Vgl. Abkommen der Zentralbanken vom 9.2.1970, ABl.EG 1970, Nr. C 140, S. 25 f.

833 *Krämer*, in: Grabitz/Hilf, Bd. I, Art. 109i, Rn. 9.

834 EuGH, verb. Rs. 6 und 11/69 - *Kommission der Europäischen Gemeinschaften/Französische Republik* -, Slg. 1969, S. 523 ff. (541).

In diesem Zusammenhang erscheint es außerordentlich fraglich, ob ein von einer Zahlungsbilanzkrise betroffener Mitgliedstaat im Rahmen des "Notverfahrens"[835] zu einer derart einschneidenden Maßnahme wie Kapitalverkehrsbeschränkungen greifen darf, die darüber hinaus dem Stand der Kapitalverkehrsliberalisierung von vor dem 1.1.1994 entsprechen und - wenn auch nicht übermäßig lange - so doch einen bestimmten Zeitraum in Kraft bleiben müssen, um ihre Wirkungen zur Entlastung der Zahlungsbilanz zu entfalten; jedenfalls haben kapitalverkehrsbeschränkende Maßnahmen nach einigen wenigen Tagen Dauer noch keinen konsolidierenden Effekt auf eine sich in einer akuten Notlage befindenden Zahlungsbilanz eines Mitgliedstaates. Es ist somit festzuhalten, daß im Rahmen des Verfahrens gemäß Art. 109i EGV die Einführung von Kapitalverkehrsbeschränkungen seitens eines Mitgliedstaates als nicht erforderlich, da zum mit der Norm verbundenen Zweck - Verhinderung der weiteren Verschlechterung der Zahlungsbilanzsituation bis die Gemeinschaft eingreifen kann - zu einschneidend wirkend und damit als unzulässig einzustufen ist.

Überführt dann die Kommission das Verfahren in die Bahnen des Art. 109h EGV, etwa indem sie den gegenseitigen Beistand empfiehlt, so ist das Verfahren des Art. 109i EGV als beendet anzusehen[836]. Gleiches gilt, wenn die Kommission ihrerseits dem Mitgliedstaat Maßnahmen zur Behebung der Zahlungsbilanzkrise empfiehlt. Wohlgemerkt empfiehlt die Kommission im Rahmen des Art. 109h EGV Maßnahmen zur *Behebung* der Zahlungsbilanzkrise, d.h. diese von der Kommission empfohlenen Maßnahmen können inhaltlich weitergehend ausgestaltet sein als die Maßnahmen, deren autonomer Erlaß einem Mitgliedstaat im Verfahren gemäß Art. 109i EGV zur Verhinderung der weiteren Verschlechterung seiner Zahlungsbilanzsituation gestattet ist.

Demnach kann die Kommission dem betroffenen Mitgliedstaat gemäß Art. 109h Abs. 3 EGV etwa Kapitalverkehrsbeschränkungen empfehlen, bzw. deren Einführung gestatten, nachdem sie sie vorher im Rahmen des Art. 109i EGV als zu weitreichend und damit unzulässig abgelehnt hat. Ist die Kommission der Ansicht, daß die vom Mitgliedstaat getroffenen Maßnahmen zur Verhinderung der weiteren Verschlechterung der Zahlungsbilanzsituation sowohl geeignet als auch erforderlich sind, die Berufung des Mitgliedstaates auf Art. 109i EGV somit rechtmäßig ist, so bleibt es trotzdem nicht beim autonomen Verfahren, sondern dadurch, daß die Kommission sich die vom Mitgliedstaat autonom getroffenen Maßnahmen zu eigen macht, wird das Gemeinschaftsverfahren gemäß Art. 109h EGV eingeleitet[837]. Es zeigt sich somit, daß Kapitalverkehrsbeschränkungen, auch und

---

835 *Krämer*, in: Grabitz/Hilf, Bd. I, Art. 109i, Rn. 12.

836 *v. Horn*, EuR 1969, S. 37 ff. (38); *Krämer*, in: Grabitz/Hilf, Bd. I, Art. 109i, Rn. 17.

837 So geschehen in der Entscheidung der Kommission E 85/16/EWG, ABl.EG 1985 Nr. L 8, S. 34 zugunsten Italiens, als die von Italien im Wege des Verfahrens von Art. 109 EWGV (entspr. Art. 109i EGV) erlassenen Maßnahmen zur Verhinderung der weiteren Verschlechterung der Zahlungsbilanzsituation von der Kommission im Verfahren gemäß Art. 108 Abs. 3 EWGV (entspr. dem Art. 109h EGV) übernommen wurden,

gerade solche, die in ihrer Qualität auf den Stand vor dem Inkrafttreten der Art. 73b ff. EGV zurückführen, nur im Rahmen des gemeinschaftlichen Verfahrens gemäß Art. 109h EGV eingeführt werden können, d.h. nachdem der Mitgliedstaat dazu von der Kommission ermächtigt worden ist. Dies leuchtet unmittelbar ein, wenn man sich vor Augen führt, daß es im vitalen Interesse der Europäischen Gemeinschaft liegt, daß ihre Mitgliedstaaten den erreichten Integrationsstand nicht eigenmächtig unterlaufen, indem sie sich auf autonome Schutzmaßnahmen zurückziehen, um ihre Zahlungsbilanzprobleme in den Griff zu bekommen. Sollte die Gemeinschaft eine konkrete Situation für einen Mitgliedstaat als so bedrohlich einstufen, daß ein Festhalten am erreichten Integrationsstand dem Mitgliedstaat nicht zugemutet werden kann, so ist es an der Kommission, den Mitgliedstaat von der Einhaltung des acquis communautaire zu dispensieren.

Betrachtet man nun die Einflußmöglichkeiten der EZB im Verfahren nach Art. 109i EGV, so ist zu konstatieren, daß sie unter Umständen vollständig übergangen werden kann. Grundsätzlich kann die EZB im Rahmen des Art. 109i EGV ohnehin nur über den in Art. 109c EGV bezeichneten Ausschuß, i.e. nach Beginn der dritten Stufe der Wirtschafts- und Währungsunion der Wirtschaft- und Finanzausschuß, Einfluß nehmen. In Art. 109i Abs. 3 EGV heißt es dazu, daß der Rat mit qualifizierter Mehrheit nach einer Stellungnahme der Kommission und nach Anhörung eben des in Art. 109c EGV bezeichneten Ausschusses entscheiden kann, daß der betreffende Staat die Schutzmaßnahmen zu ändern, auszusetzen oder aufzuheben hat. Eine diesbezügliche Entscheidung wird der Rat jedoch unter Umständen nur sehr zögerlich treffen, denn immerhin käme in einer solchen Entscheidung zum Ausdruck, daß die übrigen Mitgliedstaaten der Ansicht sind, daß der von Zahlungsbilanzschwierigkeiten betroffene Mitgliedstaat zu Unrecht autonome Schutzmaßnahmen ergriffen und folglich gemeinschaftsrechtswidrig gehandelt hat. Aus diplomatischem Kalkül und der Überlegung, mit einer derartigen Entscheidung eine möglicherweise einmal eintretende eigene Situation der Zahlungsbilanzschwierigkeiten zu präjudizieren, ist es durchaus nicht fernliegend, daß der Rat eine solche Entscheidung nicht trifft, zumal er dazu dem Wortlaut des Art. 109i Abs. 3 EGV entsprechend auch nicht verpflichtet ist. Vermeidet der Rat folglich eine Entscheidung nach Art. 109i Abs. 3 EGV, so ist auch die EZB um ihre einzige Einflußmöglichkeit im Verfahren nach Art. 109i EGV gebracht, denn ohne Entscheidung des Rates braucht auch der Wirtschafts- und Finanzausschuß nicht gehört zu werden.

Obliegt es somit der Kommission, den Vorgang in das Gemeinschaftsverfahren gemäß Art. 109h EGV zu übertragen, so kann sie dies entweder dadurch bewirken, daß sie gemäß Art. 109i Abs. 2 Satz 2 i.V.m. Art. 109h Abs. 1 UAbs. 2 EGV

nachdem lediglich einige Lockerungen vereinbart worden waren. Dabei ist die Übernahme der autonom von einem Staat getroffenen Maßnahmen durch die Kommission in das Gemeinschaftsverfahren vom EuGH in der verb. Rs. 6 und 11/69 - *Kommission der Europäischen Gemeinschaften/Französische Republik* -, Slg. 1969, S. 523 ff. (542) gebilligt worden.

dem Rat den gemeinsamen Beistand empfiehlt. Wählt sie diesen Weg, so ist sie an das Verfahren des Art. 109h EGV gebunden, wonach sie vor der Empfehlung an den Rat den in Art. 109c EGV bezeichneten Ausschuß anhören muß. Hier könnte folglich die EZB wiederum ihren Einfluß geltend machen. Die Kommission ist auf dieses Verfahren jedoch nicht beschränkt. Sie kann, um das autonome Verfahren zu beenden, auch das verkürzte Verfahren des Art. 109h Abs. 3 EGV wählen, dann nämlich, wenn sie der Überzeugung ist, daß weder die Empfehlung von wirtschaftspolitischen Maßnahmen, noch die Gewährung des gegenseitigen Beistands - selbst nicht der Beistand in Form von finanzieller Unterstützung - dem betroffenen Mitgliedstaat helfen können, somit unzureichend sind. Gelangt die Kommission zu dieser Einschätzung der Situation des Mitgliedstaates, so kann sie ihn sofort zum Erlaß von Schutzmaßnahmen gemäß Art. 109h Abs. 3 EGV ermächtigen, die - wie gesehen - auch zur Einschränkung der Kapitalverkehrsfreiheit führen können, so daß der Liberalisierungsfortschritt seit dem 1.1.1994 zumindest zeitweise zunichte gemacht werden kann.

Die Besonderheit liegt hier darin, daß die EZB selbst nicht über den Wirtschafts- und Finanzausschuß an diesem Verfahren beteiligt werden kann, denn eine Anhörung des Ausschusses ist auch im Verfahren nach Art. 109h EGV nur bei der Empfehlung der Gewährung des gemeinsamen Beistands vorgesehen. Während also im "normalen" Verfahren zur Konsolidierung einer angeschlagenen Zahlungsbilanz, das im Verlauf den gesamten Art. 109h EGV durchläuft, die EZB über den Wirtschafts- und Finanzausschuß wenigstens einmal gehört wird, ist im "Notverfahren", dann also, wenn die Situation derart verschärft ist, daß nicht einmal mehr der gegenseitige Beistand hilft, die EZB von jeglicher Einflußnahme abgeschnitten.

Konsequenzen für die Preisstabilität innerhalb der Staaten der gemeinsamen Währung der Währungsunion kann die EZB somit über dieses Verfahren nicht abwenden. Einzig das allgemein gehaltene Anhörungsrecht der EZB in Art. 105 Abs. 4 EGV, wonach die EZB zu allen Vorschlägen für Rechtsakte der Gemeinschaft in ihrem Zuständigkeitsbereich gehört werden muß (1. Gedankenstrich), eröffnet ihr hier die Möglichkeit zu einer Stellungnahme. Nach Art. 105 Abs. 4 UAbs. 2 EGV kann die EZB darüber hinaus gegenüber den zuständigen Organen - hier also gegenüber der Kommission - Stellungnahmen zu in ihren Zuständigkeitsbereich fallenden Fragen abgeben. Diese in Art. 105 Abs. 4 EGV niedergelegten Konsultationen stellen folglich die einzige Möglichkeit der EZB zur Einflußnahme auf das hier geschilderte Verfahren dar. Wird jedoch berücksichtigt, daß die Aussetzung des erreichten Integrationsstandes immer nur das letzte Mittel sein kann, um eine Zahlungsbilanzkrise zu bereinigen, bzw. um aus Zahlungsbilanzschwierigkeiten erst gar keine Krise werden zu lassen, so wird deutlich, daß der Dispens des Mitgliedstaates vom Primärrecht nur so lange dauern kann und darf, bis die Krise abgewendet ist und die verbliebenen Schwierigkeiten mit anderen zur Verfügung stehenden Mitteln - etwa dem gegenseitigen Beistand - gelöst werden können. Diese aufgrund des Verhältnismäßigkeitsgrundsatzes kurze Befristung des Dispenses läßt daher die grundsätzlich ungenügende Einflußnahmemöglichkeit der EZB auf einen ihren Zuständigkeitsbereich berührenden Sachverhalt als nicht so gravierend erscheinen.

Sollte dagegen der Dispens von seiten der Kommission oder des Rates über einen längeren Zeitraum aufrecht erhalten bleiben, so müßte im Zweifel die EZB Nichtigkeitsklage gemäß Art. 173 EGV gegen die Entscheidung der Kommission zur Ermächtigung des Mitgliedstaates zum Erlaß von Schutzmaßnahmen vor dem EuGH erheben und dabei die Verletzung eigener Rechte, konkret eine Gefährdung der Ausübung ihrer Pflicht zur Aufrechterhaltung der Preisstabilität innerhalb der Staaten der gemeinsamen Währung der Währungsunion, geltend machen. Wie der EuGH in diesem Fall entscheiden würde, ist nicht abzusehen, jedoch dürfte auch hier, wie schon früher geschildert[838], die Funktionsfähigkeit der dritten Stufe der Wirtschafts- und Währungsunion ein gewichtiges Argument sein.

3. Der finanzielle Beistand der Gemeinschaft gegenüber einem Mitgliedstaat gemäß Art. 103a Abs. 2 EGV

Art. 102a bis 103a EGV bilden den Generalrahmen für die Wirtschaftspolitik, wobei hier insbesondere die Haushaltspolitik der Mitgliedstaaten gemeint ist[839]. Gemäß Art. 109e Abs. 3 UAbs. 2 EGV gilt die Vorschrift des Art. 103a Abs. 2 EGV erst ab Beginn der dritten Stufe der Wirtschafts- und Währungsunion. Ab diesem Zeitpunkt ersetzt er die nur bis zum Ende der zweiten Stufe der Wirtschafts- und Währungsunion geltenden Art. 109h und i EGV (abgesehen von der weiterhin bestehenden Geltung dieser Vorschriften für Staaten, für die gemäß Art. 109k EGV eine Ausnahmeregelung besteht, vgl. Art. 109k Abs. 6 EGV). Daß diese beiden Vorschriften in einem einheitlichen Währungsraum keine Gültigkeit mehr haben können, ist aus oben bereits genannten Gründen einleuchtend.

Jedoch konstituiert Art. 103a Abs. 2 EGV ein neues Finanzhilfeinstrument für in Schwierigkeiten geratene oder von gravierenden Schwierigkeiten ernstlich bedrohte Mitgliedstaaten. Im Vergleich zu den bis zum Ende der zweiten Stufe der Wirtschafts- und Währungsunion geltenden Art. 109h und i EGV ist hinsichtlich des finanziellen Beistands an sich kein großer Unterschied zu bemerken. Ein Unterschied ist jedoch, daß die Schutzmaßnahmen nicht mehr ergriffen werden können (Art. 109h Abs. 3 EGV). In einem Raum mit einheitlicher Währung ist es aber geradezu unmöglich, etwa Kapitalverkehrsbeschränkungen zwischen einzelnen Regionen einzuführen, auch weil wegen der einheitlichen Geldpolitik seitens der EZB Zinsunterschiede, wie sie für einen zinsinduzierten, spekulativen Kapitalverkehr erforderlich sind, praktisch nicht mehr bestehen können. Bemerkenswert ist, daß der finanzielle Beistand gemäß Art. 103a Abs. 2 EGV ausschließlich von der Gemeinschaft gewährt wird und nicht von einer Mehrzahl der Mitglied-

[838] S.o. III.1.d)cc)(2).
[839] *Schill*, in: Lenz, EG-Komm., Art. 102a-103a, Rn. 1.

staaten, sich folglich in dieser Hinsicht von dem gegenseitigen Beistand des Art. 109h EGV unterscheidet.

Voraussetzung für den Beistand der Gemeinschaft ist in verfahrensrechtlicher Hinsicht ein Vorschlag der Kommission und daran anschließend grundsätzlich ein mit Einstimmigkeit gefaßter Beschluß des EcoFin-Rates. Für den Fall, daß die den Mitgliedstaat bedrohenden oder ihn bereits getroffenen Schwierigkeiten auf Naturkatastrophen zurückzuführen sind, sieht Art. 103a Abs. 2 Satz 2 EGV die Möglichkeit von Ratsbeschlüssen mit qualifizierter Mehrheit vor, welche sich gemäß Art. 148 Abs. 2 UAbs. 2, 1. Gedankenstrich EGV aus mindestens 62 Stimmen zusammensetzen muß.

Tatbestandlich vorausgesetzt sind Ereignisse, die Schwierigkeiten in einem Mitgliedstaat hervorrufen und sich seiner Kontrolle entziehen. Der Beschluß zur Gewährung des finanziellen Beistands seitens der Gemeinschaft und die daraufhin erfolgende finanzielle Hilfeleistung an den Mitgliedstaat sind an bestimmte Bedingungen geknüpft, wozu insbesondere wirtschafts- und finanzpolitische Anpassungsmaßnahmen gehören[840]. Es stellt sich die Frage, wie im Rahmen der dritten Stufe der Wirtschafts- und Währungsunion, neben der Vorschrift des Art. 104c EGV, neben dem Stabilitätspakt, vor allem aber neben der No-bail-out-Klausel des Art. 104b EGV dieser finanzielle Beistand bestehen kann, vernachlässigt man einmal den Fall einer Naturkatastrophe, bei deren Eintreffen die finanzielle Unterstützung von Partnerstaaten kaum mit Stabilitätsanforderungen kollidieren dürfte. Dies bedarf näherer Erläuterung.

Zunächst ist festzustellen, daß der EG-Vertrag die außergewöhnlichen Ereignisse, die sich der Kontrolle des Mitgliedstaates entziehen und die ihn in Schwierigkeiten bringen, nicht näher spezifiziert. Auf die Naturkatastrophen in Art. 103a Abs. 2 Satz 2 EGV kann hier nicht abgestellt werden, denn diese stellen einen Sonderfall dar, dessen Regulierung mittels eines vereinfachten Verfahrens beschleunigt werden soll. Da Art. 103a Abs. 2 EGV zumindest teilweise an die bis zum Ende der zweiten Stufe der Wirtschafts- und Währungsunion geltenden Art. 109h und 109i EGV anknüpft, liegt es nahe, hier nach Spezifizierungsmöglichkeiten zu suchen. Zweifellos können die Schwierigkeiten des Art. 103a Abs. 2 EGV nicht mehr in der Zahlungsbilanz sichtbar werden, denn eine solche setzt das Bestehen einer nationalen Währung voraus, die es aber ab dem Geltungsbeginn des Art. 103a Abs. 2 EGV für die Euro-Staaten nicht mehr gibt.

Möglich sind jedoch weiterhin Schwierigkeiten eines Mitgliedstaates in seiner Handelsbilanz, worin Ein- und Ausfuhr des jeweiligen Staates innerhalb eines bestimmten Zeitraumes festgehalten werden, ohne daß es hierzu des Bestehens unterschiedlicher Währungen bedürfte. Daß die Schwierigkeiten wirtschaftlicher Natur sein müssen, ergibt sich einerseits aus der Stellung der Vorschrift in Kapi-

---

[840] So schon der Deutsche Bundestag in seiner Denkschrift zum Vertrag vom 7. Februar 1992 über die Europäische Union, BT-Drs. 12/3334, S. 81 ff. (89).

tel 1 des Titels VI des EG-Vertrages, worin die Koordinierung der Wirtschaftspolitik der Mitgliedstaaten geregelt ist, andererseits ergibt sich dieses Erfordernis aus der Tatsache des finanziellen Beistands selbst, denn die Gemeinschaft geht davon aus, durch finanzielle Hilfeleistung den Mitgliedstaat bei der Bewältigung seiner Schwierigkeiten unterstützen zu können. Eine solche Hilfeleistung ist nur dann sinnvoll, wenn der betroffene Mitgliedstaat selbst nicht in der Lage ist, durch Einsatz der ihm zur Verfügung stehenden (finanziellen) Mittel der Situation Herr zu werden.

Darüber hinaus müssen die Schwierigkeiten auf außergewöhnlichen Ereignissen beruhen, die sich obendrein noch der Kontrolle des Mitgliedstaates entziehen müssen. Art. 103a Abs. 2 EGV nennt als besonderes Beispiel eines außergewöhnlichen Ereignisses die Naturkatastrophen. Im Zusammenhang mit Art. 103a Abs. 1 EGV, der im übrigen bereits seit dem Inkrafttreten des EG-Vertrages, mithin seit dem 1.11.1993, gilt, sind als besondere Beispiele Versorgungsengpässe hinsichtlich bestimmter Waren genannt, so daß außergewöhnliche Ereignisse hier wohl Ernteausfälle und drastische Erhöhungen der Rohstoffpreise bezeichnen. Des weiteren sind als derartige Ereignisse (sektorale) Wirtschaftskrisen sowie auch Börsenzusammenbrüche zu nennen. Während die erstgenannten Ereignisse unmittelbar zu einem erheblichen Devisenverlust bei dem davon betroffenen Mitgliedstaat führen, bewirken die zweitgenannten Ereignisse in erster Linie einen bemerkenswerten Verlust von Anlage- und Investitionskapital, der die inländischen Finanzen vor weitere Herausforderungen vor allem auf dem Arbeitsmarkt stellt. Gerade hierin ist eine der durchaus möglichen Varianten beim Beginn der dritten Stufe der Wirtschafts- und Währungsunion zu sehen, wenn etwa aufgrund der Zusammensetzung der ersten Generation der Euroländer das Vertrauen der Kapitalmärkte in die Stabilität der gemeinsamen Währung nicht vorhanden ist und zunächst Alternativanlagemöglichkeiten außerhalb des gemeinsamen Währungsraumes gesucht werden.

Gerade solche Staaten, die aufgrund eines in 1997 erstmals erzielten Erfolges bei den Konvergenzkriterien die Teilnahme an der gemeinsamen Währung erreicht haben, könnten bei einer solchen Entwicklung schnell ihrer ökonomischen Grunddaten beraubt werden, so daß eine fortdauernde Konvergenz von diesen Staaten allein nicht erreicht werden kann. Die in einem solchen Szenario überlasteten Haushalte dieser Staaten geraten dann recht zügig in eine Situation, die als von Schwierigkeiten betroffen bezeichnet werden kann.

Eine derartige Entwicklung entzieht sich regelmäßig auch der Kontrolle der Staaten, es sei denn, man wollte über die nationale Verantwortlichkeit in der Wirtschaftspolitik die Behauptung aufstellen, die Staaten könnten durch eine den ökonomischen Erfordernissen strikt Rechnung tragende Haushalts- und Finanzpolitik jede Situation kontrollieren. Diese rein ökonomische Sichtweise vernachlässigt dabei jedoch die sozialen Verantwortlichkeiten der Staaten und vor allem die legitimen sozialen Bedürfnisse der Bevölkerung, die gerade in den von dieser Situation gefährdeten Staaten bereits sehr weitgehende Einschränkungen hat hinnehmen müssen, um überhaupt die gemeinsame Währung einführen zu können. Die Aufforderung zu weiteren Sparmaßnahmen in diesen Staaten wird über kurz oder lang den Verlust der Billigung der Politik des Staates in der Bevölkerung nach sich ziehen, was europapolitisch ebenfalls Konsequenzen nach sich ziehen kann.

Was bleibt, ist die Frage, wie sich dieser finanzielle Beistand mit der No-bail-out-Klausel des Art. 104b EGV vereinbaren läßt[841]. Dort heißt es, "die Gemeinschaft haftet nicht für die Verbindlichkeiten der Zentralregierungen" etc [...] "und tritt nicht für derartige Verbindlichkeiten ein...". Die anschließend genannte Ausnahme, daß der Haftungsausschluß nicht für die gegenseitigen finanziellen Garantien gilt, die für die gemeinsame Durchführung eines bestimmten Vorhabens gegeben wurden, hat mit der Situation des Art. 103a Abs. 2 EGV ersichtlich nichts zu tun. Wenn aber ein einmal aufgestellter Grundsatz - der Haftungsausschluß - nicht durch eine andere Regelung quasi aufgehoben werden soll und auch ein Rangverhältnis zwischen den beiden Normen nicht erkennbar ist, so muß die Auslegung beider Vorschriften den jeweiligen Inhalt ergeben.

Die im Gemeinschaftsrecht primär angewandte teleologisch-systematische Auslegung[842] ergibt für den Art. 103a Abs. 2 EGV in systematischer Hinsicht zunächst den engen Zusammenhang mit Abs. 1 derselben Vorschrift. Auch hier geht es um gravierende Schwierigkeiten eines Mitgliedstaates, die zu Versorgungsengpässen mit bestimmten Waren führen. Art. 103a Abs. 2 EGV verschärft die Situation dann noch einmal, indem die Schwierigkeiten auf sich der Kontrolle des Mitgliedstaates entziehenden außergewöhnlichen Ereignissen beruhen. Der Notfallcharakter der Regelung ist offensichtlich und auch, wenn das in Art. 103a Abs. 2 Satz 2 EGV genannte Beispiel der Naturkatastrophe nicht als primärer Anwendungsfall der Vorschrift angesehen werden kann, so wird deutlich, daß der finanzielle Beistand der Gemeinschaft nur in solchen Situationen gewährt werden kann, die mit den oben genannten Beispielsfällen vergleichbar sind. Demgegenüber sieht Art. 104b EGV den Haftungsausschluß für von den Mitgliedstaaten eingegangene Verbindlichkeiten vor, die von den Mitgliedstaaten aufgrund von Liquiditätsschwierigkeiten nicht mehr erfüllt werden können.

Wenn oben auf die Verantwortlichkeit der Mitgliedstaaten im Rahmen der nationalen Wirtschaftspolitik abgestellt wurde, um zu zeigen, daß dies in Art. 103a Abs. 2 EGV nicht gemeint sein kann, so wird im Gegenzug deutlich, daß dies gerade die Situation ist, die Art. 104b EGV vor Augen hat. Ist es hier eine unsolide Finanzpolitik des Mitgliedstaates, die zu Haushalts- und Zahlungsbilanzschwierigkeiten führt und die durch Hilfszahlungen seitens der Gemeinschaft zu unterstützen sich aus Glaubwürdigkeitsgründen hinsichtlich der Stabilitätsgemein-

---

[841] Auf ein hier möglicherweise bestehendes Spannungsverhältnis weist *Bandilla*, in: Grabitz/Hilf, Art. 104b, Rn. 3 ebenso hin wie *Häde*, Finanzausgleich, S. 546, m.w.N. und *Rolf*, in: Europäische Währungsunion und Kapitalmärkte, S. 68 ff. (69 f.).

[842] S.o. III.3.d)aa).

schaft gegenüber den internationalen Kapitalmärkten verbietet, so ist es dort eine von niemandem steuerbare Situation, die auch mit solider Finanzpolitik nicht zu verhindern gewesen wäre und die den davon betroffenen Staat in gravierende Schwierigkeiten bringt.

Der Beistand der Gemeinschaft, der den Staat in der außergewöhnlichen Situation unterstützen und verhindern soll, daß aus einem kurzfristig eingetretenen Problemfall eine lang anhaltende Krise wird, kann folglich mit Stabilitätsanforderungen seitens der internationalen Kapitalmärkte an die gemeinsame Währung der Währungsunion nicht kollidieren. Der Beistand der Gemeinschaft für einen Mitgliedstaat, der sich unverschuldet in einer schwierigen finanziellen Lage befindet, ergibt sich vielmehr eindeutig aus dem Solidaritätsgebot, das zu achten der Gemeinschaft in Art. 2 EGV aufgegeben worden ist. Festzuhalten bleibt, daß der finanzielle Beistand der Gemeinschaft, der für Mitgliedstaaten, die bereits an der gemeinsamen Währung teilnehmen und die von gravierenden Schwierigkeiten ernsthaft bedroht oder bereits betroffen sind, geregelt ist, der Haftungsausschlußklausel des Art. 104b EGV nicht unvereinbar gegenübersteht, sondern daß beide Vorschriften unterschiedliche Sachverhalte beinhalten, deren gleichzeitige Regelung nicht zu Widersprüchen führt.

VI. Ausblick

Im Verlauf der Untersuchung haben sich eine ganze Reihe von normativen Verknüpfungen zwischen der Kapitalverkehrsfreiheit und der Wirtschafts- und Währungsunion, hier schwerpunktmäßig in deren dritter Stufe, ergeben. Die enge sachliche Verbindung beider Betrachtungsgegenstände zueinander, vielmehr aber ihre unterschiedlich geregelte kompetentielle Wahrnehmung ergaben die Notwendigkeit bestehender Berührungen, Überschneidungen und Verknüpfungen. Mit den im Laufe dieser Untersuchung gefundenen Ergebnissen hinsichtlich der Behandlung der Überschneidungen und Verknüpfungen ist ein tragfähiges Gerüst entstanden, welches an der Seite des insoweit häufig unzulänglichen EG-Vertrages den Institutionen der EG wie auch denen des ESZB eine Handhabe zur Bewältigung bereits heute abzusehender Kompetenzstreitigkeiten und -konflikte geben kann. Damit wäre dem eingangs der Arbeit aufgestellten Anspruch genüge getan, mit den zu findenden Ergebnissen die möglichen Konflikte zwischen der Kapitalverkehrsfreiheit als einem Teil des Binnenmarktes und der dritten Stufe der Wirtschafts- und Währungsunion als logische und notwendige Fortsetzung des Binnenmarktkonzeptes und damit der europäischen Integration zu entschärfen, um so der Entstehung und weiteren Entwicklung der Wirtschafts- und Währungsunion förderlich zu sein.

Wird von seiten der handelnden Institutionen ein diesen Ergebnissen entsprechender Weg gewählt, so steht dann, wenn der Rat in der Zusammensetzung der Staats- und Regierungschefs den Übergang der vom EcoFin-Rat geprüften Mitgliedstaaten in die gemeinsame Währung zum 1.1.1999 gemäß Art. 109j Abs. 4 EGV bestätigt, bzw. neue Mitglieder in die gemeinsame Währung aufnimmt, einer erfolgreichen Währungsunion nichts im Wege. Unabdingbare Voraussetzung ist hierfür jedoch, daß der EcoFin-Rat in seinen Empfehlungen an den Rat in der Zusammensetzung der Staats- und Regierungschefs über die Teilnehmerstaaten der gemeinsamen Währung politische Opportunitätsüberlegungen unberücksichtigt läßt und sich an den Konvergenzberichten des EWI, bzw. später an der Einschätzung der EZB orientiert. Ist dies der Fall, so ist darin ein notwendiges und auch hinreichendes Signal an die internationalen Kapitalmärkte hinsichtlich einer primär an Stabilität ausgerichteten Europäischen Wirtschafts- und Währungsunion zu sehen.

Zusammenfassung

Die Arbeit untersucht die normativen Verknüpfungen von Kapitalverkehrsfreiheit und Währungsunion im EG-Vertrag. Der Grund sind die normativen Einwirkungsmöglichkeiten der einen in den Kompetenzbereich der jeweils anderen Seite. Zu dieser Einwirkung wird die Kapitalverkehrsfreiheit als vierte Freiheit des EG-Vertrages vor allem durch ihren Aufstieg zur mit den anderen Grundfreiheiten des EG-Vertrages seit dem 1.1. 1994 auf einer Stufe stehenden Freiheit in die Lage versetzt.

Die Verknüpfungen und kompetentiellen Überschneidungen beginnen bereits im institutionellen Bereich im Rahmen der Wirtschafts- und Währungspolitik. Der EG-Vertrag sieht hierzu in Art. 103 vor, daß es der EcoFin-Rat im Zusammenspiel mit dem Europäischen Rat ist, der den Mitgliedstaaten die von diesen zu befolgenden wirtschaftspolitischen Empfehlungen erteilt, wobei der EZB als am Primat der Preisstabilität ausgerichteter Institution lediglich ein dem des EP vergleichbares Anhörungsrecht zusteht. Dadurch, daß mit wirtschaftspolitischen Maßnahmen oft auch den Geldumlauf erhöhende Effekte verbunden sind, ist der Konflikt mit der EZB vorprogrammiert. Eine Lösungsmöglichkeit hinsichtlich dieses Problems läßt sich weder aus einer institutionellen Höherrangigkeit des EG-Rates vor der EZB, noch aus einer Leitungsbefugnis des Europäischen Rates gegenüber der EZB, resultierend - etwa entsprechend dem Verhältnis des Europäischen Rates zur EG - aus Art. D Abs. 1 EUV, herleiten.

Lediglich eine am sogenannten Hierarchisierungsmodell ausgerichtete Auslegung des EG-Vertrages kann hier aufgrund der dem Charakter der fortschreitenden Integration innerhalb der EG gerecht werdenden integrativen Höherrangigkeit der dritten Stufe der Wirtschafts- und Währungsunion vor dem insoweit verwirklichten Binnenmarkt einen gewissen Vorrang der Währungspolitik vor der Wirtschaftspolitik begründen. Dies läuft darauf hinaus, daß dem Anhörungsrecht der EZB erst dann genügt ist, wenn die wirtschaftspolitischen Empfehlungen des EcoFin-Rates an die Mitgliedstaaten nicht mehr solchen Inhalts sind, daß sie elementaren Positionen der EZB-Politik widersprechen.

Im Bereich der materiellen Verknüpfungen ist naturgemäß die Geldpolitik und hier insbesondere im Außenverhältnis, nämlich die Wechselkurspolitik zu Nicht-Eurostaaten, von Interesse. Wenn auch der EG-Vertrag in Art. 109 diesbezüglich für das Verhältnis zu Drittstaaten eine relativ eindeutige Regelung enthält, so bedeutet dies gleichwohl nicht, daß es in diesem Bereich keine kompetentiellen Überschneidungen gibt. Anhand eines wirtschaftswissenschaftlichen Modells einer Wechselkursunion wird nachgewiesen, daß die Beteiligung der Staaten der gemeinsamen Währung als einheitlicher Währungsraum an einer solchen Wechselkursunion mit einem Drittland von erheblichen Konflikten mit der EZB begleitet werden kann, wenn der an ökonomischen Gesichtspunkten orientierte EcoFin-

Rat für die Wechselkurspolitik in dieser Union zuständig ist. Ein sekundärrechtliches Verordnungsrecht der EZB aus Art. 108a EGV kann hier nicht weiterhelfen. Dies ist nur einschlägig in der Situation des Art. 109 Abs. 2 EGV, in der mit Drittstaaten keine Wechselkursunion besteht. Einzig die geldpolitischen Instrumente der EZB können hier Fehlentwicklungen hinsichtlich der Stabilität des Euros, wie sie eventuell von der Politik des Rates der EG vorgezeichnet sind, ausgleichen. Es zeigt sich jedoch, daß das effektivste Mittel im Verhältnis zu Drittstaaten, die Mindestreservepolitik, gegen die Vorschrift des Art. 73b Abs. 1, 2. Alternative EGV verstößt und Ausnahmemöglichkeiten hier weder dem geschriebenen Recht direkt, noch diesem durch eine erweiternde Auslegung zu entnehmen sind.

Sind folglich vertraglich festgelegte Instrumente nicht imstande, die Realisierung der Politik der EZB zu garantieren, so ist unter dem Aspekt der Funktionsfähigkeit der dritten Stufe der Wirtschafts- und Währungsunion eine Ausweitung der Kompetenzen der EZB anhand ihrer implizit mit der Erfüllung ihrer Aufgaben verbundenen Zuständigkeiten vorzunehmen, eben die Bejahung von implied powers. Die so gefundene Kompetenz der EZB zur Sicherung der Funktionsfähigkeit der dritten Stufe der Wirtschafts- und Währungsunion auf außergemeinschaftliches Kapital einen höheren Mindestreservesatz zu legen als auf das aus den Nationalwährungsstaaten der EG in die Staaten der Währungsunion fließende Kapital, läßt sich aus Sicht der Drittstaatsangehörigen auch nicht mit dem Hinweis auf das Diskriminierungsverbot aus Art. 6 Abs. 1 EGV entkräften, da dieses Verbot insoweit auf Drittstaatsangehörige nicht anwendbar ist.

Im Rahmen der GASP und der damit verbundenen Finanzierungserfordernisse, die ebenfalls zum Bereich der Geldpolitik mit Drittstaaten zählen, ist festzustellen, daß die EZB hier ihre Belange nur über den Wirtschafts- und Finanzausschuß des Art. 109c Abs. 2 EGV geltend machen kann. Die hierin möglicherweise zu sehende Unterrepräsentation der EZB in für sie relevanten Bereichen ist jedoch als so gravierend nicht anzusehen, da erst eskalierende Situationen zu einer Gefährdung der EZB-Politik werden können.

Problematisch wird das Verhältnis von EG-Organen und EZB im Rahmen der Wechselkursbestimmung zwischen den Eurostaaten und den Mitgliedstaaten der EG, die die gemeinsame Währung noch nicht eingeführt haben. Der EG-Vertrag hat für diese Situation keine Regelung parat, denn die Zuständigkeiten aus Art. 109 EGV passen hier nicht. Da dieser Bereich gleichwohl einer Regelung bedarf, ist nach Kompetenzzuweisungen an eine der beiden Seiten außerhalb von Art. 109 EGV zu suchen. Sind jedoch geschriebene Kompetenzen außerhalb von Art. 109 EGV nicht erkennbar, so ist wiederum auf die implied-powers-Lehre bzw. auf das Befugnislückenschließungsverfahren des Art. 235 EGV zur Kompetenzzuweisung zurückzugreifen. In dieser Situation führt eine kumulative Anwendung des Art. 235 und des Art. 109 Abs. 1 EGV zu einer Kompetenzzuweisung hinsichtlich der Wechselkursfestlegung zwischen den Eurostaaten und den noch nicht an der gemeinsamen Währung teilnehmenden EG-Staaten an den EcoFin-Rat. Die hierbei mit der EZB auftretenden Konflikte sind wiederum nur über die geldpolitischen Instrumente zu lösen. Dabei kommt die Anwendung der unterschiedlichen Mindestreservesätze in diesem Verhältnis einer verbotenen Diskriminierung bedenklich nahe. Ein dahingehendes Urteil ist nur durch die Annahme zu vermeiden, daß von nicht vergleichbaren Situationen in bezug auf die Eurostaaten einerseits und den noch verbliebenen EG-Staaten mit nationaler Währung andererseits ausgegangen wird, wobei die Verschiedenheit mit dem unterschiedlichen Grad an Integration begründet wird.

Selbst im Rahmen der Kapitalbewegungen zwischen Staaten der EG, die noch nicht der gemeinsamen Währung angehören und Drittstaaten ist eine Einbeziehung der Eurostaaten und der EZB dann nicht zu vermeiden, wenn es um den Einsatz von Kapitalverkehrsbeschränkungen geht und verhindert werden soll, daß Fremdkapital über die Eurostaaten und daraufhin über den innergemeinschaftlichen freien Kapitalverkehr in den EG-Staat gelangt, der zur Konsolidierung seiner angeschlagenen Wirtschaftslage von den Beschränkungen Gebrauch machen will. Ein dahingehendes Ergebnis, daß die Staaten der gemeinsamen Währung quasi in die Schutzmaßnahmen des EG-Staates gemäß Art. 73f EGV miteinbezogen würden, läßt sich aber weder durch Auslegung, noch durch teleologische Reduktion gewinnen und wäre darüber hinaus mit der anzustrebenden Vertrauensposition des Euro auf den internationalen Kapitalmärkten nicht zu vereinbaren. Daraus eventuell resultierende Folgeprobleme für den betroffenen EG-Staat müßten allein über geldpolitische Instrumente und/oder über die beteiligten Regierungen geregelt werden.

Hinsichtlich der Handlungen der internationalen Kapitalmärkte vor und während des Eintritts in die dritte Stufe der Wirtschafts- und Währungsunion sind vor allem deren verschiedene Handlungsoptionen, was die Zielrichtungen ihrer Kapitalbewegungen anbelangt, von Bedeutung. Bewegt sich Anlage- und Investitionskapital aus den nicht an der gemeinsamen Währung teilnehmenden Staaten hinaus, so stehen diesen Staaten alle nationalen Möglichkeiten der zweiten Stufe der Wirtschafts- und Währungsunion zur Verfügung, einschließlich der Mißachtung der zur Teilnahme an der gemeinsamen Währung erforderlichen Einhaltung der Konvergenzkriterien sowie der gemeinschaftlichen Haushaltsüberwachung und damit einhergehender Frühwarnung bei Fehlentwicklungen.

Bewegt sich das Fremdkapital beim Austritt aus den Nicht-Teilnehmerstaaten in die Teilnehmerstaaten der gemeinsamen Währung hinein, so ist zunächst festzuhalten, daß diese Entwicklung für letztgenannte Staaten und das Projekt der Währungsunion von größter Bedeutung und von großem Vorteil wäre, denn es manifestierte einen Erfolg der gemeinsamen Währung auf den internationalen Kapitalmärkten. Gleichwohl obläge es diesen Staaten, gemeinschaftsrechtlich den Nationalwährungsstaaten der EG unterstützend zur Seite zu stehen. Bei zu erwartenden Kapitalbewegungen innerhalb der teilnehmenden Staaten an der gemeinsamen

Währung ist wegen der trotz einheitlicher Währung nicht aufgehobenen ökonomischen Unterschiede die Gefahr der Peripherisierung und der Metropolisierung mit allen Folgeerscheinungen wie regional stark unterschiedliche Arbeitslosigkeit, Investitionstätigkeit etc. zu sehen. In der gegebenen Situation bleibt der EG nur der Rückgriff auf die Förderfonds.

Diese Situation zu vermeiden ist jedoch Aufgabe des Überwachungs- und Sanktionssystems des Art. 104c EGV. Dessen als unzureichend angesehene Stabilitätsgarantie innerhalb der an der gemeinsamen Währung teilnehmenden Staatshaushalte soll durch den am 13./14.12.1996 in Dublin auf den Weg gebrachten und am 16./17. Juni 1997 in Amsterdam dann bestätigten Stabilitätspakt aufgebessert werden. Eine inhaltliche Überprüfung der Verordnungen und der Entschließung, die den Stabilitäts- und Wachstumspakt bilden, hat gezeigt, daß durch die Einführung von Entscheidungsspielräumen für den Rat hinsichtlich des Einsatzes der Sanktionen eine Gemeinschaftsrechtswidrigkeit - im Gegensatz zu früheren Vorschlägen bezüglich des Paktes - nicht mehr angenommen werden kann.

In engem Zusammenhang mit der Überwachung der Haushaltsdisziplin steht der Haftungsausschluß der Gemeinschaft und der Mitgliedstaaten gegenüber einem überschuldeten Mitgliedstaat, die "No-bail-out-Klausel" des Art. 104b EGV. Dieser Klausel wird jedoch wenig Vertrauen entgegengebracht und dies auch aus gutem Grund, verlangt sie doch von den Mitgliedstaaten und der Gemeinschaft, quasi tatenlos dem Staatsbankrott eines Mitgliedstaates zuzusehen. Da dies aber einerseits bereits nicht mit dem Grundsatz der Solidarität aus Art. 2 EGV vereinbar ist, andererseits durch einen Staatsbankrott auch andere Mitgliedstaaten der Gemeinschaft in Mitleidenschaft gezogen werden könnten, ist die "No-bail-out-Klausel" nicht als ausreichende Garantie anzusehen. Dem könnte ein Staatenfinanzausgleich entgegenwirken, der mit einem geregelten Verfahren den Spekulationen um einen Eingriff zugunsten eines überschuldeten Staates den Boden entziehen würde. Es ist jedoch zu konstatieren, daß mit dem gegenwärtig bestehenden Gemeinschaftsrecht ein Staatenfinanzausgleich nicht vereinbar ist.

Im letzten Untersuchungspunkt wird auf Zahlungsbilanzschwierigkeiten der Mitgliedstaaten eingegangen. Dabei wird zunächst die Situation einer Krise im Rahmen der zweiten Stufe der Wirtschafts- und Währungsunion unter dem Reglement der Art. 109h und 109i EGV untersucht. Es zeigt sich hierbei, daß über den finanziellen Beistand die Gemeinschaft in der zweiten Stufe der Wirtschafts- und Währungsunion einem bail-out durchaus positiv gegenübersteht. Darüber hinaus ist im Rahmen des Art. 109h Abs. 3 EGV, den Abweichungen vom gemeinsamen Integrationsstand, festzustellen, daß in schwerwiegenden Krisen einem Mitgliedstaat erlaubt werden kann, etwa die Kapitalverkehrsfreiheit soweit einzuschränken, daß sie den Stand erreicht, den sie seit dem 1.1.1994 überwunden haben sollte.

Im Rahmen der dritten Stufe der Wirtschafts- und Währungsunion ist hinsichtlich von Schwierigkeiten der Mitgliedstaaten nicht mehr von Zahlungsbilanzen auszugehen, diese widerspechen einer gemeinsamen Währung. Gleichwohl findet sich in Art. 103a Abs. 2 EGV eine Regelung, die auf den ersten Blick sehr viel Ähnlichkeit mit dem gegenseitigen Beistand des Art. 109h Abs. 2 EGV hat. Eine genaue Untersuchung führt jedoch zu dem Ergebnis, daß die geregelten Fälle unterschiedlicher Art sind und daß daher bei Art. 103a Abs. 2 EGV nicht von einer versteckten Möglichkeit eines bail-out zugunsten der Eurostaaten in der dritten Stufe der Wirtschafts- und Währungsunion auszugehen ist.

Die Untersuchung hat gezeigt, daß dem EG-Vertrag für das Zusammenwirken der dritten Stufe der Wirtschafts- und Währungsunion mit der Kapitalverkehrsfreiheit praktikable Lösungsmöglichkeiten entnommen werden können, wenn von einem integrativen Vorrang der Währungsunion ausgegangen wird. Mit den hier gefundenen Ergebnissen und dem hier zugrunde gelegten Verständnis dürften die normativen Verknüpfungen von Kapitalverkehrsfreiheit und Währungsunion den Belastungen der täglichen Politik gewachsen sein und ihnen standhalten. Hiermit wäre dann eine elementare Voraussetzung für den weiteren Weg der europäischen Integration erfüllt, nämlich für die Politische Union, wobei die Wirtschafts- und Währungsunion auf diesem Weg nur ein Etappen-, aber nicht das Endziel sein kann.

Anhang I: Das IWF-Abkommen[843]

Art. 1 IWFA:

Die Ziele des Internationalen Währungsfonds sind:
Abs. 4
bei der Errichtung eines multilateralen Zahlungssystems für die laufenden Geschäftsbeziehungen zwischen den Mitgliedern und bei der Beseitigung von Devisenverkehrsbeschränkungen, die das Wachsen des Welthandels hemmen mitzuwirken;

Art. 6 IWFA:

Die Mitgliedstaaten können diejenigen Maßnahmen treffen,
Abs. 3
die notwendig sind, um internationale Kapitalbewegungen zu regulieren. Kein Mitgliedsland darf indessen diese Maßnahmen in einer Art und Weise treffen, daß [...] die Zahlungen für laufende Geschäfte eingeschränkt oder Kapitalüberweisungen zur Erfüllung von Verbindlichkeiten ungebührlich verzögert werden.

Art. 8 Abs. 2 IWFA:

a) Vorbehaltlich der Bestimmungen [...] darf kein Mitglied ohne die Zustimmung des Fonds die Durchführung von Zahlungen und Überweisungen für laufende internationale Geschäfte Beschränkungen unterwerfen.
b) Aus Devisenkontrakten, die die Währung eines Mitglieds berühren und die im Gegensatz stehen zu den von dem Mitglied in Übereinstimmung mit diesem Abkommen aufrechterhaltenen oder eingeführten Devisenkontrollbestimmungen, kann in den Gebieten der Mitglieder nicht geklagt werden. Außerdem können Mitglieder durch gegenseitige Übereinkommen bei der Durchführung von Maßnahmen zusammenarbeiten, um die Devisenkontrollbestimmungen der beteiligten Mitglieder wirksamer zu gestalten, vorausgesetzt, daß diese Maßnahmen und Bestimmungen mit diesem Abkommen vereinbar sind.

---

[843] BGBl. 1952 II, S. 637 ff.

Anhang II: Das OECD-Abkommen[844]

Art. 1 OECDA:

Ziel der Organisation für Wirtschaftliche Zusammenarbeit und Entwicklung (im folgenden als "Organisation" bezeichnet) ist es, eine Politik zu fördern, die darauf gerichtet ist,
a) in den Mitgliedstaaten unter Wahrung der finanziellen Stabilität eine optimale Wirtschaftsentwicklung und Beschäftigung sowie einen steigenden Lebensstandard zu erreichen und dadurch zur Entwicklung der Weltwirtschaft beizutragen,
b) in den Mitglied- und Nichtmitgliedstaaten, die in wirtschaftlicher Entwicklung begriffen sind, zu einem gesunden wirtschaftlichen Wachstum beizutragen, und
c) im Einklang mit internationalen Verpflichtungen auf multilateraler und nichtdiskriminierender Grundlage zur Ausweitung des Welthandels beizutragen.

Art. 2 OECDA:

Zur Verfolgung dieser Ziele kommen die Mitglieder überein, einzeln sowie gemeinsam
c) eine Politik zu verfolgen, die darauf gerichtet ist, daß Wachstum ihrer Volkswirtschaften und ihrer inneren und äußeren finanziellen Stabilität zu gewährleisten sowie Entwicklungen zu vermeiden, die ihre eigenen Volkswirtschaften oder diejenigen anderer Staaten gefährden könnten,
d) ihre Bemühungen um den Abbau oder die Abschaffung der Behinderungen des zwischenstaatlichen Waren- und Dienstleistungsverkehrs sowie des laufenden Zahlungsverkehrs fortzusetzen und die Liberalisierung des Kapitalverkehrs beizubehalten und zu erweitern.

Art. 5 OECDA:

Um ihre Ziele zu erreichen, kann die Organisation
a) Beschlüsse fassen; diese sind für alle Mitglieder bindend, soweit nichts anderes vorgesehen,

Art. 13 OECDA:

Die Vertretung der durch die Verträge von Paris und Rom vom 18. April 1951 beziehungsweise vom 25. März 1957 gegründeten Europäischen Gemeinschaften in der Organisation richtet sich nach dem Zusatzprotokoll Nr. 1 zu diesem Übereinkommen.

---

[844] BGBl. 1961, S. 1151 ff.

Art. 15 OECDA:

Mit dem Inkrafttreten dises Übereinkommens wird die Umgestaltung der Organisation für Wirtschaftliche Zusammenarbeit wirksam; ihre Ziele, Organe, Befugnisse und Bezeichnung werden sodann die in diesem Übereinkommen vergesehenen. Die Rechtspersönlichkeit der Organisation für Europäische Wirtschaftliche Zusammenarbeit setzt sich in der Organisation (in der OECD, Anm. d. Verf.) fort; die Beschlüsse, Empfehlungen und Entschließungen der Organisation für Europäische Wirtschaftliche Zusammenarbeit sind jedoch nach Inkrafttreten dieses Übereinkommens nur wirksam, wenn der Rat sie genehmigt.

Art. 7 GeschO OECD[845]:

Da die Kommissionen der Europäischen Wirtschaftsgemeinschaft und der Europäischen Atomgemeinschaft sowie die Hohe Behörde der Europäischen Gemeinschaft für Kohle und Stahl auf Grund des Zusatzprotokolls Nr. 1 zum Übereinkommen an den Arbeiten der Organisation teilnehmen, können ihre Vertreter den Sitzungen der Organisation beiwohnen.

Zusatzprotokoll Nr. 1 zum OECD-Abkommen[846]

[...]
(1) Die Vertretung der durch die Verträge von Paris und Rom vom 18. April 1951 beziehungsweise vom 25. März 1957 gegründeten Europäischen Gemeinschaften in der Organisation für Wirtschaftliche Zusammenarbeit und Entwicklung wird nach den in diesen Verträgen enthaltenen Vorschriften über die Organe geregelt.
(2) Die Kommission der Europäischen Wirtschaftsgemeinschaft und der Europäischen Atomgemeinschaft sowie die Hohe Behörde der Europäischen Gemeinschaft für Kohle und Stahl nehmen an den Arbeiten dieser Organisation teil.

Kodex der Liberalisierung des Kapitalverkehrs[847]

Art. 1a) Kodex:

Gemäß Art. [...] beseitigen die Mitgliedstaaten die Beschränkungen des Kapitalverkehrs untereinander schrittweise soweit, wie dies für eine wirksame wirtschaftliche Zusammenarbeit notwendig ist. Maßnahmen zur Aufhebung derartiger Beschränkungen werden im folgenden als Liberalisierungsmaßnahmen bezeichnet.

---

845 *Coing/Hallstein/Mosler/Schlochauer* (Hrsg.) Europäisches Recht, Textsammlung, Bd. II, B III 16.
846 BGBL. 1961 II, S. 1159 ff.
847 *OECD* (Hrsg.), Kodex der Liberalisierung des Kapitalverkehrs, Paris 1995.

Art. 7 Kodex:

a) Wenn dies aufgrund seiner wirtschaftlichen und finanziellen Lage gerechtfertigt ist, braucht ein Mitgliedstaat die in Artikel [...] vorgesehenen Liberalisierungsmaßnahmen nicht vollständig zu verwirklichen.
b) Haben die gemäß Artikel [...] ergriffenen oder aufrechterhaltenen Liberalisierungsmaßnahmen schwerwiegende wirtschaftliche und finanzielle Störungen in einem Mitgliedstaat zur Folge, so kann dieser Mitgliedstaat die entsprechenden Maßnahmen rückgängig machen.
c) Falls sich die Zahlungsbilanz eines Mitgliedstaats in einem solchen Maße und unter solchen Umständen ungünstig entwickelt, daß ihm diese Entwicklung bei dem Stand seiner Währungsreserven gefährlich erscheint, kann dieser Mitgliedstaat die Anwendung der gemäß Artikel [...] ergriffenen oder aufrechterhaltenen Liberalisierungsmaßnahmen vorübergehend aussetzen.
d) Jedoch bemüht sich jeder Mitgliedstaat, der Absatz c) in Anspruch nimmt, sicherzustellen, daß seine Liberalisierungsmaßnahmen:
i) sich nach Ablauf von zwölf Monaten, vom Tage der Inanspruchnahme dieses Absatzes an gerechnet, in einem Umfang, der der Notwendigkeit, sich auf das unter ii) festgelegte Ziel zuzubewegen, angemessen ist, auf Transaktionen und Transfers erstrecken, die er gemäß Artikel [...] genehmigen muß und deren Genehmigung er seit Inanaspruchnahme von Absatz c) ausgesetzt hat; und
ii) nach Ablauf von achtzehn Monaten, vom Tage der Inanspruchnahme dieses Absatzes an gerechnet, seinen aus Artikel [...] resultierenden Verpflichtungen gerecht werden.
e) Jeder Mitgliedstaat, der diesen Artikel in Anspruch nimmt, geht dabei so vor, daß eine unnötige Schädigung, vor allem der finanziellen und wirtschatlichen Interessen eines anderen Mitgliedstaates, vermieden wird, und ist insbesondere darauf bedacht, andere Mitgliedstaaten in keiner Weise zu diskriminieren.

Art. 10 Kodex:

Mitgliedstaaten, die einem besonderen Zoll- oder Währungssystem angehören, können zusätzlich zu Liberalisierungsmaßnahmen gemäß Artikkel [...] auch untereinander weitere Liberalisierungsmaßnahmen anwenden, ohne sie auf die übrigen Mitgliedstaaten auszudehnen. Mitgliedstaaten, die an einem solchen System teilnehmen, informieren die Organisation über ihre Mitgliedschaft und damit verbundene Verpflichtungen, soweit sie für diesen Kodex relevant sind.

Anhang III: Das GATT-Abkommen[848]

Art. XV GATT:

1. Die Vertragsparteien werden bestrebt sein, mit dem Internationalen Währungsfonds zusammenzuarbeiten, damit bei den in die Zuständigkeit des Fonds fallenden Fragen des Zahlungsverkehrs und bei den in die Zuständigkeit der Vertragsparteien fallenden Fragen der mengenmäßigen Beschränkungen und anderer handelspolitischer Maßnahmen eine einheitliche Politik verfolgt wird.

2. In allen Fällen, in denen sich die Vertragsparteien mit Fragen der Währungsreserven, der Zahlungsbilanz oder des Zahlungsverkehrs mit dem Ausland zu befassen haben, führen sie eingehende Konsultationen mit dem Fonds. Hierbei erkennen die Vertragsparteien alle Angaben statistischer oder anderer Art an, die ihnen vom Fonds hinsichtlich der Devisenbestände, der Währungsreserven und der Zahlungsbilanz übermittelt werden; sie erkennen ferner die Feststellungen des Fonds darüber an, ob die von einer Vertragspartei hinsichtlich des Zahlungsverkehrs getroffenen Maßnahmen mit dem Abkommen über den Internationalen Währungsfonds oder mit einem gegebenenfalls zwischen der betreffenden Vertragspartei und den Vertragsparteien abgeschlossenen Sonderabkommen über den Zahlungsverkehr im Einklang stehen. Bei der Beschlußfassung in Fällen, in denen die in den Artikeln [...] genannten Merkmale zur Erörterung stehen, erkennen die Vertragsparteien die Feststellungen des Fonds darüber an, was im Einzelfalle eine bedeutende Abnahme, einen sehr niedrigen Stand oder eine maßvolle Steigerung der Währungsreserven einer Vertragspartei darstellt; das gleiche gilt von den Feststellungen des Fonds über die finanzielle Seite anderer Angelegenheiten, die in den betreffenden Konsultationen behandelt werden.

3. Die Vertragsparteien werden bestrebt sein, mit dem Fonds Verfahrensregeln für die in Absatz 2 vorgesehenen Konsultationen zu vereinbaren.

4. Die Vertragsparteien werden davon Abstand nehmen, durch Maßnahmen im Zahlungsverkehr den Zweck dieses Abkommens oder durch handelspolitische Maßnahmen den Zweck des Abkommens über den Internationalen Währungsfonds zu vereiteln.

5. Gelangen die Vertragsparteien zu irgendeinem Zeitpunkt zu der Auffassung, daß eine Vertragspartei bei Einfuhren Zahlungs- und Transferbeschränkungen in einer Weise anwendet, die gegen die Ausnahmebestimmungen dieses Abkommens über mengenmäßige Beschränkungen verstößt, so werden sie dem Fonds hierüber Bericht erstatten.

---

[848] Der Originaltext ist abgedruckt in UNTS Vol. 55, S. 188 ff., die nachfolgende deutsche Übersetzung entstammt *Liebich*, Das GATT, 1961, S. 51 ff.; GATT 1994 hat in diesem Punkt keine Veränderungen zu GATT 1947 gebracht.

6. Vertragsparteien, die nicht Mitglieder des Fonds sind, müssen innerhalb einer von den Vertragsparteien nach Konsultationen mit dem Fonds festzustellenden Frist Mitglieder des Fonds werden oder andernfalls mit den Vertragsparteien ein Sonderabkommen über den Zahlungsverkehr abschließen. Hört eine Vertragspartei auf, Mitglied des Fonds zu sein, so schließt sie unverzüglich mit den Vertragsparteien ein Sonderabkommen über den Zahlungsverkehr. Jedes nach diesem Absatz abgeschlossene Sonderabkommen wird sodann Bestandteil der Verpflichtungen der betreffenden Vertragspartei aus dem Allgemeinen Abkommen.

7. a) Ein Sonderabkommen zwischen einer Vertragspartei und den Vertragsparteien über den Zahlungsverkehr nach Absatz 6 muß den Vertragsparteien die Gewähr dafür bieten, daß die Ziele des Allgemeinen Abkommens nicht durch Maßnahmen der betreffenden Vertragspartei auf dem Gebiet des Zahlungsverkehrs vereitelt wird.
b) Ein solches Sonderabkommen darf der betreffenden Vertragspartei auf dem Gebiet des Zahlungsverkehrs keine Verpflichtungen auferlegen, die in ihrer Gesamtheit stärkere Einschränkungen enthalten, als im Abkommen über den Internationalen Währungsfonds für dessen Mitglieder vorgesehen sind.

8. Vertragsparteien, die nicht Mitglieder des Fonds sind, erteilen den Vertragsparteien alle im Rahmen des Artikels [...] des Abkommens über den Internationalen Währungsfonds liegenden Auskünfte, deren die Vertragsparteien bedürfen, um die ihnen mit dem Allgemeinen Abkommen übertragenen Aufgaben zu erfüllen.

9. Dieses Abkommen schließt nicht aus, daß eine Vertragspartei
a) Kontrollen oder Beschränkungen des Zahlungsverkehrs anwendet, die mit dem Abkommen über den Internationalen Währungsfonds oder mit einem von ihr mit den Vertragsparteien abgeschlossenen Sonderabkommen über den Zahlungsverkehr im Einklang stehen;
b) Beschränkungen oder Kontrollen der Einfuhr oder Ausfuhr anwendet, die lediglich die Wirkung haben, über die nach den Artikeln [...] zulässigen Auswirkungen hinaus diesen Kontrollen und Beschränkungen des Zahlungsverkehrs Wirksamkeit zu verleihen.

Anhang IV: Das EFTA-Abkommen[849]

Art. 2 EFTAA:

The objectives of the Association shall be
(a) to promote in the Area of the Association and in each Member State a sustained expansion of economic activity, full employment, increased productivity and the rational use of resources, financial stability and continuous improvement in living standards,
(b) to secure that trade between Member States takes place in conditions of fair competition,
(c) to avoid significant disparity between Member States in the conditions of supply of raw materials produced within the Area of the Association, and
(d) to contribut to the harmonious development and expansion of world trade and to the progressive removal af barriers to it.

Art. 29 EFTAA:

Member States recognise the importance of invisible transactions and transfers for the proper functioning of the Association. They consider that the obligations with regard to the freedom of such transactions and transfers undertaken by them in other international organisations are sufficient at present. The Council may decide on such further provisions with regard to such transactions and transfers as may prove desirable, having due regard to the wider international obligations of Member States.

---

[849] UNTS Vol. 370, S. 5 ff.

Anhang V: Das EWR-Abkommen[850]

Art. 4 EWRA:

Unbeschadet besonderer Bestimmungen dieses Abkommens ist in seinem Anwendungsbereich jede Diskriminierung aus Gründen der Staatsangehörigkeit verboten.

Art. 40 EWRA:

Im Rahmen dieses Abkommens unterliegt der Kapitalverkehr in bezug auf Berechtigte, die in den EG-Mitgliedstaaten oder den EFTA-Staaten ansässig sind, keinen Beschränkungen und keiner Diskriminierung aufgrund der Staatsangehörigkeit oder des Wohnortes der Parteien oder des Anlageortes. Die Durchführungsbestimmungen zu diesem Artikel sind in Anhang [...] enthalten.

Art. 41 EWRA:

Die laufenden Zahlungen, die mit dem Verkehr von Waren, Personen, Dienstleistungen und Kapital zwischen den Vertragsparteien im Rahmen dieses Abkommens zusammenhängen, unterliegen keinen Beschränkungen.

Art. 42 EWRA:

(1) Bei der Anwendung der innerstaatlichen Vorschriften für den Kapitalmarkt und das Kreditwesen auf die nach diesem Abkommen liberalisierten Kapitalbewegungen sehen die Vertragsparteien von Diskriminierungen ab.
(2) Anleihen zur mittelbaren oder unmittelbaren Finanzierung eines EG-Mitgliedstaates oder eines EFTA-Staates oder seiner Gebietskörperschaften dürfen in einem anderen EG-Mitgliedstaat oder einem anderen EFTA-Staat nur aufgelegt oder untergebracht werden, wenn sich die beteiligten Staaten darüber geeinigt haben.

Art. 43 EWRA:

(1) Benutzen in einem EG-Mitgliedstaat oder einem EFTA-Staat ansässige Personen wegen Unterschieden zwischen den Devisenvorschriften der EG-Mitgliedstaaten und der EFTA-Staaten die in Artikel 40 vorgesehenen Transfererleichterungen im Hoheitsgebiet der Vertragsparteien, um die für den Kapitalverkehr mit Drittländern geltenden Vorschriften eines EG-Mitgliedstaates oder eines EFTA-Staates zu umgehen, so kann die betreffende Vertragspartei geeignete Maßnahmen zur Behebung dieser Schwierigkeiten treffen.

---

[850] BGBl. 1993, II, S. S. 267 ff.

(2) Haben Kapitalbewegungen Störungen im Funktionieren des Kapitalmarktes eines EG-Mitgliedstaates oder eines EFTA-Staates zur Folge, so kann die betreffende Vertragspartei Schutzmaßnahmen auf dem Gebiet des Kapitalverkehrs treffen.
(3) Nehmen die zuständigen Behörden einer Vertragspartei eine Änderung des Wechselkurses vor, die die Wettbewerbsbedingungen schwerwiegend verfälscht, so können die anderen Vertragsparteien für eine genau begrenzte Frist die erforderlichen Maßnahmen treffen, um den Folgen dieses Vorgehens zu begegnen.
(4) Ist eine EG-Mitgliedstaat oder ein EFTA-Staat hinsichtlich seiner Zahlungsbilanz von Schwierigkeiten betroffen oder ernstlich bedroht, die sich entweder aus einem Ungleichgewicht seiner Gesamtzahlungsbilanz oder aus der Art der ihm zur Verfügung stehenden Devisen ergeben, und sind diese Schwierigkeiten geeignet, insbesondere das Funktionieren dieses Abkommens zu gefährden, so kann die betreffende Vertragspartei Schutzmaßnahmen treffen.

Art. 44 EWRA:

Zur Durchführung des Artikels 43 wenden sowohl die Gemeinschaft als auch die EFTA-Staaten gemäß dem Protokoll 18 ihre internen Verfahren an.

Art. 45 EWRA:

(1) Entscheidungen, Stellungnahmen und Empfehlungen, die sich auf die in Artikel 43 aufgeführten Maßnahmen beziehen, werden dem Gemeinsamen EWR-Ausschuß mitgeteilt.
(2) Alle Maßnahmen sind Gegenstand vorheriger Konsultationen und eines vorherigen Informationsaustauschs im Gemeinsamen EWR-Ausschuß.
(3) In Fällen nach Artikel 43 Absatz 2 kann eine Vertragspartei jedoch aus Gründen der Geheimhaltung und Dringlichkeit die sich als notwendig erweisenden Maßnahmen treffen, ohne daß zuvor Konsultationen und ein Informationsaustausch stattgefunden haben.
(4) Tritt plötzlich eine Zahlungsbilanzkrise in Sinne von Artikel 43 Absatz 4 ein und können die in Absatz 2 genannten Verfahren nicht angewendet werden, so kann die betreffende Vertragspartei vorsorglich die erforderlichen Schutzmaßnahmen treffen. Sie dürfen nur ein Mindestmaß an Störungen im Funktionieren dieses Abkommens hervorrufen und nicht über das zur Behebung der plötzlich aufgetretenen Schwierigkeiten unbedingt erforderliche Maß hinausgehen.
(5) Werden Maßnahmen nach den Absätzen 3 und 4 getroffen, so sind sie spätestens zum Zeitpunkt ihres Inkrafttretens mitzuteilen; der Informationsaustausch und die Konsultationen sowie die Mitteilungen nach Absatz 1 erfolgen danach so bald wie möglich.

Art. 118 EWRA:

(1) Ist eine Vertragspartei der Auffassung, daß es im Interesse aller Vertragsparteien liegt, die durch dieses Abkommen begründeten Beziehungen durch Ausdehnung auf nicht darunter fallende Sachgebiete weiterzuentwickeln, so legt sie den anderen Vertragsparteien im EWR-Rat einen mit Gründen versehenen Antrag vor. Der EWR-Rat kann den Gemeinsamen EWR-Ausschuß beauftragen, den Antrag unter allen Gesichtspunkten zu prüfen und einen Bericht zu erstellen. Der EWR-Rat kann gegebenenfalls die politischen Beschlüsse für die Aufnahme von Verhandlungen zwischen den Vertragsparteien fassen.
(2) Die aus den Verhandlungen nach Absatz 1 hervorgehenden Abkommen bedürfen der Ratifikation oder Genehmigung durch die Vertragsparteien nach ihren eigenen Verfahren.

Protokoll 18 über interne Verfahren zur Durchführung von Art. 43[851]

Die Verfahren, die die Europäische Gemeinschaft zur Durchführung von Artikel 43 anwenden wird, sind im Vertrag zur Gründung der Europäischen Wirtschaftsgemeinschaft geregelt.

[851] BGBl. 1993 II, S. 402.

Anhang VI: Die Bestimmungen in den Europa-Abkommen mit den mittel- und osteuropäischen Staaten:

Art. 64 des Europa-Abkommens mit Estland[852]

[...]
(2) Bei bereits eingetretenen oder ernstlich drohenden Zahlungsbilanzschwierigkeiten eines oder mehrerer Mitgliedstaaten oder Estlands kann die Gemeinschaft beziehungsweise Estland unter den Voraussetzungen des GATT restriktive Maßnahmen einschließlich Maßnahmen betreffend die Einfuhren treffen, die von begrenzter Dauer sind und nicht über das zur Behebung der Zahlungsbilanzschwierigkeiten unbedingt notwendige Maß hinausgehen dürfen. Die Gemeinschaft beziehungsweise Estland unterrichtet die andere Vertragspartei unverzüglich davon.

Die Europa-Abkommen mit Lettland und Litauen beinhalten in ihren jeweiligen Art. 65 Abs. 2 gleichlautende Regelungen[853].

---

[852] BGBl. II 1996, S. 1666 ff. (1676).
[853] Vgl. für Lettland BGBl. II 1996, S. 1879 ff. (1890) sowie für Litauen BGBl. II 1996, S. 2186 ff. (2197).

Literaturverzeichnis

Basedow, Jürgen: Zielkonflikte und Zielhierarchien im Vertrag über die Europäische Gemeinschaft, in: FS für Ulrich Everling, Bd. 1, Baden Baden 1995, S. 49 ff.

Barth,Dietrich: WTO: Liberalisierung der Finanzdienstleistungen, in: Die Bank 1998, S. 101 ff.

Beck, Heiko: Abgestufte Integration im Europäischen Gemeinschaftsrecht unter besonderer Berücksichtigung des Umweltrechts, Frankfurt/M u.a. 1995, zugl. Univ. Diss. Heidelberg 1994

Becker-Celik, Astrid: Ist die Ablehnung der unmittelbaren Anwendbarkeit der GATT-Vorschriften durch den EuGH heute noch gerechtfertigt?, EWS 1997, S. 12 ff.

Becker-Neetz, Gerald: Rechtliche Probleme im Zusammenhang mit der Europäischen Währungsunion, EWS 1996, S. 369 ff.

Beck Nielsen, Susanne: Immobilienerwerbsbeschränkungen für Ausländer in Dänemark, NJW 1995, S. 1945 ff.

Bender, Hans J.: Ist eine europäische Währungsunion unter sozialpolitischen und ökonomischen Aspekten zu verantworten?, EWS 1996, S. 1 ff.

Beneyto, José Maria: The EU and the WTO, EuZW 1996, S. 295 ff.

Berg, Werner / Karpenstein, Rolf: Änderungen der rechtlichen Grundlagen der EU durch den Vertrag von Amsterdam, EWS 1998, S. 77 ff.

Berthold, Norbert: Der Weg zur Europäischen Währungsunion - Überwindbare Hindernisse?, Außenwirtschaft 1992, S. 175 ff.

Ders.: "Fiscal Federalism" in Europa: Voraussetzung für eine erfolgreiche Wirtschafts- und Währungsunion?, in: Gröner/Schüller (Hrsg.), die europäische Integration als ordnungspolitische Aufgabe, Stuttgart 1993, S. 147 ff., zit.: Bearb., in: Gröner/Schüller

Ders.: Der Weg zur Europäischen Währungsunion - Eine Gratwanderung, FLF 1996, S. 221 ff.

Beutler / Bieber / Pipkorn / Streil: Die Europäische Union, Rechtsordnung und Politik, 4. Aufl., Baden Baden 1993, zit.: Bearb., in B/B/P/S

Bilson, John (Hrsg.) / Marston, Richard C.: Exchange Rate Theory and Practice, Chicago 1984, zit.: Bearb., in Bilson/Marston

Bleckmann, Albert: Der Vertrag über die Europäische Union, DVBl. 1992, S. 335 ff.

Ders.: Die verfassungsrechtlichen Ziele der staatlichen Regionalpolitik, JZ 1988, S. 946 ff.

Ders.: Die Ausnahmen der Dienstleistungsfreiheit nach dem EWG-Vertrag, EuR 1987, S. 28 ff.

Ders.: Zu den Auslegungsmethoden des Europäischen Gerichtshofes, NJW 1982, S. 1177 ff.

Ders.: Teleologie und dynamische Auslegung des Europäischen Gemeinschaftsrechts, EuR 1979, S. 239 ff.

Blumenwitz, Dieter / Schöbener, Burkhard: Stabilitätspakt für Europa: Die Sicherstellung mitgliedstaatlicher Haushaltsdisziplin im Europa- und Völkerrecht, Schriften zum Staats- und Völkerrecht, Bd. 71, Frankfurt/Main 1997

Börner, Bodo: Die fünfte Freiheit des Gemeinsamen Marktes: Der freie Zahlungsverkehr, in: Zur Integration Europas, FS für Carl Friedrich Ophüls, Karlsruhe 1965, S. 19 ff.

Ders.: Rechtsfragen des Zahlungs- und Kapitalverkehrs in der EWG, EuR 1966, S. 97 ff.

v. Bogdandy, Armin / Nettesheim, Martin: Die Europäische Union: Ein einheitlicher Verbund mit eigener Rechtsordnung, EuR 1996, S. 3 ff.

Bofinger, Peter: Stabilitätsinsel Deutschland oder Stabilitätszone Europa?, in: Hrbek, (Hrsg.), Der Vertrag von Maastricht in der wissenschaftlichen Kontroverse, 1. Aufl., Baden Baden 1993, S. 77 ff., zit.: Bearb., in: Hrbek

Ders.: Disziplinierung der öffentlichen Haushalte durch den Markt - nicht durch starre Regeln oder Bürokraten, Wirtschaftsdienst 1997, S. 12 ff.

v. Bonin, Konrad: Zentralbanken zwischen funktioneller Unabhängigkeit und politischer Autonmie, 1. Aufl., Baden Baden 1979

v. Borries, Reimer / Repplinger-Hach, Renate: Auf dem Weg zur "Euro-Verordnung", NJW 1996, S. 3111 ff.

Brandenburg, Hans-Friedrich: Die Teleologische Reduktion, Göttingen 1983, zugl. Univ. Diss. Göttingen 1983

Breuer, Rolf-E.: Europäische Währungsunion und Kapitalmärkte, Die Bank 1998, S. 328 ff.

Breuer, Rüdiger: Die öffentlichrechtliche Anstalt, VVDStRL 44 (1986), S. 211 ff.

Broll, Udo: Direktinvestitionen und multinationale Unternehmen, Frankfurt/ Main 1990

Bronchers, Marco C.E.J.: Private Participation in the Enforcement of WTO Law: The new EC Trade Barriers Regulation, CMLRev. 33 (1996), S. 299 ff.

Brosius-Gersdorf, Frauke: Deutsche Bundesbank und Demokratieprinzip, Berlin 1997, zugl. Univ. Diss. Hamburg 1997

Brüstle, Alena: Monetäre Integration und internationaler Zinszusammenhang - Zur Liberalisierung des Kapitalverkehrs im europäischen Währungsverbund, RWI-Mitteilungen 1991, S. 325 ff.

Buck, Petra: Drittländerbehandlung auf dem europäischen Kapitalmarkt, in: Graf Vitzthum, Europäische und Internationale Wirtschaftsordnung aus der Sicht der Bundesrepublik Deutschland, S. 113 ff., 1. Aufl. Baden Baden 1994

Busch, Klaus: Europäische Integration und Tarifpolitik, Köln 1994

Canaris, Claus-Wilhelm: Die Feststellung von Lücken im Gesetz, 2. Aufl., Berlin 1983

Carl, Dieter: Europäische Integration und bundesstaatlicher Finanzausgleich, NVwZ 1994, S. 947 ff.

Clausen, Volker / Willms, Manfred: Probleme des Übergangs zur EWU, in: Heinemann/Schröder (Hrsg.), Europäische Währungsunion und Kapitalmärkte, Baden Baden 1997, S. 11 ff.

Coing / Hallstein / Mosler / Schlochauer (Hrsg.): Europäisches Recht, Textsammlung, Bd. II, Frankfurt/Main 1961

Daseking, Christina: Makroökonomische Interdependenzen in einer Wechselkursunion, Frankfurt/Main u.a. 1994, zugl. Göttingen, Univ. Diss. 1994

Dauses, Manfred (Hrsg.): Handbuch des EU-Wirtschaftsrechts, München 1998, Stand Dez. 1997, zit.: Bearb., in: Dauses

Dautzenberg, Norbert: Die Kapitalverkehrsfreiheit des EG-Vertrages, der Steuervorbehalt des Art. 73d EGV und die Folgen für die Besteuerung, RIW 1998, S, 537 ff.

Degenhart, Christoph: Staatsrecht I, 12. Aufl., Heidelberg 1996

Deutsche Bundesbank: Die Deutsche Bundesbank, Geldpolitische Aufgaben und Instrumente, Sonderdruck der Deutschen Bundesbank Nr. 7, 6. Aufl., Frankfurt/Main 1993

Dies. (Hrsg.): Auszüge aus Presseartikeln, verschiedene Ausgaben

Dies.: Monatsberichte Februar 1978, Oktober 1990, April 1991, September 1993, April 1997

Deutscher Bundestag: Denkschrift zum Vertrag vom 7. Februar 1992 über die Europäische Union, BT-Drucksache 12/3334, S. 81 ff.

Dieckheuer, Gustav: Internationale Wirtschaftsbeziehungen, 3. Aufl., München 1995

Ders.: Makroökonomik, Theorie und Politik, 2. Aufl., Berlin 1995

Dörr, Oliver: Die Entwicklung der ungeschriebenen Außenkompetenzen der EG, EuZW 1996, S. 39 ff.

Ebke, Werner: Internationales Devisenrecht, Heidelberg 1991

Ehlermann, Claus-Dieter (Hrsg.) / Bieber, Roland: Handbuch des Europäischen Rechts Bd. I A 29-30, Baden Baden, Stand: 356. Lief., April 1997, Bd. I A 53-55, Baden Baden, Stand: 364. Lief., Okt. 1997, zit.: Bearb., in: Hdb. d. Europäischen Rechts

Eiden, Christoph: Abgestufte Integration in der EG: Risiken für Rechtsangleichung und Gemeinsamen Markt, EA 1984, S. 365 ff.

Emmerich-Fritsche, Angelika: Wie verbindlich sind die Konvergenzkriterien? EWS 1996, S. 77 ff.

Emmert, Frank: Europarecht, München 1996

Ensthaler, Jürgen: Die Maastrichter Beschlüsse zur Wirtschafts- und Währungsunion, ZRP 1992, S. 426 ff.

Europäische Gemeinschaft (Hrsg.): Der Kohäsionsfonds der Europäischen Union, Brüssel 1994

Europäisches Währungsinstitut: Jahresbericht 1994, Frankfurt am Main, 1995 Jahresbericht 1995, Frankfurt am Main, 1996, Jahresbericht 1996, Frankfurt am Main, 1997

Dass.: Die einheitliche Geldpolitik in Stufe 3, Frankfurt am Main, 1997

Esch, J.C.P.A. van: Internationale Economische Betrekkingen in Hoofdlijnen, 5. Aufl., Leiden 1992
Everling, Ulrich: Überlegungen zur Struktur der Europäischen Union und zum neuen Europa-Artikel des Grundgesetzes, DVBl. 1993, S. 936 ff.
Ders.: Zur Begründung der Urteile des Gerichtshofes der Europäischen Gemeinschaften, EuR 1994, S. 127 ff.
Ders.: Will Europe slip on Bananas? The Bananas Judgment of the Court of Justice and National Courts, CMLRev. 33 (1996), S. 401 ff.
Ders.: Gestaltungsbedarf des Europäischen Rechts, in: Bitburger Gespräche - Jahrbuch 1987, S. 65 ff.
Fels, Joachim: The European Monetary System 1979 - 1987: Why has it worked?, Intereconomics, Vol. 22 (1987), S. 216 ff.
Ferber, Manfred / Winkelmann, Günther: Internationaler Währungsfonds, Weltbank, IFC, IDA, 3. Aufl., Frankfurt/Main, 1985
Feuerstein, Switgard: Studien zur Wechselkursunion, Makroökonomische Konsequenzen der Wechselwirkungen zwischen festen und flexiblen Wechselkursen, Heidelberg 1992
Feuerstein, Switgard / Siebke, Jürgen: Wechselkursunion und Stabilitätspolitik in einem einfachen keynesianischen Modell, Das Wirtschaftsstudium, 16. Jg. (1987), S. 635 ff.
Fikentscher, Wolfgang: Methoden des Rechts, Bd. IV, Tübingen 1977
Fischer, Peter / Köck, Heribert Franz: Europarecht, 2. Aufl., Wien 1995
Föegen, Hermann: Geld- und Währungsrecht, München 1969
Franzmeyer, Fritz / Seidel, Bernhard: Überstaatlicher Finanzausgleich und europäische Integration, Bonn 1976
Freitag, Robert: Mitgliedstaatliche Beschränkungen des Kapitalverkehrs und Europäisches Gemeinschaftsrecht, EWS 1997, S. 186 ff.
Fröhlich, Hans-Peter: Freier Kapitalverkehr in Europa, in: Beiträge zur Wirtschafts- und Sozialpolitik, Institut der Deutschen Wirtschaft, Bd. 184, Köln, 8/1990
Fuest, Clemens: Stabile fiskalpolitische Institutionen für die Europäische Währungsunion, Wirtschaftsdienst 1993, S. 539 ff.
Fuhrmann, Wilfried: Geld und Kredit, 2. Aufl., München 1987
Gäckle, Thomas: Die Begrenzung von Budgetdefiziten in einer Europäischen Währungsunion, Wirtschaftsdienst 1992, S. 264 ff.
Gaude, Bernhard: Europäische Währungsunion und finanzpolitische Konvergenz, Trier 1992
Geiger, Rudolf: Kommentar zu dem Vertrag zur Gründung der Europäischen Gemeinschaft, 2. Aufl., München 1995
Glaesner, Hans-Joachim: Der Europäische Rat, EuR 1994, S. 22 ff.
Gleske, Leonhard: Die Integration der Kapitalmärkte in der EWG, in: Deutscher und Internationaler Kapitalmarkt, 1970, S. 70 ff.

Ders.: Institutionelle Fragen des Europäischen Währungssystems, in: Gramlich/Weber/Zehetner (Hrsg.), Auf dem Wege zur Europäischen Währungsunion, Baden Baden 1992, S. 99 ff.

Ders.: Rechtsangleichung und Verflechtung der Kapitalmärkte, in: Angleichung des Rechts der Wirtschaft, KSE 11, 1971, S. 236 ff.

Ders.: Organisation, Status und Aufgaben der zweistufigen Zentralbanksysteme in den Vereinigten Staaten von Amerika, in der Bundesrepublik Deutschland, in der künftigen Europäischen Währungsunion, in: Währung und Wirtschaft: Das Geld im Recht, FS für Hugo J. Hahn , Baden Baden 1997, S. 123 ff.

Ders.: Die Liberalisierung des Kapitalverkehrs in der EG, in: Deutsche Bundesbank, Auszüge aus Presseartikeln, Nr. 48/1986, S. 1 ff.

Glomb, Wolfgang: Wirtschafts- und Währungsunion in Europa, DStR 1997, S. 129 ff.

Gold, Joseph: Capital Movements under the Law of the International Monetary Fund, Washington, D.C., 1977

Goos, Bernd: Das EWI - Aufgaben und Perspektiven, WM 1996, S. 1293

Grabitz, Eberhard: Die Stellung der Gemeinschaft und ihrer Organe in internationalen Organisationen, in: Die Außenbeziehungen der Europäischen Gemeinschaft, KSE 25, S. 47 ff.

Grabitz, Eberhard / Hilf, Meinhard: Kommentar zur Europäischen Union, Hamburg u.a. 1998, Bd. 1, 12. El. Stand Mai 1998, Bd. 2, 12. El. Stand Mai 1998, zit.: Bearb., in: Grabitz/Hilf

Grabitz / v. Bogdandy / Nettesheim: Europäisches Aussenwirtschaftsrecht, München, 1994, zit.: Bearb., in: Grabitz/v. Bogdandy/ Nettesheim

Gramlich, Ludwig: Bundesbankgesetz, Währungsgesetz, Münzgesetz, Kommentar, Köln u.a. 1988

Grewlich, Klaus: Bedeutung und Funktionsweise des OECD-Kodex zur Liberalisierung des Kapitalverkehrs, RIW/AWD, 1977, S. 252 ff.

Groeben / Thiesing / Ehlermann (Hrsg.): Kommentar zum EWG-Vertrag, Baden Baden 1993 Bd. I, 4. Aufl., zit.: Bearb., in: G/T/E; Bd. II, 4. Aufl., zit.: Bearb., in: G/T/E; Bd. IV, 4. Aufl., zit.: Bearb. in: G/T/E

Häde, Ulrich: Finanzausgleich, Die Verteilung der Aufgaben, Ausgaben und Einnahmen im Recht der Bundesrepublik Deutschland und der Europäischen Union, Tübingen 1996

Ders.: Die Europäische Wirtschafts- und Währungsunion, EuZW 1992, S. 171 ff.

Ders.: Das Europäische Währungsinsitut und die Kommission, EuZW 1994, S. 685 ff.

Ders.: Ein Stabilitätspakt für Europa?, EuZW 1996, S. 138 ff.

Ders.: Währungsunion und Finanzausgleich, in: (Hrsg.), Das Währungswesen in der europäischen Integration, Baden Baden 1996, S. 153 ff.

Ders.: Die Europäische Wirtschafts- und Währungsunion und ihr Bargeld, WM 1993, S. 2031 ff.

Ders.: Rechtliche Aspekte der Europäischen Währungsunion, in: Heinemann/ Schröder (Hrsg.), Europäische Währungsunion und Kapitalmärkte, Baden Baden 1997, S. 46 ff.

Ders.: Währungsintegration mit abgestufter Geschwindigkeit, in: Währung und Wirtschaft: Das Geld im Recht FS für Hugo J. Hahn , Baden Baden 1997, S. 141 ff.

Ders.: Der völkerrechtliche Schutz von Direktinvestitionen im Ausland, ArchVR 35 (1997), S. 181 ff.

Häde, Ulrich / Eckert, Lucia: Rechtliche Hindernisse für die Verwendung der ECU, EuZW 1993, S. 628 ff.

Häde, Ulrich / Hartmann, Uwe: Monetäre Integration in Europa und Privatisierung in Deutschland, EWS 1994, S. 409 ff.

Hahn, Hugo J.: Der Weg zur Europäischen Währungsunion, BayVBl. 1996, S. 353 ff.

Ders.: Währungsrecht, München 1990

Ders.: Die Deutsche Bundesbank im Verfassungsrecht, BayVBl. 1982, S. 33 ff., S. 70 ff.

Ders.: Der Vertrag von Maastricht als völkerrechtliche Übereinkunft und Verfassung, Baden Baden 1992

Ders.: Das Entstehen der Europawährung - Szenarien ihrer Einführung, JZ 1996, S. 321 ff.

Hahn, Hugo J. / Häde, Ulrich: Europa im Wartestand: Bemerkungen zur Währungsunion, in FS für Ulrich Everling, Bd. I, Baden Baden 1995, S. 381 ff.

Hahn, Hugo J. / Weber, Albrecht, Die OECD, Organisation für Wirtschaftliche Zusammenarbeit und Entwicklung, Baden Baden 1976

Hailbronner / Klein / Magiera / Müller-Graff: Handkommentar zum Vertrag über die Europäische Union, (EUV/EGV), Stand: 6. Lief., Juni 1997, Köln u.a. 1997

Hamacher, Stefanie / Klein, Werner: Finanz- und geldpolitische Implikationen der Vollendung des europäischen Binnenmarktes und der Schaffung der Wirtschafts- und Währungsunion, in: Gröner, Schüller (Hrsg.), Die europäische Integration als ordnungspolitische Aufgabe, Stuttgart 1993, S. 173 ff., zit.: Bearb., in: Gröner/Schüller

Hammerl, Christoph / Sippel, Harald: Der Erwerb von Sommerhäusern in Dänemark durch EG-Ausländer und das Recht der Europäischen Gemeinschaften, RIW/AWD 1992, S. 883 ff.

Hartmann, Uwe: Öffentliche Finanzpolitik in der EU, EuZW 1996, S. 133 ff.

Harz, Annegret: Die Schutzklauseln des Kapital- und Zahlungsverkehrs im EWG-Vertrag, Köln 1985

Heintzen, Markus: Hierarchisierungstendenzen innerhalb des Primärrechts der Europäischen Gemeinschaft, EuR 1994, S. 35 ff.

Herdegen, Matthias: Internationales Wirtschaftsrecht, 2. Aufl., München 1995

Herr, Hansjörg: Die Europäische Währungsunion zwischen politischer Wünschbarkeit und ökonomischen Zwängen, in: Thomasberger (Hrsg.), Europäische Geldpolitik zwischen Marktzwängen und neuen institutionellen Regelungen, Marburg, 1995

Herr, Hansjörg / Westphal, Andreas: Probleme der monetären Integration Europas, in: Westphal/Herr/Heine/Busch (Hrsg.), Wirtschaftspolitische Konsequenzen der deutschen Vereinigung, Frankfurt/M u.a., 1991, S. 75 ff.

Heubes, Jürgen: Grundlagen der modernen Makroökonomie, München 1995

Hilf, Meinhard / Eggers, Barbara Der WTO-Panelbericht im EG/USA-Hormonstreit, EuZW 1997, S. 559 ff.

Hilf, Meinhard / Pache, Eckhard: Der Vertrag von Amsterdam, NJW 1998, S. 705 ff.

Hölscheidt, Sven / Schotten, Thomas: Zur Rolle des Deutschen Bundestages beim Eintritt in die dritte Stufe der Währungsunion, ZRP 1997, S. 479 ff.

Horn, Norbert: Rechtliche und institutionelle Aspekte der Europäischen Währungsunion im politischen und wirtschaftlichen Kontext, ZBB 1997, S. 314 ff.

v. Horn, Klaus-Dieter: Zahlungsbilanz-Schwierigkeiten und Zahlungsbilanzkrise nach dem EWG-Vertrag, EuR 1969, S. 37 ff.

Huber, Peter M.: Differenzierte Integration und Flexibilität als neues Ordnungsmuster der Europäischen Union?, EuR 1996, S. 347 ff.

Immenga, Ulrich: Wettbewerbspolitik contra Industriepolitik nach Maastricht, EuZW 1994, S. 14 ff.

Ipsen, Hans-Peter: Europäisches Gemeinschaftsrecht, Tübingen, 1972

Isensee, Josef / Kirchhof, Paul (Hrsg.): Handbuch des Deutschen Staatsrechts, Bd. III, Heidelberg 1988; Bd. VII, Heidelberg 1992, zit.: Bearb. in: Isensee/ Kirchhof

Issing, Otmar: Disziplinierung der Finanzpolitik in der Europäischen Währungsunion?, in: Duwendag/Siebke (Hrsg.), Europa vor dem Eintritt in die Wirtschafts- und Währungsunion, Schriften des Vereins für Socialpolitik, N.F. Band 220, Berlin 1993, S. 181 ff.

Ders.: Einführung in die Geldpolitik, 6. Aufl., München 1996

Jäger, Thomas: Streitbeilegung und Überwachung als Mittel zur Durchführung des GATT, Basel u.a. 1992, zugl. Univ. Diss. Basel 1991

Jarass, Hans D.: Elemente einer Dogmatik der Grundfreiheiten, EuR 1995, S. 202 ff.

Jarchow, Hans-Joachim: Theorie und Politik des Geldes, Bd. II, Geldpolitik, 7. Auflage, Göttingen, 1995, zit.: Geldpolitik

Jarchow, Hans-Joachim / Rühmann, Peter: Monetäre Außenwirtschaft, Bd. I, Monetäre Außenwirtschaftstheorie, 4. Aufl., Göttingen 1994, zit.: Monetäre Außenwirtschaftstheorie

Kaiser, Rolf H. : Bundesbankautonomie - Möglichkeiten und Grenzen einer unabhängigen Politik, Frankfurt / Main 1980

Kapteyn, Paul J. G. / VerLoren van Themaat, Pieter: Introduction to the law of the European Communities: after the coming into force of the Single European Act, 2. Aufl., Deventer u.a. 1990

Kees, Andreas: Maastricht, Vorentscheidung für eine europäische Währung, in: Gramlich/Weber/Zehetner (Hrsg.), Auf dem Wege zur Europäischen Währungs- union, Baden Baden 1992, S. 19 ff.

Kimms, Frank: Die Kapitalverkehrsfreiheit im Recht der europäischen Union, Frankfurt/Main 1996, zugl. Univ. Diss. Berlin 1996

Klein, Eckart / Haratsch, Andreas: Neuere Entwicklungen des Rechts der Europäischen Gemeinschaften - 1. Teil, DÖV 1993, S. 785 ff.

Knappe, Karl: Instrumente für eine europäische Geldpolitik, Die Bank 1996, S. 376 ff.

Ders.: Das geldpolitische Instrumentarium des Europäischen Systems der Zentralbanken (ESZB), in: Heinemann/Schröder (Hrsg.), Europäische Währungsunion und Kapitalmärkte, Baden Baden 1997, S. 143 ff.

Koenig, Christian: Institutionelle Überlegungen zum Aufgabenzuwachs beim Europäischen Gerichtshof in der Währungsunion, EuZW, 1993, S. 661 ff.

Koenig, Christian / Pechstein, Matthias: Die Europäische Union, Tübingen 1995

Köck, Heribert Franz: Die "implied powers" der Europäischen Gemeinschaften als Anwendungsfall der "implied powers" internationaler Organisationen überhaupt, in: Völkerrecht, Recht der Internationalen Organisationen, Weltwirtschaftsrecht, FS für Ignaz Seidl-Hohenveldern, Köln, Berlin u.a. 1988, S. 279

Kokott, Juliane: Deutschland im Rahmen der Europäischen Union - zum Vertrag von Maastricht, AöR 1994, S. 207 ff.

Kommission (EWG): Segré - Bericht, Brüssel, 1966

Kommission (EG): Wachstum, Wettbewerbsfähigkeit, Beschäftigung, Herausforderungen der Gegenwart und Wege ins 21. Jahrhundert, Weißbuch, Teil A, Luxemburg 1993

Dies. (Hrsg.): Die Finanzverfassung der Europäischen Union, Luxemburg 1995

Kortz, Helge: Die Entscheidung über den Übergang in die Endstufe der Wirtschafts- und Währungsunion, 1. Aufl., Baden Baden 1996, zugl. Univ. Diss. Hamburg 1995

Ders.: Der Termin des 1. Januar 1999 - Zielvorgabe oder Automatismus für den Beginn der Endstufe der Europäischen Wirtschafts- und Währungsunion, EuR 1996, S. 80 ff.

Ders.: Europäische Wirtschafts- und Währungsunion und der Europäische Rat von Florenz, EWS 1996, S. 305 ff.

Ders.: Die Konvergenzkriterien des EGV, RIW 1997, S. 357 ff.

Kratz, Karlheinz / Thieme, H. Jörg: Finanzmärkte im europäischen Integrationsprozeß, in: Gröner/Schüller (Hrsg.), Die europäische Integration als ordnungspolitische Aufgabe, Stuttgart 1993, S. 237 ff., zit.: Bearb., in: Gröner/Schüller

Krenzler, Horst G., Schneider, Henning C.: Die Gemeinsame Außen- und Sicherheitspolitik der Europäischen Union, EuR 1994, S. 144 ff.

Krück, Hans: Völkerrechtliche Verträge im Recht der Europäischen Gemeinschaften, Berlin 1977

Kuschnick, Michael: Die Währungsunion und der Stabilitätspakt von Amsterdam, DZWir 1997, S. 315 ff.

Langeheine, Bernd: Europäisches Gemeinschaftsrecht und abgestufte Integration, Berlin 1988, zugl. Univ. Diss. Berlin 1988

Ders.: Abgestufte Integration, EuR 1983, S. 227 ff.

Larenz, Karl / Canaris, Claus-Wilhelm: Methodenlehre der Rechtswissenschaft, 3. Aufl., Berlin 1995

Lauwaars, R. H. / Timmermans, C. W. A.: Europees Gemeenschapsrecht in kort bestek, 2e druk, Groningen 1991

Lehment, Harmen / Scheide, Joachim: Die Europäische Wirtschafts- und Währungsunion: Probleme des Übergangs, Weltwirtschaft 1992, S. 50 ff.

Lenz, Carl Otto (Hrsg.): EG-Vertrag, Kommentar, 1. Aufl. Köln 1994, zit.: Bearb., in: Lenz, EG-Komm.

Ders. (Hrsg.): EG-Handbuch, Recht im Binnenmarkt, Herne, Berlin, 1991, zit.: Bearb., in Lenz, EG-Hdb.

Lesch, Hagen: Europa auf dem Weg zur Währungsunion: Ursachen und Lehren der EWS-Krise, Bonn 1994

Levin, Jay H.: A Model of Stabilization Policy in a Jointly Floating Currency Area, in: Bhandari, Putnam (Hrsg), Economic Interdependence and Flexible Exchange Rates, Cambridge, Mass., 1983, S. 329 ff.

Liebich, F.K.: Das GATT, Baden Baden u.a., 1961

Lienemeyer, Max: Die Sanktionen des Stabilitätspaktes und ihre Vereinnahmung, EWS 1997, S. 257 ff.

Louis, Jean-Victor: Free Movement of Capital in the Community: The Casati Judgment, CMLRev., 19 (1982), S. 443 ff.

Martenczuk, Bernd: Der Europäische Rat und die Wirtschafts- und Währungsunion, EuR 1998, S. 151 ff.

Matthes, Heinrich: Die Finanzverfassung eines geeinten Europa, in: Gerken (Hrsg.), Europa zwischen Ordnungswettbewerb und Harmonisierung, Berlin u.a. 1995, S. 153 ff.

Maunz, Theodor / Dürig, Günter: Kommentar zum Grundgesetz, Bd. 3, München 1996, zit.: Bearb., in: Maunz/Dürig

Meessen, Karl Matthias: Das Abkommen von Lomé als gemischter Vertrag, EuR 1980, S. 36 ff.

Meng, Werner: Gedanken zur Frage unmittelbarer Anwendung von WTO-Recht in der EG, in: Recht zwischen Umbruch und Bewahrung, FS für Rudolf Bernhardt, Heidelberg u.a. 1995 S. 1063 ff.

Meyer, Peter: Die Grundsätze der Auslegung im Europäischen Gemeinschaftsrecht, Jura 1994, S. 455 ff.

Möschel, Wernhard: An der Schwelle zur Europäischen Währungsunion, JZ 1998, S. 217 ff.

Morgenthaler, Gerd: Der Euro - zwischen Integrationsdynamik und Geldwertstabilität, JuS 1997, S. 673 ff.
Müller-Graff, Peter-Christian: Europäische Politische Zusammenarbeit und Gemeinsame Außen- und Sicherheitspolitik: Kohärenzgebot aus rechtlicher Sicht, integration 16 (1993), S. 147 ff.
Münch, Lars: Der Vertragsentwurf von Dublin zur Revision der europäischen Verträge, EWS 1997, S. 145 ff.
Nicolaysen, Gerd: Zur Theorie von den implied powers in den Europäischen Gemeinschaften, EuR 1966, S. 129 ff.
OECD (Hrsg.): Kodex der Liberalisierung des Kapitalverkehrs, Paris 1995
Ohler, Christoph: Die Kapitalverkehrsfreiheit und ihre Schranken, WM 1996, S. 1801 ff.
Ohr, Renate: Währungsunion zur Lösung realwirtschaftlicher Probleme?, Das Wirtschaftsstudium, 19. Jg. (1990), S. 217 ff.
Oliver, Peter / Baché, Jean-Pierre: Free Movements of Capital between the Mem-. ber States, CMLRev., 1989 (26), S. 61 ff.
Oppermann, Thomas: Europarecht, München 1991
Ders.: Die Europäische Gemeinschaft und Union in der Welthandelsorganisation, Bonn 1995, zit.: Die EG in der Welthandelsorganisation
Ders.: Der Maastrichter Unionsvertrag - Rechtspolitische Wertung, in: Hrbek (Hrsg.), Der Vertrag von Maastricht in der wissenschaftlichen Kontroverse, S. 103 ff., zit.: Bearb., in: Hrbek
Ders.: Schutzklauseln in der Endphase des Gemeinsamen Marktes, EuR 1969, S. 231 ff.
Ott, Andrea: GATT und WTO im Gemeinschaftsrecht, Köln u.a. 1997, zugl. Univ. Diss. Greifswald 1996
Dies.: GATT/WTO-Panels: Büchse der Pandora für die EG ?, DZWir 1998, S. 84 ff.
Papadopoulou, Daphni-Marina: Makroökonomik der Wechselkursunion, Frankfurt/Main u.a., 1993, zugl. Univ. Diss. Hamburg, 1992
Pechstein, Matthias: Das Kohärenzgebot als entscheidende Integrationsdimension der Europäischen Union, EuR 1995, S. 247 ff.
Ders.: Osterweiterung und Zukunftsperspektiven der Europäischen Union, ZfRV 1996, S. 108 ff.
Ders.: Amsterdamer Vertrag und Grundgesetz, DÖV 1998, S. 569 ff.
Pechstein, Matthias / Koenig, Christian: Die Europäische Union, 2. Aufl., Tübingen 1998
Dies.: Rechtspersönlichkeit für die Europäische Union?, EuZW 1997, S. 225
Dies.: Die EU-Vertragsänderung, EuR 1998, S. 131 ff.
Pernice, Ingolf: Das Ende der währungspolitischen Souveränität Deutschlands und das Maastricht-Urteil des BVerfG, in: FS für Ulrich Everling, Bd. II, S. 1057 ff.
Petersen, Michael: Capital Movements and Payments under the EEC Treaty after Casati, in: European Law Review, 1982 (7), S. 167 ff.

Petersmann, Ernst U.: Auswärtige Gewalt, Völkerrechtspraxis und Völkerrechtsbindungen der Europäischen Wirtschaftsgemeinschaft, ZaöRV, 1975, S. 213 ff.

Ders.: The Dispute Settlement of the World Trade Organization and the evolution of the GATT Dispute Settlement System since 1948, CMLRev. 31 (1994), S. 1157 ff.

Pfleiderer, Otto: Mindestreservenpolitik, in: Handwörterbuch der Sozialwissenschaften, 7. Band, Göttingen 1961, S. 349 ff.

Plum, Monika: Auswirkungen von Direktinvestitionen in Empfängerländern, Bergisch Gladbach 1995, zugl. Univ. Diss., Münster 1994

Potacs, Michael: Devisenbewirtschaftung, Wien 1991

Ders.: Auslegung im öffentlichen Recht, Baden Baden 1994

Ders.: Nationale Zentralbanken in der Wirtschafts- und Währungsunion, EuR 1993, S. 23 ff.

Puttler, Adelheid: Das BVerfG und die Rechte des Deutschen Bundestages bei der Einführung des Euro, ZRP 1998, S. 168 ff.

Ress, Georg: Die Europäische Union und die neue juristische Qualität der Europäischen Gemeinschaften, JuS 1992, S. 985 ff.

Ress, Hans-Konrad: Anm. zum Urteil des EuGH in der Rs. Bordessa, JZ 1995, S. 1008

Riedel, Eibe: Methoden der Verfassungsinterpretation im Wandel, in: Kritik und Vertrauen, FS für Peter Schneider, Frankfurt/Main 1990, S. 382 ff.

Rill, Heinz Peter / Griller, Stefan: Europäischer Binnenmarkt und österreichisches Wirtschaftsverwaltungsrecht, Wien 1991, zit.: Bearb., in: Rill/Griller

Rittner, Fritz: Wirtschaftsrecht, 2. Aufl., Heidelberg 1987

Röttinger, Moritz / Weyringer, Claudia (Hrsg.): Handbuch der Europäischen Integration, Wien 1991, zit.: Bearb., in Röttinger/Weyringer

Rolf, Ulrich: Budgetdisziplin, unvollständige Verträge und Sanktionen: Die fiskalpolitischen Regelungen in der Europäischen Währungsunion aus Sicht der Neuen Institutionenökonomik, in: Heinemann/Schröder (Hrsg.), Europäische Währungsunion und Kapitalmärkte, Baden Baden, 1997, S. 68 ff.

Rometsch, Sieghardt: Die Währungsunion - Traum oder Alptraum?, ZKredW 1993, S. 662 ff.

Rose, Klaus / Sauernheimer, Karlhans: Theorie der Außenwirtschaft, 12. Aufl., München 1995

Dies.: Zur Theorie eines "Mischwechselkurssystems", in: Wirtschaftspolitik in weltoffener Wirtschaft, FS für Rudolf Meimberg, Berlin 1983, S. 15 ff.

Roth, Wulf-Henning: Der rechtliche Rahmen der WWU, in: EuR 1994, Beiheft I, S. 45 ff.

Rupp, Hans-Heinrich: Maastricht - eine neue Verfassung?, ZRP 1993, S. 211

Ders.: Ausschaltung des BVerfG durch den Amsterdamer Vertrag ?, JZ 1998, S. 213 ff.

Schefold, Dietrich: Die Europäischen Verordnungen über die Einführung des Euro, Sonderbeilage Nr. 4/1996 zu WM Nr. 47/1996

Schermers, Henri: Die völkerrechtlichen Beziehungen der Gemeinschaft, in: Dreißig Jahre Gemeinschaftsrecht, Kommission der Europäischen Gemeinschaften (Hrsg.), Luxemburg 1983, S. 241 ff.

Schmidt, Helmut: Pro Euro: Der zweite Anlauf, die letzte Chance, in: Wie geht's Europa?, Zeitpunkte Nr. 4/96, S. 54 ff.

Schmidt-Bleibtreu, Bruno / Klein, Franz: Kommentar zum Grundgesetz für die Bundesrepublik Deutschland, 8. Aufl., Neuwied u.a. 1995

Scholz, Rupert: Europäische Union und deutscher Bundesstaat, NVwZ 1993, S. 817 ff.

Schwarze / Becker / Pollak: Die Implementation von Gemeinschaftsrecht, Baden Baden 1993

Schweitzer, Michael / Hummer, Waldemar: Europarecht, 5. Auflage, Neuwied 1996

Selmayr, Martin: Die Europäische Währungsunion zwischen Politik und Recht, EuZW 1998, S. 101 ff.

Seidel, Martin: Rechtliche Grundlagen eines einheitlichen Kapitalmarktes der Europäischen Gemeinschaft, in: FS für Rudolf Lukes, Köln u.a., 1989, S. 575 ff.

Ders.: Freier Kapitalverkehr und Währungspolitik, in: Europäische Gerichtsbarkeit und nationale Verfassungsgerichtsbarkeit, FS für Hans Kutscher, Baden Baden 1981, S. 397

Ders.: Probleme der Verfassung der Europäischen Gemeinschaft als Wirtschafts- und Währungsunion, in: Europarecht, Energierecht, Wirtschaftsrecht, FS für Bodo Börner, Köln, Berlin u.a. 1992, S. 17 ff.

Ders.: Recht und Verfassung des Kapitalmarktes als Grundlage der Währungsunion, in: GS für Eberhard Grabitz, München 1995, S. 763 ff.

Ders.: Freiheit des Kapitalverkehrs und Währungspolitik, in: Vorträge, Reden und Berichte aus dem Europa-Institut des Saarlandes, Nr. 3, Saarbrücken 1982

Ders.: Schutzmaßnahmen auf dem Gebiet des Zahlungsund Kapitalverkehrs, in: Schutzmaßnahmen im Gemeinsamen Markt, KSE 28, 1977, S. 29 ff.

Ders.: Zur Verfassung der Europäischen Gemeinschaft nach Maastricht, EuR 1992, S. 125 ff.

Siebelt, Johannes: Der juristische Verhaltensspielraum der Zentralbank, Baden Baden 1988, zugl.Würzburg, Univ. Diss. 1987/88

Siebert, Horst: Außenwirtschaft, 6. Aufl., Stuttgart 1994

Sittmann, Jörg: Das Streitbeilegungsverfahren der World Trade Organization, RIW 1997, S. 749 ff.

Smeets, Heinz-Dieter: Monetäre Integration: Vom EWS zur Währungsunion, in: Gröner/Schüller (Hrsg.), Die europäische Integration als ordnungspolitische Aufgabe, Stuttgart 1993, S. 97 ff., zit.: Bearb., in: Gröner/Schüller

Smit, Hans / Herzog, Peter E.: The Law of the European Economic Community, Vol. 1, New York 1982

Smits, René: Freedom of Payments and capital movements under EMU, in: Währung und Wirtschaft: Das Geld im Recht, FS für Hugo J. Hahn , Baden Baden 1997, S. 245 ff.

v. Spindler / Becker / Starke: Die Deutsche Bundesbank, Grundzüge des Notenbankwesens und Kommentar zum Gesetz über die Deutsche Bundesbank, 4. Aufl. Stuttgart u.a. 1973

Stadler, Rainer: Der rechtliche Handlungsspielraum des Europäischen Systems der Zentralbanken, 1. Aufl., Baden Baden 1996, zugl. Tübingen, Univ. Diss., 1995

Staebe, Erik / Eggers, Barbara: Bundestag contra "weichen Euro"?, EWS 1998, S. 42 ff.

Stehn, Jürgen: Ausländische Direktinvestitionen in Industrieländern, in: Kieler Studien, Bd. 245, Tübingen 1992

Steindorff, Ernst: Kapitalverkehrsfreiheit in der EG nach Casati, in: Handelsrecht und Wirtschaftsrecht in der Bankpraxis, FS für Winfried Werner, Berlin, New York 1984, S. 877 ff.

Ders.: Währungsunion, Beitritt, Finanzausgleich und Masstricht II, EuZW 1996, S. 6 ff.

Stern, Klaus: Das Staatsrecht der Bundesrepublik Deutschland, Bd. II, München 1980

Ders.: Die Konvergenzkriterien des Vertrags von Maastricht und ihre Umsetzung in der bundesstaatlichen Finanzverfassung, in: FS für Ulrich Everling, Bd. II, Baden Baden 1995, S. 1469 ff.

Streinz, Rudolf: Europarecht, 3. Aufl., Tübingen 1996

Ders.: Rechtsgrundlagen, Aufgaben und Handlungsbefugnisse der Euro- päischen Union, in: Hummer (Hrsg.), Die Europäische Union und Österreich, Wien 1994, S. 29 ff.

Ders.: Der Vertrag von Amsterdam, EuZW 1998, S. 138 ff.

Streit, Arnold: Das Abkommen über den Europäischen Wirtschaftsraum, NJW 1994, S. 555 ff.

Tettinger, Peter J.: Weg frei für die Europäische Währungsunion, Maastricht und die grundgesetzlichen Hürden, RIW-Beilage 3 zu Heft 12/1992, S. 1 ff.

Thinam-Jakob, Carin: Sanktionen gegen vertragsbrüchige Mitgliedstaaten der Europäischen Gemeinschaft (EWG), Schriften zum Völkerrecht, Bd. 86, Berlin 1988

Thomas, Ingo: Finanzausgleich und Kohäsion in der Europäischen Union, Weltwirtschaft 1994, S. 472 ff.

Tietmeyer, Hans: Zur politischen Fundierung des monetären Integrationsprozesses in Europa, in: Festschrift für Ulrich Everling, Bd. II, Baden Baden 1995, S. 1575 ff.

Ders.: Probleme einer europäischen Währungsunion und Notenbank, in: Isensee (Hrsg.), Europa als politische Idee und als rechtliche Form, Berlin 1993, S. 35 ff, zit.: Bearb., in Isensee

Ders.: Währungsstabilität auch in Europa gefordert, in: Steuerrecht, Verfassungsrecht, Finanzrecht, FS für Franz Klein, Köln 1994, S. 33 ff.

Ders.: Europäische Währungsunion und Notenbank als Gestaltungsaufgabe, in: Bofinger/Collignon/Lipp (Hrsg.), Währungsunion oder Währungschaos: was kommt nach der D-Mark? Wiesbaden 1993, S. 25 ff.

Tomuschat, Christian: Solidarität in Europa, in: Du droit international au droit de l' integration, FS für Pierre Pescatore, Baden Baden 1987, S. 729 ff.

Ders.: Das Endziel der europäischen Integration - Maastricht ad infinitum?, DVBl. 1996, S. 1073 ff.

Trüe, Christiane: Verleihung von Rechtspersönlichkeit an die Europäische Union und Verschmelzung zu einer einzigen Organisation deklaratorisch oder konstitutiv, in: Vorträge, Reden und Berichte aus dem Europa-Institut der Universität des Saarlandes, Saarbrücken 1997

Uhlenbruck, Dirk: Die verfassungsmäßige Unabhängigkeit der Deutschen Bundesbank und ihre Grenzen, München 1968

Vaubel, R.: Grundfragen einer gemeinsamen Währungspolitik, in: Dichtl (Hrsg.), Schritte zum Europäischen Binnenmarkt, 2. Aufl., München 1992, S. 223 ff.

Vehrkamp, Robert B.: EWS II, De-facto-Kernwährungsunion und die Europäische Währungsordnung nach 1999, in: Heinemann/Schröder (Hrsg.), Europäische Währungsunion und Kapitalmärkte, Baden Baden 1997, S. 154 ff.

Vörös, Imre / Droutsas, Dimitri P.: Die Europa-Abkommen, ZfV 1998, S. 2 ff.

Wahlig, Berthold: Die Unabhängigkeit der nationalen Zentralbanken als institutionelles Kriterium für den Eintritt in die dritte Stufe der europäischen Währungs- union, in: Währung und Wirtschaft: Das Geld im Recht, FS für Hugo J. Hahn , Baden Baden 1997, S. 265 ff.

Weber, Albrecht: Die Wirtschafts- und Währungsunion nach dem Maastricht-Urteil des BVerfG, JZ 1994, S. 53 ff.

Ders.: Die Währungsunion - Modell für ein Europa mehrerer Geschwindigkeiten?, in: Währung und Wirtschaft: Das Geld im Recht, FS für Hugo J. Hahn, Baden Baden 1997, S. 273 ff.

Weber, Martin: Das Europäische System der Zentralbanken, WM 1998, S. 1465 ff.

Weber, Stefan: Kapitalverkehr und Kapitalmärkte im Vertrag über die Europäische Union, EuZW 1992, S. 561 ff.

Weikart, Thomas: Die Änderung des Bundesbank-Artikels im Grundgesetz im Hinblick auf den Vertrag von Maastricht - Entstehen und Rechtswirkungen einer reformierten Norm, NVwZ 1993, S. 834 ff.

Welfens, Paul J.J.: Grundlagen der Wirtschaftspolitik, Berlin u.a. 1995

Willgerodt,Hans: Ziele einer Europäischen Währungsunion - Die Irrwege des EWS, in: Scharrer, Wessels, (Hrsg.), Das Europäische Währungssystem, Bonn 1983, S. 53 ff., zit.: Bearb. in: Scharrer/Wessels

Wissenschaftlicher Beirat beim Bundesministerium für Wirtschaft: Gutachten - Ordnungspolitische Orientierung für die Europäische Union, Bonn 1994

Wohltmann, Hans-Werner: Grundzüge der makroökonomischen Theorie, 2. Aufl., München u.a. 1996

Woll, Artur: Allgemeine Volkswirtschaftslehre, 11. Aufl., München 1993

Zeitel, Gerhard: Europäische Währungsunion und zwischenstaatlicher Finanzausgleich, in: Bea (Hrsg.), Finanzwissenschaft im Dienste der Wirtschaftspolitik, FS für Dieter Pohmer, Tübingen 1990, S. 343 ff.

Zeitler, Franz-Christoph: Die Europäische Währungsunion als Stabilitätsgemeinschaft, WM 1995, S. 1609 ff.

Ders.: Stabilitätspakt für Stabilitätsunion, in: Handelsblatt Nr. 245/1996, S. 35

Zeleny, Klaus: Zur Verhängung von Wirtschaftssanktionen durch die EU, ZÖR, Bd. 52, 1997, S. 197 ff.

Zieger, Gottfried: Die Stellung der Gemeinschaft und ihrer Organe in Internationalen Organisationen, in: Die Außenbeziehungen der Europäischen Gemeinschaft, KSE 25 S. 103 ff.

Zippelius, Reinhold: Juristische Methodenlehre, 6. Aufl., München 1994

Schriftenreihe der Juristischen Fakultät der Europa-Universität Viadrina Frankfurt (Oder)

Heiko Artkämper
Hausbesetzer, Hausbesitzer, Hausfriedensbruch
1995. XXIV, 340 Seiten. DM 98,-
ISBN 3-540-59005-6

Beate Ilona Nettelbeck
Produktsicherheit · Produkthaftung
1995. XXXVI, 170 Seiten. DM 76,-
ISBN 3-540-59242-3

Manfred Mohr (Hrsg.)
Friedenssichernde Aspekte des Minderheitenschutzes in der Ära des Völkerbundes und der Vereinten Nationen
1996. XVI, 362 Seiten. DM 128,-
ISBN 3-540-61366-8

Andreas Damm
Gebührenprivileg und Beihilferecht
1998. XX, 188 Seiten. DM 98,-
ISBN 3-540-63917-9

Marcus Longino
Die Pflegekinderadoption
1998. XIV, 118 Seiten. DM 98,-
ISBN 3-540-64036-3

Sven Theobald
Barrieren im strafrechtlichen Wiederaufnahmeverfahren
1998. XIV, 224 Seiten. DM 129,-
ISBN 3-540-64644-2

Gerhard Wolf (Hrsg.)
Kriminalität im Grenzgebiet
Band 1: Erfahrungen aus der Praxis
1998. XIV, 306 Seiten. DM 148,-
ISBN 3-540-65032-6

Gerhard Wolf (Hrsg.)
Kriminalität im Grenzgebiet
Band 2: Wissenschaftliche Analyse
1999. XIV, 358 Seiten. DM 139,-
ISBN 3-540-65156-X

Theodor Schweisfurth, Walter Poeggel
Andrzej Sakson (Hrsg.)
Deutschland · Polen · Tschechien - auf dem Weg zur guten Nachbarschaft
1999. XIV, 300 Seiten. DM 129,-
ISBN 3-540-65067-9

Ralf Molzahn
Die normativen Verknüpfungen von Kapitalverkehrsfreiheit und Währungsunion im EG-Vertrag
1999. XXVI, 289 Seiten. DM 145,-
ISBN 3-540-65354-6

www.ingramcontent.com/pod-product-compliance
Lightning Source LLC
LaVergne TN
LVHW050632051026
849532LV00002B/365

9783540653547